AF241037

AIDE-MÉMOIRE

D'ADMINISTRATION

DES SOUS-OFFICIERS DE CAVALERIE

par

V. MILET

Lieutenant au 36ᵉ de ligne

Auteur de l'Aide-mémoire d'administration d'infanterie

Adresser les demandes à l'Auteur, au 36ᵉ de ligne

BORDEAUX

IMPRIMERIE

AIDE-MÉMOIRE D'ADMINISTRATION

A L'USAGE DE LA CAVALERIE

PAR V. MILET, LIEUTENANT AU 38º DE LIGNE

Auteur de l'Aide-Mémoire d'Administration de l'Infanterie.

En vous adressant les changements survenus, en 1862, à mon Aide-Mémoire d'administration, j'ai l'honneur de vous informer que je continuerai ainsi chaque année, à vous tenir au courant des modifications qui auront eu lieu pendant celle écoulée, et cela tant que les souscriptions recueillies pendant cette période me permettront de faire cette énorme dépense.

Je vous prie de communiquer mon ouvrage dans votre corps, plein d'espoir, que mon initiative de tenir ainsi mes souscripteurs au courant des nombreux changements qui surviennent chaque année ne manquera pas de m'en attirer de nouveaux.

Mars 1863.   V. MILET.

CHANGEMENTS SURVENUS EN 1862.

Page 24, 11º ligne. — Après modèle nº 7, ajoutez : Les effets de petit équipement *neufs ou bons*, laissés au corps par les hommes qui cessent d'y appartenir, ou par les hommes décédés, pourront, tant à l'intérieur qu'aux armées, être échangés contre des effets de même nature et moins bons, en la possession des hommes présents sous les drapeaux.

Ces échanges seront autorisés par les chefs de corps et de préférence au profit des hommes *d'une bonne conduite*, qui, par suite de circonstances exceptionnelles, auraient leur masse individuelle en débet ou au-dessous du complet.

Les échanges devront être effectués, *sans écritures*, dans les huit jours du versement des effets en magasin, et sauf *prélèvement de ceux* dont le sous-intendant militaire est autorisé à requérir la conservation pour le service des infirmeries régimentaires, des ambulances et des prisons. (D. m. du 21 mars 1862.)

Page 60, 30º ligne. — *Au lieu de* : Il peut également être contracté des engagements de deux ans, *lisez* : il ne peut plus être contracté d'engagements de deux ans. (D. I. du 12 février 1862.)

Page 61, 2º ligne — *Après* : devant l'officier de recrutement, *effacez* : ou enfin devant l'officier de gendarmerie le plus voisin de sa résidence. (D. m. du 28 juin 1862.)

Page 77, 23º ligne. — *Ajoutez après* : elles sont établies dans les corps, etc.

Permissions avec solde de présence.

Des permissions avec solde de présence, sans accessoires, pourront être délivrées dans les limites indiquées ci-après aux officiers, sous-officiers et soldats des corps de troupes, savoir :

Par les chefs de corps, quatre jours ; par les généraux de brigade, huit jours ; par les généraux de division, quinze jours ; par les maréchaux commandant les corps d'armée, trente jours.

Les caporaux ou brigadiers et soldats verseront à l'ordinaire le montant de la différence existant entre la solde de présence et celle de congé. (D. I. du 12 avril 1862.)

Ces dispositions sont applicables à tous les officiers sans troupe, aux fonctionnaires de l'intendance, aux officiers de santé et d'administration et aux employés militaires de l'artillerie, du génie et des équipages (C. m. du 13 juin 1862) et à la gendarmerie (C. m. du 18 juillet 1862).

Lorsque ces permissions auront été accordées pour un nombre de jours inférieur à celui indiqué ci-dessus, les prolongations qui seraient demandées ne seront accordées qu'avec demi-solde. (I. m. du 30 juin 1862.)

Les enfants de troupe non titulaires des emplois de tambour, clairon ou trompette, ne peuvent obtenir des permissions avec solde de présence. (N. m. du 1er décembre 1862).

Page 86, 4e ligne. — *Au lieu de :* les lignes sur lesquelles, etc. ; *lisez :* sont : le Victor-Emmanuel et les chemins de fer de l'Algérie. — La compagnie des chemins de fer de l'Est est tenue, à partir du 1er janvier 1863, de transporter *au quart du tarif* les militaires et marins voyageant isolément sur toutes les sections de son réseau. (N. m. du 16 décembre 1862.)

Page 97, 34e ligne. — Tout ce qui est dit pour les ordinaires, doit être modifié d'après le règlement ci-joint.

CHANGEMENTS SURVENUS EN 1861.

Page 2 des changements, 45e ligne. — *Après :* et ainsi de suite, en ajoutant un collier, etc. ; *ajoutez :* Une voiture supplémentaire à un collier sera accordée en sus des fixations déterminées ci-dessus toutes les fois que le nombre des officiers d'un dépôt en marche sera au moins de douze officiers.

Quel que soit le nombre des officiers, il ne sera accordé qu'une seule voiture supplémentaire. (N. m. du 12 avril 1862.)

RÈGLEMENT

SUR LA GESTION DES ORDINAIRES

DE LA TROUPE

(DU 14 DÉCEMBRE 1861, JOURNAL MILITAIRE DU 2ᵉ SEMESTRE 1862, PAGE 509).

FAISANT SUITE A L'AIDE - MÉMOIRE D'ADMINISTRATION

publié par **V. MILET**, lieutenant au 38ᵉ.

TITRE Iᵉʳ.

FONDS COURANT DE L'ORDINAIRE. — FONDS D'ÉCONOMIE. —

LEUR DESTINATION.

ART. 1ᵉʳ. — Les fonds de l'ordinaire sont destinés :

1° A assurer, concurremment avec la ration de pain fournie par l'État, la subsistance des troupes, et à pourvoir aux diverses dépenses que cette partie de la solde doit supporter aux termes des règlements ;

2° A alimenter une réserve qui, sous le titre de *Fonds d'économie*, sert à améliorer l'ordinaire, soit aux jours de fêtes nationales, soit dans les circonstances exceptionnelles ou dans les époques de cherté.

Le *Fonds d'économie* ne doit, dans aucun cas, dépasser un maximum que des décisions ministérielles déterminent, et dont la quotité, pour chaque arme, est fixée proportionnellement par homme présent (¹).

Toute imputation, autre que celles qui sont indiquées ci-dessus, faite sous quelque prétexte que ce soit, au fonds courant de l'ordinaire et au *Fonds d'économie* engage la responsabilité de l'officier qui l'a prescrite ou tolérée.

TITRE II.

COMMISSION DES ORDINAIRES.

ART. 2. — L'achat, la réception, la distribution des denrées et des objets qui sont à la charge des ordinaires, sont assurés, dans chaque régiment, par les soins d'une commission spéciale.

Il en est de même de la vente des issues et résidus de toutes sortes provenant des ordinaires.

---

(1) Le fonds d'économie est fixé comme ci-après par *homme présent* pour les différentes armes:

	GARDE IMPÉRIALE.	TROUPES DE LIGNE.		
		Infanterie.	Cavalerie.	Artillerie, Génie.
Intérieur	1 f	0f 70	0f 80	0f 90
Algérie	»	1 50	1 75	2 00

Art. 3. — L₁ commission des *ordinaires* est nommée par le *colonel*; elle est composée comme il suit :

Président: Un chef de bataillon ou d'escadron ;

Membres : Quatre capitaines de compagnie, d'escadron ou de batterie ;

Secrétaire : Un lieutenant faisant fonctions d'officier comptable de la commission, avec voix consultative.

Les chefs de bataillon ou d'escadron sont appelés à la présidence, successivement, et par rang d'ancienneté.

Les membres de la commission sont pris à tour de rôle, d'après l'ordre des compagnies, escadrons, batteries.

Dans les troupes à cheval, les capitaines en second concourent avec les capitaines commandants pour la composition de la commission.

La commission est assistée par deux sous-officiers que le colonel désigne également.

Le lieutenant secrétaire et les sous-officiers adjoints sont dispensés du service de place et du service de semaine.

Art. 4. — La commission est reconstituée trois fois par an aux dates des 1er février, 1er juin et 1er octobre.

Le président et le secrétaire sont nommés à ces mêmes dates.

Les membres de la commission sont renouvelés par moitié comme il suit :

Deux membres sont nommés aux dates sus-indiquées ; — ils cessent leurs fonctions en même temps que le président.

Deux membres sont remplacés aux dates intermédiaires des 1er avril, 1er août, 1er décembre. — Ces derniers continuent leurs fonctions pendant deux mois dans la commission nouvelle, afin de l'éclairer sur les actes de celle qui l'a précédée.

Les sous-officiers sont désignés, l'un aux dates de reconstitution de la commission, l'autre aux dates intermédiaires.

En dehors des renouvellements périodiques et en cas de mutation ou d'empêchement, le colonel pourvoit au remplacement du membre absent ou empêché, en se conformant aux dispositions générales qui sont prescrites dans l'article 3.

Art. 5. — La commission se réunit sur la convocation de son président.

Lorsque le président est empêché, le membre le plus ancien de grade le supplée.

La commission peut délibérer au nombre de trois membres y compris l'officier qui la préside.

En cas de partage des voix, celle du président est prépondérante.

Art. 6. — La commission réclame des fonctionnaires de l'intendance et des autorités civiles toutes les informations qu'elle juge utiles au succès de de ses opérations.

Art. 7. — Si plusieurs corps stationnent dans la même place, les présidents de commission sont autorisés par l'autorité militaire à se réunir en conférence, aux époques qu'ils jugent les plus convenables. Ces réunions sont obligatoires, de toute façon, aux époques où il y a lieu de préparer le renouvellement des marchés.

Les chefs de corps et les généraux commandants surveillent l'exécution de cette disposition.

Art. 8. — Lorsque les commissions éprouvent des difficultés provenant de coalitions ou de collusions, l'autorité militaire, sur leur rapport, recourt à l'intervention des fonctionnaires municipaux, des préfets et des sous-préfets. Le général commandant la division en réfère, s'il y a lieu, au ministre.

TITRE III.

PASSATION DES MARCHÉS.

ART. 9. — La commission agit pour le corps entier.

En principe, elle procède, soit par adjudication, soit de gré à gré.

Cependant, lorsqu'il doit en résulter quelque économie, elle opère à la halle, traite directement avec le producteur, achète sur facture, en gros et en demi-gros ; enfin, prend dans les magasins militaires les denrées, les liquides et tous objets dont l'administration de la guerre consent la cession à titre remboursable.

Les marchés sont rédigés à la suite d'une formule de cahier des charges que la commission modifie selon les circonstances du moment ou les exigences locales.

ART. 10. — Les marchés sont soumis à l'approbation du colonel.

Une copie des marchés et conventions est affichée dans les chambres des chefs d'ordinaire.

TITRE IV.

LIVRAISON ET RÉCEPTION.

ART. 11. — A moins d'impossibilité reconnue, les marchés et conventions stipulent que les livraisons seront faites à la caserne. Des locaux appropriés à usage de magasin sont mis, à cet effet, à la disposition de la commission.

ART. 12. — Un membre de la commission, délégué chaque semaine par le président, reconnaît les livraisons.

En cas de contestation, et si le fournisseur refuse ou tarde de remplacer immédiatement les denrées ou objets non-acceptés, la commission est convoquée ; elle prononce définitivement. Lorsque le besoin l'exige, elle fait acheter au compte du fournisseur les quantités jugées nécessaires.

TITRE V.

MODE DE GESTION ET DE DISTRIBUTION.

ART. 13. — Deux modes de procéder, que, sur le rapport de la commission, il appartient au colonel de prescrire distinctement ou simultanément, peuvent être employés, savoir : la fourniture simple, la gestion par la commission.

1er *Mode*. — Aussitôt après leur réception, les denrées ou objets sont distribués directement aux ordinaires par les soins des fournisseurs.

2e *Mode*. — La commission fait emmagasiner les quantités reçues et en fait elle-même la distribution.

ART. 14. — Les quantités à prendre pour le lendemain sont indiquées au livret d'ordinaire que le commandant de la compagnie fait communiquer chaque jour, à l'heure prescrite, au secrétaire de la commission.

Celui-ci inscrit ces quantités sur un carnet qu'il tient à cet effet ; il avise les fournisseurs.

Les distributions se font dans l'ordre et aux heures qui sont déterminés à l'avance ; le membre délégué de la commission les surveille personnellement ; il est assisté par un ou plusieurs officiers que le président est autorisé à désigner, tous les jours, parmi ceux qui sont chargés de la direction des ordinaires. Chaque compagnie, à tour de rôle, est servie la première.

TITRE VI.

REGISTRES A TENIR.

ART. 15. — Les opérations de la commission sont constatées au moyen des registres spécifiés ci-après :

Registre des marchés et conventions (achats et ventes), contenant le résumé des principales dispositions et la date de l'approbation du colonel ;

Registres des distributions faites aux compagnies par les fournisseurs ou par la commission ;

Registre des recettes et des dépenses (deniers) ;

A ces trois registres on ajoute le suivant, si le mode de gestion par la commission (Article 13) est pratiqué en tout ou en partie :

Registre des entrées et des sorties (denrées ou objets divers).

Le secrétaire de la commission est chargé de la tenue de la comptabilité et de toutes les écritures : il a droit, à ce titre, à une allocation de frais de bureau qui est réglée par décision ministérielle (¹).

Le secrétaire est assisté dans son travail par les sous-officiers adjoints à la commission.

TITRE VII.

PAIEMENT.

« Art. 16 (²). — Tous les cinq jours (le dernier jour du mois pour la pé-
« riode complémentaire), le bordereau des sommes dues aux fournisseurs
« est établi en double expédition par le secrétaire de la commission : cet
« officier remet une de ces expéditions au trésorier ou à l'officier payeur,
« qui, le jour même, opère entre les mains des créanciers et en présence
« du secrétaire le paiement de ces sommes, dont il imputera le montant sur
« la feuille de prêt du lendemain.

« Le secrétaire se fait remettre en même temps, par les fournisseurs,
« des reçus jusqu'à due concurrence. Il joint ces reçus à l'appui de la
« seconde expédition du bordereau, et soumet le tout au président avant la
« fin de la journée.

« Dans les cas d'achat à la halle, d'achat aux producteurs, de marché
« par défaut, dans le cas aussi de gestion totale ou partielle par la commis-
« sion, le colonel autorise, sur le prêt qui se trouve entre les mains des
« capitaines commandants ou sur le fonds d'économie, des prélèvements
« dont le montant, contre la demande écrite du président, est remis au
« secrétaire, qui en donne reçu.

« Ces prélèvements sont faits dans la proportion des besoins successifs. »

TITRE VIII.

VÉRIFICATION DE LA COMPTABILITÉ, COMPTES RENDUS. — RAPPORT DE GESTION.

Art. 17. — Les registres décrits à l'article 15 sont arrêtés par le secrétaire de la commission, le dernier jour de chaque mois.

A la même date, cet officier établit un compte rendu sommaire embras-
sant l'ensemble des opérations de la commission pendant ce même mois,
tant pour les matières que pour les deniers.

Les pièces justificatives nécessaires, notamment toutes les factures quit-
tancées des fournisseurs, sont jointes à l'appui des comptes rendus mensuels.

Si la durée de la commission expire avec le mois, le secrétaire, indépendamment des productions énumérées ci-dessus, prépare, sur la situation
des ordinaires du corps, un projet de rapport pour le Ministre, comprenant,
en son entier, la période de gestion de la commission.

---

(1) Cette allocation, fixée à 6 fr. par mois par décision ministérielle du 13 juin 1862 est due à chacun des secrétaires de commission, dans le cas où il existerait plusieurs commissions dans un même corps. Elle est destinée à subvenir à toutes les dépenses de bureau, y compris la fourniture des rapports de gestion.

(2) Nouvelle rédaction adoptée par décision ministérielle du 22 avril 1862.

Art. 18. — Du 1er au 5 du mois qui suit celui auquel les opérations se rapportent, et après vérification en séance de la commission, le président vise les registres — le compte rendu mentionné à l'article précédent et toutes les pièces à l'appui — le projet de rapport au Ministre, lorsqu'il y a lieu, et transmet au colonel ces deux derniers documents avec les justifications voulues.

Le colonel réclame les explications, prescrit les redressements et fait les recommandations nécessaires ; il revêt ensuite le compte rendu de sa signature, et le conserve, ainsi que tous ceux de la période d'une inspection générale à l'autre, pour les soumettre au contrôle de l'Intendant inspecteur et de l'Inspecteur général d'armes, chacun en ce qui le concerne. Les comptes sont déposés ensuite aux archives.

Quant au rapport de fin de gestion de la commission, le colonel le fait suivre de ses observations, et l'adresse par la voie hiérarchique au général commandant la *division territoriale* (1).

TITRE IX.

DISPOSITIONS DIVERSES.

Art. 19. — Les bataillons et escadrons formant corps, ainsi que toutes portions de corps détachées, sont soumis aux prescriptions du présent règlement, dans la mesure des conditions qui leur sont propres, en se conformant aux dispositions suivantes :

1° Afin qu'il exerce dans leur plénitude les attributions dévolues au colonel par les articles qui précèdent, l'officier commandant le corps ou le détachement ne remplit jamais les fonctions de président de la commission des ordinaires ;

2° Trois officiers, le président compris, peuvent constituer la commission ; la présence de deux d'entre eux suffit alors pour rendre les délibérations valables ;

3° Il n'est pas formé de commission lorsque, en dehors de l'officier commandant, il n'y a pas trois officiers pour la composer ; les achats restent confiés alors aux ordinaires ;

4° Les corps organisés sous le titre de compagnies ou sections ne sont pas soumis aux prescriptions du présent règlement.

Art. 20. — Les dispositions de détail nécessaires pour assurer l'exécution du présent règlement sont arrêtées par les chefs de corps.

Paris, le 14 décembre 1861.

Le Maréchal de France,
Ministre Secrétaire d'État de la guerre,
Signé : RANDON.

APPROUVÉ :
NAPOLÉON.

---

(1) Pour la garde impériale seulement, les rapports sont adressés au maréchal commandant en chef.
Le général commandant la division donne provisoirement et d'urgence les ordres que comporte la situation de chaque corps ou portion détachée. Concurremment, il fait reporter sur *une seule formule*, à laquelle des intercalaires sont ajoutées, s'il y a lieu, les rapports de tous les corps ou portions de corps placés sous son commandement. On suit l'ordre des armes, et pour chaque arme le numéro du régiment. Après avoir consigné ses observations et propositions, le général divisionnaire adresse son travail au maréchal commandant le corps d'armée, avant le 15 du mois.
Le maréchal commandant le corps d'armée réunit tous les rapports d'ensemble, et les transmet au Ministre le 20 du mois. (Voir les observations consignées sur le rapport de gestion.)
NOTA. — La dépense résultant de l'achat des quatre registres tenus par les commissions d'ordinaire sera, comme cela a déjà eu lieu pour le livret, imputée sur les fonds des ordinaires par portions égales, et les corps se fourniront dans le commerce de tous les imprimés (registres et livrets) qui leur sont nécessaires pour la tenue de la comptabilité des ordinaires en se conformant aux modèles prescrits par le règlement du 14 décembre 1861. (D. m. du 13 octobre 1862.)

MARCHÉ.

—

                    soussigné   , demeurant à
           , rue   , n°   , où   fais
élection de domicile pour l'exécution du présent marché,
engage   envers la Commission des ordinaires d (¹)
              à effectuer le service déterminé par le cahier des charges qui
précède, dans la place d   , et depuis le
               jusqu'au
Les fournitures faites   seront payées au prix de
par kilogramme de viande distribuée.
              soumet   à toutes les clauses du cahier des charges
susmentionné, ainsi qu'aux dispositions du règlement sur les ordinaires
qui peuvent   concerner ; clauses et dispositions dont
déclar   avoir pris pleine et entière connaissance.

   Fait double à   , le   186   .

                              L'Entrepreneur ;

         Les Membres de la Commission des ordinaires.

                         Approuvé :

                         Le colonel,

—

(1) Indiquer le corps.

Strasbourg, impr. de Vᵉ Berger-Levrault.

AIDE-MÉMOIRE D'ADMINISTRATION

A L'USAGE DE LA CAVALERIE

Par V. MILET, *lieutenant au 38ᵉ de ligne*

AUTEUR DE L'AIDE-MÉMOIRE D'ADMINISTRATION DE L'INFANTERIE

En vous adressant les changements survenus en 1861, à mon AIDE-MÉMOIRE d'administration, j'ai l'honneur de vous informer que je continuerai ainsi chaque année, à vous tenir au courant des modifications qui auront eu lieu pendant celle écoulée, et cela, tant que les souscriptions recueillies pendant cette période me permettront de faire cette dépense.

Châteauroux, le 25 mars 1862.

V. MILET.

CHANGEMENTS SURVENUS EN 1861

Page 25 — 34ᵉ ligne. — *Après* : Aucun remplacement n'a lieu dans le trimestre qui précède, etc, *ajoutez* : Cette disposition n'est pas applicable aux militaires liés au service en vertu de la loi du 26 avril 1855, qui sont tenus d'accomplir sous les drapeaux la totalité de leur service, et ne peuvent pas être compris dans les renvois par anticipation. Leurs effets sont, en conséquence, remplacés par d'autres en cours de durée mais classés bons, et, à défaut, par des effets neufs; quant aux effets dont la durée légale expirera au 1ᵉʳ jour du trimestre même dans lequel la libération doit avoir lieu, ils seront maintenus en service jusqu'à l'époque de la libération. (D. M. du 27 septembre 1860.)

Page 26 — 12ᵉ ligne. — *Après*: de la portion du corps *ajoutez*: qui devra donner l'ordre dans les quinze jours qui suivront celui de la distribution; passé ce délai, l'échange ne pourra plus avoir lieu que sur la demande motivée du Conseil d'administration, et d'après l'autorisation du sous-intendant militaire. (D. M. du 20 mars 1861.)

Page 84 — *Annuler tout ce qui concerne les Convois militaires, et le remplacer par* SERVICE DE MARCHE.

L'entreprise des Convois militaires n'existant plus, a été remplacée par Décision Ministérielle du 7 juin 1861, par les Allocations suivantes :

1° MILITAIRES ISOLÉS.

Une seule indemnité pourvoiera aux frais de transport et de nourriture en route, elle sera décomptée par kilomètre, et variera suivant le mode de locomotion.

1862

1° En Chemin de fer elle sera de :

    0 f 02   pour les Brigadiers et soldats.
    0   021 pour les Sous-officiers de tout grade.

Sur la ligne principale de l'Est et sur le Victor-Emmanuel, elle sera de :

    0 f 035 pour les Brigadiers et soldats.
    0   036 pour les Sous-officiers de tout grade.

2 Sur les routes ordinaires, elle sera de :

    0 f 12   pour les Brigadiers et soldats.
    0   125 pour les Sous-officiers de tout grade.

2° VOITURES A LA SUITE DES CORPS.

Les voitures à collier qui doivent suivre les corps ou détachements seront réunies d'étape en étape par les soins du commandant de la colonne, qui traitera de gré à gré en ne dépassant jamais la limite extrême de 0 f. 30 c. par kilomètre et par voiture à un collier. Elles seront payées sur les fonds généraux de la caisse du corps qui en fera l'avance, et qui en sera remboursée trimestriellement au titre du service de marche, sur la production des factures, par les soins du sous-intendant militaire.

Le maximum de l'indemnité représentative de la voiture à collier a été fixé à 0 f. 30 c. par kilomètre, non pas d'une manière absolue, pour chaque gîte d'étape, mais bien pour l'ensemble du trajet total parcouru par les corps ou détachements.

Il pourra donc arriver qu'un trajet partiel coûte plus de 0 f 30 c. par kilomètre, et qu'à la fin du parcours le prix maximum ne soit pas dépassé.

Toutefois, dans quelques cas exceptionnels et surtout pour de faibles parcours, il pourrait arriver qu'un chef de détachement fût dans l'obligation de traiter à un prix supérieur à 0 f 30 c. par kilomètre ; le cas échéant, il adresserait, hiérarchiquement, après son arrivée à destination, un rapport avec les certificats et quittances à l'appui, ce rapport serait transmis par le conseil d'administration du corps à l'intendant divisionnaire, sur la proposition de qui le Ministre se réserve de statuer (*Bureau de l'Intendance*) pour dégager en tout ou en partie la responsabilité du corps. (C. M. manuscrite du 31 juillet 1861.)

Le Ministre ayant autorisé la passation de marchés, lorsqu'il existe un seul entrepreneur pour la fourniture des voitures à collier, dans un département, les corps ou détachements et gendarmes n'acquitteront plus directement la dépense dans les gîtes d'étapes, mais ils remettront au voiturier un certificat constatant le parcours effectué, la bonne exécution du service, l'effectif du détachement et le nombre des voitures employées. (C. M. manuscrite du 16 octobre 1861.)

L'allocation des voitures doit être calculée sur l'effectif des corps ou détachements de la manière suivante :

    de 25 à 160 hommes................1 voiture à 1 collier
    de 161   320   — 2   —
    de 321   480   — 3   —
    de 481   640   — 4   —
    de 641   800   — 5   —
    de 801   960   — 6   —
    de 961 1120   — 7   —

et ainsi de suite, suivant l'effectif, en ajoutant un collier par 160 hommes.

3° TRANSPORT DES RECRUES.

Les recrues formant détachement seront transportées par les chemins de fer ; il sera délivré au chef de détachement, au point de départ, une ou plusieurs réquisitions collectives pour les distances à franchir sur les voies ferrées et l'indemnité représentative des voitures à collier pour la partie du trajet qui devra s'effectuer par étape sur les routes ordinaires.

Les recrues continueront à recevoir leur solde de 55 c. et leur ration de pain.

4° MILITAIRES ESTROPIÉS OU RÉFORMÉS.

A partir du point où cessent les voitures publiques, ces militaires recevront une indemnité de 0 f 30 c. par kilomètre, au lieu de 0 f 12 c. ou de 0 f 125, et cette indemnité sera décomptée jusqu'à destination. S'ils sont accompagnés d'un infirmier, celui-ci ne recevra aucune indemnité de transport pour cette fin de parcours, mais il touchera une indemnité de route de 0 f 05 par kilomètre.

5° MILITAIRES ESCORTÉS.

Tous les militaires escortés seront transportés en chemin de fer, au moyen de réquisitions ; et, sur les routes de terre, de brigade en brigade, à raison d'une voiture à un collier pour un détachement de 1 à 5 hommes.

INDEMNITÉ DE TRANSPORT ET DE NOURRITURE.

Le service des convois devant être exécuté non plus par entreprise, pour les militaires isolés voyageant pour cause de santé, mais au moyen d'une indemnité kilométrique, il a été décidé :

1° Que l'indemnité de transport et de nourriture, spécifiée ci-dessus, pour les isolés, serait acquise aux militaires :

> Voyageant isolément pour cause de service ou congédiés ;
> Allant en congé de réforme ou de convalescence ;
> Allant aux eaux, à l'hôpital, ou évacués ;
> Rentrant des eaux ou de l'hôpital.

2° Que cette indemnité ne serait pas accordée, ni pour l'aller ni pour le retour, aux militaires :

> Qui sont traités à l'hôpital pendant la durée d'un congé ;
> Qui vont en permission ou en reviennent ;
> Qui se déplacent ou changent de position par convenance personnelle ;
> Qui vont en congé de semestre ou en reviennent ;
> Qui rentrent de congé de convalescence, à moins que ce congé n'ait été obtenu aux colonies ou à une armée outre-mer.

DÉLAIS DE ROUTE.

Ces délais, distincts par le mode de transports, se décomposent de la manière suivante :

1° *En chemin de fer.* — Il ne sera accordé aucun délai pour tout trajet inférieur à 40 kilomètres.

Pour les autres, il sera accordé un jour pour 400 kilomètres, et un jour pour la fraction qui accompagne, si elle dépasse 40 kilomètres.

Toutefois, les parcours qui, des points de départ du militaire, doivent s'exécuter intégralement, sur les lignes principales entre Paris et les villes de Strasbourg, Belfort, Bourg, Lyon, Clermont, Besançon, Bordeaux et la Rochelle, ne donneront droit qu'à un jour de délai de route. Pour le même motif, le trajet de Paris à Marseille et vice-versâ ne donne droit qu'à deux jours de délai de route.

2° *Sur les routes.* — Il ne sera accordé aucun délai pour les trajets inférieurs à 12 kilomètres ; pour les autres, il sera accordé un jour pour 120 kilomètres, et un jour pour la fraction qui accompagne, si elle dépasse 12 kilomètres.

Page 87. — Au lieu des prix indiqués dans le tableau des transports, *lisez* :
Vitesse accélérée. — Chemin de fer, 0 f 22 - Roulage, 0 f 65 - Eau, 0 f 22.
Petite vitesse. — — 0 f 09 - — 0 f 45 - — 0 f 09.
Mulets, 0 f 70
(Traité du 2 septembre 1861.)

Page 114 — Tableau F Remplacer la 11e catégorie par la suivante :
1° *Sous-officiers élèves-instructeurs.* — Tous les effets d'habillement, de grand et de petit équipement, d'armement, et le harnachement complet de leurs chevaux pour les corps qui ne sont pas montés de chevaux d'Afrique;
2° *Brigadiers*, id. — Tous les effets d'habillement, de grand et de petit équipement et d'armement;
3° *Élèves maréchaux-ferrants.* — Tous les effets de petit équipement, le pantalon d'ordonnance (pour les corps qui font usage du pantalon garance), la veste, le pantalon de cheval, le bonnet de police et un portemanteau hors de service.
4° *Cavaliers d'ordonnance.* — Tous les effets d'habillements, de grand et de petit équipement et d'armement;
5° *Ouvriers arçonniers.* — Tous les effets d'habillement, de grand et de petit équipement, et le sabre. (D. M. du 8 février 1861.)

Page 171 — 4e et 5e cases. - *Après* : soit de la médaille militaire *ajoutez* : soit de la médaille de la valeur militaire de Sardaigne (N. M. du 3 mai 1861.), et 4e case, *après* : la médaille d'Italie *ajoutez* : ou de Chine. (D. I. du 25 mars 1861.)

Page 294 — Remplacer le tarif n° 45 par celui ci-joint.

NOTA — Pour les changements survenus à la dotation de l'armée, voir ceux insérés à la page 333.

Châteauroux. - Imprimerie typographique et lithographique de SALVIAC

AIDE-MÉMOIRE

A L'USAGE DES SOUS-OFFICIERS DE CAVALERIE.

AIDE-MÉMOIRE

D'ADMINISTRATION

A L'USAGE DES SOUS-OFFICIERS DE CAVALERIE

PAR

V. MILET

Lieutenant au 38ᵉ de ligne

AUTEUR DE L'AIDE-MÉMOIRE D'ADMINISTRATION DE L'INFANTERIE.

Adresser les demandes à l'Auteur, au 38ᵉ de ligne.

BORDEAUX

IMPRIMERIE G. GOUNOUILHOU
Ancien hôtel de l'Archevêché (entrée rue Guiraude, 11).

1861

L'expérience m'ayant démontré la nécessité, pour les Sous-Officiers comptables, d'avoir, réunis en un recueil, tous les renseignements dont ils peuvent avoir besoin dans toutes sortes de positions, je me suis efforcé, en sept ans que j'ai passés dans les emplois d'Officier payeur, d'armement ou d'habillement, de réunir tous les éléments nécessaires à la composition d'un ouvrage que je dédie aux Sous-Officiers de cavalerie, sous le titre de : AIDE-MÉMOIRE D'ADMINISTRATION.

Mon vœu le plus ardent étant de faciliter le travail à la nombreuse et laborieuse classe des Sous-Officiers, il sera atteint si je puis parvenir à lui être utile, et j'ai bon espoir de le voir couronné d'un plein succès.

Pour donner à MM. les Souscripteurs la facilité de se procurer l'AIDE-MÉMOIRE D'ADMINISTRATION, j'ai pensé que je leur serais agréable en fixant le terme du paiement à *cinq mois*, à raison de 1 franc par mois, à dater de l'envoi; il s'effectuera entre les mains de M. le Trésorier ou de M. l'Officier payeur de chaque régiment, s'ils veulent bien s'en charger.

Les Sous-Officiers, Brigadiers ou Soldats qui désireront se procurer l'ouvrage, devront m'adresser leur demande par l'intermédiaire de MM. les Trésoriers ou de MM. les Officiers payeurs, qui, par cette demande, m'assureront de leur concours pour la rentrée des fonds en temps opportun.

Ceux qui désireront payer de suite m'enverront le montant de l'abonnement en un mandat sur la poste, en timbres-poste ou de toute autre manière, et recevront les exemplaires demandés par le retour du courrier.

Bordeaux, le 1er janvier 1861.

V. MILET.

AIDE-MÉMOIRE

A L'USAGE DES SOUS-OFFICIERS DE CAVALERIE.

Mutations.

On entend par mutation le changement de position d'un militaire.

La rédaction des mutations doit relater soigneusement les dates ainsi que les causes d'absence, de départ définitif ou de mort, le lieu de destination en cas de mission, congé, entrée à l'hôpital, etc. On ne saurait y apporter trop de soin, puisque les mutations sont la base de l'administration.

Pour le libellé des mutations, on doit se conformer aux formules qui se trouvent imprimées à la droite du livre de détail; les sous-officiers comptables devront se les rendre très-familières en les consultant fréquemment.

Situation et rapport journalier.

La situation et rapport journalier a pour objet de présenter, d'un côté la situation de l'escadron, par grades et par classes, de l'autre les mutations des hommes et des chevaux survenues pendant les vingt-quatre heures. Il fait aussi connaître les punitions infligées aux sous-officiers, brigadiers et cavaliers, pendant le même laps de temps. (On doit indiquer le numéro matricule de ceux dont les punitions doivent être portées sur le registre des punitions.) Il contient toutes les demandes des officiers, sous-officiers et cavaliers de l'escadron. Il présente l'emplacement des chevaux présents.

Ce rapport est établi par le maréchal des logis chef, qui le présente tous les matins à son capitaine commandant avant l'heure du rapport.

Le capitaine le vérifie avec les pièces à l'appui. (Ces pièces doivent porter l'indication des numéros annuel et matricule de l'homme qu'elles concernent.) Il y ajoute les demandes des officiers de l'escadron, ainsi que ses observations, et le signe.

La situation est établie sur le rapport journalier, par grades et classes, et dans chaque grade et classe, par position de présence ou d'absence.

Les officiers sont additionnés à part.

La situation des chevaux d'officiers et de troupe est établie par grade et par position de présence et d'absence; les chevaux d'officiers sont additionnés à part.

Pour bien établir la situation, le maréchal des logis chef commence par le capitaine commandant; s'il est présent, il l'indique par le chiffre 1, qu'il place dans la colonne des présents sous les armes; s'il est absent, il place le chiffre 1 dans la colonne indiquant la position d'absence. Ce chiffre est ensuite porté dans la colonne *total des présents* ou des *absents*, selon le cas, et toujours dans la colonne *effectif général de l'escadron*.

Il opère de la même manière pour tous les grades et classes.

Ainsi, selon les mutations survenues, il déduit des présents en portant aux absents, ou il déduit des absents en portant aux présents, ou enfin il déduit des présents ou absents et de l'effectif général les passés à d'autres escadrons, à d'autres corps, morts ou rayés de l'effectif pour toute autre cause. Il en est de même pour les chevaux.

Toutes les positions étant bien indiquées, le maréchal des logis chef fait les additions, et pour s'assurer de l'exactitude de la situation, il réunit tous les totaux, lesquels additionnés doivent donner le chiffre trouvé dans la colonne de l'effectif général.

Les mutations sont rédigées d'après les formules indiquées au livre de détail.

Dans le cas d'absence quelconque, mort et radiation de l'effectif, la situation de la masse individuelle est indiquée à la suite de la mutation de l'homme. Cette indication a pour but d'éviter que le montant de la masse soit changé, au cas où l'homme viendrait à mourir ou à disparaître.

Le rapport étant établi et signé par le capitaine, est remis à l'adjudant de semaine, une heure au moins avant celle de la réunion du rapport général, avec toutes les pièces à l'appui des mutations.

Le rapport général étant établi, les rapports et les pièces à l'appui sont remis, par l'adjudant, aux maréchaux des logis chefs, et à l'heure indiquée, ils sont portés au major, avec les pièces à l'appui, par le fourrier de chaque escadron.

Service de la solde et des règles d'allocation.

Définition générale du service de la solde.

L'objet du service de la solde est de pourvoir à toutes les prestations qui entrent dans la composition du service en deniers.

Les prestations qui ressortissent du service de la solde sont :
1° La solde ;
2° Les accessoires de solde ;
3° La masse individuelle ;
4° Les masses générales d'entretien.

Entrée en solde de présence.

L'officier entre en solde de présence le jour où il est reçu sous les drapeaux, ou lorsqu'il se met en route pour rejoindre.

Les sous-officiers, soldats et enfants de troupe entrent en solde de présence, savoir :

1° Les jeunes soldats appelés à l'activité, du jour où étant formés en détachement, ils sont mis en route pour rejoindre les corps auxquels ils sont destinés ;

2° Les jeunes soldats isolés et engagés volontaires, du jour même de leur incorporation s'ils n'ont point eu droit à l'indemnité de route, ou du lendemain de leur arrivée au corps, quand ils ont eu droit à cette indemnité ;

3° Le remplaçant d'un militaire sous les drapeaux, à partir du jour de la radiation du remplacé ;

4° Les enfants de troupe, du jour de leur admission ;

5° Les enfants de troupe âgés de quatorze ans, faisant titulairement le service de trompette, du jour où ils sont nommés ;

6° Les mêmes faisant le même service sans être titulaires, ou s'ils sont employés, soit dans la musique, soit dans les bureaux des officiers comptables ou dans les ateliers du corps, reçoivent une solde spéciale qui est déterminée par le tarif de la subdivision de l'arme.

Entrée en solde d'un nouveau grade ou d'une nouvelle classe.

Les officiers promus à un nouveau grade ou montés à une nouvelle classe, ont droit à la solde affectée à leur nouveau grade ou à leur nouvelle classe, savoir :

1° L'officier présent à son corps, qui monte à un nouveau grade, et le sous-officier présent promu sous-lieutenant au corps, à compter du jour de sa réception dans ce grade ;

2° L'officier présent à son corps, qui monte à une nouvelle classe, à compter du jour de sa réception dans cette classe ;

3° L'officier promu ou monté à une nouvelle classe, étant à l'hôpital ou en congé, à compter du jour où il est reçu dans son nouveau grade, après sa rentrée au corps.

L'officier promu étant à l'hôpital pour cause de blessures reçues devant l'ennemi ou dans un service commandé, jouit de la solde de son nouveau grade du jour où il reçoit l'avis de sa nomination. *(D. m. du 1er octobre 1848.)*

L'officier changeant de résidence ou de corps par suite de promotion, qui va en congé avant de se rendre à sa nouvelle destination, est considéré comme étant en congé à l'époque de sa promotion, et l'entrée en jouissance de la solde du nouveau grade est soumise aux mêmes règles que pour les officiers promus étant en congé. *(D. m. du 17 avril 1847.)*

4° L'officier qui, promu étant en congé, change de corps par suite de sa promotion, à compter du jour où il est reçu dans son nouveau grade après son arrivée à son nouveau corps, et si le corps est divisé, au détachement dont il fait partie ;

5° L'officier promu étant retenu dans une place de guerre en état de siége, à compter du jour où il reçoit l'avis de sa promotion ;

6° Les capitaines et lieutenants présents arrivant à la première classe de leur grade, à compter du jour de leur réception dans cette classe ;

7° L'officier qui, à l'époque de sa promotion, ou qui arrive à une nouvelle classe de son grade, se trouve absent par mission autorisée, ou détaché pour le service, à compter du jour où il reçoit l'avis de sa promotion ou de son passage à la nouvelle classe, constaté par visa du sous-intendant militaire ;

8° L'officier présent passant d'un corps dans un autre par suite de promotion, à compter du jour de son départ ;

9° L'officier présent qui change de résidence ou de corps, par suite de promotion, retenu par ordre du ministre, dans l'intérêt du service, à son ancien poste ou à son ancien corps, du jour où il a reçu l'avis de sa promotion, constaté par visa du sous-intendant militaire. *(D. m. du 17 avril 1847.)*

Les sous-officiers, brigadiers et cavaliers promus à un nouveau grade ou à une nouvelle classe, ont droit à la solde affectée à leur nouveau grade ou à leur nouvelle classe, savoir :

1° Les sous-officiers, brigadiers et cavaliers promus sans changer de corps, ou devant passer à une autre portion du corps éloignée de celle où ils se trouvent, mais retenus pour raisons de service, et dont la réception a été autorisée par le général commandant la division, du jour de leur réception dans le grade ;

2° Les mêmes, s'ils ne sont pas reçus dans leur nouveau grade avant de rejoindre leur destination, à dater du jour de leur départ ;

3° Ceux qui montent à une classe supérieure, à compter du jour où ils sont nommés à cette classe s'ils sont présents, et du lendemain de leur rentrée au corps s'ils sont absents ;

4° Les sous-officiers, brigadiers et cavaliers promus et passant isolément dans un autre corps, à compter du jour de leur départ pour ce

11

nouveau corps, constaté par leur feuille de route ; ce rappel a lieu sur le pied de la solde sans vivres.

Les militaires dont les corps sont en France, entrent en solde de congé ou de permission du jour du départ, pour en jouir :

Ceux stationnés en Corse ou sur tout autre point outre-mer, à compter du jour du débarquement ou de la sortie du Lazaret ;

Ceux faisant partie d'une armée ou d'un rassemblement hors de l'empire, du jour du passage de la frontière.

Lorsque, sans cause légitime constatée par l'officier général commandant, l'officier qui a demandé et obtenu un semestre ne part pas le jour indiqué par le procès-verbal des semestres, il n'a droit, à compter de ce jour, qu'à la solde de congé, à moins qu'il ne renonce au semestre.

Entrée en solde d'hôpital.

La solde d'hôpital est allouée depuis le jour de l'admission jusqu'au jour de la sortie exclusivement.

Si les militaires vont en congé en sortant de l'hôpital, le rappel est ajourné à leur rentrée au corps.

Ceux qui rentrent d'un hôpital externe sont en outre rappelés tant pour l'aller que pour le retour, savoir :

1° Les officiers, de la solde de présence ;

2° Les sous-officiers et soldats, de la solde sur le pied de solde sans vivres.

Tout militaire qui, sans motif légitime, ne rejoint pas immédiatement son corps à sa sortie de l'hôpital, n'a droit à aucun rappel de solde pour le temps de son absence.

Les jeunes soldats et les engagés volontaires qui avant leur arrivée au corps sont admis dans les hôpitaux, n'ont droit à aucun rappel de solde pour le temps écoulé depuis leur entrée à l'hôpital jusqu'à leur arrivée au corps, si, pour le rejoindre, ils ont voyagé isolément.

Le montant des retenues à exercer aux officiers pour les journées passées à l'hôpital est fixé ainsi qu'il suit, savoir :

Officier supérieur	3f »c	par jour.
Capitaine	2 »	—
Lieutenant	1 50	—
Sous-lieutenant	1 25	—

Les militaires qui sont autorisés à se rendre aux eaux thermales sont assimilés, sous le rapport de la solde, à ceux qui se rendent aux hôpitaux externes.

Lorsque, faute de place dans les établissements thermaux, les officiers sont obligés de se faire traiter à leurs frais, ils conservent la solde de présence.

Les militaires venant de congé rentrent en solde de présence le lendemain de leur rentrée au corps.

Ceux employés en Corse ou sur tout autre point outre-mer, du lendemain du jour de leur arrivée au port d'embarquement.

Les officiers sortant d'un hôpital (du lieu ou externe) ou revenant des eaux, du jour de leur sortie de l'hôpital.

Les sous-officiers et soldats sortant de l'hôpital du lieu, du jour de leur sortie.

Ceux sortant d'un hôpital externe ou revenant des eaux, du jour de leur sortie pour la solde sans vivres, et du lendemain de leur rentrée au corps pour la solde de station.

Solde en recrutement.

Les officiers composant les dépôts de recrutement et ceux détachés pour la conduite des recrues ont droit à la solde de leur grade et de leur classe dans leur arme, avec le supplément d'un cinquième.

Les officiers de cavalerie hors cadres n'ont droit qu'à la solde de leur grade dans l'infanterie *(C. m. du 27 mai 1850)*.

Les sous-officiers, brigadiers, cavaliers et trompettes employés dans les dépôts de recrutement comme auxiliaires ou détachés pour la conduite des recrues, ont droit à la solde de leur grade dans leur arme, avec le supplément ci-après, savoir :

Sous-officiers.................	»f 26c par jour.
Brigadiers.....................	» 20
Cavaliers......................	» 10
Trompettes....................	» 15

Lorsque les conducteurs en chef de recrues sont pris parmi les cavaliers, ils reçoivent le supplément de solde accordé aux brigadiers.

Le supplément est dû pour l'aller et le retour ; mais il y a interruption s'il y a séjour à l'hôpital ou une permission pendant la route.

Solde en remonte.

Les officiers supérieurs et autres employés au service de la remonte, et les officiers des compagnies de cavaliers de remonte, ont droit à la solde de leur grade et de leur classe, avec le supplément d'un cinquième.

Ce supplément est dû à dater du lendemain de leur arrivée dans les dépôts ou succursales de remonte, et pour les journées effectives de service.

Il cesse d'être alloué : 1° à dater du jour de leur départ de ces établissements, à moins qu'ils ne conduisent un détachement de chevaux à leur régiment ; dans ce dernier cas, ils restent en possession du supplément jusqu'au jour inclus de leur rentrée au corps, comme les officiers des détachements régimentaires ;

2° Pour le temps de leur route aux militaires qui passent d'un établissement dans un autre, à moins qu'ils n'y conduisent des chevaux ;

3° Pour les journées de permission ou de congé et d'hôpital à ceux qui pendant la durée de leur mission, se trouvent dans l'une ou l'autre de ces positions.

Les sous-officiers, brigadiers et cavaliers de remonte et des corps de cavalerie spécialement chargés du dressage des jeunes chevaux reçoivent une indemnité journalière, dont le montant est fixé à 0 fr. 25 c. pour les maréchaux des logis ; à 0 fr. 15 c. pour les brigadiers, et à 0 fr. 10 c. pour les cavaliers, indépendamment des cinq centimes de supplément de solde qui leur sont alloués.

Les officiers des détachements régimentaires allant chercher des chevaux dans les dépôts de remonte ou succursales, ont droit à la solde de station et à l'indemnité de route, à dater du jour de leur départ du corps jusqu'à celui de leur arrivée inclusivement au dépôt de remonte.

A dater du lendemain, ils ont droit à la solde de station de leur arme, de leur grade et de leur classe, augmentée du supplément d'un cinquième en sus, jusqu'au jour de leur rentrée au corps inclusivement.

S'ils retournent immédiatement au même dépôt pour y chercher d'autres chevaux, ils sont traités comme la première fois.

Les sous-officiers et cavaliers des mêmes détachements ont droit, s'ils voyagent en détachement, à dater du jour du départ du corps, à la solde de route ordinaire, jusqu'à celui inclus de leur arrivée au dépôt de remonte ; s'ils voyagent isolément, ils ont droit à la solde dite sans vivres et à l'indemnité de route.

A dater du lendemain de leur arrivée, ils ont droit à la solde de station de l'arme et à un supplément de solde de cinq centimes par jour, jusqu'au jour inclus de leur rentrée au corps, sauf le cas de séjour à l'hôpital et de permission en congé.

Ces allocations sont exclusives du droit à la fourniture du pain, lesquelles se cumulent avec l'indemnité de route et celle particulière du découcher.

Les sous-officiers, brigadiers et cavaliers qui retournent au dépôt pour y prendre d'autres chevaux sont traités comme en y allant la première fois.

Solde en jugement ou détenus correctionnellement.

Les sous-officiers, brigadiers et cavaliers ne reçoivent aucune solde pendant le temps de leur détention ; mais s'ils sont acquittés, ils sont rappelés, à leur retour au corps, de la solde de congé pour tout le temps de leur absence, à moins qu'ils n'aient été mis en jugement pour cause de désertion ; dans ce dernier cas, ils n'ont droit à aucun rappel. N'ont également droit à aucun rappel pour tout le temps de la route, ceux qui rejoignent après avoir subi une détention par suite de jugement, ou qui voyagent sous l'escorte de la gendarmerie pour quelque cause que ce soit.

Lorsqu'après leur détention pour mesure disciplinaire, des militaires retournent librement à leur corps, ils ont droit à la solde sans vivres cumulativement avec l'indemnité de route.

Solde des officiers.

La solde des officiers se paie par mois et à terme échu, ainsi que les accessoires de solde, dans les trois jours qui suivent la date à laquelle la perception est faite ; elle se décompte à raison de trente jours par mois ; elle ne peut être payée à l'officier à titre d'avance.

Si un corps change de garnison dans la dernière quinzaine d'un mois, elle peut être payée jusqu'au jour du départ exclusivement.

Un officier qui entre dans une position d'absence, qui passe à une autre portion du corps ou qui cesse d'en faire partie, est intégralement payé, à l'époque de son départ, du traitement qui lui est acquis ; sa quittance doit porter décompte des prestations composant ce traitement. Il lui est remis un certificat de cessation de paiement, signé par le trésorier, vérifié par le major, visé par le président du conseil d'administration et par le sous-intendant militaire.

Solde de la troupe.

La solde de la troupe et les divers suppléments sont perçus par les corps, par quinzaine et à l'avance, les 1er et 16 de chaque mois, sur le pied de paix ; et à terme échu aux mêmes époques, aux armées, lorsque les troupes reçoivent les vivres de campagne, à moins que la situation de la caisse du corps ne permette pas de faire l'avance du prêt.

Paiement du prêt aux escadrons.

La solde de la troupe se paie à titre de prêt et à l'avance, sur le pied de paix, par le trésorier, tous les cinq jours, les 1er, 6, 11, 16, 21 et 26 de chaque mois, entre les mains du capitaine, sur une feuille de prêt, certifiée et quittancée par lui. La somme doit être écrite en toutes lettres, de la main du capitaine.

Sur le pied de guerre, le prêt se paie de la même manière, mais à terme échu, lorsque la troupe reçoit des vivres de campagne et qu'elle ne fait pas ordinaire.

Le trésorier doit vérifier la feuille de prêt avant d'en payer le montant ; s'il ne la trouve pas exacte, il la fait recommencer ; il en est de même s'il existe des surcharges ou ratures non approuvées dans les sommes en toutes lettres.

Le trésorier peut payer le montant de la feuille de prêt au maréchal des logis chef sur la présentation de cette feuille revêtue de l'acquit du capitaine. Le maréchal des logis chef remet sur-le-champ à son capitaine la somme qu'il a touchée chez le trésorier. Dans ce cas, le capitaine devient responsable de la somme payée sur sa quittance, à moins de circonstances extraordinaires, dont l'appréciation appartient au ministre de la guerre.

Le trésorier peut refuser de payer le prêt à un sous-officier qui se présenterait pour le recevoir en remplacement du maréchal des logis chef empêché, à moins que ce sous-officier n'ait une pièce signée du capitaine qui l'autorise à recevoir le prêt et à le lui porter.

Distribution du prêt.

Le prêt se divise en deux parties :

La première est destinée aux dépenses de l'ordinaire ; la seconde est payée, comme centimes de poche, aux hommes qui vivent à l'ordinaire.

Le soldat ne peut recevoir moins de cinq centimes par jour, non compris les hautes-paies, qui doivent toujours être acquittées intégralement.

Chaque jour le capitaine remet au maréchal des logis chef, pour être remis au brigadier d'ordinaire, l'argent nécessaire à titre d'à-compte pour les dépenses du lendemain ; cette somme est inscrite au livret d'ordinaire, par le maréchal des logis chefs, comme à-compte.

Le capitaine remet au maréchal des logis chef, le premier jour du prêt qui suit celui expiré, la solde des sous-officiers, celle des hommes qui ne mangent pas à l'ordinaire, celle des enfants de troupe, les centimes de poche et les hautes-paies.

Le maréchal des logis chef paie, le jour du prêt, en présence de l'officier chargé de la direction de l'ordinaire, aux chefs d'escouade, les centimes de poche et les hautes-paies du prêt échu, et ceux-ci les paient immédiatement aux hommes.

Le maréchal des logis chef paie, le même jour, aux sous-officiers le prêt échu ; il paie également les sommes revenant aux enfants de troupe et aux hommes qui ne vivent pas à l'ordinaire.

Haute-paie d'ancienneté.

Pour avoir droit à la haute-paie journalière d'ancienneté des 1er, 2e et 3e chevrons, il faut avoir droit aux chevrons qui sont acquis, savoir :

Le premier chevron à sept ans de services révolus, le double chevron à onze ans, et le triple chevron à quinze ans.

Les services donnant droit à la haute-paie d'ancienneté comptent :

Pour les engagés volontaires, à partir du jour où ils ont contracté leur engagement;

Pour les appelés et les substituants, à compter du 1er janvier de l'année de leur inscription sur les registres matricules du corps;

Pour les remplaçants, à compter de la date de l'acte de remplacement, lorsqu'ils se sont ensuite liés au service par un engagement volontaire ou un rengagement.

Le temps pendant lequel un militaire a subi une peine correctionnelle quelconque, en vertu d'un jugement d'un tribunal civil ou militaire, doit être déduit à partir du jour où sa condamnation est devenue définitive. Toutefois, si la condamnation d'un jeune soldat était antérieure au 1er janvier de l'année où il a été immatriculé, la déduction ne sera faite qu'à partir de cette dernière époque.

Les déserteurs et les insoumis condamnés ne peuvent compter le temps qui s'est écoulé jusqu'au moment où ils ont subi leur peine ou ont été graciés, savoir :

Les déserteurs, depuis le jour de leur désertion; les insoumis, depuis l'époque à laquelle ils ont été déclarés insoumis.

Il est tenu compte aux appelés et aux engagés volontaires du service actif qu'ils peuvent avoir fait antérieurement à leur appel ou à leur engagement.

Les militaires ayant des services dans la marine sont admis à les compter pour la haute-paie journalière d'ancienneté. Toutefois, les services comme marin ou comme ouvrier classé, ne comptent que de l'âge de dix-sept ans, et seulement pour le temps passé sur les vaisseaux ou dans les chantiers ou arsenaux de l'État.

La haute-paie d'ancienneté se décompte par jour et se perçoit avec le prêt; elle est allouée dans toutes les positions qui donnent droit à une solde d'activité quelconque, et même dans le cas de prolongation de congé sans solde.

Les sous-officiers, brigadiers et cavaliers français des régiments de spahis ont droit à la même haute-paie d'ancienneté que dans les autres corps de cavalerie.

Les sous-officiers, brigadiers et cavaliers indigènes des mêmes corps ont droit : après deux ans de service, à 10 centimes; après trois ans, à 15 centimes.

Indemnités diverses.

Indemnités de logement et d'ameublement.

L'indemnité de logement est due en station dans l'intérieur de l'Empire, aux officiers qui ne sont pas campés, ni baraqués, ni logés dans les bâtiments militaires aux frais de l'État ou aux frais des communes.

L'indemnité d'ameublement est due à ceux logés dans les bâtiments militaires non meublés, campés ou baraqués dans l'intérieur.

Indemnité en remplacement de vivres.

Des indemnités peuvent être accordées en remplacement de vivres de campagne, de l'eau-de-vie et du vin.

Ces indemnités sont dues aux corps de troupe et aux militaires dans les mêmes positions où ils ont droit aux distributions en nature qu'elles représentent.

Hors le cas de force majeure, aucune indemnité en remplacement de vivres ne doit être allouée sans une décision spéciale du ministre de la guerre.

Indemnité en rassemblement.

Lorsque des rassemblements extraordinaires de troupes ont lieu, il est accordé aux officiers, sous-officiers, brigadiers, cavaliers et enfants de troupe après 14 ans, une indemnité motivée sur la cherté locale des vivres, pour les journées passées dans la circonscription du rassemblement, soit en marche, soit en station, d'après le tarif suivant :

Officier supérieur et médecin major de 1re classe...	60f »c	par mois.
Capitaine et médecin major de 2e classe...........	40 »	—
Lieutenant, médecin aide-major, sous-lieutenant, chef de musique et vétérinaire.................	30 »	—
Adjudant sous-officier, chef armurier de 1re classe et sous-chef de musique........................	» 15	par jour.
Sous-officier, chef armurier de 2e classe, musicien de 1re et 2e classe	» 08	—
Brigadier, cavalier, musicien de 3e et 4e classe, et enfant de troupe après 14 ans....................	» 05	—

Indemnité d'ordinaire.

En raison du renchérissement des denrées, les sous-officiers, brigadiers et cavaliers auxquels il n'est pas distribué de vivres en nature, reçoivent un supplément de solde de *trois centimes* par journée de présence, dont le versement est effectué aux fonds de l'ordinaire (la garde impériale et la gendarmerie exceptées).

Toutefois, les troupes qui, dans certaines localités, reçoivent déjà exceptionnellement au même titre une allocation plus élevée, continueront à en jouir, à l'exclusion du nouveau supplément; mais ce dernier devra être substitué à l'allocation dont il s'agit, si au contraire elle est inférieure ou égale à 0 fr. 03 c.

Cav.   2

Indemnité aux vaguemestres des corps.

Ils reçoivent, tant dans l'intérieur qu'aux armées, suivant leur position, une indemnité journalière pour les journées effectives de service dans cet emploi, d'après le Tarif n° 33.

Indemnité de route.

L'indemnité de route est due aux officiers, sous-officiers, brigadiers et cavalier en activité, d'après les fixations indiquées au Tarif n° 31, lorsqu'ils voyagent isolément, soit dans l'intérêt du service, soit pour rentrer dans leurs foyers pour cause de blessures ou d'infirmités, soit pour aller aux hôpitaux, soit enfin par suite de cessation d'emploi.

La distance légale à parcourir pour avoir droit à l'indemnité de route, est :

1° Tout trajet de 24 kilomètres sur les routes qui ne sont pas lignes d'étapes, y compris le dernier trajet, s'il est de 12 kilomètres au moins;

2° Tout trajet de 12 kilomètres au moins jusqu'à 24, lorsqu'il a pour objet de rejoindre un premier gîte d'étape, ou d'aller du dernier jusqu'à destination;

3° Tout déplacement exigeant une marche de 12 kilomètres au moins jusqu'à 24, pour se rendre au point assigné, ou de 24 kilomètres pour y aller et revenir le même jour.

L'indemnité qui n'a pas été touchée au point de départ ou pendant la route, doit, sous peine de déchéance, être réclamée, dans les cinq jours de l'arrivée à destination, au sous-intendant militaire de la place, ou, dans les quinze jours, à celui de la résidence la plus voisine dans la division, s'il n'existe pas de fonctionnaire de l'intendance dans ladite place.

Un chef de détachement conduisant un détachement ayant droit à l'indemnité de route, doit établir dans chaque gîte où réside le sous-intendant militaire, pour percevoir cette indemnité, un état nominatif en deux expéditions (Modèle 1); lorsqu'il aura été ordonnancé, il ira en recevoir le montant chez le payeur; ensuite, il distribuera ces fonds aux militaires qui figurent sur ledit état, soit immédiatement, soit de gîte en gîte.

Le sous-intendant militaire garde par devers lui la deuxième expédition.

Les mandats sont payés par les payeurs ou, à leur défaut, par les receveurs particuliers ou les percepteurs communaux désignés sur ces mandats.

Ils doivent être présentés aux payeurs ou à leurs suppléants dans le jour même ou au plus tard le lendemain du jour de leur délivrance. Toutefois, ce délai est de dix jours pour les mandats d'indemnité dont les titulaires se trouvent dans le lieu de leur destination.

Les sous-officiers et soldats, ayant droit à l'indemnité de route et qui sont transportés au compte de l'État par les chemins de fer, les diligences et les bateaux à vapeur, reçoivent une double indemnité pour chaque journée passée en route toutes les fois que, d'après l'état des distances, il leur est accordé plus d'un jour pour franchir les parcours prescrits; dans le cas contraire, ils n'ont droit qu'à la simple indemnité de route.

Avances en route.

Il peut être fait des avances en argent aux militaires en activité lorsqu'ils voyagent isolément dans un intérêt de convenance et d'utilité personnelle, c'est-à-dire pour une cause ne constituant pas le droit à l'indemnité de route; cette avance ne peut dépasser le taux de l'indemnité de route de leur grade.

Les avances en effets de petit équipement ont lieu dans le même cas pour les sous-officiers et soldats seulement; cette disposition est applicable aux sous-officiers et soldats isolés ayant droit à l'indemnité de route, et à ceux qui, voyageant ou stationnant en détachement, quel que soit leur nombre, ne sont pas à portée de recevoir les effets qui leur sont nécessaires par les soins de leurs corps.

Les effets de petit équipement dont la distribution est autorisée sont : les chemises, les souliers et les guêtres.

Un commandant de détachement, pour faire toucher à ses hommes des effets de petit équipement, établit, en double expédition, un état (Modèle n° 2); une expédition reste entre les mains du fournisseur; une autre entre les mains du sous-intendant militaire.

Il en est fait inscription sur la feuille de route et sur les livrets des hommes. Si le militaire déclare n'en point avoir, le motif qu'il allègue est noté sur la feuille de route.

En conséquence, le capitaine doit, lorsqu'un homme de son escadron rentre d'une position d'absence, examiner ou faire examiner avec soin toutes les inscriptions portées sur la feuille de route, et s'il reconnaît que l'homme ait reçu des avances ou effets en route, il envoie le maréchal des logis chef chez le trésorier avec la feuille de route, afin que l'inscription de la dépense en soit faite immédiatement sur le registre des avances en route. Après cette inscription, il doit faire faire la même inscription sur le livret, si elle n'a déjà été faite par le sous-intendant militaire, et sur le livre de détail de l'escadron, pour figurer ultérieurement en dépense à la feuille de décompte dans une colonne spéciale.

Masse Individuelle.

Première mise de petit équipement.

Chaque soldat nouveau a droit à une première mise de petit équipement déterminée par le Tarif n° 41 ; cette allocation forme le premier fonds de la masse individuelle.

Sont considérés comme nouveaux soldats ayant droit à la première mise de petit équipement : 1° les jeunes soldats appelés ; 2° les engagés volontaires ; 3° les remplaçants par voie administrative ; 4° les hommes rentrant des prisons de l'ennemi ; 5° les déserteurs amnistiés, rayés des contrôles ; 6° les hommes sortant des équipages de ligne de la marine.

L'homme de recrue qui en arrivant dans un corps paraît susceptible de réforme, a droit à une première mise provisoire, uniformément fixée à *douze francs,* sans distinction d'armes.

Si ensuite il est jugé propre au service, le complément de la première mise réglementaire lui est alloué, selon l'arme dans laquelle il doit continuer à servir.

Celui auquel la première mise entière a été allouée, et qui est ultérieurement réformé pour des causes déjà existantes, mais inconnues à l'époque de son incorporation, subit sur le décompte de sa masse individuelle, et quelle que soit la durée de son séjour au corps, la retenue de la moitié de la première mise, si cette masse en offre les moyens ; dans le cas contraire, l'avoir à la masse est retenu en totalité. Cette disposition est applicable à l'engagé volontaire renvoyé dans ses foyers par suite de l'annulation de son acte d'engagement.

En ce qui concerne les hommes réformés après avoir reçu la première mise provisoire, la retenue à exercer comprend le montant intégral de leur masse. Ces dispositions sont applicables aux hommes qui obtiennent des congés de réforme, n° 2.

Les enfants de troupe ont droit à la première mise, lorsque, ayant atteint l'âge de quatorze ans, ils font le service de trompettes ou musiciens, ou sont employés, soit dans les bureaux des officiers comptables, soit dans les ateliers des corps ; mais elle ne leur est pas allouée de nouveau à l'âge de dix-sept ou dix-huit ans, s'ils contractent un engagement volontaire. S'ils ne s'engagent pas, il est fait reprise de la totalité de leur avoir à la masse.

Les hommes passant de la cavalerie dans l'infanterie, ou d'un service à pied dans un service à cheval, reçoivent un supplément de la première mise déterminé par le Tarif n° 41.

Un supplément de première mise est également alloué aux sous-officiers promus adjudants.

Exclusion.

N'ont pas droit à une nouvelle première mise de petit équipement :

1° Les hommes en congé illimité rappelés au service ;

2° Ceux qui, après s'être absentés de leurs corps, rejoignent avant l'expiration des délais fixés pour la prévention de désertion ;

3° Ceux qui, après avoir été mis en prévention de désertion, sont absous par jugement, ou ont été l'objet d'un refus d'information de la part du général commandant la division ;

4° Ceux qui sortent des ateliers de condamnés aux travaux publics, et généralement tous ceux qui ont subi, par suite d'un jugement, une peine correctionnelle n'entraînant pas la radiation des contrôles ;

5° L'homme de recrue nouvellement incorporé, qui aurait été rayé des contrôles, par suite d'une éventualité quelconque, avant d'avoir reçu des effets de petit équipement.

Dans le cas où l'homme de recrue entre à l'hôpital sans avoir été équipé, l'allocation de la première mise n'a lieu qu'à son retour au corps.

Prime journalière d'entretien de la masse individuelle.

La masse individuelle est alimentée au moyen d'une prime journalière d'entretien allouée aux sous-officiers, maîtres ouvriers, brigadiers et cavaliers, ainsi qu'aux enfants de troupe âgés de quatorze ans, dans toutes les positions de présence, soit à leur corps ou en subsistance dans un autre corps, soit dans des dépôts généraux, soit dans les dépôts de recrutement.

La prime journalière est également allouée, dans toutes les positions d'absence légale, aux hommes faisant partie de l'effectif soldé. Les journées passées dans cette position ne peuvent donner lieu à un rappel de plus de trois mois du montant de la prime d'entretien de la masse individuelle.

Les militaires en congé illimité et ceux en congé à titre de soutien de famille y ont pareillement droit, à dater du jour de leur départ pour rejoindre, quand ils sont rappelés sous les drapeaux.

Elle est due sans interruption aux militaires conduits par la gendarmerie à une prison externe pour y subir une peine disciplinaire, ainsi qu'à ceux qui, étant en route, sont mis entre les mains de la gendarmerie par mesure de discipline pour être conduits à leur destination *(D. m. du 19 janvier 1842.)*

La prime journalière est allouée aux jeunes soldats, aux engagés volontaires et aux remplaçants, à dater du lendemain de leur arrivée au corps ou à compter du jour même de leur incorporation, s'ils sont domiciliés dans le lieu où le régiment tient garnison.

Les hommes libérés du service cessent d'avoir droit à la prime journalière d'entretien, à compter du jour de leur départ du corps, lors même que pour rentrer dans leurs foyers ils seraient formés en détachement, soit à l'armée, soit à l'intérieur.

Le droit au rappel de la prime se perd dans les mêmes circonstances qui donnent lieu à la privation du rappel de solde.

L'homme de recrue qui serait rayé des contrôles avant d'avoir reçu des effets de petit équipement n'aurait pas droit à la prime journalière.

Objet de la masse individuelle.

La masse individuelle est destinée à pourvoir et à entretenir les hommes de troupe de tous grades des effets de linge et chaussure et autres quelconques compris sous la dénomination générique d'*effets de petit équipement,* et à toutes les autres dépenses mises à la charge de la masse individuelle.

En ce qui concerne les maîtres ouvriers, elle a pour objet de leur fournir les moyens de se procurer, de faire réparer et de renouveler leurs effets d'habillement, de coiffure, de grand et de petit équipement.

La masse individuelle des sous-officiers, brigadiers et cavaliers des régiments de spahis doit pourvoir, non-seulement aux mêmes dépenses que celles des sous-officiers, brigadiers et cavaliers des autres régiments de cavalerie, mais encore à l'achat des effets d'habillement et d'équipement.

Versements faits par les hommes pour accroître leur masse.

Les hommes dont la masse est au-dessous du complet réglementaire peuvent en augmenter l'avoir jusqu'à concurrence de ce complet, au moyen de versements qu'ils font entre les mains de leur capitaine.

Les travailleurs et les hommes qui les remplacent dans leur service remettent à leur capitaine la moitié du salaire qu'ils touchent respectivement, jusqu'à ce que leur masse soit complète.

Les sommes que les capitaines ont reçues pour augmenter l'avoir des masses sont versées par eux, à la fin de chaque mois, dans la caisse du trésorier (Modèle n° 3).

La valeur des effets de petit équipement qui sont détruits comme ayant servi au pansage de chevaux atteints de maladies contagieuses, est remboursée à la masse individuelle, par la masse générale d'entretien du harnachement et ferrage, au prix d'achat si les effets ont été distribués dans le trimestre, et sur le pied des deux tiers de ce prix si leur distribution est plus ancienne.

Chaque fois que le cas se présente, le capitaine établit un décompte d'après le Modèle n° 16, qui, après avoir été certifié par lui, conjointement avec le capitaine d'habillement, et vérifié par le major, est remis au trésorier pour servir de base au versement à opérer, par virement, d'une masse à l'autre.

Paiement trimestriel de l'excédant du complet de la masse.

L'excédant du complet réglementaire de la masse, constaté par la feuille de décompte établie par le capitaine, est payé intégralement aussitôt qu'elle a été vérifiée par le major, aux escadrons, pour les hommes qui sont alors présents, quelles que soient les imputations dont ils peuvent être devenus passibles depuis le premier jour du trimestre.

Dans les compagnies de discipline, le capitaine ne paie les excédants de masse qu'aux époques et dans les proportions réglées individuellement ou collectivement, sur sa proposition, par le général commandant la division.

Les hommes qui quittent le corps par congé illimité, reçoivent, au moment de leur départ, l'excédant qui leur est acquis suivant l'arrêté de leur compte.

Le montant des excédants est remis par le trésorier aux capitaines, sur états nominatifs (Modèle nº 4), certifiés et quittancés par eux, et visés par le major.

Paiement de l'avoir à la masse.

L'avoir à la masse des hommes présents qui quittent le service, ou qui sont promus adjudants ou sous-lieutenants, est payé aux premiers à l'époque de leur radiation des contrôles du corps, et aux autres lors de leur promotion.

La somme qui leur revient est, à cet effet, remise au capitaine, qui en donne quittance au bas de l'extrait du livre de détail mentionné ci-après.

L'avoir à la masse des hommes libérés étant absents leur est envoyé par les soins du conseil d'administration de leur corps, au moyen d'un mandat payable à quarante jours de date pour ceux délivrés en France, et à quatre-vingt-dix jours pour ceux délivrés en Algérie.

Extrait du livre de détail pour les hommes rayés des contrôles.

Dès qu'un homme présent ou absent passe à un autre corps ou quitte le service, le capitaine remet au trésorier un extrait du livre de détail (Modèle nº 5), constatant la situation de la masse de cet homme. L'extrait est visé par le major après vérification. On agit de même pour les sous-officiers promus adjudants ou sous-lieutenants.

Tous les hommes rayés simultanément du contrôle sont compris sur le même extrait.

Distribution d'effets de petit équipement.

Les effets de petit équipement sont délivrés par l'officier d'habillement sur la présentation de bons nominatifs (Modèle nº 6).

La distribution des effets reçus du magasin est faite, dans l'intérieur des escadrons, par le maréchal des logis chef, en présence du capitaine.

En distribuant les effets, le maréchal des logis chef doit inscrire immédiatement sur le livret de l'homme, et en sa présence, ainsi que sur le livre de l'escadron, les effets qu'il leur remet avec le prix de chacun; cette inscription est faite à la même date que celle du bon nominatif. Ces inscriptions sont collationnées, puis le livret est remis à l'homme.

La distribution étant terminée, le capitaine fait enregistrer par le maréchal des logis chef, sur le livre de détail (Chap. XV), le bon des effets qu'il a reçus par nature, avec indication de la somme à laquelle ils se montent.

Effets de petit équipement des hommes rayés des contrôles.

Les effets de petit équipement laissés au corps par les hommes qui cessent d'y appartenir, sont versés au magasin d'habillement sur une note signée du capitaine, relatant, indépendamment de leur nature et de leur nombre, le numéro matricule et le nom de ces hommes, ainsi que la date de leur radiation des contrôles, et la cause qui y a donné lieu (Modèle n° 7).

Réparations au compte de la masse individuelle.

Les réparations imputables à la masse individuelle sont faites sous l'approbation du sous-intendant militaire, soit d'après les tarifs ou d'après des marchés passés par le conseil d'administration, qui déterminent l'espèce et le prix de chaque réparation, soit à prix débattu entre les capitaines et les ouvriers. Le choix entre ces deux modes appartient au conseil d'administration, et ce n'est qu'avec son assentiment que dans le dernier cas les capitaines peuvent avoir recours aux ouvriers du corps.

Les réparations sont exécutées d'après des bulletins nominatifs (Modèle n° 8), délivrés par les capitaines commandants, aussitôt que les dégradations sont connues et appréciées par eux.

Chaque bulletin désigne le maître ouvrier ou l'ouvrier civil qui doit exécuter la réparation, et contient, outre les noms des détenteurs des effets, l'indication sommaire et le prix de la réparation.

Les bulletins pour les réparations sont inscrits par les capitaines, au fur et à mesure qu'ils les délivrent, sur un bordereau d'enregistrement journalier (Modèle n° 9) pour celles à exécuter par les ouvriers du corps au prix du tarif ou par voie de marché, et (Modèle n° 10) pour celles qui sont faites à prix débattu par les ouvriers civils; les prix alloués aux maîtres ouvriers sont relatés distinctement pour chaque objet et par nature de réparation.

Ces bordereaux sont totalisés à la fin de chaque trimestre; après que les capitaines se sont assurés de l'exécution des réparations, ils les certifient et les font parvenir immédiatement à l'officier d'habillement.

Lorsque les réparations s'opèrent à prix débattu et qu'un ouvrier réclame le prix de son travail au moment où il rapporte l'effet réparé, le capitaine soumet le bulletin au major, qui y appose son autorisation d'acquittement, ainsi conçu : *Bon à payer par le trésorier.* Ce bulletin est ensuite remis à l'ouvrier, qui en touche le montant sur son acquit.

Habillement, coiffure et grand équipement.

Les effets d'habillement, de coiffure et de grand équipement sont classés sous les titres de première et de deuxième catégorie.

Leur nomenclature est indiquée au tableau H.

La durée réglementaire des effets de la première catégorie est supputée ou comptée par trimestre, depuis et y compris celui où la distribution en est faite par le magasin d'habillement.

Lorsque les effets rentrent en magasin avant d'avoir accompli leur durée réglementaire, elle est suspendue à compter du trimestre qui suit celui de la réintégration.

La durée des effets de la deuxième catégorie et des instruments de musique est supputée par année, et n'est pas suspendue par suite de réintégration en magasin.

Les effets de la première catégorie sont remplacés au terme de leur durée réglementaire.

Ceux de la deuxième catégorie et les instruments de musique ne sont remplacés qu'après avoir atteint le terme de leur durée réglementaire, et seulement lorsqu'ils ont été réformés.

Les hommes nouvellement immatriculés sont habillés et équipés dès leur arrivée au corps.

Les effets en cours de durée sont distribués aux jeunes soldats et aux remplaçants, s'il en existe en magasin qui puissent être ajustés à leur taille.

Les effets neufs sont préférablement donnés aux engagés volontaires et aux hommes venant d'autres corps ou de la réserve.

Les hommes qui sont présumés devoir être renvoyés dans leurs foyers ou réformés à la première revue trimestrielle, ne reçoivent que les effets qui leur sont rigoureusement nécessaires, et qui sont pris parmi ceux en cours de durée, ou même dont la durée est accomplie.

Les anciens soldats reçoivent, autant que possible, des effets neufs à titre de remplacement.

Aucun remplacement n'a lieu dans le trimestre qui précède celui de la libération.

Les hommes qui sont désignés ou proposés pour quitter le corps avant l'époque de la libération, soit par congé illimité, soit pour toute autre cause emportant radiation des contrôles annuels, ne reçoivent pas d'effets de remplacement à partir de l'époque de la notification de l'ordre d'après lequel doit s'opérer cette radiation.

Ces dispositions ne sont applicables ni aux militaires en instance pour obtenir la pension de retraite ni à ceux qui doivent être libérés aux armées.

Les effets apportés par les hommes rappelés de la réserve, ne sont remplacés qu'à l'expiration de leur durée réglementaire, à moins que le sous-intendant militaire, après avoir procédé à leur examen concurremment avec le conseil d'administration, n'en approuve le remplacement anticipé.

La distribution des effets de la première catégorie date toujours du trimestre pendant lequel elle est faite par l'officier d'habillement.

Les effets sont essayés aux hommes dans le magasin, au moment de la distribution et en présence du capitaine commandant. En cas de contestation entre cet officier et l'officier d'habillement, le major prononce.

Les effets d'habillement, de coiffure et de grand équipement délivrés par le magasin d'habillement, ne peuvent y être échangés qu'en vertu des ordres du commandant du corps ou de la portion du corps.

Les effets de la première catégorie sont marqués, au magasin d'habillement, du numéro du trimestre et de l'année de leur distribution, au moment où ils sont délivrés; le numéro matricule de l'homme qui les reçoit est appliqué dans les escadrons, par les soins des capitaines.

Ceux qui rentrent au magasin après avoir déjà fait une partie de leur durée, reçoivent, en outre, au-dessous de ce numéro, le timbre du trimestre de leur réintégration en magasin, avec la lettre R (réintégré).

Lorsqu'ils sont remis en service, l'officier d'habillement fait ajouter au timbre de la nouvelle distribution le chiffre indicatif du nombre de trimestres de durée restant à parcourir, et il le fait inscrire sur les bons au moment de la distribution.

Les effets de la deuxième catégorie, ceux de harnachement et les instruments de musique sont marqués du millésime de l'année de leur première mise en service, et d'un numéro de série qui y est apposé au moment de leur réception au magasin d'habillement.

Il y a une série distincte pour chaque sorte d'effets ou d'instruments.

Les capitaines commandants doivent, sous leur responsabilité, faire réapposer les marques qui disparaissent par suite de réparations ou d'accidents et celles qui cessent d'être assez apparentes.

Les galons d'or ou d'argent réintégrés au magasin sans les effets sur lesquels ils étaient posés, sont réservés pour les tuniques ou habits de petite tenue, à moins que le major n'ordonne qu'en raison de leur mauvais état ils soient classés hors de service. — Les galons de laine sont toujours classés hors de service.

Les pantalons seuls restent, à l'expiration de leur durée réglementaire, la propriété des hommes, qui ne peuvent néanmoins en disposer qu'avec l'autorisation de leur capitaine. Cette autorisation ne peut leur être donnée que lorsque le second pantalon (le dernier délivré) a été remplacé.

Les effets hors de service sont utilisés en partie : 1° pour l'habillement des enfants de troupe et les réparations ; 2° pour l'échange des effets des hommes quittant le corps, lorsque la durée réglementaire de ceux dont ils sont pourvus est accomplie et que leur état de dégradation rend cet échange indispensable; 3° pour le service de l'artillerie, des hôpitaux ou ambulances et des prisons.

Les militaires promus sous-officiers reçoivent, à titre de première mise, une tunique ou un habit (pelisse et dolman pour les hussards), en drap mi-fin; ils conservent pour la petite tenue la tunique ou l'habit de drap ordinaire dont ils sont pourvus, et versent la veste en magasin.

Les anciens sous-officiers conservent, pour la petite tenue, la tunique ou l'habit (ou la pelisse et le dolman) de drap mi-fin, lorsque ces effets ont atteint le terme de leur durée réglementaire.

En cas de changement de garnison ou de départ pour l'armée, les effets à verser en magasin sont :

1° En cas de mouvement, la tunique ou l'habit, ou le dolman et la pelisse de petite tenue des sous-officiers; on en fait des ballots qui suivent le corps à sa nouvelle destination.

Si le corps part pour l'armée, ces effets sont laissés au dépôt et affectés aux besoins, soit des recrues, soit des anciens militaires restés au dépôt;

2° En cas de départ pour l'armée, le dolman de grande tenue, ainsi que la ceinture, sont laissés au dépôt, et affectés aux besoins, soit des recrues, soit des anciens militaires restés au dépôt.

Lorsque le maréchal des logis chef a habillé ses hommes et distribué les effets de la 2ᵉ catégorie, il doit inscrire immédiatement les effets et la date de la mise en service sur la matricule de l'escadron et sur les livrets des hommes qui les ont reçus.

Les effets de la première et de la deuxième catégorie, ceux de harnachement et les armes se délivrent sur des bons (Modèles nᵒˢ 11, 12 ou 14 selon le cas), et sont réintégrés sur des bulletins de versement (Modèles nᵒˢ 13 et 15).

Moins-value.

Le décompte des moins-values, dont le montant doit être versé au Trésor, s'établit sur le nombre de trimestres que les effets de la première catégorie et le nombre d'années que les effets de la deuxième catégorie, ceux de harnachement et les instruments de musique ont encore à parcourir pour atteindre le terme de leur durée réglementaire. Le trimestre courant pour les premiers, et l'année courante pour les autres, sont comptés comme durée restant à faire. Ces derniers sont considérés, même après que leur durée réglementaire est accomplie, comme ayant encore une année de service à faire, lorsque la réforme n'en a pas été prononcée.

Si les effets dont la moins-value est à la charge de la masse individuelle ne sont pas réintégrés au magasin, le décompte, dressé d'après les bases fixées ci-dessus, est augmenté d'un trimestre ou d'une année, selon la nature des objets que l'homme n'aura pu représenter, sans que l'imputation puisse en aucun cas excéder le prix coûtant.

Le remboursement de la valeur proportionnelle, pour un trimestre ou une année, des effets perdus, est exigé alors même que ces effets ont accompli leur durée réglementaire.

Le montant de la perte ou de la moins-value à imputer à la masse individuelle est constaté par un bulletin établi par le capitaine (Modèle n° 17).

Dépôt dans les magasins du corps des effets des hommes qui s'absentent.

Les effets et les armes des hommes entrant dans une position d'absence, détachés ou détenus, sont déposés au magasin d'habillement avec une note (Modèle n° 18) qui en présente exactement la désignation, et qui indique la valeur estimative des dégradations reconnues. Cette note est datée et certifiée par le capitaine commandant; elle est rendue, avec les effets, à l'homme rentrant dans la position de présence; mais s'il est rayé des contrôles du corps, elle est conservée par l'officier d'habillement, pour être mise à l'appui du bulletin des réparations ou remplacements laissés au compte de la masse individuelle.

Si les effets ou les armes, au lieu d'être remis au magasin d'habillement, restent en dépôt dans les magasins de l'escadron, le capitaine conserve cette note, qui, dans ce cas, est visée par le major.

Tous les effets ou armes déposés ou versés doivent être soigneusement étiquetés (Modèle n° 20).

Armement.

Lieutenant d'armement et sous-lieutenants adjoints.

L'armement est placé dans chaque corps sous la surveillance d'un lieutenant, désigné par l'inspecteur général, sur la proposition du chef de corps.

Quand un escadron est détaché, le colonel désigne dans cet escadron le lieutenant qui lui paraît le plus propre à remplir les fonctions de lieutenant d'armement pendant toute la durée du détachement.

Dans tout détachement, un officier, ou à défaut un sous-officier, est chargé du service spécial de l'armement.

Dans chaque escadron, un sous-lieutenant est désigné par le colonel pour être adjoint au lieutenant d'armement; ils sont remplacés tous les six mois.

Pertes d'armes.

Toute perte d'armes par cas de force majeure est constatée par un procès-verbal (Modèle n° 21).

La mise hors de service d'une arme par cas de force majeure est constatée de la même manière.

Les armes perdues ou mises hors de service par la faute des hommes sont toujours portées à leur compte, au prix intégral de fabrication.

Si une arme perdue par la faute de l'homme vient à être retrouvée, la somme est restituée à la masse individuelle, sauf imputation des réparations.

Visite semestrielle des armes.

Tous les six mois, le chef armurier passe une visite générale et détaillée de l'armement du corps, en présence du lieutenant d'armement et de ses adjoints, pour les fractions dont ils sont spécialement chargés. Cette visite a lieu par escadron.

A cet effet, chaque escadron établit un contrôle, d'après le Modèle indiqué pour la visite annuelle du capitaine d'artillerie.

Les réparations reconnues nécessaires sont exécutées immédiatement.

Visite annuelle des armes par le capitaine d'artillerie.

Les armes des troupes sont visitées tous les ans par des capitaines d'artillerie, à moins que le ministre n'en décide autrement. Ces visites doivent être terminées à l'époque à laquelle commencent les inspections générales.

Le capitaine d'artillerie est accompagné d'un contrôleur d'armes.

La visite des armes se fait dans chaque corps par escadron, en présence du capitaine commandant, du lieutenant d'armement ou de celui qui le remplace dans chaque détachement, et de l'officier supérieur ayant sous ses ordres les escadrons dont on visite les armes.

Lorsqu'un escadron se présente à la visite, le maréchal des logis chef remet au capitaine d'artillerie, pour chaque espèce d'armes, un contrôle (Modèle n° 23); il doit comprendre sans exceptions les présents et les absents.

Les armes blanches ne sont visitées qu'une fois.

Le contrôleur reçoit successivement les armes des mains des soldats, les sabres dans leurs fourreaux.

Les armes à feu sont visitées deux fois.

Pour la première visite, elles sont démontées à l'avance.

Le contrôleur reçoit successivement des mains de chaque soldat, le canon, le bois et la platine.

Le canon séparé du bois et garni de sa baïonnette (dans les corps où il en existe), la baguette dans le canon.

Le bois portant toutes les pièces de garniture; la vis de culasse engagée par quelques filets dans son écrou.

La rosette en place et la grande vis engagée de quelques filets. (Armes modèle 1842.)

La platine séparée du bois.

Les grandes vis dans leur écrou, — le porte-vis suspendu à la grande vis de devant (armes transformées).

Chaque soldat est appelé à son tour, suivant l'ordre du contrôle qui est établi d'après la série des numéros.

Lorsqu'on lui rend son arme, il va immédiatement la remonter hors de la salle, et il attend qu'il soit appelé de nouveau pour la seconde visite.

La visite de détail étant terminée, les hommes sont appelés une seconde fois dans le même ordre pour présenter leurs armes remontées.

Quand la visite des armes à feu d'un escadron est terminée, les hommes sont appelés dans le même ordre pour présenter les accessoires.

Enfin, chaque chef d'escouade présente le monte-ressort et la clef de cheminée dont il est détenteur.

Afin d'éviter tout retard, un sous-officier veille spécialement à ce que cinq ou six soldats soient toujours à la fois dans la salle de visite. Le soldat qui sort doit être immédiatement remplacé par un autre.

L'imputation des réparations au compte du soldat ou de l'abonnement rentre dans les attributions de l'administration intérieure du corps, qui seule est en position d'apprécier les circonstances qui ont amené les dégradations, et les cas de responsabilité.

Réparations.

Les réparations des armes des escadrons sont exécutées sur des bulletins nominatifs (Modèle n° 22), visés par l'officier de peloton et délivrés par le capitaine commandant, qui indique à qui doit être imputée la réparation.

Ces bulletins sont portés, avec l'arme à réparer par le maréchal des logis de semaine, au sous-lieutenant d'armement de l'escadron, qui les vise également, après avoir reconnu que la réparation est bien indiquée.

En cas de doute sur l'imputation, il en réfère au lieutenant d'armement, qui soumet la question au major, s'il juge aussi que l'imputation est mal faite.

Les contestations relatives à l'imputation des réparations sont d'abord soumises au major. Elles sont jugées en dernier ressort par le conseil d'administration, après avoir entendu le major représentant le service administratif, et le chef d'escadron sous les ordres duquel se trouve l'escadron auquel appartient l'arme.

Les cas de force majeure sont constatés par les rapports des capitaines commandants. — Ces rapports, approuvés par le Conseil d'administration, sont soumis au sous-intendant militaire, qui, après s'être assuré de l'exactitude des faits, en dresse un procès-verbal (Modèle 21), et arrête la dépense au compte de l'État.

Les capitaines commandants peuvent, avec l'approbation du major, surseoir à la réparation des armes des hommes qui entrent dans une position d'absence, lorsqu'ils reconnaissent que ces armes, en raison de la nature des dégradations, sont susceptibles de faire, telles qu'elles sont, un bon service entre les mains des soldats à leur rentrée au corps.

Cette tolérance est surtout applicable aux bois de monture.

Dans le libellé de l'arrêté de compte de tout homme entrant dans une position d'absence quelconque, il est fait mention de cette circonstance comme il suit :

Arrêté à la somme de (la même qu'à l'arrêté en chiffres), sauf imputation de celle de....... pour la valeur des réparations suivantes à faire en cas de radiation des contrôles du corps. (Détailler les réparations.)

Manière de préparer la graisse pour l'entretien des armes.

Faire fondre sur un feu doux 250 grammes de graisse de mouton ; la passer dans un linge un peu clair ; y mêler immédiatement 500 grammes d'huile d'olive de bonne qualité. On obtient ainsi une pommade blanche, qu'il faut avoir soin de couvrir pour la préserver de la poussière.

Manière d'épurer l'huile d'olive.

L'huile d'olive du commerce étant rarement assez pure pour le graissage des articulations de la platine, il faut la purifier par le procédé suivant :

Dans 1 kilog. d'huile froide, verser 250 grammes de plomb fondu ; les parties aqueuses s'évaporent et les substances étrangères sont entraînées par le plomb. En répétant deux ou trois fois cette opération, on obtient de l'huile qui ne donne pas de cambouis et conserve bien le fer et l'acier.

Employer un vase de métal, afin qu'il ne se casse pas lorsqu'on y verse le plomb, et laisser déposer le liquide après l'opération, en l'exposant au soleil ou à une chaleur artificielle pendant quelques jours.

Les escadrons peuvent s'approvisionner d'huile et de graisse chez le chef armurier ; mais cela n'est pas obligatoire.

Manière de préparer l'encaustique.

Cire jaune...................	1k500
Cire blanche................	0.500
Essence de térébenthine	3.750
Noir d'ivoire................	0.500
Arcanson....................	0.062
	6k312

Râper la cire blanche et la cire jaune ; les mettre dans un pot, et verser dessus assez d'essence pour les recouvrir entièrement. L'arcanson, réduit en poudre, est soumis, dans un autre vase, à la même préparation ;

couvrir les vases pour que l'essence ne s'évapore pas, et laisser reposer pendant vingt-quatre heures.

Réunir ensuite dans un seul vase les deux dissolutions, y joindre le noir d'ivoire, et remuer le tout avec une spatule, en versant peu à peu le restant de l'essence. Quand le mélange est complet, on obtient une espèce de pommade.

Pour en faire usage, l'étendre en petite quantité sur la giberne; laisser évaporer l'essence pendant vingt-cinq minutes; frotter ensuite avec un morceau de drap fin et très-propre, toujours dans le même sens.

Munitions.

Les corps reçoivent des munitions pour le service de sûreté, pour leur instruction et pour les honneurs funèbres.

Cartouches de sûreté.

Les sous-officiers, brigadiers et cavaliers reçoivent un approvisionnement de douze cartouches de sûreté, dont un paquet de dix et deux cartouches libres.

Toutefois, les commandants des divisions territoriales ont la latitude d'augmenter ou de diminuer ce nombre suivant les circonstances.

Les paquets entre les mains des hommes doivent être cousus dans une toile, sur laquelle on écrit lisiblement l'indication du corps et le numéro matricule de l'homme. Les enveloppes en papier des paquets portent les mêmes inscriptions.

Chaque cartouche libre est placée dans un étui en carton où elle entre à frottement, et dont la longueur est un peu plus grande que celle de la cartouche, afin d'empêcher le contact avec les parois de la giberne.

Les cartouches libres et les étuis portent l'indication du corps et le numéro matricule de l'homme.

Les paquets de cartouches sont placés dans la giberne. Si on délivre à la troupe plus de paquets qu'on ne peut y en placer, ceux en surplus sont mis dans le porte-manteau.

Les paquets et les cartouches libres sont assujétis dans la giberne, avec du papier, de l'étoupe, etc., de façon à ne pas ballotter.

La toile nécessaire pour envelopper les paquets est prise dans les vieux effets, doublures, chemises, etc. Les capitaines commandants tiennent la main à l'exécution de cette mesure; s'ils reconnaissent que les ressources des hommes sont insuffisantes, on y pourvoit au moyen de celles du magasin d'habillement.

Lorsqu'il y a impossibilité constatée d'agir autrement, cette toile est achetée sur les fonds de la masse générale d'entretien.

Les étuis en carton sont confectionnés dans l'intérieur des escadrons, en roulant sur un mandrin du papier convenablement enduit de colle de farine. La dépense est au compte de la masse générale d'entretien.

Les soldats doivent rendre les capsules, les balles et la poudre qu'ils retirent de leurs armes en les déchargeant. Ces munitions, réunies par escadron, sont versées au lieutenant d'armement.

Les cartouches des hommes qui s'absentent doivent leur être retirées et déposées au magasin du corps. Il est même bon de les faire verser définitivement, surtout pour les hommes qui doivent faire une absence de longue durée, et de leur en faire délivrer de nouvelles à leur rentrée au corps, afin de les renouveler et d'éviter que les hommes en conservent de douteuses.

Les cartouches de sûreté sont délivrées aux escadrons sur un bon nominatif (Modèle n° 25), et versées sur un bulletin nominatif (Modèle n° 26).

Munitions d'exercices.

Les munitions d'exercices sont délivrées sur un bon sommaire du capitaine commandant (Modèle n° 24).

Toutes les munitions qui ne sont pas brûlées aux exercices à feu et instructions, ou au tir à la cible, seront soigneusement réunies après chaque séance, par escadron, de même que les débris de capsules et le vieux plomb, et versées au lieutenant d'armement.

Les économies faites sur le cinquième de capsules de rechange seront également versées après chaque séance.

Les capitaines commandants sont responsables de l'exécution de ces dispositions.

Le premier jour de chaque trimestre, ils remettent au lieutenant d'armement une situation des munitions existant à leur escadron (Modèle n° 27), faisant connaître les recettes et les consommations du trimestre, et l'existant au premier jour du trimestre suivant.

Casernement.

Dispositions générales.

Le casernement comprend tous les établissements affectés au logement, au service et à l'instruction des troupes.

Dans les bâtiments militaires désignés pour être occupés par les troupes, les logements des divers corps sont, autant que possible, distincts et séparés.

Dans les pavillons et dans les casernes, le logement des officiers, des sous-officiers, des maîtres ouvriers, des brigadiers, des blanchisseuses-vivandières, etc., doit, ainsi que les divers accessoires nécessaires au casernement des troupes, être établi, autant du moins que les localités le permettent, conformément au tableau de répartition suivant :

Cav.   3

LOGEMENTS.	NOMBRE ET COMPOSITION DES LOCAUX.	OBSERVATIONS.
Colonel................	Six chambres, dont cinq à feu, une cuisine et une écurie.	L'écurie comprise dans le logement d'un officier supérieur doit contenir un nombre de chevaux égal au nombre des rations de fourrages allouées à cet officier en raison de son grade. L'écurie pourra d'ailleurs, si elle renferme un excédant de places, être commune à plusieurs officiers.
Lieutenant-colonel.......	Cinq chambres, dont quatre à feu, une cuisine et une écurie.	
Chef d'escadron, major et médecin major de 1re cl	Quatre chambres, dont trois à feu, une cuisine et une écurie.	Quand un major est logé dans un bâtiment militaire, on annexe à son logement deux pièces pour lui servir de bureau.
Capitaine, trésorier, officier d'habillement et médecin major de 2e classe......	Deux pièces, dont une à feu, et un cabinet................	A défaut d'espace, le logement d'un capitaine peut être restreint, exceptionnellement, à une chambre et à un cabinet. — Quand un officier trésorier est logé dans un bâtiment militaire, on annexe à son logement deux pièces pour lui servir de bureau.
Lieutenant, sous-lieutenant, médecin aide-major, vétérinaire et chef de musique	Une chambre à feu et un cabinet.	
Adjudant................	Une chambre dans la caserne.	
Vaguemestre............	Une chambre..	Le vaguemestre est toujours logé seul.
Moniteur général........	Une chambre.	
Maître-ouvrier	Deux pièces, dont une à feu, avec ou sans cabinet.........	Ce logement, entièrement distinct des ateliers, doit, autant qu'il est possible, en être rapproché.
Garde - magasin d'habillement..	Une chambre..	La petite pièce à lui donner doit être le plus près possible du magasin.
Maréchal des logis chef, fourrier et élève fourrier d'un escadron.	Une chambre..	Elle doit être établie près de l'escadron, toutes les fois que les localités le permettent.
Maréchaux des logis d'un escadron	Deux chambres ou une seule, suivant la grandeur	Autant qu'il est possible, les maréchaux des logis d'un escadron sont répartis en deux chambres; toutefois, en cas de nécessité, on peut les loger ensemble.
Brigadier - fourrier d'état-major...............	Une chambre..	Le brigadier-fourrier d'état-major chargé de l'administration du peloton hors rang, loge toujours seul.
Brigadiers	....	Logent avec les hommes de leur escouade.
Blanchisseuse-vivandière tenant pension et cantine..	Une chambre à feu servant de cuisine, un cabinet et un petit magasin ou un caveau................................	Non compris les locaux affectés aux pensions des sous-officiers. — Pendant que les sous-officiers sont à table, la cantine se tient dans la cuisine de la blanchisseuse-vivandière.
Blanchisseuse-vivandière ne tenant ni pension ni cante	Une chambre à feu et un cabinet.	

Logement des chevaux des officiers.

Les officiers, lors même qu'ils n'ont pas de logement dans les bâtiments militaires, peuvent placer leurs chevaux dans les écuries disponibles des casernes, jusqu'à concurrence d'un nombre égal à celui des rations de fourrages auxquelles ils ont droit.

En cas d'insuffisance d'écuries dans les quartiers, la préférence est accordée et doit être assurée aux chevaux des officiers les moins élevés en grade, et, dans tous les cas, à ceux des officiers dont la troupe occupe la caserne, avant ceux des autres corps ou fractions de corps.

Chambres de soldats et leur mobilier.

La contenance des chambres de soldats est calculée de manière à ménager l'espace nécessaire pour le placement des lits et du mobilier, ainsi que pour la facilité de la circulation, et à donner à chaque homme un volume d'air d'au moins 14 mètres cubes.

La tête de chaque lit est, autant qu'il est possible, adossée à un mur où à une cloison, sans y toucher. L'intervalle entre deux lits doit être de 25 centimètres au moins.

Les chambres des soldats sont garnies du mobilier suivant :

1° Objets fournis, entretenus ou remplacés par le service du génie :

Planches à bagages de 0ᵐ30 de largeur, à double rang.

Chevilles, crochets ou boutons pour porter l'armement et l'équipement ;

Crochets pour souliers ;

Râteliers porte-brides.

Râtelier d'armes ;

Tables de 2 mètres de longueur sur 0ᵐ70 de largeur (une table pour seize hommes) ;

Bancs de 2 mètres de longueur (deux pour seize hommes) ;

Planches à pain de 0ᵐ60 de largeur, et d'un développement total calculé à raison de 0ᵐ12 au moins par homme de l'effectif ; elles sont élevées de 2 mètres du sol, et placées au-dessus des tables ;

Planchettes destinées à recevoir l'extrait de l'état des lieux et de l'inventaire du mobilier dressé par les soins du corps.

2° Objets fournis, entretenus et remplacés par les corps, sur la masse générale d'entretien :

Planchettes destinées à recevoir les instructions, les règlements, les listes et les consignes qui doivent être affichées dans les chambres ;

Étiquettes à placer à la tête des lits et au-dessus de chaque arme au râtelier.

Les chambres des musiciens reçoivent le même ameublement que les chambres des soldats.

Mobilier des chambres de sous-officiers.

Les chambres des sous-officiers sont meublées comme celles de la troupe, avec cette seule différence qu'il est accordé à chaque sous-officier, pour placer ses bagages, un développement de planches double de celui qu'on donne à chaque soldat.

Il est placé, en outre, dans la chambre de chaque maréchal des logis chef, un râtelier pour six armes, un développement de planches à bagages suffisant pour porter les bagages de douze hommes, et une table à tiroir fermant à clé.

Tout cet ameublement est fourni, entretenu et remplacé par le service du génie.

Mobilier des chambres des enfants de troupe et des logements de blanchisseuses.

Les chambres des enfants de troupe reçoivent le même ameublement que les chambres des soldats, à l'exception du mobilier destiné à l'armement et à l'équipement.

Il n'est fourni par le service du génie, dans le logement des blanchisseuses-vivandières, qu'une planche à bagages.

Écuries et leur mobilier.

Les chevaux sont espacés entre eux de 1^m45 dans les écuries.

Les écuries simples ont au moins 5 mètres de largeur, et les écuries doubles, au moins 8^m50. Les unes et les autres ont 3^m50 de hauteur au minimum. Dans tous les cas, il doit être réservé à chaque cheval un volume d'air de 20 mètres cubes au moins.

Les écuries sont pourvues du mobilier suivant, savoir :

1° Objets fournis, entretenus et remplacés par le service du génie :

Râtelier continu ;

Mangeoires individuelles ;

Chaînes d'attache munies de leurs tiges ou anneaux fixés aux mangeoires.

Une ou plusieurs cuves-abreuvoirs, d'une contenance totale calculée à raison de 20 litres par chaque cheval de l'effectif à loger ;

Coffres à avoine, établis sur des dés en pierre, et munis de cadenas, à raison d'un coffre par escadron ;

Anneaux de pansage, fixés à l'extérieur dans les murs des écuries, à 1^m45 de distance les uns des autres, et scellés dans des dés en pierre.

2° Objets fournis par le service du génie, et entretenus à la charge de la masse d'entretien du harnachement et du ferrage :

Bat-flancs, avec leurs chaînes de suspension, pour la séparation des chevaux par un ;

Mesures à avoine, deux par escadron ;

Vannettes à avoine, deux par escadron ;

Hache-paille, un par corps ;

Civières, à raison de quatre par escadron, et, en outre, de cinq par régiment, dont deux pour les jeunes chevaux, deux pour l'infirmerie, et une pour l'état-major ;

Seaux, huit par escadron ;

Baquets, deux par escadron ;

Planchettes à consigne, une par escadron ;

Planchettes pour inscrire le nom des chevaux ;

Augets, deux par escadron ; ils ne sont fournis que lorsque les mangeoires ne sont pas à cuvettes.

Les ustensiles et outils non compris dans les deux catégories précédentes, et nécessaires à l'entretien de la propreté des écuries, à l'enlèvement du crottin, etc., sont fournis, entretenus et renouvelés par les corps, sur la masse d'entretien du harnachement et du ferrage.

Porte-selles.

Les selles et les autres objets de harnachement sont placés sur des porte-selles, dont la fourniture, l'entretien et le remplacement incombent au service du génie.

Cuisines et leur mobilier.

Quand les localités le permettent, il doit y avoir deux cuisines, munies de fourneaux, pour chaque régiment de cavalerie.

Les cuisines sont au rez-de-chaussée, dans des locaux pavés ou dall s.

Les cuisines reçoivent l'ameublement suivant, qui est fourni, entretenu et remplacé par le service du génie :

Marmites, à raison d'une par demi-escadron. (Quand les marmites ne sont pas de dimensions suffisantes pour servir chacune à l'ordinaire d'un demi-escadron, on en augmente le nombre à raison de l'effectif.);

Tables de 0^{m}90 de largeur sur 0^{m}75 de hauteur, à raison de 3^{m}50 de développement par escadron ;

Tablettes de 0^{m}30 de largeur, entièrement semblables aux planches à bagages, placées en nombre suffisant, à 0^{m}50 au-dessus des tables ;

Chevalet pour scier le bois.

Il est placé, par le service du génie, en dehors et à portée de chaque cuisine, un billot en bois qui est enfoncé en terre de manière à y rester à demeure. Il est défendu de fendre du bois ailleurs que sur ce billot.

Les scies et les haches sont achetées, entretenues et renouvelées par les corps, sur la masse générale d'entretien.

|Mobilier des pensions de sous-officiers.

Les pensions des sous-officiers sont garnies :

1° De tables, en quantité suffisante pour que chaque sous-officier y occupe une place de 0^m50 à 0^m60 de largeur;

2° De bancs, à raison de 0^m50 de longueur par sous-officier;

3° D'une rangée de tablettes entièrement semblables aux planches à bagages.

Cet ameublement est établi, entretenu et remplacé par le service du génie, qui n'a d'ailleurs rien à fournir pour les cantines.

Matériel pour le service des manéges.

Il est fourni, par les soins et aux frais du service du génie, les objets mobiliers nécessaires au service et aux exercices du manége, tels que barrières, piliers, chandeliers, têtes, arrosoirs, pics à hoyaux, pelles et râteaux.

Ces objets sont entretenus par les corps, sur les fonds de la masse d'entretien du harnachement et du ferrage.

Le corps occupant est chargé de l'entretien du sol du manége.

Outils et matériaux nécessaires pour l'entretien des cours.

Les corps sont chargés de l'entretien non pavé des cours, dans les établissements qu'ils occupent, et ils doivent laisser ces établissements en bon état lorsqu'ils les évacuent.

Le service du génie fournit les matériaux et les outils nécessaires pour cet entretien; les corps sont responsables des outils, qui sont entretenus et remplacés par le service du génie.

Chariots porte-fourrages.

Les chariots porte-fourrages, ainsi que les harnais de trait, sont achetés, entretenus et renouvelés par les corps sur les fonds de la masse d'entretien du harnachement et du ferrage.

Lors des changements de garnison, les chariots sont remis à la garde du service du génie; les harnais sont emportés par les corps. *(D. m. du 7 mars 1857.)*

Poéles.

La fourniture des poêles dans les casernes, pour le chauffage des chambres, des ateliers et des infirmeries, est à la charge du service du génie, ainsi que leur entretien et leur remplacement.

Le montage, le démontage et le transport des poêles sont effectués, sans frais, par la troupe, sous la direction d'un agent du service du génie.

Appareils d'éclairage.

La dépense de l'éclairage intérieur des établissements du casernement est généralement à la charge des corps, tant pour l'achat et l'entretien des appareils que pour la consommation du combustible.

Dans les chambres de la troupe, l'éclairage est au compte de l'ordinaire; dans les corridors, les escaliers, les écuries, les infirmeries, les écoles régimentaires et autres accessoires du casernement, il est au compte de la masse générale d'entretien des corps, du harnachement et du ferrage.

Distribution du logement aux escadrons.

Lorsque l'officier de casernement a terminé la vérification de l'état des lieux, il fait la distribution du logement aux escadrons.

Le logement doit être assis selon l'ordre de bataille, et dans les escadrons selon le rang des pelotons et escouades.

Le logement étant distribué, il fait dresser immédiatement par les fourriers l'état des lieux pour les chambres, corridors, escaliers et écuries qui sont distribués à leur escadron. Ces états sont vérifiés et arrêtés par les capitaines (Modèle n° 28).

Le logement étant établi et les états des lieux dressés, chaque capitaine remet l'état de logement de son escadron à son chef d'escadron (Modèle n° 28).

Le fourrier est chargé du casernement dans son escadron.

Lorsque le fourrier a distribué le logement à chaque peloton ou escouade, chaque brigadier de chambrée reconnaît avec lui le nombre, l'espèce et la qualité des objets de casernement qu'elle contient. Il veille à leur conservation.

Le fourrier en dresse l'état (Modèle n° 29), le brigadier le signe avec lui, et dès lors devient responsable.

Visite trimestrielle du casernement.

Tous les trois mois, l'officier de casernement, de concert avec le garde du génie, fait sa visite générale du casernement. Il en fait prévenir les capitaines. Les officiers de peloton y assistent. Il prescrit au compte de qui de droit la réparation ou le remplacement des effets détériorés ou perdus. S'il y a des réclamations, le major en décide.

Une semblable visite est faite avant le départ du régiment.

Pour que les capitaines ou officiers de peloton puissent savoir à qui imputer les dégradations ou pertes reconnues par l'officier de casernement, les brigadiers de chambrée, qui doivent veiller à la conservation des objets de casernement, doivent faire connaître immédiatement au fourrier et à l'officier de peloton, qui en prennent note, les dégradations de toute nature qu'ils reconnaissent journellement dans les chambres, et en désigner les auteurs.

Lorsque l'officier de casernement a terminé sa visite trimestrielle, il fait établir l'état des pertes et dégradations reconnues dans chaque escadron (Modèle nº 30). Cet état est signé par le capitaine-commandant.

Évacuation des bâtiments.

Tout corps de troupe qui évacue un logement, pour quelque motif et avec quelque précipitation que ce soit, doit rendre toutes les chambres, corridors, escaliers, écuries, etc., dans un état de propreté convenable pour y recevoir tel autre corps qui viendrait à le remplacer.

Lorsqu'une troupe ou des officiers quittent un logement militaire et partent sans l'avoir rendu en état de propreté, le garde du génie doit en rendre compte immédiatement au sous-intendant militaire et au chef du génie, qui autorisent à employer sur-le-champ le nombre d'ouvriers nécessaires pour que le logement soit remis en état d'être occupé dès le jour même, si le besoin l'exige.

La dépense résultant de cette opération est remboursée par le corps.

Toutes les écritures et saletés tracées par les soldats sur les murs des chambres sont considérées comme dégradations, et la dépense de remise des murs en état de propreté est mise à la charge du corps.

Logement chez l'habitant.

Le logement chez l'habitant comprend, en outre de celui dû aux officiers et soldats, les écuries pour les chevaux, et les remises et emplacements pour les voitures et les bagages.

Les officiers, à leur arrivée en garnison ou en cantonnement, peuvent prétendre à trois nuits de logement chez l'habitant; pour la quatrième nuit, ils sont tenus de se loger de gré à gré et à leurs frais.

Lorsqu'un corps ou détachement arrive dans une place pour y tenir garnison, la troupe a droit au logement chez l'habitant, pour une ou deux nuits au plus, attendu qu'elle est considérée comme étant encore en marche.

Distribution du logement.

Lorsque les troupes en marche ne peuvent être logées en totalité dans le gîte d'étape, le maire doit, autant que possible, placer les détachements en avant ou à la hauteur de ce gîte, afin de leur éviter des marches inutiles.

Les hommes ne peuvent être logés dans des fermes ou maisons isolées, qu'autant qu'elles peuvent recevoir un escadron ou une fraction régulière d'escadron, avec un officier ou un sous-officier.

Les chevaux sont placés dans des écuries, à portée du logement de chaque escadron; l'habitant fournit aux gardes d'écurie la lumière nécessaire pour la surveillance des chevaux pendant la nuit.

Les chefs d'ordinaire sont logés dans des maisons dont les habitants peuvent fournir les ustensiles nécessaires, ainsi que la place suffisante pour faire la cuisine pour huit ou pour seize hommes, et pour qu'ils puissent y manger.

Les billets de logement sont remis par le maire à l'officier chargé du logement, en paquets séparés pour chaque escadron; de manière que les officiers, sous-officiers et soldats qui les composent soient, autant que possible, logés dans la même localité ou dans le même quartier, afin d'en faciliter le rassemblement et la surveillance. L'officier chargé du logement, ou l'adjudant, en fait la distribution aux fourriers.

L'adjudant de logement, après s'être assuré que le logement est fait conformément aux principes prescrits, en forme un état sommaire (Modèle n° 35) indiquant les rues occupées par les divers escadrons, et le remet au major. Il distribue ensuite aux fourriers les billets de logement pour leur escadron.

Il reconnait le corps de garde de police, l'écurie destinée aux chevaux des hommes de garde, les abreuvoirs et les endroits les plus convenables pour les divers rassemblements; il visite le logement du colonel et celui du lieutenant colonel.

Il va au devant du régiment, le conduit sur la place, et remet les billets de logement aux officiers d'état-major.

Il établit la garde de police, et remet au commandant de cette garde une note indiquant le logement des officiers de l'état-major, des médecins, des vétérinaires, du chef de musique, des adjudants et du vaguemestre (Modèle n° 36).

Aussitôt que les fourriers ont reçu les billets de logement, ils reconnaissent les logements destinés à leurs capitaines; ils vérifient si les écuries peuvent contenir le nombre de chevaux de troupe marqués sur les billets; ils en désignent une pour les chevaux écloppés; ils logent les cavaliers le plus près possible de leurs chevaux.

Les fourriers du 1er et du 4e escadron reconnaissent les logements de leur chef d'escadron.

Les fourriers logent un trompette dans la même maison que le maréchal des logis chef, ou près de lui.

Ils inscrivent au dos des billets le nom des hommes auxquels ils sont destinés.

Pour faciliter cette opération, les fourriers établissent, avant le départ de la garnison, un contrôle de route, par camarades de lit (Modèle n° 37). Ce contrôle sert également à reconnaître facilement les hommes qui seraient l'objet de réclamations de la part des habitants et de ceux qui manquent aux rassemblements.

Ils dressent un état général et sommaire (Modèle n° 36) du logement, portant l'indication des rues et des maisons, ainsi que celle du logement du capitaine-commandant et du maréchal des logis chef; ce sous-officier le communique au capitaine commandant, ainsi qu'aux officiers qui veulent le consulter. Ils se rendent ensuite sur la place pour y attendre leur escadron.

Le fourrier d'état-major, indépendamment de ses obligations envers le peloton hors rang, remplit les fonctions de fourrier près du détachement des chevaux de remonte.

Il est défendu aux fourriers, sous peine de suspension ou de cassation, de faire aucun trafic avec les habitants.

Les habitants doivent fournir un lit pour deux brigadiers et cavaliers, de même que pour deux maréchaux des logis et fourriers; mais ces derniers ne doivent, dans aucun cas, coucher avec les soldats ni avec des sous-officiers d'un autre corps. Jamais les hôtes ne peuvent être déplacés du lit ni de la chambre qu'ils occupent habituellement.

Il doit être délivré un lit pour chaque adjudant, musicien de 1re classe et maréchal des logis chef, qui doivent coucher seuls.

L'habitant prête aux sous-officiers et soldats les ustensiles de cuisine et de table, et leur doit place au feu et à la chandelle.

Logement des troupes chez l'habitant, étant en station ou en cantonnement.

Les habitants ne doivent pas fournir le chauffage et les ustensiles de cuisine aux troupes en station ou en cantonnement; mais ils sont tenus de donner une chambre à cheminée où les soldats puissent faire cuire leurs aliments.

Les indemnités dues aux habitants pour le logement des militaires en station ou pour prêt de lits complets dans les bâtiments militaires, leur sont payées par l'entremise des receveurs de leurs communes respectives. A cet effet, les commandants des corps ou de détachements remettent au maire de chaque commune des états (Modèle n° 38).

Si le logement n'avait pas été fourni plus de trois nuits, il n'y aurait lieu à aucune indemnité.

Literie.

Composition de la fourniture de sous-officiers et soldats, et son entretien.

La fourniture de sous-officiers et soldats se compose :

1° D'une couchette en fer, ou d'un châlit à tréteaux en fer;

2° D'une paillasse en toile lessivée, garnie de 10 kilogrammes de paille;

3° D'un matelas dont l'enveloppe est en toile lessivée et garnie de 8 kilogrammes de laine et de 2 kilogrammes de crin ;

4° D'un traversin de forme cylindrique, renfermant 1 kilogramme de laine et 500 grammes de crin ;

5° D'une paire de draps en toile ;

6° D'une couverture de laine pesant, neuve, de 3 kilogrammes 500 grammes à 4 kilogrammes ;

7° D'un couvre-pied provenant des vieilles couvertures, pesant 1 kilogramme 500 grammes (du 15 octobre au 15 avril).

Les matelas et traversins doivent être rebattus tous les dix-huit mois.

Le renouvellement de la paille s'opère en entier tous les six mois ; lorsque la paille à remplacer ne sera pas entièrement hors de service, le chef de la troupe pourra, s'il le juge utile, faire conserver la meilleure à raison de 2 kilogrammes de cette paille pour 1 kilogramme de paille fraîche.

Les draps sont changés, savoir :

Du 1er mai au 30 septembre, tous les vingt jours ;

Du 1er octobre au trente avril, tous les trente jours.

Distribution aux troupes du mobilier de literie.

Les distributions aux corps et détachements se font par escadron, en présence de l'officier de casernement et de l'officier de semaine.

Les corps ou détachements doivent prendre au magasin livraison des fournitures qu'ils sont autorisés à recevoir, et ils doivent en effectuer eux-mêmes, ou à leur frais, le transport du magasin aux casernes. Cette obligation s'étend à tous les effets qu'ils réintègrent en magasin.

Les cas exceptionnels où le transport des effets des magasins aux casernes est à la charge de l'entrepreneur, sont :

1° Si la caserne est éloignée du magasin de plus de 2 kilomètres ;

2° Si la caserne est séparée du magasin par un bras de mer ou par une rivière sur laquelle il n'y ait pas de pont ;

3° Dans la place de Paris, à l'arrivée et au départ de chaque corps ou détachement ;

4° Lorsqu'un corps ne reçoit son ordre de marche que la veille du jour fixé pour son départ.

Distribution des fournitures aux escadrons.

Chaque capitaine remet à l'officier de casernement un bon des fournitures dont il a besoin pour son effectif présent (Modèle n° 33), et c'est après la remise de ce bon que cet officier remet au fourrier, au magasin des lits militaires, le nombre des fournitures portées dessus, en présence de l'officier de semaine.

Lorsque la distribution des fournitures est terminée et qu'elles sont dans les chambres, le brigadier de chambrée reconnaît, avec le fourrier, le nombre de fournitures et leur état ; le brigadier signe avec lui l'état indiqué au logement, et devient responsable. Cet état est ensuite affiché derrière la porte de la chambre.

Visite trimestrielle de la literie.

Ainsi qu'il a été dit pour le casernement, l'officier de casernement passe tous les trois mois, de concert avec le préposé des lits militaires, la visite générale des fournitures. Il en fait prévenir les capitaines ; les officiers de peloton y assistent. Il prescrit, au compte de qui de droit, la réparation ou le remplacement des objets détériorés ou perdus. S'il y a des réclamations, le major décide. Une semblable visite est faite quelques jours avant le départ.

Lorsque l'officier de casernement a fini sa visite, il fait établir par les fourriers l'état des pertes et dégradations, ainsi qu'il est dit pour le casernement.

Réintégration des fournitures en magasin.

Avant la réintégration des fournitures en magasin, les capitaines doivent faire coudre des étiquettes sur tous les effets composant les fournitures, indiquant exactement le nom de l'homme auquel ils appartiennent, afin que s'il s'y trouve des dégradations on puisse les imputer à celui qui les a commises.

La réintégration a toujours lieu en présence du préposé, de l'officier de casernement et du capitaine-commandant ou d'un officier délégué par ce dernier.

Service auxiliaire des lits militaires.

Cette création a pour objet de parer, dans toutes les places de garnison, à l'insuffisance des fournitures de couchage ; ces demi-fournitures ne doivent être employées, dans chaque place, qu'à défaut de fournitures ordinaires ; elles se composent :

1° D'un châlit à tréteaux en fer ou en bois ;

2° D'une paillasse en toile écrue, garnie de 12 kilogrammes de paille ;

3° D'un traversin en toile écrue, garni de 2 kilogrammes de paille ;

4° D'un sac à coucher en toile ;

5° D'une couverture de laine.

Le renouvellement de la paille s'opère en entier après 4 mois de service.

Les toiles de paillasses et de traversins sont lavées lors du renouvellement de la paille, ou plus fréquemment s'il en est besoin.

Les sacs à coucher sont lavés tous les quinze jours en été, et tous les vingt-cinq jours en hiver.

Les distributions et réintégrations se font de la même manière que celles des fournitures ordinaires.

Effets de campeme .

Les effets de campement sont délivrés aux troupes appelées à en faire usage dans les proportions ci-après :

<table>
<tr><td>PAR TENTE
DE HUIT HOMMES.</td><td>Une marmite et son couvercle.
Une gamelle.
Un grand bidon.
Un baril garni de sa banderole.
Quatre outils garnis de leurs étuis ; savoir : une pelle, une pioche, une hache et une serpe.</td></tr>
<tr><td>PAR ESCADRON.</td><td>Il est fourni, par supplément, trois grands bidons pour les distributions de liquide.</td></tr>
</table>

Les cavaliers montés ayant leurs manteaux, il ne leur est pas délivré de couvertures ; mais il en est fourni pour les hommes à pied, à raison de une par homme.

Les distributions et réintégrations se font de la même manière que celles de la literie.

Situation de literie ou de campement.

A la fin de chaque trimestre, les capitaines-commandants remettent à l'officier de casernement la situation des objets de literie ou de campement en service dans leur escadron (Modèle n° 34).

Distribution de vivres, fourrages et chauffage.

VIVRES.

Les distributions se font par escadron, successivement et sans désemparer, sur des bons établis par le trésorier (Modèles nos 39, 40, 44 et 46), d'après ceux qui lui sont remis par les capitaines-commandants (Modèles nos 42 et 45).

Dans les détachements où il n'y a ni trésorier ni officier-payeur, les bons sont établis par l'officier ou le sous-officier qui commande.

Ils sont distincts pour chaque nature de denrées.

Les bons ne doivent présenter ni ratures, ni surcharges non approuvées ; ils ne peuvent comprendre des jours de plusieurs mois ou différents corps. Le numéro et le nom du corps doivent être clairement indiqués, la quantité en toutes lettres.

En route, les distributions se font sur la présentation de mandats délivrés à l'avance par le sous-intendant militaire, visés à l'arrivée par le maire du lieu, et quittancés par la partie prenante.

Pour avoir droit au transport des vivres, il faut se trouver cantonné dans un rayon au-delà de 4 kilomètres.

Lorsqu'un corps en marche se trouve réduit entre deux résidences de sous-intendant, l'officier commandant est tenu, sous sa responsabilité, de faire, par une annotation sur les mandats, la déduction du nombre de rations correspondant au nombre d'hommes ou de chevaux manquants, sans pouvoir les augmenter s'il est rejoint par des hommes isolés ou par un détachement. Dans ce cas, il se fait délivrer des mandats d'urgence par le suppléant du sous-intendant militaire, pour les gîtes à parcourir jusqu'à la résidence du sous-intendant militaire le plus voisin.

Les distributions ont lieu dans les gîtes où la troupe doit coucher, pour le jour de l'arrivée ou pour deux jours lorsque la troupe doit séjourner. Si les troupes ne doivent pas passer dans le gîte principal pour se rendre dans les communes environnantes désignées comme gîte auxiliaire, les agents comptables ou préposés fournissent des voitures pour le transport des rations. Dans ce cas, un sous-officier est envoyé au gîte d'étape pour les recevoir ; les frais de transports sont à la charge de l'État.

Lorsqu'un corps ou détachement quitte une garnison avant d'avoir pu consommer toutes les rations de pain provenant de la dernière distribution, il les emporte ; dans ce cas, il n'y a pas lieu à délivrer de mandats pour les jours pour lesquels la troupe se trouve pourvue.

Les fourrages peuvent être rapportés dans les magasins, d'après l'ordre du sous-intendant, qui fait réduire les bons de la dernière distribution.

En route, comme en garnison, lorsque plusieurs distributions ont lieu en même temps, le capitaine de distribution fait commencer par celle des fourrages. Après en avoir vérifié la qualité, il charge un officier de semaine de la suivre, et se rend aux autres distributions pour les vérifier également.

Le fourrier, s'il ne peut assister à toutes les distributions, va à celle des fourrages ; et il est suppléé pour les autres par le brigadier-fourrier, à qui il remet la note de ce qui revient. Le fourrier compte toutes les rations avec le préposé, en présence de l'officier de distribution, et demeure responsable de toute erreur.

Il est interdit aux comptables des vivres de délivrer aucune fourniture sur des contre-bons.

Lorsqu'il y a lieu de substituer une denrée à une autre, on opère de la manière suivante :

1° En remplacement de foin, la quantité double de paille ;

2° L'avoine est remplacée : 1° par une quantité double de foin et quadruple de paille ; 2° par du son à poids égal ou par de la farine brute d'orge, à raison de 75 pour cent du poids de l'avoine.

Pain.

La qualité du pain se juge :

1° Par la couleur ;

2° Par l'odeur et plus encore par le goût.

Pour être bon, il ne doit pas être brûlé ; il doit être bien cuit et d'une couleur dorée également ; la croûte ne doit pas se détacher de la mie.

Un pain bien fabriqué doit être de forme ronde, bombé dans le milieu ; il ne doit présenter que quatre baisures. Il doit être rassis de 24 heures.

La ration de pain doit peser 750 grammes vingt-quatre heures après qu'elle a été retirée du four ; ainsi, un pain, qui vaut deux rations, doit peser 1 kilogramme 500 grammes.

Pain de soupe.

Les troupes stationnées dans une place à manutention peuvent, si elles le jugent convenable, sans dépasser toutefois la quantité généralement admise de 250 grammes par homme et par jour, employer du pain de munition pour tremper la soupe.

Dans ce cas, les capitaines-commandants établissent, le 1er et le 16 de chaque mois, un relevé portant décompte des rations de pain de soupe perçues pendant la période précédente (Modèle n° 43) ; ils en versent le montant entre les mains du trésorier, après que celui-ci s'est assuré de l'exactitude du relevé.

Ce pain est distribué aux corps, sur des bons remboursables établis par le trésorier (Modèle n° 41).

FOURRAGES.

Qualités des foins.

Le service des fourrages comprend les durées ci-après, savoir : 1° le foin ; 2° la paille pour la nourriture des chevaux ; 3° la paille pour le couchage et le baraquement ; 4° l'avoine ; 5° la farine brute d'orge ; 6° le son ; 7° le fourrage vert donné à l'écurie ou à la saoûlée dans la prairie.

Toutes ces denrées doivent être de qualité propre à donner une bonne nourriture aux chevaux,

La luzerne et le sainfoin peuvent être admis pour la nourriture des chevaux en cas de pénurie de foin, et au moyen de mélanges avec le produit de prairies naturelles.

Sauf les cas extraordinaires, le foin nouveau peut être admis dès le 1er septembre dans les départements ci-après, savoir : Alpes Maritimes, Var, Hautes-Alpes, Vaucluse, Bouches-du-Rhône, Gard, Ardèche, Lozère, Aveyron, Hérault, Pyrénées-Orientales, Arriège, Haute-Garonne, Gers,

Hautes-Pyrénées, Basses-Pyrénées, Landes, Gironde, Lot-et-Garonne e Lot.

Il ne peut être admis que le 1er octobre dans tous les autres départements.

Dans les pays étrangers, les intendants militaires déterminent les époques où les foins nouveaux peuvent être admis.

Le foin varie dans sa qualité et dans son espèce suivant le lieu où il croît ; mais le beau foin porte avec lui des caractères physiques auxquels il n'est guère possible de se méprendre, savoir :

1° couleur légèrement verte, ou au moins tirant sur celle de la feuille qui meurt ;

2° Tiges minces, déliées, souples, difficiles à casser, garnies autant que possible de leurs feuilles et de leurs fleurs ;

3° Odeur agréable et légèrement aromatique ;

4° Saveur douce et plus ou moins sucrée, mais ne laissant dans aucun cas une impression aigre et acerbe.

On fait deux distinctions de mauvais foins :

1° Ceux qui sont composés essentiellement de plantes qui ne jouissent pas de propriétés nutritives et qui ne peuvent produire que l'épuisement de l'animal qui s'en nourrit. On les reconnaît à leurs tiges grossières, dures, coriaces et ligneuses. Ils ont souvent une teinte d'un vert très-foncé et surtout ils n'ont point d'odeur. Leur saveur est fade et aqueuse ; conservés sur la langue, et soumis à la mastication, ils ne laissent aucune impression sucrée ni douce.

2° Ceux qui contiennent de bonnes plantes, mais qui sont mélangés d'une certaine quantité de végétaux âcres et vénéneux, qui, introduits dans l'estomac, troublent les fonctions et causent des indigestions quelquefois mortelles. On reconnaît le foin de cette qualité, c'est-à-dire celui qui contient des plantes véreuses et nuisibles, telles que les renoncules, les ciguës etc., etc, à son odeur, souvent nauséabonde, et surtout à sa saveur âcre et brûlante.

On reconnaît les foins échauffés à leur odeur forte et nauséabonde, à leur saveur désagréable, à leur couleur d'une teinte noire.

On reconnaît les foins que les débordements des rivières ont rendus mauvais, quand le foin est sec, cassant, décoloré et imprégné de terre.

Les foins rouillés sont atteints d'une maladie qui attaque les tiges des graminées ; on l'appelle en agriculture charbon, carie ou mille.

Tous les foins qui portent avec eux les différents caractères qu'on vient d'indiquer, fussent-ils d'ailleurs, quant à la nature des plantes, d'une bonne qualité, doivent être rejetés comme avariés et nuisibles à la santé des chevaux.

Le trèfle ne peut dans aucun cas être donné seul ; quand on est forcé de l'employer, on doit toujours le mélanger avec d'autres fourrages, dans lesquels il ne doit entrer que pour un quart ou un tiers au plus.

Le foin et la paille sont distribués en bottes du poids fixé par le tarif n° 25 pour chaque espèce de distribution.

Les bottes de foin et de paille au-dessous de 6 kilog. ne peuvent avoir que deux liens, et celles de 6 kilog. et au-dessus plus de trois. Lorsque les liens sont de même nature et de même qualité que la denrée distribuée, ils entrent dans le poids de la ration; si les liens sont de denrées impropres au service, ils sont défalqués en totalité. Si les liens des bottes de foin sont en paille de froment, le poids de chacun, qui ne doit pas excéder 125 grammes, entre pour moitié dans le poids de la ration.

Les pesées se font à la balance et en faisant trois pesées successives de dix bottes, dont on prend le taux moyen. Pour le service des gîtes d'étape et de cantonnements éventuels, l'on peut se servir de romaines à défaut de balances.

Les distributions d'avoines et de son s'effectuent à la balance, et en déduisant le poids des sacs.

Paille.

La paille à fournir aux chevaux doit être de froment. On reconnaît la bonne paille aux caractères suivants :

Les tuyaux sont minces et flexibles, ils conservent leurs feuilles; leur couleur est d'un blanc mât ou d'un jaune doré; ils sont luisants; les épis sont garnis de leurs balles ou calices.

Si la paille est fraîchement battue, son odeur est agréable, sa saveur douce et sucrée; quelques plantes graminées ou légumineuses se trouvent interposées à la base des tuyaux; on y trouve aussi le liseron et quelques autres bonnes herbes; on lui donne dans ce cas le nom de paille fourrageuse, et c'est celle que l'on doit préférer pour la nourriture des chevaux.

Les herbes nuisibles qui croissent parmi la paille sont : l'hièbre, qui croît dans les terres humides; l'ivraie, qui abonde dans les années pluvieuses. Ces plantes, surtout lorsqu'elles sont garnies de leurs graines, peuvent être très-nuisibles à la santé des chevaux, et l'on doit sévèrement les proscrire.

Au reste, une partie des détails fournis à l'article des foins de mauvaise qualité trouvent ici leur application.

Les vieilles pailles sont noires et ont contracté une odeur plus ou moins désagréable; elles doivent être rejetées comme mauvaise nourriture.

Les pailles anciennement battues sont la proie des souris et des rats, qui dévorent les parties nutritives et imprègnent à leurs émanations celles qu'ils ont dédaignées; la paille qui est dans cet état ne peut être que très-nuisibles aux chevaux et elle doit être rigoureusement proscrite.

Cav. 4

Avoine.

Pour que l'avoine soit bonne et qu'elle jouisse de la propriété d'un bon aliment, il faut qu'elle soit pesante, qu'elle coule et s'échappe facilement des doigts, que son écorce soit brillante et lustrée, qu'elle soit sans odeur bien sensible, que son amande soit serrée, blanche, et laisse, en l'écrasant dans la bouche, une saveur agréable et farineuse ; qu'elle soit débarrassée de ses balles ou calices, qu'elle ne soit pas mélangée de mauvaises graines, surtout de celle de la fausse moutarde ou sauve, ou de corps étrangers, terre, plâtras, cailloux, etc., etc.

L'avoine qui serait altérée par un trop fort mélange de graines, telles que celles de sauve, du coquelicot, de la jacée, du bluet, doit être rejetée ; ce mélange, que l'on ne peut pas toujours éviter et qui tient à la nature du terrain qui produit l'avoine, la rend non recevable s'il excède un dixième.

On doit également rejeter celle dans laquelle on aurait introduit des corps étrangers, poussière, plâtras, terre, etc., etc.; on doit aussi rejeter celle qui serait altérée par différentes causes, telles que les pluies, l'humidité, l'arrosement dont on use pour la faire enfler.

Cette mauvaise avoine offre les signes suivants :

Elle est chargée de corps étrangers, son écorce est molle, boursoufflée et ridée, d'une couleur éteinte ; elle est légère à la main, quoiqu'elle soit volumineuse ; elle est spongieuse au lieu d'être coulante, son grain offre une farine noirâtre, son odeur est forte et désagréable ; elle laisse dans la bouche une impression poudreuse et piquante ; l'usage ne peut qu'en être nuisible aux chevaux.

L'orge, la vesce, la gesse, la bisaille, les féveroles, les fèves, le maïs, l'épeautre, les pois, le seigle, peuvent être mélangés avec l'avoine : toutes ces espèces légumineuses ou graminées forment un aliment aussi sain que profitable au cheval, données par portion modérée qui n'excède jamais de moitié la quantité d'avoine dans la composition de la ration.

On pourrait encore mélanger l'avoine avec du fenu-grec, du sarrazin, du chènevis et du froment ; mais comme ces semences sont très-échauffantes, elles ne peuvent y entrer que dans une proportion très-faible qui n'excède jamais le sixième de la ration.

Il est accordé un supplément d'avoine de 80 décagr. pour 12 marches militaires faites dans le second mois, et le troisième, si elles n'ont pu avoir lieu dans le second, et pour chaque cheval qui y prend part.

Le supplément d'avoine peut être accordé, pendant les marches militaires, aux corps divisés en plusieurs fractions, pourvu que chacune de ces fractions fournisse au moins un escadron constitué.

Lors des changements de garnison, ce supplément est accordé pour chaque cheval qui prend part aux marches militaires qui doivent être exécutées pendant les trois jours qui précèdent le départ, si toutefois le corps a à faire une marche de six jours au moins.

Son.

Le son à donner aux chevaux doit provenir de la mouture du froment frais, être récent, farineux, inodore et d'une saveur douce.

Le son est très-susceptible de fermentation, et lorsqu'il a souffert quelque altération, il est tout à fait hors de service. On peut prévenir son avarie en le rafraîchissant par les pelletages.

Farine d'orge.

La farine d'orge doit être brute et grossièrement moulue.

Elle ne doit contenir aucune substance étrangère.

Vert et sa qualité.

La fourniture du fourrage vert se fait à la ration, dans l'écurie, ou à la saoûlée, dans la prairie.

L'herbe à fournir doit, dans l'un et l'autre cas, provenir de prairies ayant les qualités requises.

Les prairies doivent être choisies dans un rayon d'un myriamètre et demi environ de la garnison, et à portée d'eau salubre.

Lorsque la fourniture se fait à l'écurie, la pesée se fait au quartier, sur une balance, et par trousses; lorsqu'elle se fait à la saoûlée, la portion de pré à livrer au pacage est déterminée selon le nombre de chevaux et l'abondance de l'herbe, et elle est limitée par des cordes tendues sur des piquets, que l'on déplace chaque jour pour avoir un nouveau plan de pacage.

Le poids de la ration de vert à l'écurie est :

Pour la cavalerie de réserve, artillerie et train, 50 kilog., avec 2 kilog. et demi de paille;

Pour la cavalerie de ligne, 45 kilog., avec 2 kilog. et demi de paille;

Pour la cavalerie légère, 40 kilog., avec 2 kilog. et demi de paille.

Biscuit.

Le poids de la ration de biscuit est de 550 grammes; il se distribue à la pesée.

Les débris en morceaux peuvent entrer dans les distributions pour un trentième.

Riz.

Le poids de la ration est de 30 grammes; il se distribue à la balance

Légumes secs.

Le poids de la ration est de 60 grammes; ils se distribuent à la balance.

La ration se compose :

1° De pois; 2° de haricots; 3° de fèves; 4° de lentilles.

Ces légumes sont donnés alternativement par distribution.

Sel.

Le poids de la ration est d'un soixantième de kilogramme; il se distribue à la balance.

Sucre.

Le poids de la ration est de 21 grammes; il se distribue à la balance.

Café.

Le poids de la ration est de 16 grammes; il se distribue à la balance.

Le café est distribué en grains et brûlé; il n'est réduit en poudre que par les soins des hommes, qui se servent à cet effet du moulin portatif à café.

Viande fraîche.

Le poids de la ration est de 250 grammes; elle se distribue à la balance, au moyen de balances à plateaux.

La viande délivrée doit être celle de bœuf ou de vache; l'entrepreneur a aussi la faculté de distribuer du mouton, mais seulement jusqu'à concurrence du quart des consommations totales; la viande de taureau est formellement interdite.

La viande de vache ne peut entrer pour plus de moitié dans la distribution comparativement à celle de bœuf. En conséquence, lorsque l'entrepreneur veut fournir de la vache et du mouton, concurremment avec le bœuf, le maximum proportionnel des deux premières espèces de viande est, pour la vache, de 3/8; pour le mouton, de 2/8; les trois autres huitièmes consistent toujours en bœuf. Dans ce même cas, l'ordre selon lequel les fournitures des trois espèces de viande sont alternées, est déterminé par l'administration militaire. (Cahier des charges du 13 janv. 1855.)

Ne font pas partie de la pesée :

Les pieds; — la tête, à l'exception des bajoues; — la fressure; celle-ci comprend, pour le mouton : le cœur, le foie, la rate et les poumons; pour le bœuf et la vache : la rate et les poumons; — sont également exclus, les suifs formant des masses volumineuses dans l'intérieur de l'animal, mais non les graisses adhérentes étendues par couches.

Aux armées, on peut se servir de romaines étalonnées, lorsqu'il n'a pas été possible d'établir des balances.

Salaisons.

Le poids de la ration de bœuf est de 250 grammes; celui de la ration de lard salé est de 200 grammes. La distribution se fait à la balance.

Vin.

Le vin doit être naturel, d'un goût agréable et avoir du corps; le rouge est préférable au blanc; il doit être bien clarifié.

La ration se compose d'un quart de litre.

Le vin se distribue au litre ou fractions légales du litre; il en est de même de toutes les rations de liquide, la mesure doit être pleine et sans écume.

Vinaigre.

Le vinaigre de vin est seul admis dans les distributions. La ration se compose d'un vingtième de litre.

Bière et cidre.

La ration se compose d'un demi-litre.

La substitution de la bière ou du cidre au vin est autorisée dans les localités où cette dernière boisson n'est pas habituelle à la classe des artisans; on choisit dans la bonne qualité du pays.

Eau-de-vie.

L'eau-de-vie doit avoir 47 degrés de l'alcoomètre, au tempéré de 15 degrés du thermomètre centigrade.

La ration se compose d'un seizième de litre.

Eau.

Les troupes ont droit au transport de l'eau dans les casernes, lorsque les bâtiments sont éloignés de plus de 500 mètres des sources, rivières, fontaines, puits ou réservoirs d'eau potable et salubre.

La quantité d'eau à allouer est de quatre litres par homme et par jour en été, et de deux litres en hiver.

La coupure des mois d'été et d'hiver a lieu le 1er octobre et le 1er avril de chaque année.

Indemnité en remplacement de viande, de légumes et de sel en Algérie.

Les parties prenantes appartenant à l'armée de l'Algérie ne reçoivent pas toujours en nature les rations de viande, de sel et de légumes secs; il est alors suppléé aux distributions en nature par une indemnité représentative, payable avec la solde. Cette indemnité est fixée à *dix-huit cen-times cinq millièmes,* qui se décomposent ainsi qu'il suit :

$$
\begin{array}{ll}
\text{Viande.............} & 0^f\ 15^c \\
\text{Légumes.........} & 0\ \ 03 \\
\text{Sel...............} & 0\ \ 00\ \ 5 \\
\hline
& 0^f\ 18^c\ 5^m
\end{array}
$$

Lorsque les troupes sont en expédition, il est alloué un supplément de 50 grammes de viande par ration, et alors le corps, s'il perçoit l'indemnité représentative, a droit au cinquième de *quinze centimes,* ce qui porte l'indemnité totale à 0 fr. 21 c. 5 millièmes. Si, au contraire, les distributions sont faites en nature, l'allocation en argent continue d'avoir lieu à raison de *quinze centimes* seulement, et les bons spéciaux délivrés pour cet objet ne sont imputés que sur ce pied, tout en mentionnant la perception à raison de 300 grammes.

Quel que soit le mode suivi pour assurer le service de la viande, du sel et des légumes secs, on doit toujours décompter l'indemnité, dans les états ou mandats de paiement, pour toutes les journées de présence, de même qu'on doit toujours l'allouer dans les revues générales de liquidation, à l'exclusion des rations en nature.

Les rations de viande qui donnent droit au cinquième en sus sont décomptées distinctement, tant sur les états de paiement que dans les revues.

CHAUFFAGE.

Chauffage pour la cuisson des aliments.

Sur le pied de paix, les rations de chauffage sont dues aux sous-officiers, brigadiers, soldats et enfants de troupe.

Il y a deux systèmes de chauffage :

1° Celui des rations collectives pour les corps mis en possession de fourneaux économiques ;

2° Celui des rations individuelles.

Dans les localités où il existe des fourneaux économiques, les allocations collectives se composent :

1° De rations dites *de l'ordinaire* pour la cuisson des aliments ;

2° De rations dites *d'escadron* pour le chauffage des chambres.

La ration est collective pour les brigadiers, trompettes, soldats et enfants de troupe ; elle est allouée aux corps à raison du nombre de marmites mises à leur disposition.

Il y a quatre espèces de fourneaux de cuisine :

1° Les fourneaux d'ancien modèle, à une marmite ;

2° Les fourneaux d'ancien modèle, à deux marmites ;

3° Les fourneaux à la choumara, à deux marmites accouplées ;

4° Les fourneaux à la François-Vaillant, à deux marmites accouplées (de 100 litres).

Il sera affiché dans chaque cuisine une consigne générale pour l'entretien des feux ; l'on devra s'y conformer ponctuellement.

Les rations collectives et individuelles du chauffage des troupes pour la cuisson des aliments et pour les chambres, sont fixées aux quantités portées au Tarif n° 44.

En général, les marmites contiennent 65 à 75 litres ; mais il en existe de capacité supérieure : quelques-unes contiennent jusqu'à 100 litres.

Le litre correspond au besoin d'un homme ; le nombre d'hommes est donc égal au nombre de litres de liquide qu'elle peut contenir.

Si un ordinaire se compose de quatre-vingt-cinq hommes, et que la marmite ne contienne que 75 litres au plus, l'ordinaire a droit de recevoir, concurremment avec la ration collective de l'ordinaire, la ration individuelle pour dix hommes, à raison de 800 grammes par ration et par jour.

Toutefois, la ration individuelle n'est due qu'autant qu'il y a impossibilité de reverser en entier l'excédant en hommes sur un autre ordinaire du même corps, dont l'effectif se trouverait au-dessous de la contenance de la marmite dont cet ordinaire fait usage.

Il est alloué à chaque escadron deux marmites de 65 à 75 litres, et une au peloton hors rang.

Cette allocation peut être réduite ainsi, par exemple : si un escadron ne comptait à son effectif que 75 hommes, il n'aurait droit qu'à une marmite ; si deux escadrons réunis ne comptaient que 200 hommes, ils n'auraient droit qu'à trois marmites.

Les fourneaux, les marmites et les allocations qu'ils comportent sont affectés à la cuisson des aliments des brigadiers et soldats.

Les chefs de corps peuvent faire un prélèvement sur la distribution générale de l'ordinaire :

1° Pour les besoins de l'infirmerie régimentaire (préparation des tisanes).

Le combustible nécessaire à la préparation des bains est acheté sur la partie de la masse d'entretien réservée à l'infirmerie ; toutefois, les sous-intendants militaires peuvent, mais seulement dans des circonstances exceptionnelles, faire distribuer un supplément des magasins de l'État.

2° Pour les hommes mariés les plus nécessiteux.

Ce prélèvement ne peut s'élever à plus de :

1° 2 kilogrammes de bois ou 1 kilogramme de charbon par ration pour les allocations concernant les foyers à une marmite.

2° 4 kilogrammes de bois ou 2 kilogrammes de charbon par ration, pour les allocations concernant les foyers à double marmite.

Dans les localités où il n'existe pas de foyers économiques, il est alloué pour l'ordinaire des rations individuelles, d'après le nombre de journées de présence des sous-officiers, brigadiers, soldats et enfants de troupe, à raison de 800 grammes de bois pour chaque journée ou 400 grammes de charbon. Les sous-officiers ont droit à 1 kilogramme 600 grammes de bois ou 800 grammes de charbon.

Lorsque les troupes en station sont logées chez l'habitant, il est alloué une ration individuelle d'ordinaire de 1 kilogramme de bois ou 500 grammes de charbon, avec un petit fagot pour vingt rations, à chaque homme présent.

Lorsque les troupes sont campées ou baraquées, il est alloué une ration individuelle d'ordinaire de 1 kilogramme 200 grammes de bois ou de 600 grammes de charbon, avec un petit fagot pour vingt rations.

Les sous-officiers, brigadiers-trompettes et maîtres-ouvriers, ont droit à des rations individuelles de chauffage qui sont allouées d'après le complet d'organisation du corps, à raison de 1 kilogramme 600 grammes de bois ou 800 grammes de charbon, avec un fagot d'allumage pour vingt rations ; les musiciens reçoivent aussi les rations individuelles, mais seulement d'après leur effectif réel.

Le nombre des sous-officiers détachés isolément est déduit du complet à compter du jour où le changement s'effectue ; il en est de même à dater du jour du départ, et pour le temps de la route, quand il s'agit d'un mouvement pour quelque cause que ce soit.

Chauffage des chambres.

Il est alloué dans les corps de cavalerie deux rations collectives pour le chauffage des chambres, par escadron et par jour, aux époques fixées pour cette allocation ; le peloton hors rang a droit à une demi-ration.

Il est alloué trois rations pour le petit état-major, l'infirmerie réglementaire et les ateliers ; il est également alloué un tiers de ration pour la chambre destinée aux enfants de troupe.

Les distributions collectives ou individuelles de chauffage des chambres pour les troupes casernées ont lieu selon les localités pour le temps déterminé au tableau C.

Lorsque les troupes sont campées ou baraquées, les distributions de chauffage commencent :

1° Dans la région chaude, le 1er novembre, et finissent le 31 mars inclus ;

2° Dans la région tempérée, le 16 octobre, et finissent le 15 avril inclus ;

3° Dans la région froide, le 1er octobre, et finissent le 30 avril inclus.

Lorsque les troupes casernées ont droit à la ration individuelle de chauffage des chambres, l'allocation commence à la même époque que pour la ration collective.

Il est reconnu qu'une ration de chambre peut chauffer trois poêles, dont un est destiné aux sous-officiers comptables.

Les besoins des escadrons variant selon le nombre et les dimensions des chambres occupées, la masse des distributions appartient au corps ou détachement; le chef de corps en règle la répartition intérieure, d'après les besoins résultant de l'assiette de casernement de chaque escadron.

Ces allocations sont destinées à entretenir du feu dans quelques chambres, où, dans les temps froids et pluvieux, les hommes, surtout ceux qui rentrent de service, puissent se chauffer et se sécher.

Il est fait des économies les jours où l'on peut, sinon se passer de feu, du moins n'en faire que fort peu; elles sont mises en réserve pour les temps plus durs.

Les généraux de division et de brigade, lorsque la température l'exige, peuvent autoriser, par anticipation ou par prolongation, le chauffage des chambres pendant 15 jours; dans ce cas, il n'est dû que les deux tiers de l'allocation réglementaire.

Les allocations pour le chauffage des écoles régimentaires se perçoivent en rations collectives, comme le chauffage des chambres, et sur le même bon; elles commencent et finissent aux mêmes époques.

Il est alloué une ration de chambre pour le chauffage de l'école régimentaire. Lorsque l'école du deuxième degré a lieu dans une chambre distincte de celle du premier, il est alloué un tiers de ration par jour pour cette salle.

Résumé présentant le nombre de rations collectives de chauffage des chambres à allouer à chaque fraction de corps.

Cadre de dépôt de chaque régiment d'artillerie.......	
Compagnie du régiment de pontonniers.............	
Compagnie d'ouvriers d'artillerie	
Compagnie d'ouvriers des équipages militaires	Une ration.
Peloton hors rang des régiments d'artillerie..........	
Compagnie mère du train des parcs d'artillerie sur le pied de paix...................................	
Escadron de cavalerie	
Batterie d'artillerie sur le demi-pied de guerre........	
Compagnie du train des équipages militaires.........	Deux rations.
Petit état-major, infirmerie et ateliers des dépôts des corps de cavalerie et d'artillerie	
Batterie d'artillerie sur le pied de paix	Une ration et demie.
Batterie d'artillerie sur le pied de guerre...........	Trois rations.

Petit état-major, infirmerie et ateliers des corps de Cavalerie, d'artillerie et du train des parcs d'artillerie dans l'intérieur et de l'École de cavalerie.... Compagnie mère du train des parcs d'artillerie sur le pied de guerre..............................	Trois rations.
Id. dédoublée { Compagnie principale............. Compagnie *(bis)* suivant l'effectif....	Une ration pour 60 hommes.
École impériale de cavalerie......................	Une ration pour 60 hommes.
Peloton hors rang de cavalerie.....................	Une demi-ration.
Chambre spéciale destinée aux enfants de troupe	Un tiers de ration.
École du 1er degré des régiments de cavalerie et d'artillerie...................................	Une ration.
École du 2e degré des mêmes, lorsqu'elle a lieu dans une salle distincte...........................	Un tiers de ration.
Écoles des ouvriers d'artillerie, du train des équigages militaires, du train des parcs d'artillerie, des batteries d'artillerie ou des compagnies de pontonniers détachées.	Une demi-ration.

La distribution se fait sur un bon (Modèle n° 39) établi par le trésorier et remis au préposé par l'officier de distribution ; elle se fait à la pesée, au moyen de balances à fléaux et à plateaux garnies de leurs poids.

Si un régiment recevait l'ordre de partir, il pourrait remettre ses combustibles au magasin.

Les troupes en station logées chez l'habitant n'ont pas droit au chauffage d'hiver.

<h3 align="center">Règles d'allocation.</h3>

Le pain est dû, sur le pied de paix, à raison d'une ration par homme et par jour, à tous les sous-officiers, brigadiers, soldats et enfants de troupe des corps de toutes armes, tant en station qu'en route, lorsqu'ils marchent en corps ou en détachement, excepté lorsqu'ils sont en conduite de chevaux de remonte, parce qu'alors ils reçoivent l'indemnité de route.

Il est dû, sur le pied de guerre, aux officiers, selon qu'il est réglé par le tarif, ainsi qu'aux sous-officiers, brigadiers, soldats et enfants de troupe.

Les distributions extraordinaires de liquides sont autorisées par le ministre de la guerre ou généraux en chef commandant des armées. Dans les divisions territoriales, les généraux de division peuvent, en cas d'urgence, les autoriser.

A l'époque de la revue d'inspection générale, l'inspecteur peut autoriser la distribution extraordinaire d'une ration de vin ou d'eau-de-vie par homme, aux sous-officiers, brigadiers et soldats présents à la revue d'honneur.

Pendant la saison des chaleurs, les troupes en station reçoivent des distributions journalières d'eau-de-vie pour assainir l'eau qu'elles boivent. Elle doit être mélangée dans la proportion de un douzième.

Ces diverses allocations peuvent être remplacées par une indemnité représentative, s'il n'en existe pas dans les magasins. (Tarif n° 34.)

Lorsque les troupes sont logées chez l'habitant, elles n'ont droit au chauffage qu'à dater du quatrième jour de leur entrée en cantonnement, attendu qu'étant logées pendant trois jours chez l'habitant, elles ont droit au feu et à la chandelle.

Lorsqu'elles sont casernées le jour de leur arrivée dans une place, elles y ont droit du jour de leur arrivée dans cette place.

Les sous-officiers, fourriers, brigadiers-trompettes, maîtres ouvriers, sous-chefs de musique et musiciens, ont droit à une ration double de celle du soldat, lorsque les allocations ont lieu selon le système des rations individuelles.

Lorsque la troupe est campée ou bivouaquée sans abri, elle reçoit, en remplacement des prestations de paille de couchage, une ration supplémentaire de bois de chauffage, composée ainsi qu'il suit, savoir :

	PLACES SITUÉES	
	dans la région chaude.	dans la région empérée ou froide.
Pendant les mois d'hiver désignés dans l'Instruction.	0k 60déc	0 80déc
Pendant les autres mois de l'année..................	1 »	1 20

Recrutement.

L'armée se recrute par des appels et des engagements volontaires.

Les conditions exigées pour être admis à servir dans les troupes françaises sont d'être Français, être âgé d'au moins dix-sept ans et avoir la taille déterminée pour l'arme dans laquelle on désire servir, d'après les fixations indiquées au tableau D.

Durée du service militaire.

La durée du service militaire est de sept ans, qui comptent, pour les jeunes soldats appelés, du 1er janvier de l'année où ils ont concouru au tirage de leur canton.

En temps de paix, ils reçoivent leur congé de libération le 31 décembre de l'année où ils finissent leur temps de service; et en temps de guerre, immédiatement après l'arrivée du contingent qui doit les remplacer.

Mise en route des jeunes soldats.

Les jeunes soldats sont mis en route sur l'ordre du ministre de la guerre.

Si les jeunes soldats marchent en détachement, sous la conduite d'un officier ou d'un sous-officier, le commandant du recrutement confie une expédition du contrôle signalétique au commandant du détachement, qui est chargé d'annoter dans la colonne d'observations toutes les mutations qui surviendraient pendant la route parmi les jeunes soldats, et de la remettre à son arrivée à destination, au Conseil d'administration.

Lors de l'arrivée des jeunes soldats au corps, le commandant du détachement les conduit à la caserne, et se présente ensuite chez le colonel, qui donne des ordres pour la réception et la répartition de ces jeunes soldats dans les escadrons, compagnies ou batteries.

Engagements volontaires.

Les conditions exigées par la loi pour pouvoir s'engager dans l'un des corps de l'armée française, sont :

1° Être Français ou naturalisé Français ;

2° Avoir au moins dix-sept ans accomplis *(Décret du 18 juillet 1848)* ;

3° Avoir la taille exigée pour l'arme dans laquelle on désire servir ;

4° Jouir de ses droits civils ;

5° N'être ni marié ni veuf avec enfants ;

6° Être porteur d'un certificat de bonnes vie et mœurs ;

7° Justifier du consentement de ses père et mère ou tuteur si l'on a moins de vingt ans révolus ;

8° Être sain, robuste et bien constitué ;

9° N'être pas âgé de plus de trente ans révolus si l'on n'a pas encore servi dans l'arme pour laquelle on désire s'engager, et de plus de trente-cinq ans si l'on a déjà servi dans l'arme.

Le premier engagement ne peut être contracté que pour sept ans.

Il peut également être contracté des engagements volontaires de deux ans, en exécution du décret impérial du 3 mai 1859.

Les engagements volontaires après libération peuvent être contractés pour deux, trois, quatre, cinq, six ou sept ans, et donnent droit, selon l'âge et l'ancienneté de services antérieurs, à la prime de rengagement fixée chaque année, et à la haute-paie de rengagement, ainsi qu'il sera expliqué aux rengagements, si l'engagement est contracté moins de deux années après la libération *(Loi du 24 juillet 1860)*.

L'homme qui veut s'engager doit se présenter devant le chef du corps dans lequel il désire prendre du service, s'il tient garnison dans la place, ou, dans le cas contraire, devant l'officier de recrutement du département, ou enfin devant l'officier de gendarmerie le plus voisin de sa résidence.

L'officier devant lequel il se présente s'assure que l'homme a la taille voulue et les autres qualités requises pour l'arme à laquelle il se destine; il fait constater en sa présence, par un docteur en médecine ou en chirurgie, qu'il n'est atteint d'aucune infirmité apparente ou cachée qui puisse l'empêcher de faire un bon service.

Muni du certificat d'acceptation qui lui est alors délivré par l'officier et le médecin, l'engagé se présente devant le maire d'un chef-lieu de canton, qui seul est appelé à dresser l'acte d'engagement.

Un conseil d'administration éventuel, soit à l'intérieur, soit à l'extérieur, peut, avec l'autorisation du général commandant, admettre des engagés volontaires *(Circ. min. du 17 avril 1850)*.

Les engagements pour l'infanterie et l'artillerie de marine ne doivent être reçus qu'à Paris, sur des autorisations spéciales du ministre de la marine, et dans les ports de Brest, Cherbourg, Rochefort, Toulon et Lorient, sur des certificats d'acceptation des chefs de ces régiments.

Les enfants de troupe peuvent, lorsqu'ils ont atteint l'âge de dix-sept ans, contracter un engagement volontaire pour leur corps, quelle que soit la situation de son effectif, s'ils réunissent les conditions d'aptitude exigées.

Ceux qui, soit par effet de leur volonté, soit à raison de leur aptitude physique, ne contractent pas d'engagement volontaire à dix-sept ans, doivent toujours être conservés dans les corps, jusqu'à leur dix-huitième année.

La durée du service de l'engagé compte du jour où il a souscrit son acte d'engagement, et il est libéré définitivement le jour de l'expiration de son temps de service, en temps de paix comme en temps de guerre.

Dans aucun cas, les engagés volontaires ne peuvent être envoyés en congé sans leur consentement.

Dotation de l'armée.

La dotation de l'armée a pour but de pourvoir au remplacement des jeunes gens qui veulent s'exonérer du service, soit par des rengagements, soit par des remplacements, en traitant avec les individus, et à l'augmentation de la retraite des sous-officiers, brigadiers et soldats.

La caisse de la dotation reçoit, à titre de dépôt, les versements volontaires qui lui sont faits par les militaires de tous grades dans le cours de leur service.

Les recettes de la caisse de la dotation se composent :

1° Des versements faits par les jeunes soldats appelés, compris dans le contingent annuel, pour obtenir l'exonération du service militaire ;

2° Des versements faits, dans le même but, par les militaires sous les drapeaux ;

3° Des dons et legs faits à la dotation de l'armée ;

4° Des arrérages de rentes inscrites au nom de la dotation de l'armée ;

5° Des produits, s'il y a lieu, des ventes de rentes appartenant à la dotation ;

6° Des versements volontaires faits, à titre de dépôt, par les militaires de tous grades, dans le cours de leur service ;

7° Des versements faits par les jeunes gens, ou en leur nom, avant l'appel de leur classe, et applicables à leur exonération ultérieure du service, s'il y a lieu ;

8° Des versements à divers titres.

Les versements volontaires faits à titre de dépôt, par les militaires de tous grades, dans le cours de leur service, ou par des tiers en leur nom, doivent être de *dix francs* au moins, et sans fraction de franc. Ils ne peuvent être reçus, en France et en Algérie, que par les préposés de la caisse des dépôts et consignations. Ils peuvent être effectués, hors du territoire français, chez les payeurs des armées, qui les reçoivent pour le compte de la caisse des dépôts et consignations. Ces versements donnent droit à un intérêt de 3 1/2 0/0, qui est payé lors du retrait.

Un livret établi par les soins de la caisse des dépôts et consignations, et revêtu de son timbre, est délivré, au nom de la caisse de la dotation, à chaque déposant militaire, au moment du premier versement.

Toutes les sommes versées ou retirées y sont successivement enregistrées par les préposés.

Le coût du livret est à la charge du déposant, et doit être payé lors du premier versement.

En cas de perte de livret, il est pourvu à son remplacement aux frais du titulaire.

Tout déposant qui, soit par lui-même, soit par un intermédiaire, opère un premier versement, doit produire son acte de naissance, ou, à défaut, un acte de notoriété qui en tienne lieu.

Les dépenses de la caisse de la dotation sont :

1° Les allocations et hautes paies attribuées aux rengagés et aux engagés volontaires après libération ;

2° Le prix des remplaçants par voie administrative ;

3° Le surcroît de dépenses pour pensions de sous-officiers, brigadiers et soldats ;

4° A titre de remboursement, les sommes versées volontairement, et, s'il y a lieu, de celles qui ont été versées avant l'appel, en vue de l'exonération ultérieure ;

5° Les rentes achetées en son nom ;

6° Les frais d'administration et de bureau de la commission supérieure, les dépenses occasionnées à la caisse des dépôts et consignations par la gestion de ce service spécial.

Les demandes des militaires en activité tendant à obtenir le remboursement des versements volontaires opérés par eux, doivent être visées par le conseil d'administration du corps, et adressées au directeur général de la caisse des dépôts et consignations, qui autorise ce remboursement et fait parvenir au déposant une lettre d'avis par la voie hiérarchique.

Le remboursement est effectué soit par la caisse des dépôts et consignations dans le département de la Seine, soit par les préposés de cette caisse dans les autres départements, entre les mains du conseil d'administration du corps, qui en tient compte au déposant, suivant les formes déterminées pour le paiement des primes.

Les remboursements demandés par des militaires faisant partie d'une armée hors du territoire français, peuvent être effectués par les payeurs des armées, après que le directeur général de la caisse des dépôts et consignations en a informé le ministre des finances.

Si le remboursement a lieu après la libération des militaires, il leur est fait, soit à leur départ du corps, soit au lieu qu'ils ont indiqué.

Dans ce dernier cas, ceux-ci adressent une demande accompagnée de leur livret, au directeur général de la caisse des dépôts et consignations, qui autorise le receveur des finances de l'arrondissement où se trouve le lieu désigné, à effectuer le paiement.

Rengagements et différentes primes qui s'y rattachent.

Les rengagements sont d'une durée de deux ans au moins et de sept ans au plus.

Ils ne peuvent être contractés que par les militaires, soit de l'armée active, soit de la réserve, qui sont dans leur quatrième année de service *(Décret du 6 octobre 1860).*

Leur durée est réglée de manière que les militaires ne soient pas maintenus sous les drapeaux après l'âge de quarante-sept ans.

Le premier rengagement de sept ans donne droit, d'après les fixations arrêtées le 1ᵉʳ mai 1860 :

1° A une somme de *deux mille francs,* dont *mille francs* payables au moment du rengagement ou de l'incorporation, et *mille francs* à la libération du service ;

2° A une haute paie de rengagement de *dix centimes* par jour.

Tout rengagement pour moins de sept ans donne droit, jusqu'à quatorze ans de service :

1° A une somme de *deux cent quatre-vingts francs* pour chaque année, dont *cent quarante francs* payables au moment du rengagement ou de l'incorporation, et *cent quarante francs* à la libération du service ;

2° A la haute paie de rengagement de *dix centimes.*

Après quatorze ans de service, le rengagé n'a droit qu'à une haute paie de rengagement de *vingt centimes.*

Les hautes paies de rengagement de *dix* et de *vingt centimes* par jour, attribuées aux rengagés et aux engagés volontaires après libération, sont payées aux mêmes jours que la haute paie de chevrons et à terme échu, sur les fonds généraux de la caisse des corps. Les fonds nécessaires pour ce paiement sont remis aux capitaines commandants, sur des états spéciaux (Modèle n° 47).

L'absence illégale, l'envoi à titre de punition dans une compagnie de discipline et la condamnation à une peine correctionnelle, entraînent la privation de la haute paie pendant la durée de l'absence ou de la peine.

Sur la proposition de la commission supérieure de la dotation de l'armée, un arrêté du ministre de la guerre peut augmenter ou diminuer les allocations fixées pour les primes de rengagement.

Les sous-officiers nommés officiers, ou appelés à l'un des emplois militaires qui leur sont dévolus en vertu des lois et règlements, ont droit, sur les sommes allouées pour rengagements, à une part proportionnelle à la durée du service qu'ils ont accompli.

Ces dispositions sont applicables aux militaires réformés ou retraités ; mais les militaires dont la réforme ou la retraite aurait été prononcée par suite de blessures reçues ou d'infirmités contractées dans un service commandé, reçoivent la totalité des sommes qui leur reviennent en vertu des actes qui les lient au service et à ceux passant dans un corps qui ne se recrute pas par la voie des appels.

Néanmoins, les sommes dues à ces derniers ne leur sont payées, en tout ou en partie, que sur l'avis du conseil d'administration de leur nouveau corps.

Les sommes attribuées aux rengagés, aux engagés volontaires après libération et aux remplaçants par voie administrative, sont incessibles et insaisissables. En cas de mort, une part de ces sommes, proportionnelle à la durée du service, est dévolue aux héritiers et ayants-cause des militaires.

Toutefois, si la mort de ces militaires a eu lieu à la suite de blessures reçues ou d'infirmités contractées dans un service commandé, la totalité des allocations qui leur auraient été attribuées appartiendra à leurs héritiers ou ayants-cause *(Loi du 24 juillet 1860)*.

Les sommes revenant, au jour de la condamnation, aux militaires condamnés à une peine qui les exclut des rangs de l'armée, sont payées à ceux qui ont pouvoir de recevoir pour eux à l'époque où devait avoir lieu la libération du service.

En cas de déshérence, les sommes dues profitent à la dotation de l'armée.

Lorsqu'un militaire désire se rengager, il s'adresse à son capitaine commandant, qui soumet sa demande au chef de corps.

Le chef de corps lui délivre, si sa demande est accueillie, un certificat d'acceptation, signé de lui et du médecin.

Muni de ce certificat, le militaire se présente devant le sous-intendant militaire pour contracter l'acte de rengagement.

Au moment du rengagement, il pourra être délivré aux militaires rengagés qui en auront fait la demande, des permissions ou des congés temporaires d'une durée de six mois pour les rengagements au-dessous de sept ans, et qui pourront être de neuf mois pour les rengagements de sept ans *(Décis. minist. du 31 juillet 1859)*. Dans ce cas, ils pourront, s'ils le préfèrent, toucher dans leurs foyers tout ou partie de la somme à laquelle ils ont droit, et éviter ainsi le danger de la perdre ou de la gaspiller en route, en restant maîtres de l'utiliser dans l'intérêt de leur famille et de leur propre avenir.

Ces permissions donneront droit à la solde de congé pendant six mois *(Décis. minist. du 2 juillet 1860)*.

Lorsqu'un militaire en congé temporaire dans ses foyers désire contracter un rengagement, il doit produire :

1° Le certificat d'acceptation indiqué ci-dessus, délivré par le commandant de recrutement ;

2° Un certificat de bonne conduite, délivré par le conseil d'administration de son corps ;

3° Un certificat du chef de son corps, qui atteste qu'il est dans sa dernière année de service ;

4° Si le militaire est absent de son corps depuis plus de trois mois, il devra produire, en outre, un certificat de bonnes vie et mœurs du maire de sa commune.

Muni de ces pièces, il se présente devant le sous-intendant militaire, pour y contracter son rengagement.

Le militaire en congé temporaire qui contractera un rengagement pour un autre corps, sera mis immédiatement en route pour ce nouveau corps, et y achèvera le temps de service qui lui restait à faire dans l'ancien.

Lorsqu'un sous-officier ou brigadier demande à se rengager pour un autre corps, il doit produire un certificat délivré par le chef de ce corps, constatant qu'il peut disposer d'un emploi de sous-officier ou brigadier vacant en sa faveur.

Exonération.

Les jeunes gens compris dans le contingent annuel obtiennent l'exonération du service au moyen de prestations versées à la caisse de la dotation, et destinées à assurer leur remplacement dans l'armée par la voie de rengagements d'anciens militaires.

Les militaires sous les drapeaux peuvent obtenir l'exonération du service au moyen de versements faits à la caisse de la dotation. Dans ce cas, l'exonération est autorisée par le ministre de la guerre, sur la demande des conseils d'administration des corps et l'approbation du général de brigade, qui transmet la demande au ministre par la voie hiérarchique.

Le taux de l'exonération est fixé chaque année, sur la proposition de la commission supérieure, par un arrêté du ministre de la guerre.

Ce taux a été fixé, 1er mai 1860, à *cinq cents francs* pour chaque année de service à accomplir.

Pour le paiement de l'exonération, toute fraction d'année de service restant à accomplir est comptée comme année entière.

Dans ce prix sont comprises les indemnités d'habillement et de petit équipement précédemment exigées des militaires admis à se faire remplacer.

Lorsque la somme payée comptant au rengagé ou à l'engagé volontaire, après libération, sera supérieure à la part proportionnelle qui lui revient, le militaire sera tenu de verser à la caisse de la dotation de l'armée, en sus du prix de l'exonération, la portion de la prime qu'il aura reçue en trop. Si, au contraire, les allocations soldées au moment du remplacement ou de l'engagement sont inférieures à la part proportionnelle due au militaire, la différence sera liquidée à son profit *(Décision ministérielle du 16 août 1859).*

L'avoir à la masse individuelle des militaires admis à se faire exonérer du service, est repris au profit du Trésor. En cas de débet, ces militaires sont tenus d'en rembourser le montant à la caisse du corps.

Les militaires sous les drapeaux qui désirent se faire exonérer en font la demande au capitaine commandant, qui la transmet au chef de corps par la voie du rapport.

Remplacements par voie administrative.

Les remplacements par voie administrative sont reçus par une commission spéciale instituée au chef-lieu de chaque département. Ils sont reçus pour une durée de trois, quatre, cinq, six ou sept ans, et donnent droit, savoir : 1° ceux de sept ans à une prime de 2,000 fr., dont 1,000 fr. payables au moment du remplacement et 1,000 fr. à la libération définitive du service ; 2° ceux de trois à six ans, à 280 fr. pour chaque année de remplacement, payables 140 fr. au moment du remplacement et 140 fr. à la libération du service.

Les sommes attribuées aux remplaçants par voie administrative sont incessibles et insaisissables, comme il est dit aux rengagements.

En cas de déshérence, les sommes dues profitent à la dotation de l'armée.

Remplacements entre parents.

Le mode de remplacement admis par la loi du 21 mars 1832 est et demeure supprimé, si ce n'est entre frères, beaux-frères et parents jusqu'au sixième degré ; ils sont constatés, suivant le degré de parenté, par la production des pièces indiquées ci-après *(Loi du 17 mars 1858 et Décision du 9 juin 1858) :*

INDICATION des diverses catégories.	INDICATION DES PIÈCES A PRODUIRE.
1° Frères	L'acte de naissance de chacun d'eux.
2° Beaux-frères	L'acte de naissance de chacun des deux beaux-frères, l'acte de mariage et l'acte de naissance de la sœur mariée.
3° Oncle et neveu	L'acte de naissance du neveu, l'acte de naissance de son père ou de sa mère, l'acte de naissance de l'oncle.
4° Cousins germains	L'acte de naissance de chacun des cousins germains, l'acte de naissance du père ou de la mère de chacun d'eux, l'acte de mariage de l'auteur commun (sauf le cas de parenté naturelle).
5° Cousins au 5e degré.	L'acte de naissance des deux cousins, l'acte de naissance de leurs ascendants jusqu'à l'auteur commun, l'acte de mariage de l'auteur commun (sauf le cas de parenté naturelle).
6° Cousins issus de germains	L'acte de naissance des deux cousins, l'acte de naissance de leurs ascendants jusqu'à l'auteur commun, l'acte de mariage de l'auteur commun (sauf le cas de parenté naturelle).
	Avec les pièces indiquées ci-dessus pour chaque catégorie, il devra être produit un certificat de trois pères de famille, domiciliés dans le canton, et pères de jeunes gens soumis à l'appel ou ayant été appelés, lequel fera connaître le degré de parenté existant entre le remplaçant et le remplacé.

Retraite des sous-officiers et soldats.

La retraite des sous-officiers et soldats est acquise, à titre d'ancienneté de services, à vingt-cinq ans de services effectifs, et se compose :

1° De la pension calculée d'après la loi du 11 avril 1831 ;

2° De *cent soixante-cinq francs* ajoutés au minimum et au maximum de la pension, par la loi du 26 avril 1855, sur la dotation de l'armée.

Les militaires qui ont acquis des droits à la retraite seront, à l'époque de leur libération, maintenus à leurs corps, jusqu'à ce que leur pension ait été décrétée, à moins qu'ils ne demandent à rentrer immédiatement dans leurs foyers. Dans ce cas, ils s'engagent à ne faire aucun rappel d'arrérages de pension pour le temps qui s'écoulera entre la notification qui leur sera faite de leur retraite, et leur radiation des contrôles des corps auxquels ils appartiennent.

Hiérarchie militaire.

La hiérarchie militaire se compose des grades ci-après, savoir :

1° Caporal ou brigadier ;
2° Sous-officier ;
3° Sous-lieutenant ;
4° Lieutenant ;
5° Capitaine ;
6° Chef de bataillon, d'escadron ou major ;
7° Lieutenant-colonel ;
8° Colonel ;
9° Général de brigade ;
10° Général de division ;
11° Maréchal de France.

Le grade de caporal comprend les emplois de caporal et de caporal-fourrier.

Celui de brigadier comprend les emplois de brigadier et de brigadier-fourrier.

Le grade de sous-officier comprend les emplois :

1° De sergent et de maréchal des logis ;

2° De sergent-fourrier et de maréchal des logis fourrier ;

3° De tambour-major ;

4° De sergent-major et de maréchal des logis chef ;

5° D'adjudant, de sous-chef de musique et de chef armurier.

Les caporaux-fourriers et brigadiers-fourriers commandent à tous les caporaux ou brigadiers.

La supériorité d'emploi donne le même droit au commandement que la supériorité de grade ; dans le grade de sous-officier, le sergent-major ou le maréchal des logis chef est le supérieur du sergent, du maréchal des logis et du fourrier ; l'adjudant est le supérieur du sergent-major et du maréchal des logis chef.

Passage des soldats à la première classe.

Les conditions exigées pour passer à la première classe, sont :

1° Avoir servi activement pendant six mois en temps de paix, ou trois mois en temps de guerre ;

2° Être admis à l'école d'escadron ;

3° Avoir mérité cette distinction par sa bonne conduite, son zèle, sa tenue et ses progrès en équitation ;

4° A la guerre, un acte d'intrépidité, une bravoure soutenue dispensent de l'ancienneté.

Les cavaliers de première classe sont désignés par le colonel, sur la proposition de l'officier de peloton, l'approbation des capitaines commandants et l'avis du chef d'escadron. (Modèle n° 51.)

Avancement.

Conditions voulues par la loi du 14 avril 1832.

Nul ne pourra être brigadier s'il n'a servi activement au moins six mois comme soldat dans un corps de l'armée.

Nul ne pourra être sous-officier s'il n'a servi activement au moins six mois comme brigadier.

Nul ne pourra être sous-lieutenant :

1° S'il n'est âgé au moins de dix-huit ans ;

2° S'il n'a servi au moins deux ans comme sous-officier dans un des corps de l'armée, ou s'il n'a été pendant deux ans élève des écoles militaire ou polytechnique et s'il n'a satisfait aux examens de sortie des dites écoles.

Nul ne pourra être lieutenant s'il n'a servi au moins deux ans dans le grade de sous-lieutenant.

Nul ne pourra être capitaine s'il n'a servi au moins deux ans dans le grade de lieutenant.

Nul ne pourra être chef d'escadron ou major s'il n'a servi au moins pendant quatre ans dans le grade de capitaine.

Nul ne pourra être lieutenant-colonel s'il n'a servi au moins trois ans dans le grade de chef d'escadron ou de major.

Nul ne pourra être colonel s'il n'a servi au moins deux ans dans le grade de lieutenant-colonel.

Nul ne pourra être promu à un des grades supérieurs à celui de colonel, s'il n'a servi au moins trois ans dans le grade immédiatement inférieur.

Un tiers des grades de sous-lieutenant vacants dans les corps de troupes de l'armée sera donné aux sous-officiers des corps où aura lieu la vacance; les deux autres tiers seront donnés aux élèves sortant de l'école spéciale militaire et de l'école polytechnique, à des sous-lieutenants sortant de la non-activité, et subsidiairement à des sous-officiers pris sur toute l'arme.

Les deux tiers des grades de lieutenant et de capitaine seront donnés à l'ancienneté de grade, et l'autre tiers au choix, savoir :

Dans les régiments de cavalerie, parmi les officiers de chaque régiment;

Dans les régiments d'artillerie, les escadrons du train d'artillerie et des équipages militaires, parmi les officiers susceptibles de concourir entre eux sur toute l'arme;

La moitié des grades de chef d'escadron sera donnée à l'ancienneté de grade, et l'autre moitié au choix, aux capitaines, sur la totalité de l'arme.

Les emplois de major seront au choix de l'Empereur.

Tous les grades supérieurs à celui de chef d'escadron et de major seront également au choix de l'Empereur.

Le temps de service exigé pour passer d'un grade à un autre grade pourra être réduit de moitié à la guerre ou aux colonies.

Il ne pourra être dérogé aux conditions de temps imposées pour passer d'un grade à un autre, si ce n'est :

1° Pour action d'éclat dûment justifiée et mise à l'ordre du jour de l'armée ;

2° Lorsqu'il ne sera pas possible de pourvoir autrement au remplacement des vacances dans les corps en présence de l'ennemi.

En temps de guerre et dans les corps qui seront en présence de l'ennemi, seront donnés, savoir :

A l'ancienneté, la moitié des grades de lieutenant et de capitaine;

Au choix de l'Empereur, la totalité des grades de chef d'escadron.

L'avancement au grade de brigadier et aux emplois du grade de sous-officier a lieu au choix.

Les nominations sont faites par le chef de corps, qui choisit parmi les sujets portés sur le tableau d'avancement présents au corps ou détachés pour le service.

Si c'est un officier d'un grade inférieur à celui de lieutenant-colonel qui commande le dépôt d'un corps dont les escadrons de guerre sont hors de France, les nominations doivent être approuvées par le général de brigade commandant la subdivision.

Indépendamment des conditions énoncées ci-dessus, il faut, pour être nommé brigadier :

1° Savoir lire et écrire ;

2° Connaître les fonctions de ce grade, définies dans les règlements sur le service intérieur, le service des places et celui des armées en campagne, ainsi que les principales dispositions du Code de justice militaire ;

3° Être admis à l'école d'escadron ;

4° Être en état de démontrer les deux premières leçons de l'école du cavalier à pied et à cheval.

Pour être nommé brigadier-fourrier, il faut :

1° Avoir servi activement au moins six mois ;

2° Savoir écrire correctement et couramment sous la dictée ;

3° Connaître les éléments de la grammaire et ceux de la comptabilité d'un escadron ;

4° Être porté sur le tableau d'avancement, soit comme brigadier, soit comme cavalier ;

5° Connaître les fonctions de ce grade ;

6° Être à l'école d'escadron ;

7° Être en état de démontrer les deux premières leçons de l'école du cavalier à pied et à cheval.

Les brigadiers-fourriers sont choisis parmi les brigadiers, et subsidiairement parmi les cavaliers portés sur le tableau d'avancement.

Pour être nommé maréchal des logis, il faut :

1° Avoir servi au moins six mois dans le grade de brigadier ;

2° Connaître les fonctions de maréchal des logis, définies dans les règlements sur les manœuvres, sur le service intérieur, le service des places et celui des armées en campagne ;

3° Être en état de démontrer en entier l'école du cavalier à pied et à cheval ;

4° Connaître théoriquement l'école du peloton, et être à même de remplir les fonctions de guide dans toutes les manœuvres ;

5° Être en état de commander un peloton.

Pour être nommé maréchal des logis fourrier, il faut :

1° Remplir les conditions indiquées ci-dessus pour maréchal des logis ;

2° Savoir écrire couramment et correctement sous la dictée ;

3° Connaître les éléments de la grammaire et ceux de la comptabilité d'un escadron.

Les maréchaux des logis et maréchaux des logis fourriers sont choisis parmi les brigadiers et les brigadiers-fourriers.

Pour être nommé maréchal des logis chef, il faut :

1° Remplir toutes les conditions indiquées pour maréchal des logis et maréchal des logis fourrier;

2° Connaître les détails de la comptabilité d'un escadron;

3° Connaître les devoirs du maréchal des logis chef, définis dans les règlements sur le service intérieur, le service des places et celui des armées en campagne;

4° Être en état de commander un peloton;

5° Avoir six mois au moins de grade de sous-officier;

6° Si le choix a lieu parmi les maréchaux des logis fourriers, avoir exercé pendant trois mois au moins les fonctions de maréchal des logis de peloton.

Les maréchaux des logis chefs sont choisis parmi les maréchaux des logis et les maréchaux des logis fourriers.

Enfin, pour être nommé adjudant, il faut :

1° Avoir un an de grade de sous-officier, n'importe dans quel emploi;

2° S'il est choisi parmi les maréchaux des logis fourriers, avoir été maréchal des logis de peloton pendant six mois au moins;

3° Connaître l'école d'escadron et les règlements sur les différents services.

Les adjudants sont choisis parmi tous les sous-officiers du corps.

Lorsqu'il s'agit de nommer à des emplois de brigadier-fourrier, de maréchal des logis fourrier et de maréchal des logis chef, le capitaine commandant présente trois candidats portés sur le tableau d'avancement sur un état (Modèle n° 52); sa proposition est remise par lui au major, qui la transmet avec ses observations par la voie hiérarchique au chef de corps, lequel nomme à son choix l'un des trois candidats proposés.

Dans les compagnies qui forment corps, ces nominations sont soumises à l'approbation du général de brigade.

Théories fournies par les corps aux sous-officiers, brigadiers et élèves.

Jusqu'à la promulgation de nouveaux règlements sur le service des places et sur le service intérieur des corps de troupes, les théories à fournir au compte de la masse générale d'entretien, aux sous-officiers, brigadiers et soldats proposés pour l'avancement, devront comprendre les matières suivantes :

1° Bases de l'instruction, paquetage;

2° École de cavalier à pied et à cheval, et école de peloton avec planches, suivie du guide des chefs de postes;

3° Fonctions des guides dans les manœuvres;

4° Instruction sur la voltige;

5° Extrait de l'ordonnance du 2 novembre 1833 sur le service intérieur;

73

6° Extrait de l'ordonnance de 1768, par demandes et par réponses, concernant le service des places, suivi du décret sur les attroupements, 7 juin 1848;

7° Extrait de l'ordonnance du 3 mai 1832 sur le service des armées en campagne, par demandes et par réponses;

8° Instruction pour le tracé et l'élévation des tentes et des manteaux d'armes, 14 juin 1843;

9° Extrait du règlement du 1er mars 1854 sur la conservation et l'entretien des armes dans les corps, suivi de l'instruction pour la confection des cartouches à balles et d'exercices sans balles;

10° Tarif du prix des réparations des armes portatives, 15 avril 1850;

11° Formules des mutations extraites du règlement du 25 décembre 1837;

12° Tarifs de solde pour officiers, sous-officiers, brigadiers et soldats;

13° Tableau des nouveaux poids et mesures.

La durée réglementaire de ces théories est fixée à quatre années.

Ces livres et extraits doivent faire retour au magasin du corps si le détenteur décède ou s'il vient à être promu, libéré ou cassé.

Les dépenses de réparations, de même que celles de remplacements, sont supportées par la masse générale d'entretien, sauf, bien entendu, celles qui sont nécessitées par la négligence de l'homme, et qui restent à la charge de sa masse individuelle.

Les sous-officiers et brigadiers peuvent être suspendus de leurs fonctions pendant un temps déterminé qui n'excède pas deux mois; ils font pendant ce temps le service du grade inférieur.

Les suspensions sont prononcées par le chef de corps et mises à l'ordre du régiment.

A moins de circonstances majeures et inopinées, le chef de corps n'inflige cette punition que sur la proposition du capitaine, l'avis du chef d'escadron et celui du lieutenant-colonel. (Modèle n° 53.)

Si les motifs concernent l'administration, le major donne son avis.

Si la faute a été commise dans un poste ou pendant tout service soumis à la surveillance des adjudants-majors et adjudants, la proposition de l'adjudant-major de semaine et l'avis du chef d'escadron de semaine remplacent la proposition du capitaine-commandant et du chef d'escadron.

Tout commandant de détachement hors de la division où se trouve le régiment, peut suspendre un sous-officier ou brigadier, mais il en rend compte immédiatement au chef de corps.

Les sous-officiers suspendus reçoivent leur nourriture de l'ordinaire de leur peloton.

Les adjudants peuvent être replacés dans l'emploi de maréchal des logis chef ou dans celui de maréchal des logis ;

Les maréchaux des logis chefs dans l'emploi de maréchal des logis ;

Les maréchaux des logis dans l'emploi de brigadier ;

Enfin, les maréchaux des logis chefs, les maréchaux des logis et les brigadiers peuvent être cassés et replacés dans les rangs des soldats.

Lorsqu'il y a lieu de faire descendre ou rétrograder un sous-officier au grade ou à l'emploi inférieur, le capitaine-commandant dresse une plainte (Modèle n° 53) qui est remise au colonel, après avoir été revêtue de l'avis du chef d'escadron, de celui du lieutenant-colonel, et si les faits sont relatifs à l'administration, de celui du major.

Si la plainte est motivée principalement sur une faute commise dans un poste ou pendant un service soumis à la surveillance des adjudants-majors et des adjudants, elle est accompagnée, en outre, d'un rapport de l'adjudant-major de semaine, visé par le chef d'escadron de semaine.

S'il s'agit d'un adjudant, le plus ancien adjudant-major dresse la plainte, qui est visée par le plus ancien chef d'escadron, qui donne son avis.

Les pièces qui doivent accompagner la plainte sont :

1° Le relevé des punitions ;

2° L'état signalétique et des services ;

3° Le rapport du capitaine ou de l'adjudant-major.

Lorsqu'il y a lieu de casser un maréchal des logis chef, un maréchal des logis ou un brigadier, on suit la même marche que pour faire descendre au grade ou à l'emploi inférieur.

La cassation ou rétrogradation d'un brigadier est prononcée par le général de brigade ;

Celle d'un sous-officier, par le général de division ;

Celle d'un sous-officier ou d'un brigadier, membre de la Légion-d'Honneur ou décoré de la médaille militaire, par le ministre de la guerre, sur la proposition du général commandant la division. En attendant, ils peuvent être suspendus. Aux armées, le général en chef prononce.

Les cavaliers de première classe sont cassés par le chef de corps, sur le rapport du capitaine-commandant, l'avis du chef d'escadron et celui du lieutenant-colonel.

Les cassations et rétrogradations sont mises à l'ordre du régiment.

Les sous-officiers et brigadiers cassés passent dans un autre escadron, si l'escadron n'est pas détaché au delà d'une journée de marche.

La cassation des sous-officiers et brigadiers prévenus de crimes ou délits ne doit pas avoir lieu préalablement à leur mise en jugement.

Le sous-officier ou brigadier condamné correctionnellement à une peine plus grave que celle de trois mois de prison perdra son grade.

Si la peine est celle de trois mois et au-dessous, le ministre décidera seul si le militaire doit perdre son grade ou le conserver.

Le général commandant la division rendra compte de toutes les circonstances de l'affaire, ainsi que des antécédents du militaire, afin de mettre le ministre à même de prononcer en parfaite connaissance de cause *(Décis. minist. du 11 mai 1853)*.

Rétrogradations volontaires.

Lorsque des sous-officiers ou des brigadiers demandent à donner leur démission du grade qu'ils possèdent, ou à rétrograder, ou à descendre d'un grade ou de deux, le colonel ne peut accepter et prononcer sans la décision des officiers généraux ou du ministre de la guerre, selon le cas.

Les règles tracées pour les rétrogradations et cassations sont applicables à ces démissions et rétrogradations volontaires.

Congés.

Congés de libération du service.

A l'expiration des sept années, qui a lieu le 31 décembre de chaque année pour les jeunes soldats appelés, et pour les engagés volontaires ou rengagés le jour de l'expiration de leur engagement ou rengagement, les militaires libérés reçoivent :

1° Un congé de libération définitif, qu'ils soient en activité ou qu'ils fassent partie de la réserve ;

2° Un certificat de bonne conduite.

Congés illimités.

Lorsqu'il y aura lieu d'accorder des congés illimités, ils seront délivrés dans chaque corps aux militaires les plus anciens de service effectif sous les drapeaux, et de préférence à ceux qui les demandent.

Congés renouvelables.

Les congés renouvelables sont délivrés en remplacement des congés illimités, depuis le 7 juin 1856, aux époques fixées par le ministre de la guerre, aux militaires de divers contingents, dans les proportions déterminées par une décision ministérielle.

Ils sont accordés de préférence à ceux qui justifient, par des titres réguliers, de leur position de soutiens de famille, et ensuite aux militaires qui auront été désignés à cet effet, au moyen d'un tirage au sort effectué entre ceux qui en auront fait la demande, par le conseil d'administration de chaque corps.

Les sous-officiers, brigadiers, trompettes et soldats de 1re classe, auxquels des congés auront été délivrés, seront immédiatement remplacés dans les cadres.

Les militaires qui partent en congé renouvelable sont rayés de l'effectif de leur escadron ou batterie, et inscrits sur le registre spécial tenu par le trésorier.

Ceux qui ensuite veulent rentrer à leur corps ou continuer leur service dans tout autre corps, ne peuvent le faire qu'avec l'autorisation du Ministre de la Guerre.

Permissions et congés limités.

Dispositions générales.

Les militaires de tous grades ne peuvent s'absenter de leurs corps qu'en vertu d'une permission ou d'un congé, hors le cas de maladie constatée, d'entrée à l'hôpital ou de mission.

La durée des congés comprend le temps de l'aller et du retour.

Pour les militaires employés en Corse ou sur tout autre point d'outre-mer, cette durée est indépendante du temps de la traversée et de celui de la quarantaine quand elle est exigée.

La durée des permissions ou congés des militaires faisant partie d'une armée ou d'un rassemblement hors de l'Empire, commence du jour du passage de la frontière. Ils sont sensés rentrés à leur corps lorsqu'ils sont rendus à la frontière au jour fixé pour l'expiration de leur congé ou permission.

Les officiers, sous-officiers et soldats qui obtiennent des permissions de huit, quinze ou trente jours, ou des congés quelconques, doivent en outre être porteurs d'une feuille de route.

Ils ont droit, dans cette position :

1° Au logement chez l'habitant; 2° à la solde de congé; 3° les sous-officiers et soldats, à la haute-paie journalière d'ancienneté, à la haute-paie de rengagement pendant toute la durée du congé et à la prime d'entretien de la masse individuelle pendant les trois premiers mois.

Lors de l'arrivée de l'officier en permission ou en congé, il doit faire viser sa permission ou son congé par le commandant de la place, s'il y en a un dans le lieu où il doit résider. Si c'est dans une ville ouverte ou une campagne, il le fait viser par l'officier de gendarmerie commandant la lieutenance de l'arrondissement, auquel il l'envoie. Si c'est dans le département de la Seine, il le présente au commandant de la place de Paris.

Les sous-officiers, brigadiers et cavaliers sont tenus, dans les cinq premiers jours de leur arrivée, de faire viser leur congé ou permission par le commandant de la gendarmerie du lieu où ils résident.

Les officiers peuvent obtenir des congés à solde entière pour aller à leurs frais faire usage des eaux thermales.

Les sous-officiers, brigadiers et soldats qui ne rapportent pas leur feuille de route et leur congé ou permission à leur rentrée au corps, ne peuvent prétendre à aucun rappel de solde de congé avant l'expiration d'un délai de six mois, à partir de leur rentrée.

Permissions d'officiers.

Les permissions sont accordées aux officiers, savoir :
Par le chef de corps, celles qui n'excèdent pas huit jours ;
Par le général de brigade, celles de neuf à quinze jours ;
Par le général de division, celles de seize à trente jours.
Les permissions sont établies par le trésorier.

Permissions des sous-officiers et soldats.

Les permissions sont accordées aux sous-officiers, brigadiers et soldats, par le chef de corps et les généraux, ainsi qu'il est dit pour les officiers.

Elles sont établies dans les corps par le maréchal des logis chef, sur des imprimés fournis par le trésorier.

Congés de semestre.

Les congés de semestre sont accordés aux officiers, sous-officiers, brigadiers et soldats, par les inspecteurs généraux.

Le nombre de ces congés est fixé chaque année par les instructions sur les inspections générales, et l'est ordinairement dans les proportions suivantes :
Pour les officiers, d'un tiers de l'effectif des officiers de chaque grade ;
Pour la troupe, d'un huitième de l'effectif des sous-officiers, brigadiers et soldats.

La saison des semestres commence ordinairement le 1er octobre et finit le 31 mars.

Dans les régiments qui, par raison de service, seraient inspectés postérieurement au 1er octobre, la durée du congé sera également de six mois, à dater du jour qui aura été fixé pour le départ des semestriers.

S'il se présente pour jouir du semestre un nombre de sous-officiers,

brigadiers et soldats supérieur au huitième de l'effectif, l'inspecteur général, en ce qui concerne les simples soldats, désignera de préférence :

1° Ceux qui savent lire et écrire, et qui ont, en outre, leur masse
complète;

2° Ceux qui satisferont à l'une de ces deux conditions.

Enfin, il procédera de manière à faire comprendre dans les corps que
les militaires qui tiennent une conduite régulière et qui profitent de l'instruction qui leur est offerte, ont plus de droits que les autres à l'obtention de toute espèce de faveur; il pourra comprendre, parmi les
semestriers, des militaires qui sont depuis moins de deux ans sous les
drapeaux, lorsque ces militaires auront acquis une instruction suffisante,
et qu'il lui sera prouvé que des raisons de santé ou des affaires indis-
pensables de famille nécessitent leur présence dans leurs foyers.

La durée d'un semestre peut être partagée entre plusieurs officiers,
sous-officiers, brigadiers et soldats, pourvu que le nombre des absents
n'excède jamais celui qui aura été autorisé.

Avant le départ des semestriers, les sous-officiers, brigadiers et soldats
doivent être visités par le médecin-major, et s'il s'en trouvait parmi
eux qui fussent atteints de la gale ou de maladie vénérienne, ils
devraient être remplacés par d'autres, sur la demande du chef de
corps.

Pendant la saison des semestres, les officiers, sous-officiers et soldats
peuvent obtenir des congés ou portions de congés de semestre.

Les effets de toute nature qui peuvent être emportés par les sous-officiers et soldats allant en semestre sont indiqués au tableau F.

Congés temporaires.

On entend par congés temporaires toutes les absences qui doivent être
de plus de trente jours pour les officiers et la troupe.

Pendant la saison des semestres, ces congés sont accordés par les généraux de division, sur la demande des chefs de corps, jusqu'à concurrence du nombre d'absents qui aura été autorisé par l'instruction spéciale
sur les semestres.

Les sous-officiers et soldats devront produire, à l'appui de la demande,
un certificat du maire de leur commune qui atteste qu'ils ont un besoin
pressant de se rendre dans leur famille.

Hors la saison des semestres, les congés temporaires sont accordés
par le ministre de la guerre, sur la demande du chef de corps.

Lorsqu'un officier en congé temporaire de trois mois, par exemple, a
besoin d'obtenir, pour terminer ses affaires, une prolongation de congé de
trois mois, plus ou moins, il adresse sa demande à son chef de corps, auquel il fait connaître les motifs qui l'obligent à demander cette prolongation.

Si le chef de corps pense que le bien du service n'y met pas obstacle, il adresse une demande de prolongation de congé, par la voie hiérarchique, au général commandant la division, lequel la transmet au ministre de la guerre avec son avis.

L'officier doit s'y prendre assez à temps pour que, si la prolongation lui était refusée, il puisse lui rester assez de temps pour rejoindre son corps, après qu'il aurait reçu l'avis du refus.

Les prolongations sont également accordées aux sous-officiers et soldats par le ministre de la guerre, et les démarches à faire pour les obtenir sont les mêmes que pour les officiers.

Les prolongations faisant suite à une permission de trente jours, ne donnent droit à aucune solde *(Dépêche minist. du 22 février 1839).*

Congés de convalescence.

En général, les congés de convalescence sont accordés aux officiers par le ministre de la guerre, et notamment aux colonels, lieutenants-colonels, majors, capitaines instructeurs, officiers comptables, officiers de santé et officiers d'état-major détachés dans les corps.

Les officiers autres que ceux indiqués ci-dessus peuvent en obtenir des généraux commandant les divisions.

Les congés de convalescence sont accordés aux sous-officiers et soldats comme aux officiers, par le ministre de la guerre ou par les généraux commandant les divisions.

La durée des congés accordés par les généraux de division peut être de six mois; mais si elle est moindre, ils ont la faculté d'accorder, au même titre, des prolongations avec solde de congé pour compléter ce laps de temps.

Si l'absence doit se prolonger au delà de six mois, il faut obtenir l'autorisation spéciale du ministre.

En Afrique, ils sont accordés par le Gouverneur Général, par délégation du ministre, et ils le sont toujours avec demi-solde pour les officiers.

Les officiers, les sous-officiers et soldats de l'armée d'Afrique peuvent obtenir des congés avec solde de présence; pour cela, ils doivent, aussitôt après leur débarquement, se présenter devant le général commandant le département du Var, des Bouches-du-Rhône, des Pyrénées-Orientales ou de l'Hérault, qui, au vu de leur congé, les renverra, pour y être contre-visités devant les Commissions instituées à cet effet à Toulon, Marseille, Perpignan et Montpellier, et il sera prononcé sur la demande de solde entière d'après le rapport motivé que les Commissions ci-dessus désignées adresseront au ministre de la guerre, par l'intermédiaire du général commandant la division.

Les inspecteurs généraux d'armes peuvent accorder des congés de convalescence aux militaires des corps qu'ils inspectent et aux militaires des divers corps qui se trouvent dans les hôpitaux lorsqu'ils y font leur visite. La durée de ces congés ne peut, dans aucun cas, dépasser six mois.

Lors des inspections trimestrielles, les généraux de brigade délégués par les généraux de division pour les passer, peuvent délivrer des congés de convalescence aux militaires qui en ont besoin, ainsi qu'il est dit pour les inspecteurs généraux.

Certificat à rapporter par les sous-officiers et soldats rentrant de congé.

Les sous-officiers, brigadiers et soldats qui ont obtenu des congés de semestre, temporaires ou de convalescence, doivent, à leur rentrée au corps, être porteurs d'un certificat du maire de la commune où ils ont joui de leur congé, constatant qu'ils y ont tenu constamment une bonne conduite et n'ont donné lieu à aucune plainte.

Ce certificat reste avec la feuille de route et le titre de congé, à l'appui de la mutation.

Ceux qui ne les rapportent pas sont privés de tout rappel pour le temps de leur absence.

Cette disposition est applicable à ceux qui rentrent des eaux thermales.

Cette mesure ne s'étend pas aux militaires qui obtiennent des permissions.

Désertion.

Toutes les fois qu'un chef de corps ou commandant de détachement reconnaît qu'un sous-officier, brigadier ou soldat est absent illégalement, il doit en avertir les autorités, soit militaires, soit civiles, du lieu de la garnison, et prendre toutes les mesures convenables pour amener l'arrestation du militaire absent. (Modèle n° 55.)

Lorsque le maréchal des logis chef suppose qu'un homme est déserté, il fait établir de suite, en double expédition, l'inventaire de ses effets, en présence du brigadier et d'un soldat de la chambrée, qui le certifient (Modèle n° 19) ; cet inventaire est visé par le capitaine.

Le porte-manteau et tous les effets laissés par l'homme sont aussitôt déposés provisoirement au magasin, avec une expédition de l'inventaire ; l'autre expédition est remise au major

Le versement définitif des effets au magasin a lieu le jour où l'homme est déclaré déserteur.

Les délais de grâce accordés au repentir des militaires qui quittent leurs drapeaux en temps de paix, sont :

1° Pour les militaires ayant moins de six mois de service, celui qui abandonnera son corps dans un camp ou dans une place de guerre, après quinze jours d'absence, et après un mois dans tout autre lieu ;

2° Celui qui aura obtenu un congé sera déclaré déserteur après quinze jours d'absence datant du jour de l'expiration de son congé, ou de sa feuille de route s'il voyage isolément pour se rendre d'un corps dans un autre;

3° Pour les militaires ayant plus de six mois de service, celui qui aura abandonné son corps depuis trois fois vingt-quatre heures dans un camp ou une place de guerre; celui qui l'aura abandonné depuis six jours dans tout autre lieu, ou qui aura dépassé de quinze jours la durée de son congé, ou de sa feuille de route s'il voyage isolément pour se rendre d'un corps dans un autre.

Les militaires qui, ayant moins de six mois de service, ne peuvent prétendre aux jours de repentir, sont :

1° Ceux dont la désertion n'aura pas été individuelle;

2° ceux qui auront déserté étant de service;

3° Ceux qui auront emporté des effets d'habillement appartenant à l'État.

Ces militaires seront dénommés comme déserteurs après le temps fixé pour ceux qui ont plus de six mois de service.

Pendant le temps de guerre, les délais de grâce accordés aux insoumis et aux déserteurs sont réduits de moitié. Mention de cette circonstance sera portée sur le signalement et sur la plainte.

En temps de guerre, le délai de grâce accordé au repentir des déserteurs est de vingt-quatre heures à l'armée ou dans une place de guerre, et de quarante-huit heures dans tout autre lieu.

Le jour où l'homme a manqué à l'appel et celui où il est déclaré déserteur ne sont pas compris dans le délai de grâce; exemple : un homme qui a plus de six mois de service, abandonne son corps le 1er du mois, il est déclaré déserteur seulement le 8, c'est-à-dire après six jours pleins.

Si le militaire ne se présente pas volontairement ou n'est pas ramené dans les délais de grâce, le chef de corps le fera déclarer déserteur, et son signalement n° 1 (Modèle n° 56) sera envoyé au ministre de la guerre, au préfet du département où était domicilié le prévenu lors de son entrée au service, et au colonel de la légion de gendarmerie dans l'arrondissement duquel ce département se trouve placé.

Si le prévenu, à l'époque de son entrée au service, n'a pas son domicile dans le département où il est né ou dans celui qu'habitent ses parents, une expédition du signalement sera transmise au préfet du lieu de son dernier domicile, et une autre au préfet du département où sont domiciliés les père et mère; et si ces deux départements ne se trouvent point placés dans l'arrondissement de la même légion de gendarmerie, les colonels de ces deux légions devront en recevoir chacun une. Il sera fait mention de ces envois dans la colonne d'observations de la feuille destinée au ministre.

Cav.   6

Si le militaire déclaré déserteur se trouve être domicilié dans le département de la Seine, le signalement n° 1 sera envoyé au préfet de police.

Quant aux militaires des corps indigènes de l'Algérie, le signalement doit être envoyé au Directeur de l'intérieur à Alger; la gendarmerie locale en reçoit en même temps une copie.

Lorsque le déserteur se présentera volontairement ou qu'il sera reconduit au corps par la gendarmerie, le chef de corps en informera immédiatement le ministre de la guerre, en lui adressant une expédition du signalement n° 2 (Modèle n° 57); il sera adressé également une expédition de ce signalement à toutes les autorités qui auront reçu le signalement n° 1.

Aussitôt qu'un militaire prévenu de désertion arrivera à son corps, soit volontairement, soit sous l'escorte de la gendarmerie, le capitaine commandant adressera au chef de corps un rapport. (Modèle n° 58.)

Les militaires absents depuis plus de six mois peuvent être rayés des contrôles, si l'on n'a pu découvrir ce qu'ils sont devenus; dans ces six mois se trouvent compris, pour les hommes prévenus de désertion, le délai de grâce, quel qu'il soit.

Lors de la rentrée du prévenu de désertion, les effets de petit équipement trouvés dans son porte-manteau lors de sa disparition lui sont portés à la prison, avec une expédition de l'inventaire qui en a été fait alors.

Toutes les fois qu'un militaire rentre d'une absence illégale dans les délais de repentir, le capitaine commandant établit une feuille de renseignements (Modèle n° 59) et la fait parvenir au chef de corps.

Conseils de guerre.

Il y a un conseil de guerre permanent dans chaque chef-lieu de division territoriale et de l'Algérie.

Il est établi un second conseil de guerre permanent dans les 1re, 2e, 3e, 4e, 5e, 6e, 8e, 9e, 12e et 16e divisions militaires, et dans les divisions d'Alger, d'Oran et de Constantine.

Les deuxièmes conseils de guerre siègent dans les villes indiquées ci-après, savoir : 1re division à Paris, — 2e à Caen, — 3e à Lille, — 4e à Mézières, — 5e à Metz, — 6e à Strasbourg, — 8e à Lyon, — 9e à Toulon, — 12e à Toulouse, — 16e à Brest. — Division d'Alger, à Blidah; — division d'Oran, à Oran; — division de Constantine, à Constantine.

Le conseil de guerre permanent est composé d'un colonel ou lieutenant-colonel, président, et de six juges, savoir : un chef de bataillon ou d'escadron, — deux capitaines, — un lieutenant, — un sous-lieutenant, — un sous-officier.

Il y a près de chaque conseil de guerre un commissaire impérial, un rapporteur et un greffier.

Il peut être nommé un ou plusieurs substituts du commissaire impérial et du rapporteur, et un ou plusieurs commis-greffiers.

Lorsque les divisions sont réunies en armées ou en corps d'armée, deux conseils de guerre sont établis dans chacune de ces divisions, ainsi qu'au quartier-général de l'armée, et, s'il y a lieu, au quartier-général du corps d'armée.

Tout justiciable d'un conseil de guerre, prévenu d'un délit militaire, doit être mis en état d'arrestation. (Modèle n° 54.)

Toutes les fois qu'un militaire devra être traduit devant un conseil de guerre pour un motif quelconque, le capitaine commandant adressera au chef de corps, par la voie hiérarchique, un rapport. (Modèle n° 58.)

Il joindra à l'appui de son rapport :

1° L'état signalétique et des services du prévenu ;

2° Le relevé des punitions depuis qu'il fait partie du corps ;

3° L'extrait du livre de détail, présentant la situation de la masse individuelle.

Les militaires mis en jugement emportent les effets indiqués au tableau F.

Ils emportent, en outre, la totalité de leurs effets de petit équipement.

Conseils de révision.

Il y a sept conseils de révision permanents pour toutes les divisions militaires de l'intérieur et de l'Algérie ; ils siégent dans les villes ci-après désignées, savoir :

Paris, Metz, Lyon, Toulouse, Alger, Oran et Constantine.

Ils prennent le nom de la ville où ils sont établis.

Leur juridiction est fixée conformément au tableau ci-après.

SIÉGE.	RESSORT.	SIÉGE.	RESSORT.
Paris.....	1re, 2e, 3e, 15e, 16e et 18e divisions.	Toulouse...	10e, 11e, 12e, 13e, 14e et 17e dns
Metz......	4e, 5e, 6e et 7e.	Alger.....	Division d'Alger.
Lyon.....	8e, 9e, 19e, 20e, 21e et 22e	Oran......	— d'Oran.
		Constantine	— de Constantine.

Pour les armées en campagne, il est établi un conseil de révision au quartier général de l'armée.

Le conseil de révision permanent est composé : d'un général de brigade, président, et de quatre juges, savoir : deux colonels ou lieutenants-colonels, deux chefs de bataillon ou d'escadron, ou majors.

Il y a près de chaque conseil de révision un commissaire impérial et un greffier.

Il peut être nommé un substitut du commissaire impérial et un commis-greffier, si les besoins du service l'exigent.

Compagnies de discipline.

Le but de la création des compagnies de discipline a été de fournir à l'autorité militaire les moyens d'amender, par un régime sévère, des hommes rebelles à l'action ordinaire de la discipline, mais principalement alors que leur mauvaise conduite devient scandaleuse et d'un exemple réellement dangereux.

Lorsqu'un capitaine jugera qu'un soldat de son escadron ou de sa batterie, qui, sans avoir commis de délits qui le rendent justiciable des conseils de guerre, persévère néanmoins, par des fautes ou contraventions qui ne peuvent plus être réprimées par les peines de simple discipline, à porter le trouble et le mauvais exemple dans l'escadron ou la batterie et le corps dont il fait partie, il en fera son rapport au chef d'escadron (Modèle nº 60), qui l'adressera avec son avis au lieutenant-colonel, qui le transmet au colonel.

Le capitaine commandant joindra à son rapport :

1º L'état signalétique et des services du prévenu ; 2º le relevé de ses punitions ; 3º l'extrait présentant la situation de sa masse individuelle ; ces pièces établies en double expédition.

Le colonel convoque alors un conseil de discipline, composé :

1º D'un chef d'escadron, président ; 2º des trois plus anciens capitaines ; 3º des trois plus anciens lieutenants.

Les membres du conseil de discipline sont pris hors de l'escadron auquel appartient l'inculpé.

Lorsque le corps dont fait partie le militaire ne présente pas en officiers les ressources nécessaires pour former le conseil de discipline, le général de brigade désigne, pour composer ou pour compléter ce conseil, des officiers des autres corps de la garnison, et, à défaut, des officiers appartenant à la garnison la plus voisine.

Le temps passé en Algérie par les disciplinaires ne leur compte pas pour campagne.

Convois militaires.

Le service des convois militaires consiste :

1º A fournir des moyens de transport par chemins de fer, bateaux à vapeur, voitures publiques suspendues, etc., aux militaires et aux marins, blessés, infirmes, malades ou convalescents, voyageant isolément ou évacués d'un hôpital sur un autre, aux enfants de troupe qui ne peuvent faire la route à pied, ainsi qu'à tous les militaires indistinctement sortant dés hôpitaux, allant aux eaux, en congé de convalescence ou en congé de réforme;

2° A fournir, en outre, des voitures à un ou deux colliers, suspendues ou non, pour le transport de la caisse, des papiers et des effets d'un usage journalier à la suite des corps et détachements de troupes voyageant par étapes, et, s'il y a lieu, des militaires et marins faisant partie de ces mêmes détachements.

A chaque voiture est affectée une bâche dont il est fait usage lorsque le chef de la troupe le juge convenable, afin que les hommes et les effets soient abrités contre le mauvais temps.

Les voitures qui sont affectées au transport des hommes sont toujours pourvues d'une bâche, et elles sont, en outre, disposées de manière que ceux-ci puissent s'y asseoir commodément, et elles doivent être garnies de nattes et de paille fraîche en quantité suffisante.

Le poids ou le nombre d'hommes avec leurs sacs ou porte-manteaux que doit transporter chaque voiture, est fixé de la manière suivante :

>   Voitures à un collier..... 500 kilogrammes, ou de 1 à 4 hommes.
>   Voitures à deux colliers.. 800   —   ou de 5 à 7   —

Le poids à transporter sur chaque cheval ou mulet de bât est fixé, au maximum, à cent vingt-cinq kilogrammes.

Le poids alloué à chaque officier accompagnant les détachements de troupes en marche, pour le transport de son porte-manteau ou de sa malle, est fixé à trente kilogrammes.

Les allocations de convois aux corps et détachements sont fixées ainsi qu'il suit :

>   de   25 à   149 hommes, 1 voiture à un collier.
>   de   150 à   374   —   1 voiture à deux colliers.
>   de   375 à   499   —   2 voitures à un collier.
>   de   500 à   624   —   1 voiture à deux colliers et 1 voiture à un collier.
>   de   625 à   874   —   2 voitures à deux colliers.
>   de   875 à   999   —   1 voiture à deux colliers et 2 voitures à un collier.
>   de 1,000 à 1,124   —   2 voitures à deux colliers et 1 voiture à un collier.

Et ainsi de suite suivant l'effectif, en ajoutant un collier par cent vingt-cinq hommes.

Il est accordé une voiture à un collier pour le transport de la caisse et des archives, à tout corps et à toute portion de corps ayant une administration distincte régulièrement organisée.

Il faut au moins vingt-cinq hommes, officiers compris, pour qu'un détachement ait droit aux convois.

Transports en chemin de fer.

Les militaires voyageant isolément pour cause de service, envoyés en congé limité ou en permission, ou rentrant dans leurs foyers après libération, ne sont assujétis à payer que la moitié ou le quart du prix du tarif, selon les lignes sur lesquelles ils voyagent.

Les lignes sur lesquelles les militaires voyageant isolément paient encore demi-place sont :

Lignes principales. { Paris à Strasbourg, par Meaux, Châlons-sur-Marne, Nancy, Lunéville. — Strasbourg à Mulhouse et à Bâle.

Embranchements.. { Épernay à Reims. — Blesmes à Chaumont. — Frouard à Metz et à Thionville. — Metz à Forbach. — Vendenheim à Wissembourg.

Les officiers, sous-officiers et soldats voyageant isolément, indépendamment des trente kilogrammes de bagages alloués en franchise à chaque voyageur, ont droit au transport à prix réduits de leurs bagages jusqu'à concurrence du poids de :

Sous-officiers et soldats.......................... 70 kilogrammes.
Officiers, jusqu'au grade de capitaine inclusivement... 200 —
Officiers supérieurs et officiers généraux .... 300 —

au-delà duquel les compagnies peuvent exiger le tarif.

Sur les lignes qui accordent une réduction des trois quarts du tarif sur le prix de la place, la même réduction est faite pour les bagages.

Les militaires ne peuvent être admis à jouir du bénéfice de la réduction de la taxe des chemins de fer, que sur la production de leur feuille de route, à la condition toutefois que le parcours à effectuer sur le chemin de fer est sur la direction générale que le porteur de la feuille de route doit suivre pour se rendre à destination.

La feuille de route peut être suppléée par les saufs-conduits, congés, permissions ou ordres de service délivrés par l'autorité compétente.

Le bénéfice à prix réduit ne pourra être refusé aux militaires porteurs d'un titre qui serait périmé, lorsque ce titre n'aura pas été utilisé pour le parcours qu'il indique.

Les compagnies sont autorisées à demander en route aux porteurs de billets militaires l'exhibition de leur feuille de route, lorsque ceux-ci ne sont pas en uniforme. Il leur est interdit d'exiger cette exhibition lorsque les porteurs de billets militaires sont en uniforme.

Lorsque les militaires voyagent en corps ou en détachement, autant que possible et toutes les fois que la composition de l'effectif des corps ou détachements et les ressources de la compagnie le permettent, l'embarquement a lieu de la manière suivante :

Les officiers supérieurs dans les wagons de 1re classe;

Les officiers de grade inférieur, dans les wagons de 2e classe;

Les sous-officiers, brigadiers et soldats, dans les wagons de 3e classe.

Si les militaires voyagent isolément, les sous-officiers et soldats prennent place dans les wagons de 2e et 3e classe.

Les sous-officiers et soldats en uniforme ne peuvent prétendre à voyager à prix réduit que dans les wagons de 2ᵉ et de 3ᵉ classe, à moins que des raisons de service, constatées par l'autorité militaire, ne les obligent à voyager par un train express qui n'aurait que des voitures de 1ʳᵉ classe.

Les officiers de tous grades seuls sont admis à voyager dans les voitures de 1ʳᵉ classe.

Lorsqu'un militaire ou marin voyageant isolément, demande à occuper une des places de coupé dans un train qui comporte des places de cette nature, il doit payer le quart ou la moitié du tarif de la 1ʳᵉ classe (selon la loi de concession), et, de plus, le supplément intégral de 1/10 exigé pour ces sortes de places.

Transports généraux de la guerre.

L'objet du service des transports généraux de la guerre consiste à transporter, dans toute l'étendue de la France continentale et de la Corse, la totalité du matériel et des approvisionnements que le département de la guerre peut avoir à expédier, à l'exception du foin et de la paille non pressés.

Sont compris dans le matériel qui doit être transporté, les effets des officiers, employés militaires et ouvriers militaires des corps, pour ceux de leurs bagages qui ne sont pas compris dans ceux des corps.

Ces transports sont l'objet d'ordres spéciaux. Le montant du transport effectué est acquitté directement à destination par les officiers, employés et ouvriers auxquels ils appartiennent.

Ces ordres portent en tête la mention que le prix du transport est à payer directement aux Compagnies par les destinataires.

Le poids maximum de chaque colis n'est pas déterminé, mais il ne peut excéder 75 kilogrammes, si pendant tout ou partie de la route le transport doit être effectué à dos de mulet; 1,000 kilogrammes si le trajet doit être fait en tout ou en partie par roulage, et 3,000 kilogrammes s'il doit avoir lieu par voie de fer.

Les prix à payer pour les transports ci-dessus sont fixés comme il suit :

VITESSE.	PRIX PAR 1,000 KILOGRAMMES ET PAR KILOMÈTRE.				Observations
	Chemin de fer.	Roulage.	Mulets.	Eau.	
Grande vitesse..	0ᶠ 30ᶜ	»ᶠ »ᶜ	»ᶜ »ᶜ	»ᶠ »ᶜ	
Vitesse accélérée	0 20	0 45	» »	» »	
Petite vitesse...	0 09	0 30	0 70	0 16	

SERVICE DE CORRESPONDANCE ENTRE MARSEILLE ET L'ALGÉRIE.

Le service de correspondance consiste en l'exécution régulière, par mois, du nombre de voyages ci-après :

Six voyages de Marseille à Alger, et retour ;

Trois voyages de Marseille à Oran, et retour ;

Trois voyages de Marseille à Tunis, passant par Stora et Bône, et retour.

Tous les officiers, sous-officiers et soldats, et leurs familles, sont passagers du gouvernement.

Les passagers ont droit au transport gratuit de leurs bagages jusqu'à concurrence, savoir :

Ceux de 1re classe	125 kilogrammes.
Ceux de 2e.................	100 —
Ceux de 3e.................	60 —
Ceux de 4e.................	35 —

Ou pour les hommes de troupe, un porte-manteau ou havresac, indépendamment de la couverture du bord.

Lorsque le poids des bagages excède les quantités indiquées ci-dessus, les passagers militaires doivent payer le transport de cet excédant à raison de *trois francs* les 100 kilogrammes, mais cet excédant de poids ne doit pas dépasser 50 kilogrammes : tout ce qui dépasserait ce chiffre serait payé d'après le tarif commercial de la Compagnie.

Les enfants au-dessous de cinq ans sont embarqués et ne comptent pas dans le nombre des passagers. Ceux de cinq à quinze ans comptent pour demi-place.

Les passagers du gouvernement sont divisés en quatre classes :

La première comprend les officiers généraux, les officiers supérieurs et ceux qui leur sont assimilés ;

La deuxième, les officiers de tous grades inférieurs ;

La troisième, les sous-officiers ;

La quatrième, les brigadiers et les soldats.

SERVICE DE CORRESPONDANCE ENTRE MARSEILLE ET L'ITALIE.

Les militaires faisant partie des troupes d'occupation à Rome, doivent tous être dirigés sur Marseille, d'où il y a un départ pour Civita-Vecchia tous les jeudis, et ceux en revenant sur Civita-Vecchia, d'où il y a un départ tous les vendredis.

A bord, les militaires de tous grades prennent leurs repas aux tables indiquées au tableau E.

Blanchissage du linge.

Le linge de la troupe doit être blanchi par les buanderies à vapeur, au moyen d'un abonnement trimestriel payable par la masse individuelle.

Les objets qui doivent être blanchis par les buanderies à vapeur, sont : le linge des sous-officiers, brigadiers, soldats et enfants de troupe, âgés de moins de quatorze ans, les objets de cuisine et ceux de l'infirmerie, dans les proportions indiquées ci-après :

DÉSIGNATION DES EFFETS.	QUANTITÉS assignées aux troupes à cheval.	PÉRIODICITÉ DE RECHANGE.	Observations.
Chemises...............	1	Hebdomadaire.	(1) A défaut, les sous-officiers pourront livrer en remplacement une chemise, un mouchoir et deux paires de chaussettes.
Caleçons	1	Id.	
Mouchoirs de poche.......	1	Id.	
Calotes de coton.........	1	Tous les quinze jours.	
Pantalons de treillis.......	1 (1)	Hebdomadaire. Durant le semestre d'été seulement.	
Sacs à distribution........	1 (1)	Tous les deux mois.	
Musettes................	1 (1)	Tous les mois.	

Pour les enfants de troupe au-dessous de quatorze ans, le caleçon n'est blanchi que tous les quinze jours.

Les quantités d'effets à l'usage des cuisines et de l'infirmerie régimentaire, et leur périodicité de rechange, seront proportionnées au besoin du service spécial.

Le personnel des buanderies militaires est choisi, par les chefs de corps, parmi les blanchisseuses-vivandières, et subsidiairement parmi les femmes et filles légitimes des hommes de troupe, et, en cas d'insuffisance, parmi les blanchisseuses de la localité, pourvues de certificats de bonnes vie et mœurs.

Ce personnel, placé sous la surveillance de l'officier de casernement, se compose :

De la plus ancienne blanchisseuse-vivandière dirigeant le service ;

D'une blanchisseuse-buandière permanente ;

De blanchisseuses, à raison d'une par 60 ou 70 kilogrammes de linge environ, c'est-à-dire deux blanchisseuses par escadron.

Le personnel des blanchisseuses-buandières reçoit une prime décomptée à raison de *un franc cinquante centimes* par 100 kilogrammes de linge ; la prime proportionnelle de la blanchisseuse permanente ne peut être inférieure à *quatre centimes* par heure de travail.

Il peut être alloué des gratifications annuelles par l'inspecteur général, dont le montant ne pourra excéder *cent francs* par régiment à six escadrons.

L'abonnement payé par la masse individuelle à la masse spéciale de blanchissage, est fixé par homme à *quatre francs vingt centimes* par an, ou *un franc cinq centimes* par trimestre, ou *huit centimes* par semaine.

L'imputation au compte des hommes est trimestrielle et s'effectue pour le trimestre entier ; elle est supportée par tous les sous-officiers et soldats compris dans l'effectif, et ayant eu droit, pendant le trimestre, à une allocation quelconque de la prime d'entretien de la masse individuelle.

Le linge est livré aux buandières par les escadrons, sur des états conformes au Modèle n° 64.

Les frais de blanchissage des troupes en marche et de celles privées momentanément d'une buanderie militaire, sont acquittés par les fonds de la masse spéciale.

Livre de détail.

Pour la tenue de ce registre, les sous-officiers comptables ne sauraient trop s'attacher à se rendre familières l'instruction et les formules de mutations qui précèdent les divers chapitres.

Ils devront bien se pénétrer de leur importance et s'y conformer rigoureusement, ce qui leur facilitera l'établissement des feuilles de journées et de décompte, ainsi que des diverses pièces de fin de trimestre.

A l'instruction, l'on devra ajouter les observations suivantes :

Chapitres IV et V. — Le trait qui traverse obliquement la colonne où le nom est inscrit pour les hommes rayés, doit être tiré dans ce sens (————).

Chapitre IX. — L'on ne doit faire à ce chapitre que les inscriptions relatives aux hommes autorisés à travailler en ville, sans avoir égard à ceux qui, employés pour un service quelconque dans l'intérieur du corps, font mensuellement un versement à l'Ordinaire de leur escadron.

Chapitre XVIII. — Après l'établissement du chapitre, si un effet quelconque vient à être remplacé, le nouveau numéro est inscrit en regard de l'ancien, dans la colonne *(reçus pendant l'année)*, et non à la gauche de la table des numéros.

Les feuilles laissées en blanc à la gauche du livre de détail peuvent être utilisées à ouvrir des tableaux pour divers enregistrements, savoir :

Tableau nº 1.

Compte ouvert aux Munitions.

Ce Tableau sera établi sur page ouverte, de manière à présenter d'un côté les recettes et de l'autre les consommations; il sera totalisé par trimestre, et la balance des recettes et consommations fera connaître les munitions existant à l'escadron ou la batterie au premier jour du trimestre.

Il sera conforme, pour le tracé, au Modèle nº 27.

Tableau nº 2.

Inventaire du matériel de l'escadron.

DATES.	DÉTAIL des RECETTES.	ACCESSOIRES D'ARMEMENT.			THÉORIES			EFFETS DE CUISINE.						JEUX DE MARQUES.						Observations.
		Monte-ressorts.	Clef de cheminée.	Cheminées de rechange.	Manuel des sous-officiers.	Instruction sur la voltige.	Instruction pratique pour l'exercice de la natation.	Pantalons.	Blouses.	Torchons.	Haches.	Scies.	Sacs à distribution.	Habillement.	Linge.	Chaussure.				

Ce Tableau sera établi sur page ouverte, de manière à présenter, d'un côté, les recettes, et de l'autre les consommations; on ouvrira à cet effet le nombre de colonnes nécessaires.

Le Modèle pour les consommations sera le même que celui des recettes, en substituant à la colonne : *Détail des recettes,* celle : *Détail des consommations.*

Il sera arrêté chaque trimestre.

Matricule du personnel et des effets et armes en service.

La matricule du personnel et des effets et armes en service, à l'usage de chaque escadron, est destinée à recevoir la transcription de tous les renseignements que présente le registre matricule du corps pour les sous-officiers, soldats et enfants de troupe composant l'escadron, ainsi que l'enregistrement des effets d'habillement, de coiffure, de grand équipement et d'armement, qui leur sont distribués avec indication des époques de réintégration en magasin ou de perte des effets de la première catégorie.

Les feuillets sont individuels et mobiles.

Les feuillets des hommes qui cessent d'appartenir à l'escadron sont détachés de la matricule et remis, savoir :

1° Ceux des hommes qui, dans le même corps, changent d'escadron, au nouveau capitaine ;

2° Ceux des hommes qui cessent d'appartenir au corps ou qui sont renvoyés dans la réserve, au trésorier, qui leur donne la destination qui leur convient.

Les feuillets détachés de la matricule sont remplacés immédiatement par des feuillets en blanc, qui sont insérés à la suite de tous les autres.

Les feuillets de la matricule sont classés dans l'ordre des numéros du registre matricule du corps, sans avoir égard aux grades.

Le nom du titulaire de chaque feuillet est écrit en bâtarde.

Les inscriptions faites sur les feuillets doivent être en tout conformes à celles du registre matricule du corps.

Les inscriptions pour la décoration, les campagnes, etc., seront libellées de la manière suivante, savoir : *Exemple :*

Pour la médaille militaire : *Décoré de la médaille militaire le 16 mars 1859.*

Pour les campagnes : *Embarqué pour l'Afrique le 25 janvier 1854, rentré en France le 17 février 1859.*

Lorsque les recrues arrivent au corps, on doit avoir soin de vérifier si leur signalement est bien le même que celui porté sur le contrôle signalétique ou sur l'acte d'engagement ou de rengagement, ou enfin sur la feuille matricule du corps d'où ils viennent.

On les fera toiser de nouveau, et l'on ne devra transcrire les autres parties du signalement (quant au physique), tel qu'il est envoyé par le capitaine de recrutement, qu'après en avoir constaté l'exactitude.

Enfin, on devra toujours inscrire sur les matricules des corps la taille réelle des hommes, sans avoir égard à celle qui a été portée dans le principe sur les registres matricules, afin que le cas échéant du renouvellement de ces registres, on soit en mesure d'opérer toutes les rectifications que nécessiterait l'accroissement des tailles. Ces dernières inscriptions étant faites régulièrement, donnent le moyen d'établir en tout temps le signalement exact des déserteurs ; elles pourront d'ailleurs servir de base au travail de vérification qui a lieu dans les corps à l'époque des revues d'inspections générales, pour connaître la taille moyenne des sous-officiers et soldats.

On devra consigner sur les registres matricules les marques extérieures et les cicatrices qui surviennent aux hommes postérieurement à leur incorporation, et il existe assez de place dans la colonne affectée aux signalements, pour y ajouter au besoin ces signes particuliers sans rien changer à la première immatriculation.

Au verso de la feuille matricule, on inscrit de nouveau le numéro matricule et le nom de l'homme, qui devra également être écrit en bâtarde.

Les années pendant lesquelles ont lieu les distributions des effets de la première catégorie sont inscrites successivement dans le titre des colonnes 4 à 10 du tableau imprimé, sur le revers du feuillet affecté à chaque homme.

La date de la distribution est inscrite dans la colonne de l'année correspondante par le seul chiffre indicatif du trimestre où elle s'effectue. *Exemple :*

	1861
Tunique...	1er

Si, au contraire, à son arrivée au corps il est distribué au militaire des effets en cours de durée, l'inscription en est faite dans la colonne 3 de la manière suivante. *Exemple :*

Tunique... 1er — 61 — 5ᵀ

Au fur et à mesure des remplacements des différents effets, on écrit le numéro du trimestre de la distribution dans la colonne correspondant à l'année où elle est effectuée ; l'effet remplacé est alors rayé par un trait à l'encre.

Cette règle est générale pour tous les effets, excepté pour le pantalon, qui doit figurer aux deux dernières distributions, cet effet devant être conservé pendant un an après son remplacement, comme deuxième pantalon.

La même exception est faite pour la tunique ou l'habit des sous-officiers, qui reste effet n° 2 jusqu'au remplacement de la tunique ou de l'habit n° 1.

Pour les effets qui sont délivrés du magasin à titre de remplacement, après avoir déjà fait une partie de leur durée, le nombre des trimestres qu'ils doivent encore servir est inscrit à la suite du chiffre indicatif. du trimestre de la distribution. *Exemple :*

	1861
Tunique...	1er 4

Les effets de la deuxième catégorie sont inscrits dans la colonne 3, que l'on coupe en deux par un trait vertical. Dans la première partie de la colonne, qui devra être beaucoup plus large que la deuxième, on indiquera le numéro d'ordre de l'effet, et dans la 2e partie de la colonne, on indiquera l'année de la première mise exprimée par les deux derniers chiffres du millésime. *Exemple :*

Giberne...	2,500	40

L'on aura soin de ne diviser la colonne 3 que pour les effets de la deuxième catégorie.

Les armes ne sont inscrites que par le numéro de série, dans la colonne 3.

Le numéro annuel de l'homme est porté au verso du feuillet matricule, au bas de la colonne indicative de l'année, et rayé au fur et à mesure de son changement par suite de mutations ou de renouvellement du contrôle, et remplacé par le nouveau.

Il est établi, à la gauche du registre matricule, une table alphabétique divisée en trois colonnes; la première indiquera les numéros matricules, la deuxième les noms, et la troisième les grades.

Matricule des chevaux et des effets de harnachement en service.

Cette matricule est destinée à recevoir, d'une part, les inscriptions extraites de la matricule du corps, faisant connaître les dates de réception et d'arrivée du cheval, son origine, son signalement, les effets de harnachement qui lui sont successivement affectés, et le nom du cavalier auquel il appartient; d'autre part, à titre de renseignements sur l'état physique et sanitaire du cheval, son classement successif aux inspections générales, et la durée du service aux infirmeries, avec l'indication sommaire du genre de maladie; enfin, la date et les causes de sa radiation des contrôles du corps.

Le feuillet matricule fait aussi connaître le numéro matricule du cheval dans le corps, celui qu'il avait au dépôt de remonte qui l'a acheté, et le prix d'achat.

Une colonne est réservée pour les rectifications à faire au signalement. Les feuillets sont individuels et mobiles.

Ceux concernant les chevaux morts, vendus ou abattus, sont déposés aux archives du corps;

Ceux des chevaux qui passent à un autre escadron sont remis au nouveau capitaine commandant, et ceux des chevaux passant à d'autres corps, etc., sont remis au trésorier, comme il est dit pour les feuillets des hommes.

Registre podométrique.

Chaque cheval de troupe a une feuille podométrique qui indique, d'un côté, le numéro matricule et le nom du cheval, ainsi que le tracé exact de la circonférence d'un pied antérieur et d'un pied postérieur; de l'autre côté, c'est-à-dire au verso, on inscrit la date où la ferrure a été renouvelée en entier ou partiellement, en indiquant le nombre de fers antérieurs et postérieurs qui sont posés et les observations du vétérinaire.

Les feuillets sont individuels et mobiles, et reçoivent la même destination que les feuillets matricules, en cas de mutations.

Registre de punitions.

Chaque feuillet est individuel et mobile. Le nom, les prénoms et le numéro matricule de l'homme auquel il est destiné y sont indiqués. Le nom est écrit en bâtarde.

La deuxième colonne du premier entête est divisée en deux parties :

La première partie sert à indiquer la date de l'arrivée au corps et en quelle qualité;

La deuxième partie sert à indiquer les différents grades auxquels le titulaire du feuillet peut être promu pendant la durée de ses services.

Pour les militaires venus d'autres corps, on portera sur la première ligne, qui sera tracée pour les inscriptions, les totaux et le genre de punitions qui ont été infligées au titulaire pendant la durée des services antérieurs; et dans la colonne *Motifs des punitions,* on mettra l'indication : *Punitions antérieures à son arrivée au corps.*

L'année sera indiquée, en gros caractères et annuellement, dans la première colonne (celle des dates des punitions).

Lorsqu'un homme change d'escadron, les punitions sont totalisées, et le feuillet, arrêté et signé par le capitaine commandant, est remis à celui du nouvel escadron. *Exemple :*

Passé au 1er escadron, le 1er mars 1861.

Le Capitaine,

Lorsqu'un homme quitte le corps pour un motif quelconque, le feuillet de punitions est arrêté et signé comme il vient d'être dit, et visé par le major; il est ensuite remis au trésorier, comme il est dit pour les feuillets matricules.

Les punitions doivent être libellées d'une manière claire et précise.

Les libellés de punitions pour réponses inconvenantes et pour négligences dans le service, doivent indiquer les paroles inconvenantes et le genre de négligence.

Les punitions sont inscrites par ordre de dates, après avoir été sanctionnées par le chef de corps.

La privation du port du sabre hors du service, la cassation des cavaliers de 1re classe, la suspension, la rétrogradation et la cassation des sous-officiers et brigadiers, sont indiquées dans la colonne du genre des punitions, en faisant connaître l'autorité qui aura prononcé ces sortes de punitions et leur durée pour le port du sabre et la suspension.

Au cas où, par suite du nombre de punitions, il serait nécessaire d'avoir un deuxième feuillet, le premier feuillet porterait à la gauche l'indication : *Il a été ouvert un deuxième feuillet,* et le deuxième feuillet n'indiquerait, en ce cas, que le numéro matricule et le nom de l'homme, avec l'inscription en gros caractères, dans la colonne de l'arrivée au corps : *Deuxième feuillet.*

Les feuillets mobiles du registre des punitions sont classés par grade et par numéro matricule dans chaque grade.

Il est établi, à la gauche du registre, une table alphabétique, du même modèle que celle du registre matricule.

Livre d'ordres.

Le livre d'ordres est renouvelé tous les ans, au 1er janvier.

Le nombre de feuilles que contient le registre est inscrit en toutes lettres sur la première; cette indication est signée du lieutenant-colonel.

Un des côtés du livre d'ordres est destiné à inscrire exclusivement les ordres du régiment et celui laissé au corps par l'inspecteur général.

A cet effet, la deuxième feuille porte l'indication du numéro du régiment, de l'escadron, et celle : *Ordres du régiment,* écrite en gros caractères.

Les troisième et quatrième feuilles, c'est-à-dire les pages de 6 à 8 inclusivement, sont destinées à recevoir une table d'analyses qui comprend les dates, les numéros des ordres et les analyses.

Il est laissé à chaque page une marge d'environ 0^m45 millimètres, destinée à recevoir l'indication du numéro de l'ordre, ainsi que l'analyse.

Après la date et la signature de l'autorité de laquelle émane l'ordre, on doit indiquer, sur une ou plusieurs lignes, les différents grades des officiers de l'escadron, en commençant par le capitaine-commandant, et finissant par le sous-lieutenant le moins ancien.

Chacun de ces officiers, après avoir pris connaissance de l'ordre, appose sa sigature au-dessous de l'indication de son grade.

S'il se trouvait qu'un officier fût absent, on porterait au crayon, au-dessous de son grade, le mot *absent*. A sa rentrée au corps, l'officier doit prendre connaissance de tous les ordres qui ont paru pendant son absence, et les signer.

Les ordres laissés au corps par l'inspecteur général à l'inspection générale, sont inscrits à la droite de tous les ordres du régiment, c'est-à-dire à la page 9 ou cinquième feuille.

Les chefs de corps sont juges des ordres qu'ils veulent faire inscrire à la suite de ces ordres.

En tournant le registre en sens contraire, on doit inscrire sur la première feuille, en gros caractères : *Ordres de la division, de la subdivision et de la place.*

Les troisième et quatrième feuilles seront conservées pour les analyses de ces ordres, qui seront inscrits dans l'ordre où ils parviennent au corps, sans avoir égard aux dates.

Pour la table d'analyses, la colonne des numéros sera subdivisée en trois parties : la première pour les numéros des ordres de la divison, la deuxième pour ceux de la subdivision, et la troisième pour ceux de la place, qui doivent avoir une série distincte de numéros.

Les chefs de corps font transcrire à la droite de cette partie du livre, en commençant à la cinquième feuille, les ordres de la division, de la subdivision et de la place antérieurs à son établissement, qui, par leur importance, seraient susceptibles d'être consultés dans un moment donné.

Ces différents ordres sont communiqués aux officiers, et signés par eux de la même manière que ceux du régiment.

Le livre d'ordres est tenu dans chaque escadron par le brigadier-fourrier.

Livre d'ordinaire.

Le livre d'ordinaire se divise en deux parties :

La première partie, destinée à inscrire les recettes, est tenue par le maréchal des logis chef ou par le fourrier, qui y inscrit journellement le nombre d'hommes qui ont vécu à l'ordinaire, ainsi que les mutations des hommes qui y vivent.

Il y inscrit également, au fur et à mesure qu'ils sont remis au capitaine, les produits additionnels provenant :

1° Des divers services payés;

1 Cav.

7

2º Des retenues des centimes de poche des brigadiers et soldats punis de prison ;

3º Des centimes de poche revenant aux hommes en absence illégale le dernier jour du prêt ;

4º De la vente des os et eaux grasses ;

5º Du change des monnaies.

Il y inscrit également jour par jour les à-comptes qu'il a reçus du capitaine, et qu'il remet sur-le-champ au brigadier d'ordinaire, qui signe en regard de l'à-compte reçu.

La deuxième partie, destinée à inscrire les dépenses, est tout entière écrite de la main du chef d'ordinaire ou, à défaut de capacités suffisantes de celui-ci, par un homme de l'ordinaire.

Les dépenses sont enregistrées jour par jour, sans ratures ni surcharges ; la reproduction exacte de ces dépenses est faite au cahier de quittance, sur lequel les fournisseurs apposent, après paiement, leur signature, qui tient lieu de quittance.

Les denrées doivent être payées comptant, en présence des hommes de corvée, qui ont le droit d'en débattre le prix ; ils ont la faculté d'aller à d'autres marchands, s'ils y trouvent de l'avantage, sans que le chef d'ordinaire puisse les en empêcher ; de retour à la chambre, le brigadier doit inscrire les dépenses en présence de ces mêmes soldats, dont il mentionne le nom.

Le dernier jour du prêt, le maréchal des logis chef procède au règlement du boni d'ordinaire.

Il vérifie les opérations du brigadier d'ordinaire, et fait toutes les rectifications nécessaires, au cas où celui-ci aurait mal opéré.

Les dépenses reconnues justes et en parfaite concordance avec le cahier de quittances sont totalisées, et le produit est porté à la partie des recettes qui ont été préalablement additionnées avec le montant de l'excédant du prêt précédent, et le produit de la soustraction constitue l'excédant des recettes ou des dépenses à l'arrêté de ce prêt.

L'officier chargé de la direction de l'ordinaire vérifie ensuite les opérations du maréchal des logis et du chef d'ordinaire, qui ont signé le livret d'ordinaire, et après en avoir reconnu la justesse, il signe le livret d'ordinaire et le cahier de quittances. Il s'assure que ce dernier est acquitté par les divers fournisseurs, le perruquier et la blanchisseuse.

Livret d'homme de troupe.

Chaque homme, à son arrivé au corps, reçoit un livret qui est imputé à sa masse individuelle ; il devient sa propriété exclusive, et nul n'a le droit d'y inscrire une dépense quelconque sans la présence du titulaire. Il ne peut lui être retiré sous aucun prétexte, même lorsqu'il lui en est délivré un nouveau ou qu'il quitte le service. Ce livret est signé du major, à la première page.

Le livret renferme l'état civil de l'homme, son signalement, le titre sous lequel il a été incorporé ; ces renseignements doivent être en parfaite concordance avec ceux inscrits sur la matricule de l'escadron et sur celle du corps.

Il renferme également la nomenclature des effets de petit équipement dont l'homme doit être pourvu, ainsi qu'un extrait des règlements militaires, que le soldat doit avoir constamment sous les yeux.

Le livret reçoit, en outre, l'inscription du nom, du numéro matricule et du signalement du cheval de chaque cavalier, avec celle des numéros et millésimes empreints sur les effets de harnachement dont il est détenteur.

De même que le livret reproduit exactement les inscriptions signalétiques faites sur la matricule de l'escadron et sur celle du corps, il doit également reproduire les numéros des trimestres de distributions pour les effets de la première catégorie et les numéros et millésimes empreints sur les effets de la deuxième catégorie et des armes, qui doivent y être inscrits de la même manière qu'au verso du feuillet de l'homme au registre matricule de l'escadron, et concorder avec les diverses matricules tenues par le capitaine d'habillement.

Il doit également y avoir concordance entre les inscriptions faites au livre de détail, au compte courant de la masse individuelle, et celles qui sont portées au compte courant du livret. Nulle date ne doit être intervertie, et le libellé des imputations doit être le même.

Les imputations pour réparation à l'armement doivent être détaillées par nature de réparations.

Les imputations pour pertes ou dégradations d'objets de literie ou de casernement peuvent être inscrites sommairement.

Le premier jour du trimestre, le capitaine arrête et signe le livret des hommes présents. Il agit de même toutes les fois qu'il arrête un compte sur le livre de détail.

Il est ouvert, à l'avant-dernière page du livret, un chapitre particulier pour les inscriptions à faire au titre de la dotation de l'armée.

Lorsqu'un militaire reçoit la première ou la deuxième portion de la prime de rengagement, il en est immédiatement fait inscription sur le livret.

Chaque trimestre, l'on inscrit sommairement au même chapitre les sommes payées pendant le trimestre expiré aux hommes jouissant de la haute paie de rengagement, pour les allocations de cette haute paie.

Livret d'enregistrement journalier.

Ce registre qui n'est pas réglementaire, n'en est pas moins d'une grande

utilité et facilite pour la tenue du livre de détail de l'escadron et du registre matricule, en même temps qu'il sert de minute pour l'établissement
des divers bons ou bulletins que les escadrons ont à fournir, puisqu'il
en est la reproduction exacte.

Un maréchal des logis chef qui tient ce registre à jour, n'éprouvera
pas le moindre embarras pour l'établissement de ses pièces trimestrielles,
et y trouvera des dépouillements tout prêts pour toutes celles qu'il aura
à fournir.

L'avantage incontestable de ce registre est que tous les bulletins fournis y sont reproduits nominativement, tandis qu'ils ne figurent que sommairement aux divers chapitres du livre de détail de l'escadron.

Pour en faciliter la tenue, ce livre doit être établi par chapitres, savoir :

CHAPITRE Ier. — *Compte ouvert aux effets de la première catégorie reçus du magasin.*

Ce chapitre est lui-même subdivisé en deux parties; la première comprend les effets reçus à titre de première mise, et la deuxième ceux reçus
à titre de remplacement.

La série des colonnes à ouvrir est celle des effets et galons en usage
dans les différents corps, en la faisant précéder de cinq colonnes, savoir :

La première pour indiquer les dates, la deuxième les numéros matricules, la troisième les noms des hommes, la quatrième les grades, et la
cinquième le nombre de chevrons.

CHAPITRE II. — *Compte ouvert aux effets de la deuxième catégorie et des armes reçues du magasin.*

Mêmes observations que pour le chapitre Ier, moins la colonne des
chevrons.

CHAPITRE III. — *Compte ouvert aux effets et armes versés en magasin.*

Ce chapitre contient autant de colonnes qu'il en faut pour détailler
tous les effets de la première et de la deuxième catégorie et des armes
susceptibles d'être réintégrés en magasin; on fera précéder les colonnes
de ce chapitre des cinq détaillées au chapitre Ier.

CHAPITRE IV. — *Compte ouvert aux effets de harnachement reçus du magasin.*

Ce chapitre est lui-même subdivisé en deux parties, comme le premier.

La série des colonnes à ouvrir est celle des effets de harnachement
en usage dans les divers corps, en les faisant précéder des quatre premières colonnes indiquées au chapitre Ier.

CHAPITRE V. — *Compte ouvert aux effets de harnachement réintégrés en magasin.*

Ce chapitre contient autant de colonnes qu'il en faut pour détailler
tous les effets de harnachement susceptibles d'être réintégrés en magasin;
on fera précéder les colonnes de ce chapitre des quatre indiquées au
chapitre précédent.

CHAPITRE VI. — *Compte ouvert aux effets de petit équipement*

Ce chapitre est établi de la manière suivante :

1er trimestre 1861.

NUMÉROS annuels	NOMS.	SITUATION DE LA MASSE.		Chemises.	Cols.	Bottines.	Caleçons.				TIMBRE ET DATE DES BONS et leur montant individuel			TOTAL par homme et par trimestre	
		Avoir.	Débet.								A 23 Janvier	B 16 Février	C 20 Mars.		
	Prix des effets.	»	»	4 »	» 80	13 50	1 80								
1	Laplume....	35 40	»	ab	aa	c	b				5 60	5 80	13 50	24 90	
5	Ramponeau...........	32 50	»	c	b	a	c				13 50	0 80	5 80	20 10	
	TOTAUX pour le premier trimestre.........			3	3	2	2				19 10	6 60	19 30	45 »	

Le premier jour de chaque trimestre, le maréchal des logis chef inscrit nominativement à ce chapitre tous les hommes qui comptent à l'effectif, et y indique l'avoir ou le débet de chacun d'eux. Il aura soin de laisser quelques lignes en blanc entre chaque grade, afin de pouvoir y placer à leur rang de contrôle les sous-officiers, brigadiers et soldats qui arriveraient à l'escadron pendant le trimestre.

Il ouvrira autant de colonnes qu'il en sera nécessaire pour la série des effets de petit équipement en usage dans les corps, et pour l'enregistrement par lettres et par dates de chaque bon.

Le premier bon sera indiqué par la lettre A, le deuxième par la lettre B, et ainsi de suite.

Lorsqu'un homme reçoit plusieurs effets de même nature sur le même bon, ils sont indiqués par autant de lettres, comme il est fait d'autre part pour deux cols reçus par le nommé Laplume, le 25 janvier.

Le dernier jour du trimestre, le maréchal des logis chef récapitule les sommes portées dans les colonnes A, B, C, etc. ; le produit est porté dans la colonne *Total par homme et par trimestre*, et est celui qui doit figurer au compte de chaque homme dans la colonne 24 de la feuille de décompte.

CHAPITRE VII. — *Compte ouvert aux moins-values.*

Ce chapitre comportera les mêmes colonnes que les bulletins de moins-value, en les faisant précéder d'une colonne pour indiquer les dates.

CHAPITRE VIII. — *Compte ouvert aux réparations.*

Ce chapitre comportera les mêmes colonnes que le bordereau d'enregistrement journalier ; les bulletins de réparations devront y être inscrits par dates ; à cet effet, on ouvrira une première colonne pour les indiquer.

CHAPITRE IX. — *Compte ouvert aux dégradations à la literie et au casernement.*

Ce chapitre sera établi de la manière suivante :

DATES.	NUMÉROS ANNUELS.	NOMS.	DÉTAIL des pertes ou dégradations.	MONTANT EN ARGENT.			
				Literie.	Casernement.	Campement.	TOTAL.

CHAPITRE X. — *Compte ouvert à l'excédant de masse payé.*

Ce chapitre sera établi de la manière suivante :

DATES.	NUMÉROS ANNUELS.	NOMS.	SOMMES payées.	OBSERVATIONS.	DATES.	NUMÉROS ANNUELS.	NOMS.	SOMMES payées.	OBSERVATIONS.

Tous ces divers tableaux seront totalisés à la fin de chaque trimestre.

Feuilles de journées des hommes.

Il est établi chaque trimestre, dans chaque escadron, des feuilles de journées pour constater et récapituler tous les droits aux diverses prestations en deniers et en nature.

Ces feuilles sont établies par les capitaines, qui y portent seulement les noms et prénoms, grades, mutations et mouvements, et établissent les Tableaux 4 et 5, qu'ils certifient.

Le décompte des journées, ainsi que les diverses indications dont ces feuilles doivent être revêtues, est fait par le trésorier ou l'officier payeur.

Pour bien établir une feuille de journées, il est important que le Tableau n° 1, indiquant les mouvements effectués par l'escadron ainsi que les allocations extraordinaires auxquelles il a eu droit pendant le trimestre, soit établi d'une manière claire et précise; que les dates soient soigneusement relatées, ainsi que la fixation en deniers des diverses indemnités.

Les feuilles de journées doivent être contrôlées en écriture dite *bâtarde*; les numéros matricules et annuels, les prénoms, ainsi que les mutations, doivent être écrits de manière à n'offrir aucune confusion; les lignes doivent être suffisamment espacées, afin que la vérification en soit facile.

Les feuilles de journées doivent être contrôlées dans l'ordre indiqué aux notes qui se trouvent sur la page de titre de l'imprimé, lesquelles devront être consultées avec le plus grand soin pour l'établissement de ces feuilles.

Les feuilles de journées étant contrôlées, mutationnées et décomptées, les colonnes devront être totalisées de la manière suivante, savoir :

Tableau n° 3. — La colonne 5 devra présenter, à la gauche de la feuille de journées, sous la dénomination de *Totaux généraux*, l'effectif de l'escadron à l'époque de la dernière revue; la colonne 6 indiquera également à la gauche le nombre d'hommes jouissant de la haute paie d'ancienneté, à la même époque; les colonnes 8 et 9 seront totalisées de la même manière et présenteront l'effectif à la revue actuelle.

Les colonnes 11, 23, 24, 37, 38, 40, 41, 42, 43, 44, 46, 47, 48, 49, 50, 51, 52, 53 et 54, seront également totalisées, sans distinction de grades.

Les colonnes 10, 12, 13, 14, 15, 16, 17, 18, 19, 20, 21, 22, 26, 27, 28, 30, 31, 32, 32 *bis*, 34, 35 et 36, seront totalisées par grades et par classes, et les totaux exactement reportés dans les colonnes correspondantes de la deuxième partie du Tableau n° 6.

Les reports des différents totaux pour ces colonnes, effectués à la deuxième partie du Tableau n° 6, on procèdera au décompte des journées, et on fera ressortir le produit dans les colonnes correspondantes du même chapitre, c'est-à-dire dans celles qui présentent le même entête au décompte en deniers.

Les chevrons, les gratifications et les diverses indemnités seront reportés également au Tableau n° 6, et les totaux donnés par ces différents produits constitueront la deuxième partie de la feuille de journée.

Les moyens de s'assurer que l'on a bien opéré sont les suivants :

En ajoutant au total de la colonne n° 5 celui de la colonne 8, et en en soustrayant celui de la colonne 9, on obtiendra le total donné par la colonne 7 du Tableau n° 5.

La colonne 22 du Tableau n° 6 devra concorder avec le total donné par la colonne 23 du Tableau n° 3.

La colonne 46 du Tableau n° 3 devra présenter le même total que les totaux réunis des colonnes 12 et 13 du Tableau n° 6.

Ce sont là les seules colonnes desquelles l'on puisse s'assurer de l'exactitude ; il est donc très-important d'apporter la plus grande attention en faisant les additions, car une seule erreur, commise dans une de ces opérations, entraînerait des rectifications sans nombre.

On reportera à la troisième partie les totaux des colonnes 40, 41, 42, 43, 44 et 45 ; les décomptes étant établis d'après les fixations réglementaires, on obtiendra le total de la troisième partie.

La quatrième partie présentera les totaux des colonnes 34, 35, 36, 37, 38, 39 et 40 du Tableau n° 2 ; elle ne concerne que les officiers.

Le décompte étant établi, on obtiendra le total de la quatrième partie ; on récapitulera ensuite ensemble les totaux des première, deuxième, troisième et quatrième parties, et l'on obtiendra ainsi un total général auquel la feuille de journées est arrêtée, et elle est certifiée à ce chiffre au Tableau n° 7 par le trésorier du corps ou l'officier payeur, quand il y a lieu.

Feuilles de journées des chevaux.

Les feuilles de journées des chevaux sont établies par les capitaines-commandants, qui y portent seulement les noms des chevaux, les mutations et mouvements, et établissent les tableaux n°s 4 et 5.

Le décompte des journées des différentes prestations en nature, ainsi que les diverses indications générales, est fait par le trésorier ou l'officier payeur.

Les chevaux sont inscrits suivant l'ordre des numéros annuels, ainsi que l'indiquent les notes qui précèdent les tableaux, lesquelles on ne saurait trop consulter.

Toutes les journées des chevaux de troupe donnent droit à la prime d'entretien du harnachement et ferrage.

Lorsque, dans un escadron, il se trouve des chevaux ou mulets de bât, ils sont placés sur la feuille de journées à la suite des chevaux de l'état-major, après les chevaux de selle.

Les feuilles étant récapitulées au tableau n° 6, on inscrit en toutes lettres le nombre de rations par catégorie et par position. La feuille est ensuite certifiée par le capitaine et le major, en ce qui concerne l'effectif et les mutations, et par le trésorier, en ce qui concerne le décompte.

Feuilles de décompte.

La feuille de décompte de la masse individuelle est établie trimestriellement par le capitaine-commandant.

Après avoir contrôlé la feuille par rang de numéros annuels, et porté seulement et succinctement les mutations affectant l'effectif, ou la cause d'inscription des hommes au contrôle annuel et de leur radiation pendant le trimestre (sans faire mention des mutations des hommes présents au premier et au dernier jour du trimestre, et qui se seraient absentés dans le courant du trimestre), on procède à son établissement de la manière suivante :

On reporte à la colonne 5 le nombre de journées présenté pour chaque homme dans la colonne 23 du Tableau n° 3, de la feuille de journées établie pour le même trimestre.

La colonne 6 est le relevé exact des chiffres portés dans la colonne 35 de la même feuille établie pour le trimestre précédent.

La colonne 7 est le produit en deniers des journées portées dans la colonne 5.

La colonne 8 est destinée à indiquer le montant de la première mise pour les hommes nouvellement incorporés, et le supplément de première mise pour les militaires venant de l'infanterie.

La colonne 9 présente le total des versements volontaires effectués dans le trimestre.

Les colonnes 10 et 11 sont destinées à indiquer l'avoir à la masse des hommes venus d'autres escadrons du corps et d'autres corps.

Les colonnes 12, 14 et 15 sont remplies, quand il y a lieu, selon leur destination.

La colonne 13 reste actuellement sans emploi, et peut être utilisée au besoin à ouvrir une nouvelle colonne.

En totalisant ensuite les diverses sommes portées dans les colonnes de 6 à 15, pour chaque homme, et horizontalement, on obtient une somme que l'on porte dans la colonne 17. Cette somme constitue les *Recettes* du trimestre, et doit être en analogie avec le chiffre des recettes du livre de détail, au compte de chaque homme.

Ces opérations étant effectuées, on procède à l'établissement des dépenses, ce qui a lieu de la manière suivante :

La colonne 18 présente le débet des hommes au premier jour du trimestre expiré.

La colonne 19 reproduit les chiffres du décompte payé à chaque homme dans le courant du même trimestre.

La colonne 20 reproduit la masse payée à tout sous-officier promu adjudant ou sous-lieutenant; l'avoir à la masse de tout militaire qui quitte le service, ainsi que l'excédant de masse payé aux hommes qui partent en congé illimité ou renouvelable.

Les colonnes 21 et 22 reproduisent le débet des hommes venus d'autres escadrons du corps ou d'autres corps.

La colonne 23 est utilisée suivant l'entête, s'il y a lieu.

La colonne 24 reproduit le montant des effets fournis à chaque homme par le magasin du corps; le total de cette colonne doit rigoureusement concorder avec le relevé par escadron, établi par le capitaine d'habillement.

La colonne 25 reproduit le montant des avances en argent ou des fournitures d'effets de petit équipement faites aux hommes ayant voyagé isolément.

La colonne 26 est la reproduction pour chaque homme des différents bulletins de réparations portés au bordereau d'enregistrement journalier fourni par chaque escadron au capitaine d'habillement; il doit donc y avoir concordance parfaite entre le total de cette colonne et celui du bordereau précité.

La colonne 28 reproduit le montant des imputations faites aux hommes à titre de moins-value pour pertes ou mise hors de service des effets et armes. Le total de cette colonne doit concorder avec le bordereau établi par l'officier d'habillement.

La colonne 29 est utilisée suivant son entête, quand il y a lieu.

Les colonnes 30, 31, 32 et 33 servent à ouvrir de nouvelles colonnes pour les dépenses non prévues par les précédentes.

Les colonnes de 18 à 33 sont ensuite totalisées, comme il est dit pour les recettes, et le produit, qui constitue les *Dépenses*, est porté dans la colonne 34.

Les recettes et les dépenses étant ainsi établies, on procède à leur balance.

La colonne 35 reproduit le montant de l'avoir à la masse des hommes comptant à l'effectif de l'escadron au premier jour du trimestre suivant.

La colonne 36 en reproduit le débet.

La colonne 37 reproduit (pour mémoire) l'excédant de masse à payer aux mêmes hommes.

La colonne 38 reproduit l'avoir à la masse des hommes passés à d'autres escadrons des corps, ou mis en congé illimité ou renouvelable.

La colonne 39 reproduit l'avoir à la masse des hommes passés à d'autres corps. Ces chiffres doivent être en parfaite concordance avec les extraits du livre de détail, remis par les escadrons au trésorier ou à l'officier payeur.

La colonne 40 reproduit l'avoir à la masse des hommes qui ont quitté le service étant dans une position d'absence quelconque.

La colonne 41 reproduit l'avoir à la masse des hommes désertés, disparus, faits prisonniers de guerre ou morts.

La colonne 42 reproduit le débet des hommes passés à d'autres escadrons du corps.

La colonne 43 reproduit le débet des hommes passés à d'autres corps; les chiffres qui y sont portés doivent être en parfaite concordance avec les extraits du livre de détail, comme il est dit pour l'avoir.

La colonne 44 reproduit le débet des hommes mis en congé illimité ou renouvelable, désertés, disparus, faits prisonniers de guerre, réformés, libérés, retraités ou morts.

Si le chiffre des recettes excède celui des dépenses, il reste un avoir à la masse que l'on reproduit dans l'une des colonnes ci-dessus, selon le cas.

Si, au contraire, le chiffre des dépenses excède celui des recettes, il reste un débet qui est également porté dans une des colonnes indiquées, selon le cas.

Pour s'assurer que la balance est exacte, on procède de la manière suivante :

Au total général de la colonne 17, on ajoute le total des colonnes 42, 43 et 44, et le produit donne le total général des recettes.

On ajoute ensuite au total de la colonne 34 celui des colonnes 38, 39, 40 et 41, et le produit donne le total général des dépenses.

On soustrait ensuite le total des dépenses de celui des recettes, et on obtient le chiffre de l'avoir *net* à la masse individuelle au premier jour du trimestre suivant.

On reporte ensuite au-dessous de l'avoir net, à la dernière page de la feuille, le total de la colonne 35 ; on en déduit le total de la colonne 36, et le résultat de la soustraction doit se trouver le même que l'avoir net obtenu par l'opération précédente.

TABLEAUX.

TABLEAUX.

Tableau A

indiquant les différents formats de papier en usage dans les escadrons.

Format n° 1.........................	38 cent. sur 25 cent.
Format n° 2.........................	35 — 22 —
Format n° 3.........................	30 — 20 —

Tableau B

indiquant les registres et imprimés à fournir aux escadrons par le Trésorier.

DÉSIGNATION DES REGISTRES ET IMPRIMÉS.	QUANTITÉS A FOURNIR.
Livre de détail d'escadron..........	Un chaque année.
Livre d'ordres	Un chaque année (et du papier blanc en cas d'insuffisance.)
Imprimés de feuilles de journées.....	Deux par trimestre.
Imprimés de feuilles de décompte....	Un par trimestre.
Imprimés de feuilles de prêt........	Dix-huit par trimestre
Imprimés de situations journalières..	Autant que de jours et par trimestre.
Registre matricule du personnel et des effets en service.................	Un par escadron.
Imprimés de feuillets matricules pour les hommes....................	Autant qu'il y a d'hommes, et de nouvelles pour remplacer celles usées.
Registre matricule des chevaux......	Un par escadron.
Imprimés de feuilles pour les chevaux.	Autant qu'il y a de chevaux, et de nouvelles pour remplacer celles usées.
Registre des punitions..............	Un par escadron.
Imprimés de feuilles de punitions....	Autant qu'il y a d'hommes, et de nouvelles pour feuilles supplémentaires.
Imprimés d'états comparatifs........	Un par trimestre.
Imprimés de feuilles d'appel........	Un toutes les fois qu'il doit en être établi.
Imprimés de permission ou de congés.	Autant qu'il y a de permissionnaires.

Nota. Tous les imprimés nécessaires pour l'établissement des différentes pièces de la dotation de l'armée sont fournis aux escadrons, au compte de la dotation, par le Trésorier.

Tableau C

indiquant la durée du chauffage d'hiver.

DÉPARTEMENTS OU LE CHAUFFAGE DURE			
TROIS MOIS. — Du 1er décembre au dernier jour de février inclus. — RÉGION CHAUDE.	**QUATRE MOIS.** — Du 16 novembre au 15 mars inclus. — RÉGION TEMPÉRÉE.	**CINQ MOIS.** — Du 1er novembre au 31 mars inclus. — RÉGION FROIDE.	OBSERVATIONS.
Alpes-Maritimes. Ardèche. Aude. Bouches-du-Rhône. Gard Hérault. Var. **EN CORSE,** les places de : Corté, Prunelli, Vivario, Vizavona, Boccognano, et Sartène. **ALGÉRIE.** Le gouverneur général détermine les places où il y a lieu d'allouer des rations de chambre. Il fait connaître au Ministre la répartition qu'il a arrêtée.	Allier. Ariége. Aube. Charente. Cher. Côte-d'Or. Creuze. Deux-Sèvres. Dordogne. Drome. Eure. Eure-et-Loir. Garonne (Haute-). Gers. Gironde. Indre. Indre-et-Loire. Landes. Loir-et-Cher. Loire. Loiret. Lot. Lot-et-Garonne. Maine-et-Loire. Mayenne. Nièvre. Oise. Orne. Pyrénées (Basses-). Pyrénées (Hautes-). Pyrénées (Orientales) Moins la place de Montlouis. Rhône. Sarthe. Saône-et-Loire. Seine Seine-et-Marne. Seine-et-Oise. Tarn. Tarn-et-Garonne. Vaucluse. Vienne. Vienne (Haute-). Yonne.	Ain. Aisne. Alpes (Basses-). Alpes (Hautes-). Ardennes. Aveyron. Calvados. Cantal. Charente-Inférieure. Corrèze. Côtes du Nord. Doubs. Finistère. Ille-et-Vilaine. Isère. Jura. Loire (Haute-). Loire-Inférieure. Lozère. Manche. Marne. Marne (Haute-). Meurthe. Meuse. Morbihan. Moselle. Nord. Pas-de-Calais. Puy-de-Dôme. Rhin (Bas-). Rhin (Haut-). Saône (Haute-). Savoie. Savoie (Haute-). Seine-inférieure. Somme. Vendée. Vosges. Place de Montlouis, dans les Pyrénées-Orientales.	**Nota.** Bien que le département de la Seine se trouve classé dans la région tempérée, le chauffage des chambres des troupes formant la garnison de Paris et des forts et postes casernes, est perçu au taux fixé pour la région froide, mais sans modification de la durée déterminée pour la région tempérée. Cette disposition est également applicable à la garnison du Mont-Valérien (département de Seine-et-Oise).

Tableau D

indiquant la taille exigée pour les divers corps de l'armée.

DÉSIGNATION DES CORPS.	Taille exigée pour les corps de la			
	garde impériale.		ligne.	
	Minimum.	Maximum.	Minimum.	Maximum.
	m c	m c	m c	m c
Le corps des cent-gardes	1 80	»	»	»
Régiments de carabiniers	»	»	1 76	»
— cuirassiers	1 76	»	1 73	»
— d'artillerie.. { à pied	1 70	»	1 69	»
à cheval	1 70	»	1 69	»
— pontonniers	1 70	»	1 69	»
— de dragons et de lanciers	1 70	»	1 69	1 74
Compagnies d'ouvriers du génie	»	»	1 69	»
Compagnies d'ouvriers d'artillerie	»	»	1 68	»
Escadrons du train des parcs d'artillerie	»	»	1 68	»
Compagnies d'ouvriers des équipages militaires	»	»	1 67	»
Le corps du train d'équipages militaires	1 67	»	1 66	»
Les compagnies d'ouvriers constructeurs des équipages militaires	»	»	1 66	»
Régiments de chasseurs, hussards et Guides	1 67	»	1 66	1 72
— chasseurs d'Afrique	»	»	1 66	1 74
— du génie	1 68	»	1 66	»
Le corps des sapeurs-pompiers de la ville de Paris	»	»	1 61	»
Les régiments de tirailleurs algériens	»	»	1 56	»
Les sections d'ouvriers d'administration	»	»	1 56	»
Les régiments de grenadiers de la garde impériale	1 68	»	»	»
— de voltigeurs — id	1 56	»	»	»
— d'infanterie de ligne	»	»	1 56	»
— de zouaves	1 56	»	1 56	»
Les bataillons de chasseurs à pied	1 56	»	1 56	»
Les infirmiers militaires	»	»	1 56	»
La gendarmerie...... { à pied	1 70	»	1 70	»
à cheval	1 72	»	1 72	»

Tableau E

indiquant le classement à bord des bâtiments de l'État, des officiers, sous-officiers et soldats.

DÉSIGNATION des grades.	TABLE à laquelle ils doivent être admis.	DÉSIGNATION des grades.	TABLE à laquelle ils doivent être admis.
Colonel		Médecin sous-aide	Table des aspirants.
Lieutenant-colonel		Aide vétérinaire	
Chef d'escadron ou major.	Table du Commandant.	Adjudant sous-officier	
Médecin major de 1re clas.		Chef armurier	
Vétérinaire principal		Maréchal des logis chef	Table des maîtres.
Capitaine		Sous-chef de musique	
Lieutenant		Musicien de 1re classe	
Sous-lieutenant		Maréchal des logis	Avec les seconds maîtres.
Aumônier	Table de l'état-major.	Maître ouvrier	
Médecin major de 2e clas.		Musicien de 2me classe	
Médecin aide major		Brigadier	
Vétérinaire		Soldat	A la ration.
Chef de musique		Musicien de 3e et de 4e cl.	
		Enfant de troupe	

POSITIONS.	GARDE IMPÉRIALE.												LIGNE.										
	Habit, Tunique, Dolman — grande tenue.	petite tenue.	Pelisse.	Veste.	Pantalon d'ordonnance.	de cheval.	Pantalon de drap blanc (cuirassiers).	Bonnet de police.	Culotte d'écurie.	Casque, colback, talpack, czapska et schako.	Porte-manteau.	Bottes de grande tenue (cuirassiers).	Habit, Tunique, Dolman — grande tenue.	petite tenue.	Pelisse.	Pantalon d'ordonnance.	de cheval.	Pantalons de drap blanc (carabiniers et cuirassiers).	Bonnet de police.	Ceinture d'écurie.	Casque, colback, talpack, czapska et schako.	Porte-manteau.	Bottes de grande tenue (carabiniers et cuirassiers).
1° Sous-officiers promus officiers, musiciens promus chefs de musique.	1	1	1	»	1	1	1	1	»	»	»	1	1	1	»	1	1	1	1	»	»	»	1
2° Sous-officiers promus adjudants, musiciens promus sous-chefs de musique.	1	1	1	»	1	1	1	1	»	»	»	1	1	1	»	1	1	1	1	»	»	»	1
3° Hommes admis à la retraite — Sous-officiers, musiciens.	1	1	1	»	1	1	»	1	»	»	1	»	1	1	»	1	1	»	1	»	»	1	»
3° — Brigadiers, soldats, trompettes, brigadiers-trompettes, sapeurs.	1	»	1	1	1	1	»	1	1	»	1	»	1	»	»	1	1	»	1	1	»	1	»
4° Congédiés ou réformés par suite de blessures ou infirmités contractées au service, envoyés en congés renouvelables — Sous-officiers, etc.	1	1	»	»	»	1	»	1	»	»	1	»	1	1	»	»	1	»	1	»	»	1	»
4° — Soldats, etc.	1	»	»	1	»	1	»	1	1	»	1	»	1	»	»	»	1	»	1	1	»	1	»
5° Semestriers, hommes envoyés aux eaux, hommes envoyés en remonte — Sous-officiers, etc.	1	1	»	»	»	1	»	1	»	1	1	»	1	1	»	»	1	»	1	»	»	1	»
5° — Soldats, etc.	1	»	»	1	»	1	»	1	1	1	1	»	1	»	»	»	1	»	1	1	»	1	»
6° Renvoyés dans leurs foyers pour inaptitude au service, passant d'un corps de quelque arme que ce soit dans une compagnie de discipline, détenus mis en jugement — Sous-officiers, etc.	[illegible]												[illegible]										
6° — Soldats, etc.	[illegible]												[illegible]										
7° Détachés pour la conduite des recrues — Sous-officiers, etc.	[illegible]												[illegible]										
7° — Soldats, etc.	[illegible]												[illegible]										
8° Détachés au Conservatoire impérial de musique, et comme élèves dans les services administratifs — Sous-officiers, etc.	[illegible]												[illegible]										
8° — Soldats, etc.	[illegible]												[illegible]										
9° Hommes allant en témoignage — Sous-officiers, etc.	[illegible]												[illegible]										
9° — Soldats, etc.	[illegible]												[illegible]										
10° Hommes entrant à l'hôpital — Sous-officiers, etc.	[illegible]												[illegible]										
10° — Soldats, etc.	[illegible]												[illegible]										
11° Détachés comme élèves instructeurs à l'école de cavalerie — Sous-officiers, etc.	[illegible]												[illegible]										
11° — Soldats, etc.	[illegible]												[illegible]										
12° Hommes passant dans la gendarmerie ou dans la garde de Paris — Sous-officiers, etc.	[illegible]												[illegible]										
12° — Soldats, etc.	[illegible]												[illegible]										
13° Hommes passant dans un autre corps dont l'uniforme est le même — Sous-officiers, etc.	[illegible]												[illegible]										
13° — Soldats, etc.	[illegible]												[illegible]										
14° Hommes passant dans un autre corps dont l'uniforme n'est pas le même — Sous-officiers, etc.	[illegible]												[illegible]										
14° — Soldats, etc.	[illegible]												[illegible]										
15° Exonérés — Sous-officiers, etc.	[illegible]												[illegible]										
15° — Soldats, etc.	[illegible]												[illegible]										
16° Hommes passant dans les ouvriers d'administration ou dans les infirmeries militaires.	[illegible]												[illegible]										

Observations spéciales.

Ces effets leur sont abandonnés en toute propriété.

On pourra donner les pelisses en échange des dolmans.

Les hommes envoyés aux eaux n'emportent que le bonnet de police.

Ils emportent en outre le manteau.

Observations générales.

Les adjudants-sous-officiers, les sous-chefs de musique, les chefs armuriers et les maîtres ouvriers emportent toujours la totalité des effets dont l'entretien et le remplacement sont à leur charge.

Le manteau n'est jamais abandonné aux hommes rayés définitivement, quelle que soit la durée de cet effet.

Dans le cas où les hommes qui sont l'objet de mutations n'entraînant pas leur radiation des contrôles ne doivent emporter que l'habit, ou la tunique ou la veste, ou même ces deux vêtements, ils peuvent, si la rigueur de la saison l'exige, être autorisés par le sous-intendant militaire compétent, à emporter, en outre, le manteau.

Les hommes qui se retirent définitivement du service, ou qui passent dans un corps où leur porte-manteau ne serait pas d'uniforme, ne doivent emporter qu'un porte-manteau réformé ou dans sa dernière année de service.

Dans les catégories ci-contre, 1°, 2°, 3°, 7°, 8°, 9°, 10°, 11°, 13°, et 15°, les hommes emportent leurs propres effets. Dans toutes les autres catégories, lorsque les effets dont les hommes sont pourvus sont de distribution récente, ils doivent être échangés contre des effets ayant parcouru au moins la moitié de leur durée.

Dans toutes les positions, les sous-officiers, soldats, etc., conservent, en outre des effets désignés ci-contre, le pantalon en drap dont la durée est expirée, ainsi que tous les objets dont l'achat et l'entretien sont au compte des masses individuelles.

Les hommes rayés définitivement n'emportent aucun effet de grand équipement. Les autres emportent ceux de ces effets dont l'usage est nécessité par l'armement que les règlements spéciaux leur attribuent dans leur nouvelle position.

Les effets emportés par les hommes passant d'un corps dans un autre doivent être maintenus en service jusqu'à l'expiration de leur durée légale.

Tableau G

indiquant les marques distinctives de grades et d'ancienneté.

CORPS OU ARME.	DÉSIGNATION des galons.	DÉSIGNATION des grades.	Tunique. (B)									Prix du mètre.	Observations.
			mèt. mill.	mèt. mill.	mèt. mill.	mèt. mill.	mèt. mill.	mèt. mill.	mèt. mill.	mèt. mill.	mèt. mill.	f. c.	
(A)	Galons de grade.	Maréchal des logis chef. Maréchal des logis..... Fourrier.............. Brigadier............											
	Galons d'ancienneté.	1er chevron........... 2e id............. 3e id.............											
	Ce qui fait.........	Pour 2 chevrons....... Pour 3 chevrons.......											

(A) Indiquer le corps.

(B) Compléter l'entête et indiquer les quantités dans les colonnes, selon les corps et l'arme.

Tableau H

*indiquant la nomenclature des effets d'habillement, de coiffure, de grand
équipement et d'armement en usage dans les divers corps de cavalerie.*

Catég.	(A) DÉSIGNATION DES EFFETS.	Observ.	Catég.	DÉSIGNATION DES EFFETS.	Observ.

(A) Ces colonnes sont destinées à recevoir la nomenclature des effets en usage dans les corps,
selon l'arme.

Tableau I.

Divisions et subdivisions militaires.

NUMÉROS des divisions militaires et quartier général.	NUMÉROS des subdivisions.	DÉPARTEMENTS.	CHEFS-LIEUX.
1re Paris	1re	Seine.	Paris.
	2e	Seine-et-Oise.	Versailles.
	3e	Oise.	Beauvais.
	4e	Seine-et-Marne.	Melun.
	5e	Aube.	Troyes.
	6e	Yonne.	Auxerre.
	7e	Loiret.	Orléans.
	8e	Eure-et-Loir.	Chartres.
2e. Rouen	1re	Seine-Inférieure.	Rouen.
	2e	Eure.	Evreux.
	3e	Calvados.	Caen.
	4e	Orne.	Alençon.
3e. Lille	1re	Nord.	Lille.
	2e	Pas-de-Calais.	Arras.
	3e	Somme.	Amiens.
4e. Chalons-sur-Marne	1re	Marne.	Châlons-sur-Marne.
	2e	Aisne.	Laon.
	3e	Ardennes.	Mézières.
5e. Metz	1re	Moselle.	Metz.
	2e	Meuse.	Verdun.
	3e	Meurthe.	Nancy.
	4e	Vosges.	Epinal.
6e. Strasbourg	1re	Bas-Rhin.	Strasbourg.
	2e	Haut-Rhin.	Colmar.
7e. Besançon	1re	Doubs.	Besançon.
	2e	Jura.	Lons-le-Saulnier.
	3e	Côte-d'Or.	Dijon.
	4e	Haute-Marne.	Chaumont.
	5e	Haute-Saône.	Vesoul.
8e. Lyon	1re	Rhône.	Lyon.
	2e	Loire.	Saint-Etienne.
	3e	Saône-et-Loire.	Châlons-sur-Saône.
	4e	Ain.	Bourg.
	5e	Drôme.	Valence.
	6e	Ardèche.	Privas.
9e. Marseille	1re	Bouches-du-Rhône.	Marseille.
	2e	Var.	Toulon.
	3e	Basses-Alpes.	Digne.
	4e	Vaucluse.	Avignon.
	5e	Alpes-Maritimes.	Nice.
10e. Montpellier	1re	Hérault.	Montpellier.
	2e	Aveyron.	Rodez.
	3e	Lozère.	Mende.
	4e	Gard.	Nîmes.

Divisions et subdivisions militaires (suite).

NUMÉROS des divisions militaires et quartier général.	NUMÉROS des subdivisions.	DÉPARTEMENTS.	CHEFS-LIEUX.
11e. PERPIGNAN	1re	Pyrénées-Orientales	Perpignan.
	2e	Ariége.	Foix.
	3e	Aude.	Carcassonne.
12e. TOULOUSE	1re	Haute-Garonne.	Toulouse.
	2e	Tarn-et-Garonne.	Montauban.
	3e	Lot.	Cahors.
	4e	Tarn.	Albi.
13e. BAYONNE	1re	Basses-Pyrénées.	Bayonne.
	2e	Landes.	Mont-de-Marsan.
	3e	Gers.	Auch.
	4e	Hautes-Pyrénées.	Tarbes.
14e. BORDEAUX	1re	Gironde.	Bordeaux.
	2e	Charente-Inférieure	La Rochelle.
	3e	Charente.	Angoulème.
	4e	Dordogne.	Périgueux.
	5e	Lot-et-Garonne,	Agen.
15e. NANTES	1re	Loire Inférieure.	Nantes.
	2e	Maine-et-Loire.	Angers.
	3e	Deux-Sèvres.	Niort.
	4e	Vendée.	Napoléon-Vendée.
16e. RENNES	1re	Ille-et-Vilaine.	Rennes.
	2e	Morbihan.	Vannes.
	3e	Finistère.	Brest.
	4e	Côtes-du-Nord.	Saint-Brieuc.
	5e	Manche.	Cherbourg.
	6e	Mayenne.	Laval.
17e. (CORSE) BASTIA	1re	. . . .	Bastia.
	2e	. . . .	Ajaccio.
18e. TOURS	1re	Indre-et-Loire.	Tours.
	2e	Sarthe.	Le Mans.
	3e	Loir-et-Cher.	Blois.
	4e	Vienne.	Poitiers.
19e. BOURGES	1re	Cher.	Bourges.
	2e	Nièvre.	Nevers.
	3e	Allier.	Moulins.
	4e	Indre.	Châteauroux.
20e. CLERMONT-FERRAND .	1re	Puy-de-Dôme.	Clermont-Ferrand
	2e	Haute-Loire.	Le Puy.
	3e	Cantal.	Aurillac.
21e. LIMOGES	1re	Haute-Vienne.	Limoges.
	2e	Creuse.	Guéret.
	3e	Corrèze.	Tulle.
22e. GRENOBLE	1re	Isère.	Grenoble.
	2e	Hautes-Alpes.	Gap.
	3e	Savoie.	Chambéry.
	4e	Haute-Savoie.	Annecy.

Tableau J

Répartition des troupes en corps d'armée.

NUMÉROS des corps d'armée.	SIÉGE du quartier général.	DIVISIONS MILITAIRES. qui les composent.	Observations.
1er.	Paris.	1re et 2e.	
2e.	Lille.	3e et 4e.	
3e.	Nancy.	5e, 6e et 7e.	
4e.	Lyon.	8e, 9e, 10e, 17e, 20e et 22e.	
5e.	Tours.	15e, 16e, 18e, 19e et 21e.	
6e.	Toulouse.	11e, 12e, 13e et 14e.	
7e.	Alger.	Alger, Constantine et Oran.	

Tableau K

indiquant les compositions des légions de gendarmerie.

Nos des légions.	RÉSIDENCE des chefs de légions.	DÉPARTEMENTS qui composent les compagnies.	RÉSIDENCE des commandants de compagnie.
1re	PARIS	Seine.	Paris.
		Seine-et-Oise.	Versailles.
		Seine-et-Marne.	Melun.
2e	CHARTRES	Eure-et-Loir.	Chartres.
		Orne.	Alençon.
		Loiret.	Orléans.
		Sarthe.	Le Mans.
3e	ROUEN	Seine-Inférieure.	Rouen.
		Eure.	Evreux.
		Oise.	Beauvais.
		Somme.	Amiens.
4e	CAEN	Calvados.	Caen.
		Manche.	Saint-Lô.
		Mayenne.	Laval.
5e	RENNES	Ille-et-Vilaine.	Rennes.
		Côtes-du-Nord.	Saint-Brieuc.
		Finistère.	Quimper.
6e	NANTES	Loire-Inférieure.	Nantes.
		Maine-et-Loire.	Angers.
		Morbihan.	Vannes.

Composition des légions de gendarmerie. (Suite.)

N^os des légions.	RÉSIDENCE des chefs de légions.	DÉPARTEMENTS qui composent les compagnies.	RÉSIDENCE des commandants de compagnie.
7e	TOURS...............	Indre-et-Loire.	Tours.
		Loir-et-Cher.	Blois.
		Vienne.	Poitiers.
		Indre.	Châteauroux.
8e	MOULINS.............	Allier.	Moulin.
		Puy-de-Dôme.	Clermont-Ferrand.
		Nièvre.	Nevers.
		Cher.	Bourges.
9e	NIORT...............	Deux-Sèvres.	Niort.
		Vendée.	Napoléon-Vendée.
		Charente-Inférieure	La Rochelle.
10e	BORDEAUX............	Gironde.	Bordeaux.
		Charente.	Angoulême.
		Landes	Mont-de-Marsan.
		Basses-Pyrénées.	Pau.
11e	LIMOGES	Haute-Vienne.	Limoges
		Creuse.	Guéret.
		Dordogne.	Périgueux.
		Corrèze.	Tulle.
12e	CAHORS.............	Lot.	Cahors.
		Lot-et-Garonne.	Agen.
		Aveyron.	Rodez.
		Cantal.	Aurillac.
13e	TOULOUSE...........	Haute-Garonne.	Toulouse.
		Tarn-et-Garonne.	Montauban.
		Gers.	Auch.
		Hautes-Pyrénées.	Tarbes.
14e	CARCASSONNE	Aude.	Carcassonne.
		Tarn.	Albi.
		Pyrénées Orientales	Perpignan.
		Ariége.	Foix.
15e	NÎMES	Gard.	Nîmes.
		Ardèche.	Privas.
		Hérault.	Montpellier.
		Lozère.	Mende.
16e	MARSEILLE	Bouches-du-Rhône.	Marseille.
		Vaucluse.	Avignon.
		Var.	Draguignan.
		Alpes Maritimes.	Nice.
17e	BASTIA (CORSE)......	1re compagnie.	Bastia.
		2e Id.	Corté.
		3e Id.	Ajaccio.
		4e Id.	Sartène.
18e	VALENCE............	Drôme.	Valence.
		Basses-Alpes.	Digne.
		Hautes-Alpes.	Gap.

Composition des légions de gendarmerie. (Suite.)

Nᵒˢ des légions.	RÉSIDENCE des chefs de légions.	DÉPARTEMENTS qui composent les compagnies.	RÉSIDENCE des commandants de compagnie.
19ᵉ	LYON	Rhône.	Lyon.
		Saône-et-Loire.	Mâcon.
		Loire.	Saint-Etienne.
		Haute-Loire.	Le Puy.
20ᵉ	DIJON	Côte-d'Or.	Dijon.
		Yonne.	Auxerre.
		Aube.	Troyes.
21ᵉ	BESANÇON	Doubs.	Besançon.
		Jura.	Lons-le-Saulnier.
		Ain.	Bourg.
22ᵉ	NANCY	Meurthe.	Nancy.
		Vosges.	Epinal.
		Haute-Marne.	Chaumont.
23ᵉ	METZ	Moselle.	Metz.
		Meuse.	Bar-le-Duc.
		Marne.	Châlons.
		Ardennes.	Mézières.
24ᵉ	ARRAS	Pas-de Calais.	Arras.
		Nord.	Lille.
		Aisne.	Laon.
25ᵉ	STRASBOURG	Bas-Rhin.	Strasbourg.
		Haut-Rhin.	Colmar.
		Haute-Saône.	Vesoul.
26ᵉ	GRENOBLE	Isère.	Grenoble.
		Haute-Savoie.	Annecy.
		Savoie.	Chambéry.
Légion d'Afrique.	ALGER	1ʳᵉ Compagnie.	Alger.
		2ᵉ Id.	Blidah.
		3ᵉ Id.	Constantine.
		4ᵉ Id.	Oran.

Gendarmerie coloniale.

Compagnie de la Martinique.	Fort-de-France.
— de la Guadeloupe.	Basse-Terre.
— de l'Ile de la Réunion.	Saint-Denis.
— de la Guyane française.	Cayenne.

Gendarmerie maritime.

1ʳᵉ Compagnie.	Cherbourg.
2ᵉ Id.	Brest.
3ᵉ Id.	Lorient.
4ᵉ Id.	Rochefort.
5ᵉ Id.	Toulon.

MODÈLES.

MODÈLES. [1]

Modèle n° 3.

14ᵉ DIVISION MILITᵣᵉ.

Département de la Gironde.

Place de Bordeaux.

Modèle n° 1.

INDEMNITÉ DE ROUTE.

8ᵉ Régiment de hussards.

Exercice 1860.

Détachement voyageant sous le commandement de M. Bernard, lieutenant, parti de Bordeaux pour aller à Toulon, en vertu d'une feuille de route délivrée le 7 mai 1860, sous le n° 1510, par M. Renversé, sous-intendant militaire.

ÉTAT nominatif des hommes formant ledit détachement, auxquels l'indemnité de route est due pour se rendre de Bordeaux à Agen, trajet de cinq étapes, et pour séjour à Aiguillon, le 11 mai 1860.

NOMS ET PRÉNOMS.	GRADES.	NUMÉROS		SOMMES à payer.		Observations.
		des escadrons.	de la matricule.			
Bernard (Eugène)........	Lieutenant	3ᵉ	»	15	00	Nota. Si le détachement se composait de jeunes soldats, le même état serait établi à chaque résidence de sous-intendant militaire, et tous les hommes seraient portés dessus. Les jeunes soldats ont droit à 0 fr. 55 c. par jour et au pain.
Delaunay (François)......	Mar. des log	1ᵉʳ	3154	7	50	
Vaquette (Pierre)........	Brigadier..	2ᵉ	2130	6	00	
Molard (Jean)...........	Trompette.	1ᵉʳ	170	6	00	
Dupuy (Claude).........	Hussard...	3ᵉ	4160	6	00	
Étienne (Joseph-Ernest)..	Id......	2ᵉ	4050	6	00	
			TOTAL.......	46	50	

Certifié par nous, chef du détachement, le présent état montant à la somme de quarante-six francs cinquante centimes.

Bordeaux, le 7 mai 1860.

(Signature).

N° d'enregistrement au registre de route. Mandat 150.

La somme de quarante-six francs cinquante centimes sera payée par M. Dubois.

Au chef du détachement dénommé ci-dessus, sur son acquit.

Payeur à Bordeaux. Receveur à Percepteur à

Délivré à Bordeaux, le 7 mai 1860, par nous sous-intendant militaire.

Pour acquit.

(Signature de l'officier). (Signature).

[1] Dans le but de diminuer le volume de l'Aide-Mémoire, les modèles des différentes pièces de comptabilité à établir sur des imprimés fournis par le Trésorier n'y ont pas été reproduits.

<table>
<tr><td>

Modèle n° 6.

12° DIVISION MILIT^{re}.

Département
de Tarn-et-Garonne.

Place de Montauban.

</td><td>

Modèle n° 2.

FOURNITURE D'EFFETS DE PETIT ÉQUIPEMENT.

8° Régiment de hussards.

</td><td>

Exercice 1860.

</td></tr>
</table>

Détachement allant rejoindre son corps à Toulon.

ÉTAT nominatif des hommmes dudit détachement auxquels des effets de petit équipement sont absolument nécessaires pour se rendre à Toulon, destination désignée par la feuille de route délivrée le 7 mai 1860, sous le n° 1510, par M. Renversé, sous-intendant militaire à Bordeaux.

Numéros de la matricule.	NOMS ET PRÉNOMS.	GRADES.	Paires de souliers.	Paires de guêtres blanches.	Chemises.	Observations.
3154	Delaunay (François)	Mar. des log	1	1	»	Il peut aussi être délivré des guêtres en cuir.
170	Molard (Jean)	Trompette.	»	1	1	
4050	Étienne (Joseph)	Hussard...	1	»	1	
	TOTAUX........		2	2	2	

Certifié par nous, Bernard, lieutenant, commandant le détachement, le présent état s'élevant aux quantités de deux paires de souliers, deux paires de guêtres blanches et deux chemises.

A Montauban, le 14 mai 1860.

(Signature).

Vérifié par le sous-intendant militaire soussigné, le présent état, d'après lequel il sera délivré par M. Ricard, fournisseur d'effets de petit équipement, sur le récépissé de M. Bernard, lieutenant, commandant le détachement, savoir :

2 paires de souliers...........	à 5ᶠ 40.....	10ᶠ 80
2 paires de guêtres blanches....	à 1 25.....	2 50
2 chemises.................	à 2 60.....	5 20
Total (somme imputable aux hommes)....		18ᶠ 50

Reçu la fourniture :

Le lieutenant,

2ᵉ TRIMESTRE 1860.

Mois d'Avril.

Modèle n° 3.

8ᵉ Régiment de hussards.

5ᵉ ESCADRON. **B.**

ÉTAT nominatif des sous-officiers, brigadiers et soldats, qui ont fait des versements à leur masse individuelle, pendant le mois d'Avril 1860.

Nᵒˢ annuels	NOMS.	GRADES.	SOMMES versées.	Observations.
5	Dubrocca.............	Maréchal des logis	10ᶠ 00	
76	Lalande.............	Hussard...	5 50	
90	Buisson.............	Id......	20 00	
	TOTAL.............		35ᶠ 50	

Certifié le présent état s'élevant à la somme de trente-cinq francs cinquante centimes, par nous capitaine-commandant.

Format : N° 3.

Libourne, le 1ᵉʳ mars 1860.
(Signature).

Modèle n° 56.

Art. 170 de l'Ordonnance.

Masse individuelle.

2ᵉ TRIMESTRE 1860.

Modèle n° 4.

8ᵉ Régiment de hussards.

6ᵉ ESCADRON. **S.**

ÉTAT nominatif des hommes de troupe présents au (¹)   pour servir au paiement de l'excédant du complet réglementaire de leur masse individuelle, constaté par (²)

Nᵒˢ au contrôle annuel.	NOMS.	GRADES.	Excédant de masse à payer comptant.	Nᵒˢ au contrôle annuel.	NOMS.	GRADES.	Excédant de masse à payer comptant.
1	Laplume..	Mar. des logis chef	9ᶠ 20		Report........		12ᶠ 70
5	Rocca.....	Maréchal des logis	3 40	29	Esclave........	Brigadier...	4 15
22	.Lafleur....	Maréch des logis fourrier	0 10	74	Laramée........	Hussard....	6 20
	A reporter.		12ᶠ 70		TOTAL......		23ᶠ 05

Certifié par nous, capitaine commandant l'escadron, le présent état montant à la somme de vingt-trois francs cinq centimes, dont quittance.

Vérifié : Le major.

Libourne, le 9 avril 1860.
(Signature).

(¹) Indiquer la date à laquelle le présent état est certifié par le capitaine.
(²) Ce renvoi doit être suivi des mots : La feuille de décompte établie pour le 1ᵉʳ trimestre 1860, lorsque l'état nominatif concerne les hommes comptant à l'effectif au 1ᵉʳ jour du trimestre; et de ceux : La balance des recettes et dépenses faite aux comptes courants sur le livre de détail, si cet état est relatif à des hommes qui partent en congé illimité ou renouvelable. .

Format : N° 2.

Modèle nº 58.

Art. 171 de l'Ordonnance.

Masse individuelle.

2ᵉ TRIMESTRE 1860.

Modèle nº 5.

4ᵉ Régiment de chasseurs.

1ᵉʳ ESCADRON. **Q.**

EXTRAIT du livre de détail, présentant, à la date d'aujourd'hui, la situation de la masse individuelle des hommes ci-après dénommés :

NUMÉROS au contrôle annuel.	NOMS DES HOMMES.	MUTATION QUI DONNE LIEU A LA RADIATION DES CONTRÔLES.	AVOIR A LA MASSE des présents quittant le service et des sous-officiers promus adjudants ou sous-lieutenants	des présents ou absents passant à d'autres corps, et des absents quittant le service.	DÉBET A LA MASSE des présents ou absents	Observations. (Indiquer le domicile des absents quittant le service).
			f. c.	f. c.	f. c.	
85	Barbier.........	Libéré le 2 mai..................	34 50	»	»	
92	Rafla...........	Libéré le 2 mai..................	»	»	»	
115	Bertrand........	Libéré le 2 mai étant en congé.......	»	39 40	0 26	Thiviers (Dordogne).
		TOTAUX........	34 50	39 40	0 26	

Reçu la somme de trente-quatre francs cinquante centimes.

A Marseille, le 25 mai 1860.

Vu par le major.

Le capitaine-commandant.

Nota. S'il s'agit d'hommes passés à d'autres corps, au lieu de : *Reçu,* on mettra : *Certifié à la somme de*

Format. Subordonné au nombre d'hommes à y inscrire,— et pour quelques noms seulement, de : 17 centimètres et demi sur 22 centimètres.

Modèle nº 39.

Art. 132 de l'Ordonnance.

2e TRIMESTRE 1860.

3e SECTION. — Nº

(Le numéro du bon est inscrit
par l'officier d'habillement).

Modèle nº 6.

4e Régiment de chasseurs.

4e ESCADRON.   **C.**

BON des effets de petit équipement nécessaires aux hommes ci-après dénommés.

Numéros au contrôle annuel.	NOMS.	GRADES.	SITUATION de la masse. Avoir.	SITUATION de la masse. Doit.	CHEMISES. f. c.	CHEMISES. f. c.	CALEÇONS. f. c.	COLS. f. c.	COLS. f. c.	f. c.	f. c.	f. c.	f. c.	VALEUR des effets.
	Prix de chaque effet...............				2 60	4 00	1 60	0 80	0 85	»				
4	Faucogney............	Mar. des log.	34f 90c	»f »c	1	»	1	»	»	»	»	»	»	4f 20c
70	Larrieu	Chasseur...	» »	1 10	»	»	»	»	1	»	»	»	»	0 85
80	Partarieu............	Id	29 80	» »	»	1	»	1	»	»	»	»	»	4 80
	Totaux........				1	1	1	1	1	»	»	»	»	9f 85c

Approuvé :

Le major,

Reçu de l'officier d'habillement *deux* chemises, *un* caleçon et *deux* cols, dont la valeur s'élève à la somme de neuf francs quatre-vingt-cinq centimes.

A Marseille, le 3 mai 1860.

Le Capitaine commandant,

Nota. Le format est subordonné au nombre d'hommes à y inscrire, et au nombre de colonnes nécessaires pour y désigner la nature des effets dont le capitaine réclame la distribution.

Cav.

9

2ᵉ TRIMESTRE 1860.

Modèle nº 7.

2ᵉ Régiment de cuirassiers.

1ᵉʳ ESCADRON. **U.**

NOTE des effets de petit équipement versés au magasin du corps, pour le nommé Bertin (Auguste), cuirassier, inscrit sous les numéros suivants :

Matricule. 2019.
Annuel... 90. } Mort à l'hôpital de Nancy le 3 mai 1860, rayé le 6 du même mois.

DÉSIGNATION des effets.	NOMBRE (²)		Observations	DÉSIGNATION des effets.	NOMBRE		Observations
	Bons.	Mauvais			Bons.	Mauvais	
(¹)							

Certifié la présente note par le capitaine commandant l'escadron.

A Nancy, le 7 mai 1860.

(Signature).

(¹) Détailler les effets versés d'après la nomenclature indiquée au tarif nº 52.
(²) Mettre la quantité en toutes lettres.

Format : 20 cent. sur 24 cent.

Modèle nº 66.

Art. 210 de l'Ordonnance.

Masse individuelle.

2ᵉ TRIMESTRE 1860.

Nº (¹)

Modèle nº 8.

12ᵉ Régiment de dragons.

3ᵉ ESCADRON. **G.**

BULLETIN des réparations à exécuter au compte de la masse individuelle ou d'entretien (selon le cas), par le (²)

NUMÉROS au contrôle annuel.	NOMS DES HOMMES.	DÉSIGNATION des effets ou armes (³).	DÉTAIL des réparations à exécuter.	PRIX des réparations
			Somme à payer après réparations (⁴)............................	

A Cambrai, le 7 mai 1860.   *Le Capitaine commandant,*

(¹) Lorsque les réparations se font à prix débattu, le numéro n'est inscrit qu'au moment où le capitaine, après avoir classé les bulletins par ouvrier, en établit le relevé trimestriel.
(²) Désigner la profession de l'ouvrier, et en outre son nom si les réparations sont faites à prix débattu
(³) Il est fait des bulletins séparés pour les réparations quand les réparations d'effets s'exécutent à prix débattu. Pour les réparations d'armes, les bulletins doivent être modifiés dans le tracé, d'après le Modèle 22.
(⁴) Indiquer la somme en toutes lettres.

Nota. Le format des bulletins est subordonné au nombre d'hommes et d'effets ou armes à y inscrire

Modèle n° 67.

Art. 211 de l'Ordonnance.

Masse individuelle.

2e TRIMESTRE 1860.

Modèle n° 9.

1er Régiment de carabiniers.

5e ESCADRON. **N.**

BORDEREAU d'enregistrement journalier des bulletins des réparations exécutées au compte de la masse in-dividuelle, par les maîtres ouvriers du corps, pendant le 2e trimestre 1860.

NUMÉROS des bulletins.	NOMS des hommes.	DÉSIGNATION des effets ou armes.	MONTANT DES RÉPARATIONS A EXÉCUTER PAR								Observations.
			le maître tailleur		le maître bottier				le chef armurier		
			à l'habillement.		à la chaussure.	à la coiffure.	au grand équipement.	au petit équipement.	à l'armement.	aux gamelles individuelles.	
	TOTAUX........										

Certifié le présent bordereau par nous, capitaine commandant.

A Versailles, le 1er juillet 1860.

(Signature).

Format : N° 2.

Modèle n° 69.

___

Art. 211 de l'Ordonnance.

___

Masse individuelle.

___

2ᵉ TRIMESTRE 1860.

Format : N° 2.

Modèle n° 10.

2ᵉ Régiment de lanciers.

___

4ᵉ ESCADRON.   **D.**

BORDEREAU d'enregistrement journalier des bulletins des réparations exécutées à prix débattu, au compte de la masse individuelle, pendant le 2ᵉ trimestre 1860.

NOMS ET PROFESSIONS des ouvriers.	Numéros des bulletins.	NOMS des hommes.	DÉSIGNATION des effets.	MONTANT DES RÉPARATIONS					TOTAL.
				à l'habillement.	à la chaussure.	à la coiffure.	au grand équipement.	aux gamelles individuelles.	
Laforme, cordonnier...........	1	Martel	Bottes.........	»f »c	2f 20c	»f »c	»f »c	»f »c	2f 20c
Chantreau, ferblantier...........	2	Nérac...........	Giberne.......	» »	» »	» »	» 20	» »	» 20
Lapointe, tailleur...........	3	Mamel...........	Gamelle individuelle.	» »	» »	» »	» »	» 25	» 25
		Rougé...........	Habit.........	» 40	» »	» »	» »	» »	» 40
			Totaux...........	»f 40c	2f 20c	»f »c	»f 20c	»f 25c	3f 05c

Vérifié :

Le major,

Certifié par nous, capitaine commandant l'escadron, le présent bordereau montant à la somme de trois francs cinq centimes.

Abbeville, le 1ᵉʳ juillet 1860.

(Signature).

Récapitulation.

NOMS DES OUVRIERS.	SOMMES à leur payer.	ÉMARGEMENT.
Lapointe.....................	»f 40c	
Laforme.....................	2 40	
Chantreau	» 25	
Somme égale.....	3f 05c	

Modèle n° 36.
Art. 132 de l'Ordonnance.

Exercice 1860.

1er TRIMESTRE.

1re mise (1)

N°   (2)

Modèle n° 11.

2e Régiment de lanciers.

5e ESCADRON. **E.**

BON des effets de la 1re catégorie nécessaires aux hommes ci-après dénommés.

NUMÉROS matricules.	NOMS.	GRADES.	Chevrons.	EFFETS DE LA 1re CATÉGORIE. HABITS de s.-officiers.	HABITS de soldats.	Veste.	PANTALONS d'ordonnance de s.-officiers.	PANTALONS d'ordonnance de soldats.	PANTALONS de cheval confectionnés en drap neuf.	PANTALONS de cheval conf. au moyen de pantalons d'ordonnance.	PANTALONS de cheval en cours de durée.	BONNETS de police de s.-officiers.	BONNETS de police de soldats.	GALONS EN OR ou en argent neufs.	GALONS en cours de durée.	en laine neufs.	MUTATIONS ou causes qui donnent lieu AUX DISTRIBUTIONS.
460	Mortier....	Mar. des log.	1	1	1	»	1	»	»	1	»	1	»	1.37	»	»	Venu de Saumur le 4 janvier.
1242	Barlier	Id........	»	1	»	»	»	»	»	»	»	»	»	0.52	»	»	Brigadier promu maréchal des logis.
1416	Petit......	Lancier	»	»	»	l	»	1	»	1	»	»	l	»	»	»	Engagé volontaire incorporé le 7 janvier.
1417	Jacquey ...	Id	»	»	1.4	1.3	»	1	»	1	»	»	1.5	»	»	»	Jeune soldat incorporé le 10 janvier.
Totaux..............				2	3	2	1	2	»	3	»	l	2	1.89	»	»	
Dont... { neufs..............				2	2	1	1	2	»	3	»	1	1				
Dont... { en cours de durée......				»	1	1	»	»	»	»	»	»	l				

Approuvé :

Le major.

Reçu de l'officier d'habillement : deux habits de sous-officier neufs, deux de soldat neufs et un bon, une veste d'écurie neuve et une bonne, un pantalon d'ordonnance de sous-officier neuf, deux de soldat neufs, trois pantalons de cheval confectionnés au moyen de pantalons d'ordonnance, un bonnet de police de sous-officier neuf, un de soldat neuf et un bon, un mètre quatre-vingt-neuf centimètres de galons en or ou en argent neufs.

A Cambrai, le 12 janvier 1860.

Le capitaine.

(1)-(2) Appliquer ici les deux notes de la page suivante (Modèle n° 12), ainsi que le *Nota.*

Modèle n° 37.
Art. 132 de l'Ordonnance.

EXERCICE 1860.

1ᵉʳ TRIMESTRE.

1ʳᵉ mise (1).

N°   (2).

Modèle n° 12.

2ᵉ Régiment de lanciers,

5ᵉ ESCADRON.   **E.**

BON des effets de la 2ᵉ catégorie et des armes nécessaires aux hommes ci-après dénommés.

NUMÉROS matricules.	NOMS.	GRADES.	EFFETS DE LA 2ᵉ CATÉGORIE.											ARMES.						MUTATIONS ou causes qui donnent lieu AUX DISTRIBUTIONS.
			Szapskas.	Manteaux.	Gibernes.	Porte-gibernes.	Cinturons.	Dragonnes.	Porte-manteaux.	Flammes de lance.	Lanières de lance.	Bretelles de mousqueton.	Courroies de baguettes.	Mousquetons.	Pistolets.	Sabres.	Lances.	Haches.	Nécessaires d'armes.	
			N°	N°	N°	N°	N°	N°	N°	N°	N°	N°	N°	N°	N°	N°	N°	N°	N°	
460	Mortier....	M. des log	1260	1280	1420	1420	1738	1705	3400	1	1	»	»	»	48	23	409	79	383	Venu de Saumur le 4 janvier.
1242	Barlier....	Id	»	»	»	»	»	»	»	»	»	»	»	»	77	»	»	90	»	Brigadier promu maréchal des logis.
1416	Petit......	Lancier..	1100	1740	1730	1300	1703	1400	3430	1	1	1	1	49	»	70	94	»	439	Engagé vol. incorporé le 7 janvier.
1417	Jacquey...	Id	1150	1540	1302	1302	1890	1240	2783	1	4	1	1	74	»	540	763	»	79	Jeune soldat incorporé le 10 janvier.
	TOTAUX......		3	3	3	3	3	3	3	3	3	2	2	2	2	3	2	2	3	

Approuvé :

Le major,

Reçu de l'officier d'habillement : trois czapskas, trois manteaux, trois gibernes, trois porte-gibernes, trois ceinturons, trois dragonnes, trois porte-manteaux, trois flammes de lanières, trois lanières de lance, deux bretelles de mousqueton, deux courroies de baguettes , deux mousquetons, deux pistolets, trois sabres, trois lances, deux haches, et trois nécessaires d'armes.

Cambrai, le 12 janvier 1860.

Le Capitaine.

(1) Il sera fait un bon distinct pour première mise ou pour remplacement ; les effets délivrés par suite d'incorporation d'anciens soldats, cassation ou changement d'emploi, sont compris sous le titre de première mise. — L'ordre des colonnes de bons doit être en concordance avec les comptes ouverts au livre de détail.

(2) Le numéro du bon est inscrit par l'officier d'habillement.

Nota. La mise en service des effets de la 1ʳᵉ catég. et les numéros des effets de la 2ᵉ catég. et des armes sont indiqués sur les bons par le chiffre 1. L'officier d'habillement y ajoute le chiffre indicatif du nombre de trimestres que les effets de la 1ʳᵉ catég. en cours de durée ont encore à servir et les numéros des effets de la 2ᵉ catég. et des armes.

Format. Est subordonné au nombre d'hommes que l'on aura à inscrire sur les bons.

Modèle n° 41.

Art. 132 de l'Ordonnance.

2ᵉ TRIMESTRE 1860.

VERSEMENT
par suite de la radiation des contrôles,
ou de promotion, cassation ou changement d'emploi.

No ——— (¹)

1ʳᵉ et 4ᵉ Sections, nᵒˢ   (¹).

7ᵉ Régiment de lanciers.

4ᵉ ESCADRON. **L.**

BULLETIN de versement des effets de la 1ʳᵉ et de la 2ᵉ catégorie, et des armes provenant des hommes ci-après dénommés (²)

EFFETS DE LA 1ʳᵉ CATÉGORIE.

Numéros matricules.	Noms.	Grade	Habits de sous-officier.	Habits de soldat.	Vestes.	Pant. d'ordonn. de sous-officier.	Pant. d'ordonn. de soldat.	Pantalons de cheval confectionnés en drap neuf.	Pantalons de cheval confectionnés au moyen de pantalons d'ordonnance.	Bonnet de police de sous-officier.	Bonnet de police de soldat.	Galons en or ou en argent.
470	Lecuy...	Maréch. des logis	P	»	»	P	»	»	P	P	»	»
2116	Trem...	Brigadier........	»	3ᵉ 59-4	4ᵉ 58	»	3ᵉ 59	3ᵉ 59	»	»	3ᵉ 59	»
1518	Falc....	Lancier	»	P	P	»	P	»	P	»	P	»
		Totaux...	»	1	1	»	1	1	»	»	1	»
	Dont en cours de durée.		»	»	1	»	»	1	»	»	1	»
	Dont hors de service...		»	1	»	»	1	»	»	»	»	»

EFFETS DE LA 2ᵉ CATÉGORIE. / ARMES.

Numéros matricules.	Noms.	Grade	Czapskas.	Manteaux.	Gibernes.	Porte-gibernes.	Ceinturons.	Dragonnes.	Porte-manteaux.	Flammes de lance.	Lanières de lance.	Bretelles de mousqueton.	Courroies de baguette.	Mousquetons.	Pistolets.	Sabres.	Lances.	Haches.	Nécessaires d'armes.	MUTATIONS OU CAUSES qui donnent lieu aux versements.
470	Lecuy...	Maréch. des logis	515	614	300	300	215	815	613	26	14	»	»	»	28	61	41	29	15	Mis en congé renouvelable le 2 mai.
2116	Trem...	Brigadier........	312	720	603	815	908	929	698	740	402	928	104	16	»	31	121	»	8	Mort à l'hôpital du lieu où il était du 3 mai.
1518	Falc....	Lancier	413	812	220	716	104	122	213	613	217	613	217	98	»	22	226	»	90	Libéré le 5 mai.
		Totaux...	3	3	3	3	3	3	3	3	3	2	2	2	1	3	3	1	3	
	Dont en cours de durée.		3	3	3	3	3	2	3	2	2	2	2							
	Dont hors de service...		»	»	»	»	»	1	»	1	1	»	»							

Certifié le présent bulletin aux quantités de : un habit de soldat, une veste, un pantalon d'ordonnance de soldat et un de cheval, un bonnet de police de soldat, trois czapskas, trois manteaux, trois gibernes, trois porte-gibernes, trois ceinturons, trois dragonnes, trois porte-manteaux, trois flammes de lance, trois lanières de lance, deux bretelles de mousqueton, deux courroies de baguettes, deux mousquetons, un pistolet, trois sabres, trois lances, une hache et trois nécessaires d'armes.

A Maubeuge, le 4 mai 1860.

Le Capitaine,

Approuvé :

Le Major.

(¹) Le numéro de la section et celui du bulletin sont inscrits par l'officier d'habillement. — Lorsque le bulletin de versement comprend des effets de la 4ᵉ section, c'est-à-dire classés hors de service comme ayant atteint le terme de leur durée légale, le numéro de cette section figure aussi ci-dessus, après celui de la 1ʳᵉ.

(²) Le......18.. ou les.....18.. (si les hommes que comprend le bulletin n'ont pas été rayés le même jour). Exemple pour le bulletin ci-dessus : Les 30 avril, 3 et 4 mai 1860.

Nota. Les effets de la 1ʳᵉ catégorie et de la 2ᵉ, hors de service, versés en magasin, sont distingués par un petit trait tiré au-dessous des chiffres indicatifs du trimestre et de l'année où en avait eu lieu la distribution. Les effets de la 1ʳᵉ catégorie perdus pour le corps comme ayant été laissés aux hommes passés à d'autres corps, mis en congé illimité, réformés, libérés ou retraités, et ceux des hommes morts dans les hôpitaux, externes ou en congé, dont le capitaine est informé que la réintégration ne sera pas faite en magasin, sont indiqués par la lettre **P.**

Format : Le format des bulletins à établir est subordonné au nombre de colonnes nécessaires pour y désigner la nature des effets à verser au magasin et au nombre d'hommes qu'on aura à y inscrire.

Modèle nᵒ 40.

Art. 132 de l'Ordonnance.

2ᵉ TRIMESTRE 1860.

PREMIÈRE MISE (1).

Nᵒ   (2)

Modèle nᵒ 14.

2ᵉ Régiment de lanciers.

5ᵉ ESCADRON. **E.**

BON d'effets de harnachement.

Numéro matricule.	DÉSIGNATION DES CHEVAUX auxquels ils sont destinés. NOMS.	Selle complète. Numéro.	Scha-braque. Numéro.	Cou-verture. Numéro.	Licol d'écurie. Numéro.	Bridon. Numéro.	MUTATIONS OU CAUSES qui donnent lieu aux distributions.
1120	L'Adonis	»	»	»	601	»	Remplacement par suite de perte au compte de l'homme.
1148	Le Belliqueux...	313	526	211	308	512	Arrivé au corps le 3 mai.
1140	Le Fautif	419	647	209	413	547	Id.
	TOTAUX.....	2	2	2	3	2	

Approuvé :

Le Major,

Reçu de l'officier d'habillement : deux selles complètes, deux schabraques, deux couvertures, trois licols d'écurie et deux bridons.

A Cambrai, le 3 mai 1860.

Le Capitaine,

(1) Il sera fait un bon distinct pour 1ʳᵉ mise ou pour remplacement.
(2) Le numéro du bon est inscrit par l'officier d'habillement.

Nota. Les numéros des effets de harnachement ne sont inscrits qu'au magasin d'habillement.

Format. Subordonné au nombre de chevaux à y inscrire et aux colonnes à ouvrir.

Modèle n° 43.
Art. 132 de l'Ordonnance.

2e TRIMESTRE 1860.

N°   (1)

Modèle n° 15.

4° Régiment de dragons.

4e ESCADRON. **D.**

BULLETIN de versement d'effets de harnachement.

DÉSIGNATION DES CHEVAUX auxquels étaient affectés les effets.		Selle complète.	Scha- braque.	Cou- verture.	Licol d'écurie.	Bridon.	MUTATIONS ou causes qui donnent lieu aux versements.
Numéros matricules.	NOMS.	Numéro.	Numéro.	Numéro.	Numéro.	Numéro.	
517	Le Vainqueur ...	219	648	321	311	421	Abattu pour cause de morve le 3 mai.
630	Le Coursier.....	628	715	110	208	490	Vendu par suite de réforme le 4 mai.
	TOTAUX.....	2	2	2	2	2	

Approuvé :

Le Major,

Certifié le présent bulletin aux quantités de deux selles complètes, deux schabraques, deux couvertures, deux licols d'écurie et deux bridons.

A Lunéville, le 4 mai 1860.

Le Capitaine,

(¹) Le numéro du bulletin est inscrit par l'officier d'habillement.

Format : Subordonné au nombre de chevaux à y inscrire et aux colonnes à ouvrir.

Observations. — *Effets et armes hors de service.* — Il n'est fait qu'un bulletin sommaire de versement pour les effets réintégrés en magasin par suite de remplacement après durée réglementaire accomplie ou par anticipation, soit au compte de l'État, soit à la charge de l'homme, ou enfin après avoir été réformés comme ne pouvant être maintenus en service.

Le nombre des effets réintégrés en magasin, après durée réglementaire accomplie, doit être égal à celui des effets de même nature portés sur les bons de distribution, à titre de remplacement, aux hommes qui en étaient détenteurs; s'il existe une différence, la cause en est indiquée.

Modèle n° 55.
Art. 169 de l'Ordonnance.

Masse individuelle.

2ᶜ TRIMESTRE 1860.

Modèle n° 46.

7ᵉ Régiment de cuirassiers.

5ᶜ ESCADRON. **E.**

DÉCOMPTE du remboursement à faire à la masse individuelle par la masse d'entretien du harnachement et du ferrage, de la valeur des effets de petit équipement détruits le 15 du mois courant, comme ayant servi à des chevaux atteints de maladies contagieuses.

Numéro au contrôle annuel.	NOM ne l'homme.	GRADES.	DÉSIGNATION DES EFFETS.	DATE à laquelle les effets avaient été distribués.	PRIX d'achat.	A REMBOURSER par la masse d'entretien du harnachement et de ferrage.
67	Berthomé..........	Cuirassier..	Une éponge......................	18 octobre 1859.....	1ᶠ 00ᶜ	0ᶠ 67ᶜ
			Une brosse à cheval..............	17 novembre 1859...	1 15	0 77
			Une étrille........	3 avril 1860.......	0 80	0 80
				TOTAL....................		2ᶠ 24ᶜ

Certifié

Approuvé :

Le major,

A Épinal, le 17 mai 1860.

Le Capitaine,   *L'Officier d'habillement,*

Format : 17 cent. 5 sur 22 cent.

Modèle n° 61.
Art. 182 de l'Ordonnance.

Masse individuelle.

2e TRIMESTRE 1860.

Modèle n° 17.

1ᵉʳ Régiment de spahis

2e ESCADRON. **C.**

BULLETIN d'imputation sur la masse individuelle, de la valeur des effets ou armes perdus ou mis hors de service par la faute de l'homme qui en était détenteur.

NUMÉROS annuels.	NOM ET GRADE.	NOMBRE ET DÉSIGNATION des effets ou armes perdus ou mis hors de service.	NUMÉROS des effets ou armes au contrôle général.	DURÉE légale des effets.	DURÉE restant à faire.		VALEUR de chaque effet neuf ou de l'arme.	VALEUR DE L'ARME ou décompte de la moins value des effets imputables sur la masse individuelle (3).
					Nombre de trimestres. (1)	Nombre d'années. (2)		

Certifié par nous le présent bulletin pour servir à l'imputation de la masse individuelle de la somme de (4)

Blidah, le 17 mars 1860.

Le Capitaine,

L'Officier d'habillement,

(1) Voir les notes au verso.

Le Conseil (5)

considérant qu'il résulte des informations qu'il a prises

que (6)   désigné d'autre part, a été (7)   dans la circonstance ci-après relatée ;

Détailler la cause de la
perte ou de la mise hors
de service.

est d'avis que le montant du décompte porté au présent bulletin doit être imputé sur la masse individuelle de l'homme qui y est dénommé.

A Blidah, le 20 mai 1860.

Le major,   Le trésorier,   Le capitaine d'habillement,   Le capitaine,   Le chef d'escadron,   Le lieutenant-colonel,   Le colonel, président,

Le sous-intendant militaire, vu l'avis du Conseil, et attendu que les motifs sur lesquels cet avis est fondé témoignent que la (8) de (6)   dont le dénommé d'autre part était détenteur, provient manifestement de sa faute, approuve que l'imputation de la moins-value constatée par le présent bulletin soit opérée sur sa masse individuelle.

A Blidah, le 21 mai 1860.

(1) Pour les effets de la 1re catégorie.
(2) Pour les effets de la 2e catégorie, les effets de harnachement et les instruments de musique.
(3) Pour les armes au prix intégral de fabrication.
    Somme en toutes lettres.

(5) D'administration ou d'administration éventuel.
(6) L'effet ou l'arme.
(7) Perdu ou mis hors de service.
(8) Perte ou mise hors de service.

Format : Pour quelques noms seulement, 0m 17c 5mm sur 22c. — Si ce format est insuffisant, l'on emploiera du papier format n° 2.

Ordonnance du 10 mai 1844.
Art. 252.

Modèle n° 18.

5ᵉ Régiment de lanciers.

5ᵉ ESCADRON. B.

NOTE des effets et des armes déposés au magasin du corps par le nommé Balzer (Pierre-Édouard), brigadier, inscrit sous les numéros suivants :

Matricule... 2004 } parti en congé de convalescence le 9 mai 1860.
Annuel..... 32 }

DÉSIGNATION DES EFFETS.		NOMBRE.	DÉTAIL DES RÉPARATIONS.	PRIX des réparations.	DÉSIGNATION DES EFFETS.	LAISSÉS. Bons.	LAISSÉS. Mauvais	Observations.
1ʳᵉ Catégorie. Habit............. 2ᵉ 59		un	Un dégraissage...............	0ᶠ 20	Coiffe de czapska. Etc.		une	
Etc.								
2ᵉ Catégorie. Czapska............. 540.58		un						
Manteau............. 610.59		un	Recoudre un coin.............	0 05				
Giberne............. 1112.49		une						
Porte-giberne......... 224.49		un						
Etc.								
Armes. Mousqueton............ 432		un						
Sabre............... 940		un						
Lance.... 10		une						
Nécessaire d'armes....... 24		un	Perdu.....................	1 43				
			TOTAL...................	1ᶠ 65				

Certifié la présente note par le Capitaine commandant l'escadron.

Format : 20 cent. sur 24 cent (environ).

A Longwy, le 8 mai 1860.

Modèle n° 19.

5ᵉ Régiment de lanciers.

2ᵉ ESCADRON. **B.**

INVENTAIRE des effets et des armes du nommé Bertrand (Pierre), lancier, inscrit sous les numéros suivants :

Matricule... 1030 }
Annuel..... 112 } en désertion du 8 mars 1860.

Même tracé que le Modèle n° 18.

Longwy, le 9 mars 1860.

Le cavalier de la chambrée,   *Le brigadier de chambrée,*

Vu :

Le Capitaine commandant l'escadron,

Format : 20 cent. sur 24 cent. (environ).

Modèle n° 20.

ÉTIQUETTE pour effets ou armes déposés ou versés.

3ᵉ Régiment de dragons.

1ᵉʳ ESCADRON. **A.**

150 Lamic (Pierre), brigadier.

Fusil........................... 158
Nécessaire..................... 220
Tire-balles..................... 1

Réparations au compte de

L'abonnement.   L'homme.

Déposé.   Entré à l'hôpital le 9 mars 1860.

Nota. Il est établi autant d'étiquettes qu'il y a de sortes d'effets à déposer ou à verser ; on modifie le corps de l'étiquette selon la nature de l'effet et selon que les réparations présumées doivent être imputées à l'homme, à l'abonnement, à la masse générale d'entretien ou à l'État.
Le mot *déposé* ou *versé* doit être écrit en gros caractères.

Format : Le format d'une étiquette doit être d'environ 8 cent. de hauteur sur 10 cent. de largeur, c'est-à-dire le huitième du n° 3.

DIVISION D'ALGER.

PLACE DE BLIDAH.

Armement.

Exercice 1860.

PROCÈS-VERBAL
constatant une perte d'armes
par cas de force majeure.

Modèle n° 24.

Modèle VIII.
Art. 66 *du Règlement.*

1er Régiment de chasseurs d'Afrique.

Pertes d'armes.

L'an mil huit cent soixante, le vingt janvier,

Nous Berlioz (Eugène), sous-intendant militaire, employé à la résidence de Blidah, sur l'invitation qui nous a été faite par le Conseil d'administration du 1er régiment de chasseurs d'Afrique, de constater les pertes survenues à l'armement du corps par cas de force majeure, nous sommes transportés à la caserne Bab-el-Oued, où nous avons trouvé réunis MM. Leblanc, major, et Denié, lieutenant chargé des détails de l'armement (ou MM. les membres du Conseil d'Administration, selon le cas).

Après nous être fait représenter les rapports des capitaines-commandants qui relatent les circonstances dans lesquelles les pertes ont eu lieu, et avoir pris tous les renseignements propres à nous éclairer à cet égard, nous estimons que les objets détaillés dans le tableau ci-dessous doivent être portés au compte de l'État.

NOMS ET PRÉNOMS.	GRADES.	DÉSIGNATION DES ARMES.	NUMÉROS DES ARMES.	PRIX.	MONTANT.	CIRCONSTANCES dans lesquelles LES PERTES ONT EU LIEU.
Barbier (Jean-Pierre)	chasseur					Cet homme est tombé dans le Chélif, au passage de ce fleuve, en allant de Médéah à Blidah; le ... n'a pu être retrouvé.

En foi de quoi nous avons dressé le présent procès-verbal, que les membres du Conseil d'Administration ont signé avec nous.

A Blidah, le 20 janvier 1860.

Les membres du Conseil d'Administration,   *Le Sous-Intendant militaire,*

Vu :

L'Intendant militaire de la division d'Alger,

Approuvé :

Paris, le 8 mars 1860.

Le ministre de la guerre,

Format : N° 1.

Modèle XII.

Art. 126 du Règlement.

1er TRIMESTRE 1860.

No

Modèle n° 22.

6° Régiment de dragons.

4e ESCADRON. **D.**

BULLETIN des réparations à exécuter par le chef armurier.

NUMÉROS au contrôle annuel.	NOMS DES HOMMES.	DÉSIGNATION DES ARMES.		DÉTAIL DES RÉPARATIONS A EXÉCUTER.	PRIX DES RÉPARATIONS AU COMPTE DE		
					l'homme	l'abonn'	l'État
93	Maraval........	Fusil......	493	Réparer la culasse 0,05ᴴ, une cheminée cassée 0,22ᴴ, régler la détente 0,07ᴬ,			
		Pistolet ...	26	Réparer la bouche mutilée 0,10ᴴ,...............................			
		Sabre.....	1215	Fournir et braser un fond de cuvette 0,15ᴴ........................	0ᶠ 52	0ᶠ 07	» »
167	Colombin.......	Fusil.....	918	Un porte-vis perdu 0,25ᴴ..			
		Sabre.....	24	Rallonger la soie 0,20ᴬ..	0 25	0 20	» »
	Sommes à payer après réparations. {			Soixante-dix-sept centimes au compte de l'homme, ci.................	0ᶠ 77	»ᶠ »	» »
				Vingt-sept centimes au compte de l'abonnement (pour mémoire), ci......	» »	0 27	» »
				au compte de l'Etat, ci..	» »	» »	» »

L'officier de peloton,   A Gray, le 5 mars 1860.

Le Capitaine,

Le Sous-Lieutenant d'armement d'escadron,   A Dijon, le 6 mars 1860.

Format : subordonné au nombre d'hommes et d'armes à y inscrire et sur n° 3.   *Le Lieutenant d'armement* (après la réparation),

<table>
<tr><td>Inspection générale
de 1860.</td><td>Modèle n° 23.</td><td>Modèle XXIX.</td></tr>
</table>

1re DIVISION MILITAIRE.

11e Régiment de dragons.

Art. 206 du Règlement.

Place de St-Germain.

1er ESCADRON. A.

CONTROLE NOMINATIF pour servir à la visite des armes dudit escadron.

NUMÉROS du registre matricule.	des armes.	NOMS des sous-officiers et soldats.	GRADES.	Bons.	(¹) à réparer.	hors de service.	DÉTAIL des réparations au compte (²)			Observations (⁴).
							de l'abonnement.	du soldat.	de l'État (³).	
		TOTAUX.....								
		Effectif des armes...								

Certifié par le capitaine commandant l'escadron quant à l'effectif.

A Saint-Germain, le 10 mars 1860.

Le Capitaine,

Vérifié et arrêté par le capitaine d'artillerie chargé de la visite des armes et par le lieutenant d'armement.

Le Lieutenant d'armement,　　　　*Le Capitaine d'artillerie chargé de la visite des armes,*

(¹) Indiquer l'espèce et le modèle des armes présentées à la visite. Exemple : *Fusil de dragon, modèle 1842.*

(²) Les noms doivent être suffisamment espacés pour qu'on puisse écrire distinctement, dans cette colonne, vis-à-vis le nom de chaque homme, les réparations relatives à son arme.

(³) Pour défaut de fabrication seulement, lorsque le corps est sous le régime de l'abonnement.

(⁴) Ce qui concerne les accessoires doit être inscrit dans cette colonne.

Nota. Il est établi autant de contrôles qu'il y a d'espèces d'armes en service dans l'escadron.

Pour les visites semestrielles, on mettra : *Inspection semestrielle,* au lieu d'*Inspection générale,* et il ne sera pas fait mention du capitaine d'artillerie.

Afin de pouvoir distinguer les armes visitées de celles qui ne le sont pas, il sera fait un trait ∕ sur la ligne qui sépare le numéro des armes des noms, au moment de la première visite, et il en sera fait un second en sens contraire pour former la croix ✕, au moment de la deuxième visite, pour les armes à feu ; on fera seulement le premier trait pour les armes blanches. Ce moyen sert à s'assurer que toutes les armes ont été visitées.

Format : N° 1.

<table>
<tr><td>2e TRIMESTRE 1860.</td><td>Modèle n° 24.</td><td></td></tr>
</table>

8e Régiment de dragons.

2e ESCADRON B.

Munitions d'exercice.

BON de munitions d'exercices.

Reçu de l'officier d'armement la quantité de : Six cents cartouches à balles ; — Six cents cartouches sans balles ; — Sept cent vingt capsules.

A Valenciennes, le 11 mai 1860.

Le Capitaine,

Nota. Le bulletin de versement pour les munitions qui n'auraient pas été consommées, et qui devront être réintégrées au magasin, sera sur papier de même format, excepté qu'au lieu de : *Bon de munitions,* on mettra : *Bulletin de versement des munitions d'exercices ;* et au lieu de *Reçu, etc.,* on mettra : *Certifié le présent bulletin aux quantités de :* (Mettre les quantités en toutes lettres.)

On comprendra comme munitions non consommées les économies faites sur le 1/5 de capsules de rechange.

Format : Moitié du n° 3.

Cav.　　　　　　　　　　　　　　　　　　　　　10

Munitions de sûreté.

1re Mise.

Modèle n° 25.

3e Régiment de dragons.

4e ESCADRON. **D.**

BON de cartouches de sûreté nécessaires aux hommes ci-après dénommés.

NUMÉROS matricules.	NOMS.	GRADES.	NOMBRE de cartouches.	MUTATIONS ou causes qui donnent lieu AUX DISTRIBUTIONS.
1050	Huchon	Brigadier.	10	Rentré de semestre le 8 mars.
2046	Ratier	Dragon...	10	Cassé de trompette le 7 mars, et venu du 2e escadron.
2075	Pratz	Id.....	10	Jeune soldat, arrivé au corps le 10 mars.
		TOTAL........	30	

Reçu de l'officier d'armement la quantité de trente cartouches de sûreté.

A Avesnes, le 11 mars 1860.

Le Capitaine,

Format : N° 3, ou moitié, selon le nombre d'hommes à y inscrire.

1er TRIMESTRE 1860.

Munitions de sûreté.

Versement.

Modèle n° 26.

3e Régiment de dragons.

2e ESCADRON. **B.**

BULLETIN de versement de cartouches de sûreté provenant des hommes ci-après dénommés.

NUMÉROS matricules.	NOMS.	GRADES.	NOMBRE de cartouches.	MUTATIONS ou causes qui donnent lieu AU VERSEMENT.
1015	Hausseguy..	Mar. des logis..	10	Nommé adjudant-sous-officier le 10 mars.
2020	Perrier.....	Dragon...	10	Parti en congé de convalescence de 6 mois le 7 mars.
		TOTAL........	20	

Certifié le présent bulletin à la quantité de vingt cartouches de sûreté.

A Avesnes, le 11 mars 1860.

Le Capitaine,

Format : Le même que pour les bons de premières mises.

Modèle n° 27.

6e Régiment de hussards.

2e ESCADRON. B.

SITUATION de munitions au 1er avril 1860.

L'effectif des hommes armés est de........................ 80

Hommes non armés de fusils. { Détachés à la remonte...... 2 } 6
{ En convalescence.......... 4 }
{ Etc. }

Total égal à l'effectif de l'escadron............. 86

Nota. Cette situation est établie sur une feuille entière de papier format n° 3; le présent en tête est mis sur la première page.

DATES.	DÉTAIL des recettes.	CARTOUCHES d'exercices		CARTOUCHES de sûreté.	CAPSULES.		Observations.	DATES.	DÉTAIL des consommations.	CARTOUCHES d'exercices		CARTOUCHES de sûreté.	CAPSULES.		Observations.
		A balle.	A poudre.		Pour le tir des cartouches à poudre.	Pour l'instruction préparatoire.				A balle.	A poudre.		Pour le tir des cartouches à poudre.	Pour l'instruction préparatoire.	
1er janv.	Il restait en service.....	»	»	840	»	»		16 janv.	Passé au 5e escadron...	»	»	60	»	»	
6 février	Reçu du 1er escadron....	»	»	20	»	»		8 mars..	Brûlé aux exercices à feu.	»	500	»	520	500	
7 mars..	Reçu du magasin.......	300	500	»	600	500		20 id...	Brûlé au tir à la cible...	360	»	»	»	»	
20 id...	Reçu du magasin.......	100	»	»	»	»		21 id...	Versé en magasin.......	40	»	»	80	»	
	Totaux...........	400	500	860	600	500									
	Report des consommations...	400	500	60	600	500									
1er avril.	Il reste en service.....	»	»	800	»	»			Totaux...........	400	500	60	600	500	

. Certifié par le Capitaine commandant l'escadron la présente situation, de laquelle il résulte qu'il reste en service à l'escadron la (ou les, selon le cas) quantité de huit cents cartouches de sûreté.

A Tarbes, le 1er avril 1860.

(Signature.)

Nota. Le corps de la situation est établi sur les 2e et 3e pages (feuille ouverte); les recettes sur la 2e, et les consommations sur la 3e page. S'il en est besoin, on met l nombre d'intercalaires nécessaires, et le certifié du Capitaine peut être mis sur la 4e page, s'il ne reste pas assez de place sur les deux précédentes.

PLACE DE NANCY.

2e trimestre 1860.

ÉTAT DES LIEUX.

Modèle n° 28.

2e Régiment de cuirassiers.

1er ESCADRON. **D.**

ÉTAT indiquant le logement distribué à l'escadron, à la caserne de cavalerie.

NUMÉROS DES			NOMBRE DE LITS par chambre.	ACCESSOIRES DE CASERNEMENT.								Observations.
escaliers.	corridors.	chambres.		Râteliers d'armes.	Planches à pain.	Planches à bagages.	Ratelier porte-brides.	Tables.	Bancs.			
A	E	24	4	1	»	2	1	2	1			Sur les deux tables, il y en a une à tiroir fermant à clef.
A	E	25	6	1	1	2	1	1	2			
B	A	7	30	2	2	2	2	2	4			Une table a besoin d'être réparée.
B	C	15	30	2	2	2	2	2	4			Un banc a un pied cassé.
C	A	20	20	2	2	2	2	2	4			Chambre en commun avec le 2e escadron.

Le Fourrier,

Vérifié et arrêté par le Capitaine commandant l'escadron.

A Nancy, le 12 avril 1860.

(Signature.)

Nota. L'état à remettre au Chef d'escadron par le Capitaine sera le même que celui à remettre à l'officier de casernement, *Format :* N° 3, ou moitié de la feuille, selon le cas.

Modèle n° 29.

2ᵉ Régiment de cuirassiers.

1ᵉʳ ESCADRON. **D.**

ÉTAT de casernement à l'époque du 12 avril 1860.

NUMÉROS de la chambre.	Couchettes.	Châlits.	Matelas.	Paillasses.	Traversins.	Couvertures.	Couvre-pieds.	Drans (paires de).	Tables.	Bancs.			Observations.
7	12	18	30	30	30	30	30	30	2	4			

Le Brigadier de la chambrée,   *Le Fourrier,*

Nota. Cet état reste affiché derrière la porte d'entrée de la chambrée.
Format : Moitié d'une feuille de papier N° 3.

Modèle n° 30.

2ᵉ Régiment de cuirassiers.

1ᵉʳ ESCADRON. **D.**

ÉTAT des pertes et dégradations reconnues à la visite du casernement.

NUMÉROS DES			DÉTAIL des DÉGRADATIONS RECONNUES.	Observations.
escaliers	corridors	chambres		
A	E	24	La serrure du tiroir de la table du maréchal des logis chef cassée.	
A	E	25	Râtelier d'armes dégradé.	
B	C	15	Un pied de banc cassé.	Cette dégradation a été constatée lors de la distribution du casernement, et n'a pas encore été réparée.

Certifié par le Capitaine commandant l'escadron.

Nancy, le 29 juin 1860.
(Signature).

Format : N° 3, ou moitié de la feuille, selon le cas.

Masse individuelle.

2ᵉ TRIMESTRE 1860.

Nᵒ

Modèle nᵒ 31.

2ᵉ Régiment de cuirassiers.

1ᵉʳ ESCADRON. D.

BULLETIN des réparations à exécuter à la literie et au casernement.

NUMÉROS annuels.	NOMS des hommes.	DÉSIGNATION des effets.	DÉTAIL DES RÉPARATIONS A EXÉCUTER.	PRIX DES RÉPARATIONS	
				à la literie.	au casernement.
34	Blairvacq............	Matelas........	Une tache d'huile de 0ᵐ5ᶜ de diamètre, 0ᶠ25ᶜ; une pièce de toile brûlée dans un coin, 0ᶠ50ᶜ..............	0ᶠ 75ᶜ	0ᶠ 65ᶜ
		Casernement...	Un carreau de vitre cassé, 0ᶠ65ᶜ..............		
99	Boniet..............	Paillasse.......	Tache d'urine, 1ᶠ20ᶜ..............	1 20	» »
	Somme à payer après réparations.......... {		Un franc quatre-vingt-quinze centimes à la literie..............	1ᶠ95ᶜ	» »
			Soixante-cinq centimes au casernement..............	» »	0 65

Nancy, le 26 avril 1860.

Le Capitaine,

Format : Subordonné au nombre de noms à y inscrire, et sur papier Nᵒ 3.

Masse individuelle.

2e TRIMESTRE 1860.

Literie
et Casernement.

Modèle n° 32.

2ᵉ Régiment de cuirassiers.

1ᵉʳ ESCADRON. **D.**

BORDEREAU général des dégradations faites à la literie et au casernement pendant le 2ᵒ trimestre 1860.

NUMÉROS des bulletins.	NOMS des hommes.	GRADES.	MONTANT des dégradations.		TOTAL.	Observations.
			à la literie.	au casernement.		
1	Blairvacq.....	Brigadier.....	0ᶠ 75ᶜ	0ᶠ 65ᶜ	1ᶠ 40ᶜ	
	Boniet	Cuirassier	1 20	» »	1 20	
TOTAUX..........			1ᶠ 95ᶜ	0ᶠ 65ᶜ	2ᶠ 60ᶜ	

Certifié le présent bordereau par nous capitaine-commandant.

Nancy, le 1ᵉʳ juillet 1860.

(Signature.)

Format : Papier N° 2, feuille double, afin de pouvoir mettre les bulletins dedans.

2ᵉ TRIMESTRE 1860.

Modèle n° 33.

2ᵉ Régiment de cuirassiers.

1ᵉʳ ESCADRON. **D.**

BON de fournitures de literie.

BON POUR LA QUANTITÉ DE.. { six fournitures complètes.
(ou bien détailler les diverses quantités reçues).

Nancy, le 12 mai 1860.

Le Capitaine,

Nota. Pour les versements, on se conformera à ce modèle, et au lieu de : *Bon de fournitures, etc.,* on mettra : *Bulletin de versement d'effets de literie,*— et à l'accolade : *Versé en magasin la quantité de :*

Format : Moitié de la feuille du N° 3.

2e TRIMESTRE 1860.

Modèle n° 34.

2e Régiment de cuirassiers.

1er ESCADRON. **D.**

SITUATION de literie au 1er juillet 1860.

DATES.	DÉTAIL des recettes.	Fournitures complètes.	Fournitures d'infirmerie.	Couchettes.	Châlits.			Observations.	DATES.	DÉTAIL des pertes.	Fournitures complètes.	Fournitures d'infirmerie.	Couchettes.	Châlits.			Observations.
1er avril...	Il restait en service....	60	»	15	45	»	»		7 mai.....	Passé au 6e escadron..	5	»	3	2	»	»	
5 mai.. ...	Reçu du 4e escadron...	2	»	2	»	»	»		7 juin.....	Versé en magasin......	2	»	»	2	»	»	
6 juin.....	Reçu du magasin......	15	»	3	12	»	»										
	TOTAUX..........	77	»	20	57	»	»										
	Report des pertes...........	7	»	3	4	»	»										
1er juillet, il reste en service. ...		70	»	17	53	»	»			TOTAUX.....	7	»	3	4	»	»	

Certifié la présente situation, de laquelle il résulte qu'il reste en service à l'escadron lés quantités de soixante-dix fournitures complètes, dix-sept couchettes et cinquante-trois châlits.

Nancy, le 1er juillet 1860.

Le Capitaine,

Nota. Se conformer, pour l'établissement de cette Situation, au format et aux instructions prescrits pour la Situation des munitions. L'on ouvrira le nombre de colonnes nécessaires, de manière à pouvoir ajouter le campement après la literie; dans ce cas, l'on ajoutera pour les corps qui en sont pourvus : *Situation de literie et de campement au*

Modèle n° 35.

4ᵉ Régiment de hussards.

ÉTAT sommaire du logement occupé par le régiment (ou l'escadron, etc., selon le cas), à son passage à Bordeaux..

NUMÉROS des escadrons.	QUARTIERS ET RUES occupés par les hommes.	ÉCURIES occupées par les chevaux.	Observations.
1ᵉʳ	En entier, quartier des Chartrons.	Hôtel Marin, rue Esprit-des-Lois, 20.	
2ᵉ	Rue Ste-Catherine et autres y aboutissant.	Hôtel de la Paix, r. du Ch.-Rouge, 26.	
3ᵉ	Id.	H. des 3 Frères, r. Porte-Dijeaux, 58.	
etc.			

Bordeaux, le 14 mai 1860.

L'Adjudant de semaine,

Nota. L'état à établir par les fourriers de chaque escadron l'est d'après ce modèle.

Format : N° 3, ou moitié de la feuille, selon le cas.

Modèle n° 36.

4ᵉ Régiment de hussards.

2ᵉ ESCADRON. **C.**

ÉTAT de logement de MM. les officiers et des sous-officiers comptables de l'escadron.

MM. Roland, capitaine commandant, loge rue Sainte-Catherine, n° 126.
(Continuer la série des officiers).

Martin, maréchal des logis chef, loge rue des Ayres , n° 29.
(Continuer pour les fourriers).

Bordeaux, le 10 mai 1860.

Le Fourrier,

Nota. L'état de logement des officiers de l'état-major est établi d'après le même modèle par l'adjudant, qui le signe.

Format : N° 3, ou moitié de la feuille, selon le cas.

Modèle n° 37.

8e Régiment de hussards.

6e ESCADRON. **G**.

CONTROLE des hommes composant l'effectif de l'escadron, par camarades de lit, avec indication des logements occupés dans chaque gîte d'étape.

NOMS DES HOMMES par camarades de lit.	MONTGUYON 10 mai.	BARBEZIEUX 11 mai.	ANGOULÊME 12 mai.	MANSLE 13 et 14 mai.	RUFEC 15 mai.	ETC., ETC.
Lapierre .... Paul	Rue Neuve, 4.	Rue du Couëdic, 8.	Etc.			
Crieu .... David	Rue Saint-Paul, 2.	Imp. St.-Pierre, 4.	Etc.			

Nota. Il est nécessaire, en route, d'avoir ce contrôle établi en double expédition : de cette manière, le maréchal des logis chef et le fourrier en auront toujours un entre les mains. Le fourrier, à l'avant-garde, pour y inscrire les logements, et le maréchal des logis chef, avec l'escadron, afin de pouvoir envoyer chercher à leur logement les hommes qui manqueraient au départ ou aux différents appels ; et pour ne pas être obligé de répéter les mêmes logements sur les deux expéditions, le fourrier remettra au maréchal des logis chef, aussitôt l'arrivée au gîte d'étape, celui qu'il avait le matin en y arrivant, et prendra l'autre pour y inscrire les logements du lendemain.

Format : Subordonné au nombre de colonnes à ouvrir pour les gîtes d'étapes, et autant que possible sur format N° 3 plié ou coupé en deux

<table>
<tr><td>

DÉPARTEMENT

de la Dordogne.

———

Ville de Thiviers.

———

2e TRIMESTRE 1860.

</td><td>

Modèle n° 38.

═══

5e Régiment de dragons.

———

1er ESCADRON. **L.**

Détaché à Thiviers.

———

</td></tr>
</table>

ÉTAT nominatif des sous-officiers et soldats qui ont été logés chez les habitants de Thiviers, ou couchés dans les casernes sur des lits fournis par la ville (ou commune) pendant le 2e trimestre 1860.

NOMS.	GRADES.	TEMPS pendant lequel ils ont été logés.	NOMBRE de journées des sous-officiers couchant seuls.	NOMBRE de journées des sous-officiers et soldats couchant deux.	Observations.
Logement chez l'habitant.					
Louis......	Adjud.-sous-offic..	Du 18 avril au 20 mai incl..	33	»	
Arbola.....	Maréchal des logis	Idem.............	»	33	
Laflit......	Brigadier	Du 18 avril au 20 mai incl.; entré à l'hôpital le 2 mai, sorti le 17 dudit	»	18	
Pierron....	Dragon	Du 18 avril au 20 mai incl.	»	33	
Lamain	Id.............	Idem	»	33	
Fournitures de lits dans les casernes.					
Lacoustec..	Mar. des logis chef	Du 18 avril au 20 mai incl.	33	»	
Graner....	Brigadier	Idem.............	»	33	
Boyer	Dragon	Idem.............	»	33	
Marfreau ..	Id.............	Idem.............	»	33	
		TOTAUX.................	66	216	

Logement des chevaux dans les écuries particulières.

100 chevaux, du 18 avril au 20 mai inclusivement.............	3300
5 chevaux, du 2 au 20 mai inclusivement..................	95
2 id. du 6 au 20 mai inclusivement..................	30
TOTAL des journées de logement de chevaux................	3425

Le présent état montant aux quantités de soixante-six journées de sous-officiers couchant seuls, deux cent seize journées de sous-officiers et soldats couchant deux, et de trois mille quatre cent vingt-cinq journées de logement de chevaux.

Certifié véritable par le capitaine commandant l'escadron ci-dessus désigné.

Thiviers, le 21 mai 1860.

Vu par le sous-intendant militaire   (Signature.)
(ou par son suppléant, selon le cas.)

Nota. Les hommes ayant le droit de coucher seuls sont les adjudants, sous-chefs de musique, musiciens de 1re classe, chefs ouvriers et maréchaux des logis chefs.

Format : N° 3.

14ᵉ DIVISION MILITAIRE.

Département de la Gironde.

Place de Bordeaux.

Fournitures de pain.

DISTRIBUTION
du 1ᵉʳ au 4 juin 1860.

Modèle n° 39.

8ᵉ Régiment de hussards.

5ᵉ ESCADRON
Détaché à Bordeaux.

BON DE PAIN.

ÉTAT de l'effectif des hommes présents au 1ᵉʳ juin 1860, pour servir à la distribution des rations de pain qui doivent être réunies pour leur subsistance, du 1ᵉʳ au 4 du même mois, savoir :

	Nombre d'hommes	Nombre de rations pour quatre jours.
État-major................................	»	»
Petit état-major...........................	»	»
Officiers des escadrons....................	»	»
Sous-officiers et soldats..................	60	240
TOTAL.................		240
A ajouter par suite des mutations survenues depuis le dernier bon.....		5
TOTAL.................		245
A déduire pour les mêmes motifs..........................		4
Reste à percevoir...........		241

Bon pour la quantité de deux cent quarante-une rations de pain, pour la subsistance dudit escadron du 1ᵉʳ au 4 juin.

A Bordeaux, le 31 mai 1860.
Le Capitaine,

Vu par nous sous-intendant militaire.

Enregistré sous le n°

Verso du Modèle 39.

MUTATIONS.

	à augmenter	à diminuer.
Vagnier, entré à l'hôpital le 30 mai.	»	2
3 jeunes soldats arr. au corps le 30.	3	»
Magne, sorti de l'hôpital le 31 mai.	1	»
Aubry, rentré de congé le 30 mai..	1	»
2 hom. passés au 4ᵉ escad. le 31 mai.	»	2
TOTAUX......	5	4

Nota. Si le bon est établi pour plusieurs fractions d'escadron du même corps ou pour plusieurs escadrons, on fera connaître le détail au *verso*, où l'on ouvrira des colonnes pour subdiviser la distribution par prises.

Quand le bon est établi pour un corps ou plusieurs escadrons détachés, on ne détaille pas les mutations, et le bon est signé par le trésorier ou par l'officier de détail, selon le cas, et visé par le major.

Format : A défaut d'imprimés, moitié du n° 3.

Modèle n° 40.

8e Régiment de hussards

1er ESCADRON. **B.**

BON DE PAIN.

DISTRIBUTION du 15 au 16 juin 1860.

		RATIONS.
5	Sous-officiers présents......................	20
55	Brigadiers et soldats présents...............	220
	A ajouter d'après les mutations.............	5
	Il revient.................	245
	A déduire................	4
	Reste à percevoir........	241

Bon pour la quantité de deux cent quarante-une rations de pain.

A Libourne, le 12 juin 1860.

Le Capitaine,

1re prise........ 121.
2e prise........ 120.

TOTAL..... 241.

Nota. Lorsque l'escadron recevra les vivres de campagne, on ouvrira le nombre de colonnes nécessaires, et l'on indiquera en tête de chacune d'elles l'espèce de denrée à recevoir. Ce bon servira au trésorier pour l'établissement de ceux qu'il est obligé d'établir pour chaque espèce de denrées.

Format: A défaut d'imprimés, en campagne, moitié du N° 3, et en France, le quart.

Verso du Modèle n° 40.

Détailler les mutations comme sur le bon n° 39.

En campagne, détailler les prises au *verso*, et désigner les parties prenantes.

Modèle n° 44.

N° 281 *(bis)* de la nomenclature.

FOURNITURES REMBOURSABLES.

5e DIVISION MILITAIRE.

Place de Nancy.

ARMÉE D

e Corps.

DISTRIBUTION

du   au   18 .

Service de

Dates de } la décision ministérielle :
l'autorisation du commandement :

Arme. } CAVALERIE.

Régiment,
escadron, batterie. } 2e RÉGIMENT DE CUIRASSIERS.

Espèce
de fourniture. } *BON de* (¹)

Bon pour la quantité de (¹)

A Nancy, le   186 .

Vu :
Le Major,   *Le Trésorier,*

Vu par nous Sous-Intendant militaire,

Enregistré sous le n°

(¹) Ne porter sur chaque bon que des denrées d'un même service, et seulement celles qui sont distribuées par le comptable ou l'entrepreneur.

Nota. Les bons établis sur papier vert clair doivent être signés par le trésorier et visés par le major ou par les officiers chargés de les suppléer ; les bons des détachements par le commandant de ces détachements.

On doit écrire en toutes lettres le total général des rations, ainsi que les totaux particuliers des rations de chaque composition différente.

Seront rejetés les bons : 1° qui cumuleraient des jours appartenant à plusieurs mois ; 2° qui auraient dans les quantités en toutes lettres des ratures ou surcharges non approuvées ; 3° qui ne seraient pas établis sur les formules adoptées.

Format : 0,13⸱5mm sur 24 cent.

2ᵉ TRIMESTRE 1860.

1ʳᵉ quinzaine du mois de mai.

Vivres remboursables.

Modèle nº 42.

8ᵉ Régiment de hussards.

1ᵉʳ ESCADRON. **B.**

RELEVÉ des rations de pain, de soupe, perçues pour l'ordinaire de l'escadron pendant la 1ʳᵉ quinzaine du mois de mai 1860, portant décompte de la somme versée entre les mains du trésorier.

DATES DES DISTRIBUTIONS.	NOMBRE de rations de 750 gram.	PRIX de la ration.	MONTANT en argent.	OBSERVATIONS.
Du 1ᵉʳ au 4..........................				
Du 5 au 8............................				
Du 9 au 12...........................				
Du 13 au 16..........................				
Totaux..............				

Certifié par le capitaine commandant l'escadron, le présent relevé montant à la somme de..... (¹).

A Libourne, le 17 mai 1860.

(¹) L'arrêté, en toutes lettres, sera fait par le capitaine.

Nota. Le même Modèle servira pour toutes sortes de vivres remboursables, en substituant à l'indication : *pain de soupe,* l'espèce de denrée à rembourser.

Format : Nº 3

14e DIVISION MILITAIRE.

Département de la Gironde.

Place de Bordeaux.

Fourrages.

DISTRIBUTION
du 1er au 4 juin 1860.

Modèle n° 43.

8e Régiment de hussards.

5e ESCADRON. **D.**
Détaché à Bordeaux.

Bon de fourrages sur le pied de paix.

ÉTAT de l'effectif des chevaux présents au 1er juin 1860, pour servir à la distribution des rations de fourrages pour leur nourriture du 1er au 4 du même mois.

	NOMBRE DE CHEVAUX ET MULETS PRÉSENTS.				NOMBRE DE RATIONS POUR 4 JOURS.			
	Chevaux				Chevaux			
	d'officiers.	de troupe.	Mulets.	TOTAL.	de selle.	de trait.	Mulets.	TOTAL.
État-major et escadron............	8	131	»	139	556	»	»	556
A ajouter d'après les mutations survenues depuis le dernier bon.................					10	»	»	10
TOTAL..........					566	»	»	566
A déduire pour les mêmes motifs..................					7	»	»	7
RESTE A PERCEVOIR..............					559	»	»	559

Bon pour la quantité de cinq cent cinquante-neuf rations de fourrages, pour la nourriture des chevaux dudit corps, du 1er au 4 de ce mois, lesquelles rations sont composées comme il suit :

1° 559 rations { à 4 kil. de foin. / à 5 kil. de paille. / à 3 kil. d'avoine.

2° { à / à / à

Vu :   A Bordeaux, le 31 mai 1860.

Le Sous-Intendant militaire,   *Le Capitaine commandant,*

Enregistré sous le n°

Verso du Modèle n° 43.

MUTATIONS.

(Les détailler comme sur le bon n° 39.)

Nota. Si le bon est établi pour plusieurs fractions d'escadrons du même corps ou pour plusieurs escadrons, on en fera connaître le détail au verso.

Quand le bon est établi pour un corps ou plusieurs escadrons détachés, on ne détaille pas les mutations, et il est signé par le trésorier ou l'officier de détail, selon le cas, et visé par le major.

Format · n° 3, à défaut d'imprimés.

2ᵉ TRIMESTRE
1860.

Modèle nᵒ 44.

8ᵉ Régiment de hussards.

1ᵉʳ ESCADRON. **B.**

Bon de fourrages sur le pied de paix.

Distribution du 1ᵉʳ au 4 juin 1860.

	NOMBRE DE CHEVAUX ET MULETS PRÉSENTS.				NOMBRE DE RATIONS POUR 4 JOURS.			
	Chevaux		Mulets	Total.	Chevaux		Mulets.	Total.
	d'officiers.	de troupe.			de selle.	de trait.		
Présents à l'escadron.............	6	80	»	86	344	»	»	344
A augmenter d'après les mutations....................					10	»	»	10
Total..........					354	»	»	354
A déduire pour les mêmes motifs...................					4	»	»	4
Reste a percevoir........					350	»	»	350

Bon pour la quantité de trois cent cinquante rations de fourrages pour la nourriture des chevaux dudit escadron, du 1ᵉʳ au 4 de ce mois; lesquelles rations sont composées comme il suit :

1ᵒ 350 rations { à 4 kil. de foin.
{ à 5 kil. de paille.
{ à 3 kil. d'avoine.

2ᵒ { à
{ à
{ à

A Libourne, le 31 mai 1860.

Le Capitaine,

Verso du Modèle nᵒ 45.

MUTATIONS.

(Les détailler comme sur le bon nᵒ 39).

Format : Moitié du Nᵒ 3, à défaut d'imprimés.

Cav.

14ᵉ DIVISION MILITAIRE.

Département de la Gironde.

Fourrages au vert
à l'écurie.

DISTRIBUTION

du   au   18

Indiquer le corps.

Indiquer la portion du corps
qui doit recevoir.

S'il s'agit d'un détachement
indiquer le nom du com-
mandant.

Modèle nº 45.

M.   , commandant.

BON DE FOURRAGES AU VERT.

ÉTAT de l'effectif des chevaux à l'époque du   18 , pour servir à la fixation du nombre des rations de fourrage vert pour leur subsistance du   au   du même mois.

	NOMBRE DE CHEVAUX prenant le vert			Observations.
	à l'écurie	à la saulée dans la prairie	TOTAL.	
Ce qui donne en rations pour jours...				
Mouvements depuis la dernière distribution.				
A ajouter :				
Pour { chevaux..............				
idem				
idem				
TOTAL........				
A déduire :				
Pour { chevaux..............				
idem				
idem				
RESTE........				
A déduire en outre le bon supplémentaire.				
RESTE A FOURNIR...				

Bon pour la quantité de   rations de fourrage au vert.

A   le   18 .

Vu et vérifié par le major.

Le Trésorier,

Vu :

Le Sous-Intendant militaire,

Nota. Ces bons sont établis et signés de la même manière que les autres bons de fourrages.

Format : A défaut d'imprimés, 0ᵐ 25ᶜ; au besoin, format nº 3, ou moitié.

14e DIVISION MILITAIRE.

Département de la Charente-Inférieure.

PLACE DE LA ROCHELLE.

2e trimestre 1860.

Chauffage.

RÉGION FROIDE (1).

DISTRIBUTION

du 1er au 4 mai 1860.

Modèle n° 46.

8e Régiment de hussards,

(Corps entier, ou indiquer la fraction du corps.)

BON DE CHAUFFAGE.

ÉTAT pour servir à la distribution, du 1er au 4 mai 1860, du combustible pour chauffage.

En rations de l'ordinaire pour cuisson des aliments, soit collectives, soit individuelles;

En rations pour le chauffage des chambres, soit collectives, soit individuelles;

Et en rations individuelles pour le chauffage d'hiver des troupes campées ou baraquées, savoir :

RATIONS D'ORDINAIRE.												
COLLECTIVES.						INDIVIDUELLES.						
NOMBRE d'escadrons. faisant usage de fourneaux économiques.	EFFECTIF en hommes présents et aux hôpitaux (sous-officiers non compris).	NOMBRE DE FOURNEAUX EN SERVICE.				SOUS-OFFICIERS et parties prenantes considérées comme sous-officiers appartenant aux portions du corps faisant usage de fourneaux économiques. Complet d'organisation(2)	EFFECTIF DES SOUS-OFFICIERS et parties prenantes considérées comme sous-officiers appartenant aux portions du corps ne faisant pas usage de fourneaux économiques.			EFFECTIF DES BRIGADIERS, soldats et enfants de troupe ne faisant pas usage de fourneaux économiques.		
		Ancien modèle		Système Choumara à 2 marmites de la contenance			Casernés.	En station logés chez l'habitant.	Campés ou baraqués.	Casernés.	En station logés chez l'habitant.	Campés ou baraqués.
		à une marmite.	à deux marmites.	de 75 litres et au-dessous chacune.	de 76 litres et au-dessus chacune.							
Nombre de rations pour jours... Augmentation résultant des mutations et mouvements survenus depuis la dernière distribution, savoir.......												
TOTAUX.........												
Diminutions résultant de mutations et mouvements survenus depuis la dernière distribution, savoir........												
Reste à percevoir.......												

Suite du Modèle n° 46.

		RATIONS POUR LE CHAUFFAGE DES CHAMBRES et pour le chauffage d'hiver.			
COLLECTIVES.		INDIVIDUELLES.			
NOMBRE d'escadrons.	NOMBRE de rations par jour.	EFFECTIF DES SOUS-OFFICIERS et parties prenantes considérées comme sous-officiers.		EFFECTIF DES BRIGADIERS, soldats et enfants de troupe.	
		Casernés.	Campés ou baraqués.	Casernés.	Campés ou baraqués.
Nombre de rations pour jours					
A ajouter : 1° Pour le petit état-major, l'infirmerie régimentaire et les ateliers					
— 2° Pour les salles de l'école régimentaire					
— 3° Pour la chambre des enfants de troupe					
TOTAL					
Augmentations résultant des mutations et mouvements survenus depuis la dernière distribution, savoir					
TOTAUX					
Diminution résultant des mutations et mouvements survenus depuis la dernière distribution, savoir					
Reste à percevoir					

(¹) Ou chaude ou tempérée, selon le cas.
(²) Déduire les sous-officiers détachés, etc., qui reçoivent la ration individuelle.
Format : N° 3, à défaut d'imprimés.

Conversion en combustible des rations d'autre part.

	NOMBRE de rations.	QUOTITÉ de la ration.	RÉSULTAT de la conversion.		
			Bois.	Charbon de terre.	Petits fagots.

Rations pour l'ordinaire.

Collectives pour fourneaux.

Ancien modèle.......... { Une marmite.............
{ Deux marmites.............

Système Choumara, à deux marmites de la contenance de.......... { 75 litres et au-dessous chacune.
{ 76 litres et au-dessus chacune.

Individuelles pour

Sous-officiers (portions du corps ne faisant pas usage de fourneaux économiques)....................

Sous-officiers, etc. (portions de corps ne faisant pas usage de fourneaux économiques)............ { Casernés..............
{ En station, log. chez l'habitant.
{ Campés ou baraqués........

Brigadiers, soldats et enfants de troupe ne faisant pas usage de fourneaux économiques........... { Casernés..............
{ En station, log. chez l'habitant.
{ Campés ou baraqués........

Rations pour chauffage des chambres et pour chauffage d'hiver.

Collectives, dites de chambre.....................

Individuelles pour

Sous-officiers et parties prenantes considérées comme sous-officiers........ { Casernés..............
{ Campés ou baraqués........

Brigadiers, soldats et enfants de troupe........ { Casernés..............
{ Campés ou baraqués........

TOTAUX......................

BON pour la quantité de   quintaux métriques et   kilogrammes de bois de chauffage,   quintaux métriques et   kilogrammes de charbon de terre, et   petits fagots à percevoir pour les causes ci-dessus énoncées.

A La Rochelle, le 1ᵉʳ mai 1860.

Vérifié par le Major :   *Le Trésorier,*

Nᵒ   *du registre*   Vu par nous (sous-intendant ou adjoint à l'intendance),
du sous-intendant.   chargé de la surveillance administrative :

(Signature.)

Nota. Ce bon est établi dans les détachements, par le commandant du détachement ou l'officier de détail, selon le cas.

DÉPENSE imputable à la Caisse de la dotation de l'armée.

HAUTE PAIE de rengagement.

Mois de mars 1860.

Modèle nᵒ 47.

2ᵉ Régiment de cuirassiers.

4ᵉ ESCADRON. **G.**

FEUILLE de dépense du 11 au 15 mars 1860.

NOMBRE				MONTANT de la dépense.	Observations.
d'hommes jouissant de la haute paie		de journées			
à 10 centimes.	à 20 centimes.	à 10 centimes.	à 20 centimes.		
3	2	15	10	3ᶠ 50ᶜ	

Certifié par nous, capitaine commandant l'escadron, la présente feuille de dépense, montant à la somme de trois francs cinquante centimes, dont quittance.

A Versailles, le 16 mars 1860.

Format : 24ᶜ5 sur 19ᶜ.

EXERCICE 1860.

1er trimestre.

DOTATION DE L'ARMÉE.

Haute paie de rengagement.

Modèle n° 48.

2e Régiment de carabiniers.

4e ESCADRON. G.

FEUILLE des journées des sous-officiers, brigadiers et soldats dudit escadron, jouissant de la haute paie de rengagement, présentant les mutations survenues pendant les mois de janvier, février et mars 1860, et le décompte des sommes auxquelles ils ont eu droit pendant le même temps pour paiement de cette haute paie, imputable à la Caisse de la dotation de l'armée.

NUMÉROS		NOMS PRÉNOMS et surnoms.	GRADES.	INDICATION par le chiffre 1 des hommes ayant droit à la haute paie de rengagement au 1er jour du trimestre				MUTATIONS.	INDICATION par le chiffre 1 des gains et des pertes survenus pendant le trimestre.				RESTANT à l'effectif au dernier jour du trimestre.				Nombre de journées donnant droit à la haute paie de rengagement.		Décompte en deniers.
au contrôle annuel.	au registre matricule.			Présents.		Absents.			Gains.		Pertes.		Présents.		Absents.				
				à 10c	à 20c	à 10c	à 20c		à 10c	à 20c	à 10c	à 20c	à 10c	à 20c	à 10c	à 20c	à 10c	à 20c	
1	2	3	4	5	6	7	8	9	10	11	12	13	14	15	16	17	18	19	20
1	2050	Bartet (Victor).	Mar. des logis chef.	1	»	»	»	S. M.	»	»	»	»	1	»	»	»	90	»	9f 00
4	26	Ringa (Pierre).	Mar. des logis.	»	1	»	»	Passé au 1er escadron le 1er février, n° 10	»	»	1	»	»	»	»	»	31	»	3 10
5	1510	Oertel (Jacques)	Id	»	»	1	»	Etait à l'hôpital du 1er déc. 1859; sorti le 2 janv	»	»	»	»	1	»	»	»	121	»	12 10
29	1270	Soula (Etienne).	Brigadier	1	»	»	»	Passé au 3e escadron le 2 février, n° 34	»	»	1	»	»	»	»	»	32	»	3 20
30	5050	Aggosta (Jules).	Id	»	»	»	»	Venu du 3e escadron le 2 février, n° 80	1	»	»	»	1	»	»	»	58	»	5 80
96	1910	Momier (Jean)..	Carabinier	»	1	»	»	Entré à l'hôpital de Versailles le 2 mars	»	»	»	»	»	»	»	1	»	60	12 00
97	3140	Mütz (François)	Id	1	»	»	»	Admis à la haute paie de rengagement de 20 c. le 1er mars.	»	1	1	»	»	1	»	»	59	31	12 10
TOTAUX				3	2	1	»	TOTAUX	1	1	3	»	3	1	»	1	391	91	57 30

RÉCAPITULATION DES JOURNÉES ET DÉCOMPTE EN DENIERS.

391 Journées, à.......................... 0f 10c 39f 10c

91 Journées, à.......................... 0 20 .... 18 20

TOTAL ÉGAL au décompte de la colonne 20.. .... 57f 30c

Certifié la présente feuille de journées, dont le décompte s'élève à la somme de cinquante-sept francs trente centimes.

Versailles, le 1er avril 1860.

Le Capitaine,

Nota. Cette feuille de journées, sans être réglementaire, est pourtant indispensable pour justifier les perceptions des escadrons; elle sera établie sur format n° 2, feuille entière; sur la 1re page, on mettra l'entête; sur les 2e et 3e pages, le corps de la feuille de journées, et sur la 4e page, la récapitulation et le certifié du capitaine. En cas d'insuffisance, on ajoutera le nombre d'intercalaires nécessaires.

1er TRIMESTRE 1860.

DOTATION DE L'ARMÉE.

Haute paie de rengagement.

Modèle n° 49.

2e Régiment de carabiniers.

4e ESCADRON. **G.**

ÉTAT COMPARATIF des sommes perçues par ledit escadron, pour haute paie de rengagement, avec celles allouées pour le même objet pendant le 1er trimestre 1860.

	SOMMES reçues.
L'ESCADRON A REÇU :	
Mois de janvier.......... { Du 1er au 5...	
Du 6 au 10...	
Du 11 au 15...	
Du 16 au 20...	
Du 21 au 25...	
Du 26 au 31...	
Mois de février.......... { (Même détail que pour janvier).	
Mois de mars.......... { Idem.	
TOTAL des sommes perçues.........	
La feuille de journée alloue..............	
Différence (1) payée au capitaine........................	

Certifié le présent état comparatif, duquel il résulte que le capitaine a reçu en (1)   une somme de

À Versailles, le 1er avril 1860.

Le Trésorier,   *Le Capitaine,*

(1) Plus ou moins.

Format : 25 cent. sur 19 cent., à défaut d'imprimés.

Modèle n° 50.

2ᵉ Régiment de carabiniers.

4ᵉ ESCADRON. **G.**

ÉTAT des sommes à payer à leur libération du service à des militaires rengagés ou engagés dans les conditions de la loi du 26 avri 1855, et dont le temps du service expire du 1ᵉʳ avril au 50 juin 1860.

Numéros matricules.	NOMS PRÉNOMS et surnoms.	GRADES.	DATE du rengagement ou de l'engagement	DURÉE du rengagement ou de l'engagement	ÉPOQUE à laquelle le rengagement ou l'engagement a commencé à courir.	DATE de la libération.	DURÉE du service accompli à l'époque à laquelle le rengagement ou l'engagement a continué à courir.	MONTANT des allocations auxquelles donne droit le rengagement ou l'engagement	SOMMES payées pendant le cours du service.	SOMMES restant à payer à la libération.	Observations.
4016	Daniel (Félix)...	carabinier	5 janv. 1857.	3 ans.	20 avril 1857	20 avril 1860	13 ans 8 jours	230f 00c	130f 00c	100f 00c	

A Versailles, le 25 décembre 1859.

Le Capitaine,

Nota. Le présent état sera établi par les capitaines, et remis au Trésorier aux époques et de la manière suivante :

  Le 25 septembre 1859, pour le 1ᵉʳ trimestre 1860.
  Le 25 décembre 1859, pour le 2ᵉ   id.
  Le 25 mars   1860, pour le 3ᵉ   id.
  Le 25 juin   1860, pour le 4ᵉ   id.
  et ainsi de suite.

Format : N° 3, feuille entière; sur la 1ʳᵉ page, on mettra l'entête ; sur les 2ᵉ et 3ᵉ pages, le corps de l'état, et au bas de la 3ᵉ, la date et la signature du Capitaine; à défaut de place, cette date et la signature seront portées sur la 4ᵉ page. On pourra mettre le nombre d'intercalaires nécessaires.

Modèle nº 51.

5e Régiment de hussards.

2e ESCADRON. **C.** 1er PELOTON.

MÉMOIRE de proposition pour hussards de 1re classe, dressé en exécution de l'article 255 du Règlement du 2 novembre 1855.

NUMÉRO de la matricule.	NOMS et prénoms.	GRADES.	NOTES de l'officier de peloton.	OBSERVATIONS du capitaine.	AVIS du chef d'escadron.	Observations.
				(Signature).	(Signature).	

A Tarascon, le 1er mai 1860.

L'officier de peloton,

Format : Nº 3, feuille entière. Sur la 1re page, on mettra l'entête ; sur les 2e et 3e pages, le corps du mémoire, en réservant au bas assez d'espace pour la date et la signature de l'officier de peloton, qui pourront au besoin être placées sur la 4e page. En cas d'insuffisance, on mettra le nombre d'intercalaires nécessaires.

ORDONNANCE DU 16 MARS 1838.

Modèle n° 52.

5ᵉ Régiment de hussards.

3ᵉ ESCADRON. **D.**

Art. 12.

MÉMOIRE de proposition pour un emploi de (¹)　　　, *vacant à l'escadron, en remplacement du sieur* (²)

NUMÉROS		NOMS prénoms et surnoms.	GRADE.	AGE.	DATE DE		TITRE sous lequel ils sont liés au service.	NOTES du capitaine commandant l'escadron dans lequel se trouvent les candidats.	AVIS du major.	OPINION du lieutenant-colonel.	DÉCISION du colonel.
des escadrons.	matricules.				l'entrée au service.	la promotion au grade actuel.					

A Tarascon, le 15 mai 1860.

Le Capitaine,

(¹) Maréchal des logis chef ou fourrier.
(²) Nom, prénoms et mutation du sous-officier qui a fait la vacance.

Nota. Les capitaines commandant les escadrons dans lesquels se trouvent les candidats signeront au bas de la case où sont inscrites leurs notes. Le major et le lieutenant-colonel ne signeront qu'une fois, au bas de la 3ᵉ case. Le mémoire sera toujours envoyé cacheté à l'officier qui doit y apposer des notes.

Format : Nº 2, feuille entière. Sur la 1ʳᵉ page, on mettra l'entête ; sur les 2ᵉ et 3ᵉ pages, le corps de l'état, en réservant au bas assez d'espace pour la date et la signature du capitaine.

Modèle n° 53.

3ᵉ Régiment de dragons.

1ᵉʳ ESCADRON. **A.**

DEMANDE de suspension (¹) *du nommé* Bartel (Ernest), *brigadier.*

A Monsieur le Chef des 1ᵉʳ et 2ᵉ escadrons.

Mon Commandant,

J'ai l'honneur de vous exposer que le nommé (²) Bartel (Ernest), numéro matricule 2016, brigadier à l'escadron sous mes ordres, s'est mis dans le cas d'être suspendu de son grade (³) pour (⁴)   , et vous prie, en conséquence, d'adresser la présente demande (¹) à Monsieur le Colonel, pour qu'il lui donne telle suite qu'il jugera convenable.

A l'appui de la demande (¹) sont jointes les pièces suivantes :

1° Le relevé des services du nommé Bartel ;

2° Le relevé de ses punitions.

Je suis avec respect,

Mon Commandant,

Votre très-humble et très-obéissant serviteur.

A Avignon, le 16 mai 1860.

Le Capitaine commandant le 1ᵉʳ escadron.

(¹) Pour cassation ou rétrogradation, au lieu de : *Demande*, on mettra : *Plainte en cassation ou rétrogradation, dressée contre le nommé, ou le sieur*, selon le cas ; et pour cassation d'un cavalier de 1ʳᵉ classe, on mettra : *Rapport adressé au commandant des 1ᵉʳ et 2ᵉ escadrons, pour la cassation du nommé...*

(²) Ou le sieur, si c'est un sous-officier.

(³) Ou cassé, ou rétrogradé.

(⁴) Détailler la faute commise.

Format : N° 2, feuille entière.

Verso du Modèle 53.

AVIS du chef d'escadron.	
AVIS du lieutenant-colonel	
AVIS du colonel.	Quand il s'agira de suspension ou de cassation d'un cavalier de 1ʳᵉ classe, au lieu de : *Avis du colonel*, on mettra : *Décision du colonel*, et on supprimera les cases des généraux de brigade et de division.
AVIS du général de brigade	Quand il s'agira de la cassation ou de la rétrogradation d'un brigadier, au lieu de : *Avis du général de brigade*, on mettra : *Décision du général de brigade*, et on supprimera la case du général de division. — S'il s'agit d'un brigadier décoré, soit de la Légion-d'Honneur, soit de la médaille militaire, le Ministre de la guerre prononcera. Il sera ouvert une case à cet effet. — Si le sous-officier ou brigadier est décoré des médailles commémoratives de Sainte-Hélène, de Crimée, de la Baltique ou d'Italie, le général de division prononcera.
DÉCISION du général de division	Cette case n'est nécessaire que lorsqu'il s'agit de la cassation ou rétrogradation d'un sous-officier. — S'il s'agit d'un sous-officier décoré, soit de la Légion-d'honneur, soit de la médaille militaire, le général de division mettra son avis et le transmettra au Ministre de la guerre, qui prononcera. Il sera ouvert une case à cet effet.

16ᵉ DIVISION MILITAIRE.

1ʳᵉ Subdivision.

PLACE DE RENNES.

Modèle n° 54.

4ᵉ Régiment de cuirassiers.

BILLET D'ÉCROU.

Le concierge de la prison (1) de Rennes recevra et écrouera le nommé BAUBAT (François), numéro matricule 8140, cuirassier de 2ᵉ classe au 1ᵉʳ escadron du 4ᵉ régiment de cuirassiers, passible d'un conseil de guerre (2), comme prévenu de (3).

A Rennes, le 16 mars 1859.

Le Colonel du 4ᵉ de cuirassiers,

Vu :

Le Commandant de la place,

(1) Civile ou militaire.
(2) S'il s'agit d'une punition disciplinaire, en préciser la durée et les motifs.
(3) Détailler les motifs de la prévention.

Format : N° 3, feuille simple.

5ᵉ DIVISION MILITAIRE.

PLACE DE METZ.

Modèle n° 55.

8ᵉ Régiment de cuirassiers.

SIGNALEMENT d'un militaire absent illégalement et qui doit être ramené au corps.

NOM et PRÉNOMS.	SIGNALEMENT.	ÉTAT des services de l'homme absent illégalement.	JOUR où il a manqué à l'appel.	CIRCONSTANCES de l'absence illégale et désignation des effets qu'il a emportés.	INDICATION des autorités qui ont reçu le signalement. — Observations
N° matricule. — (1).	Fils de et de domiciliés à , arrondissement de , département de né le à , arrondissem. de , département de domicilié avant son entrée au service à arrondissement de , département de taille d'un mètre millim., cheveux sourcils yeux front nez bouche menton visage teint marqué	Entré au service.			Libérable le

Certifié véritable par moi colonel commandant le régiment.

Metz, le 16 mai 1860.

(Signature.)

(1) Le nom sera écrit en bâtarde; il aura 5ᵐᵐ de hauteur.

Format : N° 2, en travers, feuille simple.

Modèle n° 56.

Modèle n° 1.

5ᵉ DIVISION MILITAIRE.

PLACE DE METZ.

Signalement enregistré sous le n° (1) sur le contrôle des déserteurs du corps tenu au ministère de la guerre.

Signalement de déserteur.

8ᵉ Régiment de cuirassiers.

DÉSERTEUR qui doit être arrêté et ramené au corps.

NOM et PRÉNOMS.	SIGNALEMENT.	ÉTAT des services du déserteur.	JOUR où il a manqué à l'appel pour déserter à		CIRCONSTANCES de la désertion et désignation des effets qu'il a emportés.	INDICATION des autorités qui ont reçu le signalement. OBSERVATIONS.
			l'intérieur.	l'étranger.		
1	2	3	4	5	6	7
N° matricule — (²)	fils de et de domiciliés à , arrondissement de , départemen de , né le à , arrondissement de , département de , domicilié avant son entrée au service à arrondissement de département de , taille d'un mètre millimètres, cheveux sourcils , yeux , front , nez bouche , menton visage teint , marqué	Entré au service				Libérable le

Certifié véritable par moi colonel commandant le 8ᵉ de cuirassiers.

A Metz, le 16 mai 1860 (³).

(Signature.)

(1) Laisser en blanc l'indication du numéro.
(2) Le nom sera écrit en bâtarde ; il aura 5ᵐᵐ de hauteur.
(3) Cette date est celle de la déclaration de désertion.

A Monsieur (Indication de l'autorité à laquelle est adressé le signalement.— Ceux transmis au Ministre porteront : *A Monsieur le Ministre de la guerre (direction du personnel et des opérations militaires, bureau de la justice militaire.*

Format : 24 centimètres sur 35 centimètres ; et à défaut d'imprimés, n° 2, en travers.

Modèle nᵒ 57.

8ᵉ Régiment de cuirassiers.

DÉSERTEUR rentré au corps et à l'égard duquel les recherches doivent cesser.

NOM et PRÉNOMS.	SIGNALEMENT.	ÉTAT des services du déserteur.	DATE du jour où il a manqué à l'appel pour déserter.	DATE de la déclaration de désertion.	DATE de la présentation volontaire ou de l'arrestation et du retour au corps et indication des agents qui l'ont ramené.	DÉCISION prise sur le déserteur rentré.	INDICATION des autorités qui ont reçu le signalement. — DÉSIGNATION des effets rapportés et Observations.
1	2	3	4	5	6	7	8
Nᵒ matricule. — (²)	fils de et de domiciliés à , arrondissement de département de , né le , à arrond. de , département de domicilié avant son entrée au service à arrond de , département de taille d'un mètre millimètres, cheveux , sourcils , yeux front , nez bouche , menton , visage , teint , marqué	Entré au service			On mettra ici : Présenté volontairement le ou : Arrêté le par et ramené au corps le par		Était, au moment de la désertion, libérable le

Certifié véritable par moi colonel commandant le régiment.

A Metz, le

18

(Signature.)

Modèle n° 58.

Place de Metz.

8e Régiment de cuirassiers.

1er ESCADRON. **B.**

RAPPORT du capitaine commandant le 1er escadron, contre le nommé (nom, prénoms et grade).

A MONSIEUR LE COLONEL COMMANDANT LE 8e RÉGIMENT DE CUIRASSIERS.

Mon Colonel,

J'ai l'honneur de vous exposer que le nommé *(nom, prénoms, numéro matricule, grade)*, à l'escadron sous mes ordres, s'est rendu coupable, le *(indiquer la date)*, de *(faire connaître le crime, la faute ou le délit)*.

Je vous prie en conséquence, mon Colonel, de demander à Monsieur le Général commandant la division, que le nommé *(nom et prénoms)* soit traduit par-devant un conseil de guerre, pour y être jugé conformément aux dispositions du Code de justice militaire.

Les témoins d *(crime, faute ou délit)* imputé au nommé *(nom)*, sont :

1º *Si les témoins sont militaires, indiquer leurs noms, prénoms, numéros matricules, grades, escadrons et corps;*

2º *S'ils sont civils, indiquer leurs noms, prénoms, professions et demeures, etc.*

A l'appui de ma demande sont jointes les pièces suivantes, savoir :

1º Le relevé des services du prévenu;

2º Le relevé de ses punitions;

3º L'extrait du livre de détail présentant la situation de sa masse individuelle ([1]).

Je suis avec un profond respect,

Mon Colonel,

Votre très-humble et très-obéissant serviteur.

A Metz, le......... 186 .

Le Capitaine commandant le 1er escadron,

([1]) S'il y a d'autres pièces à mettre à l'appui, les détailler en les numérotant.

Format : Nº 2, feuille entière.

Verso du Modèle 58.

Vu et transmis :

Le Chef d'escadron,

Vu et transmis :

Le Lieutenant-Colonel,

Nota. Si le rapport est en entier sur la première page, le *Vu et transmis* du chef d'escadron et du lieutenant-colonel pourra être mis en marge.

14ᵉ DIVISION MILITAIRE

Modèle nº 59.

1ʳᵉ **Subdivision.**

8ᵉ Régiment de hussards.

FEUILLE individuelle de renseignements sur le nommé Cuau (Jean-André) *numéro matricule 2015.*

Nom, prénoms, grade............	Cuau (Jean-André), hussard de 2ᵉ cl.
Escadron......................	5ᵉ escadron.
Date de l'entrée au service........	14 avril 1857.
En quelle qualité...............	Appelé.
Nombre de jours de punitions......	Consigne .... 20 Salle de police..... 14 Prison .... 50 — 107 Cachot.......... 8 Prison de la place.. 15
Nature des fautes...............	
Condamnation militaire...........	
Moralité......................	
Exposé des faits qui ont motivé l'arrestation ou la demande de punitions....................	
Opinion et demande du chef de corps.	
Opinion et proposition du Général de brigade......................	
Décision du Général de division.....	

A Bordeaux, le.......... 186 .

Le général de..... (*brigade ou de division,* selon le cas).

Format : Nº 3, feuille simple.

Modèle n° 60.

8ᵉ Régiment de hussards.

6ᵉ ESCADRON. **G.**

RAPPORT du Capitaine commandant le 6ᵉ escadron contre le nommé
(nom, prénoms).

A MONSIEUR LE CHEF DES 5ᵉ ET 6ᵉ ESCADRONS.

Mon Commandant,

J'ai l'honneur de vous exposer que le nommé *(nom, prénoms, numéro matricule, grade),* à l'escadron sous mes ordres, mène depuis longtemps la conduite la plus irrégulière ; c'est vainement que l'on a employé à son égard tous les moyens de douceur et de persuasion pour le ramener au sentiment de ses devoirs ; la rigueur même n'a pu produire aucun changement favorable sur sa conduite.

Cet homme, montrant par son inconduite un caractère de persévérance dangereux, mérite, par le mauvais exemple qu'il ne cesse de donner à ses camarades, d'être l'objet d'une punition sévère.

Je vous prie, en conséquence, mon Commandant, d'adresser le présent rapport au Colonel, pour que le nommé *(nom et prénoms)* soit traduit devant un Conseil de discipline, conformément à l'article 377 de l'Ordonnance du 2 novembre 1833.

A l'appui de ma demande sont jointes, en double expédition, les pièces suivantes :

1° Le relevé des services du nommé *(nom);*

2° Le relevé de ses punitions ;

3° L'extrait du livre de détail, présentant la situation de sa masse individuelle.

Je suis, avec respect,

Mon Commandant,

Votre très-humble et très-obéissant serviteur.

A Libourne, le   186

Le Capitaine commandant le 6ᵉ escadron,

Format : N° 2, feuille entière.

Verso du Modèle 60.

Avis du Chef d'escadron............	
Transmission du Lieutenant-Colonel..	
Décision du Colonel................	

14ᵉ DIVISION MILITAIRE.

Modèle nᵒ **61.**

Place de Libourno.

Nᵒ matricule.

8ᵉ Régiment de hussards.

6ᵉ ESCADRON. **G.**

ÉTAT signalétique et de service de (nom, prénoms et grade).

SIGNALEMENT.	SERVICES SUCCESSIFS; Campagnes et blessures.
Dernier domicile à , canton de , département de , profession de , né le , à , canton de , département de , fils de et de , domiciliés à , département de , taille d'un mètre millimètres, visage , front , yeux , nez , bouche , menton , cheveux , sourcils *Marques particulières :* Marié le 18 , à dᶫᶫᵉ , alors domiciliée à , département de	Entré au service le CAMPAGNES.

A Libourne, le 186

Certifié par le Trésorier.

Vérifié par le Major.

Vu par nous Sous-Intendant militaire.

Vu par le Président du Conseil d'administration.

Format : Nᵒ 3.

14ᵉ DIVISION MILITAIRE.

Modèle nᵒ **62.**

Place de Libourne.

8ᵉ Régiment de hussards.

6ᵉ ESCADRON. **G.**

RELEVÉ des punitions du nommé (nᵒ matricule, nom, prénoms, grade).

DATES des punitions.	GENRE DE PUNITIONS et nombre de jours.				PAR QUI les punitions ont été infligées.	MOTIFS des punitions.
	Consigne.	Salle de police.	Prison.	Cachot		
TOTAUX...						
TOTAL GÉNÉRAL.						

Certifié par le capitaine commandant l'escadron.

Vérifié : A Libourne, le 186 .

Le Chef d'escadron,

Format : Nᵒ 3.

Modèle n° 63.

4ᵉ Régiment de dragons

1er ESCADRON. **D.**

ÉTAT des militaires libérables le................ 186..

Numéros matricules.	NOM et prénoms.	GRADES.	LIEU OU ILS DÉSIRENT SE RETIRER			DATE DE L'ENTRÉE au service.	TITRE sous lequel ils servent.	NOMBRE DE JOURS DE				S'ils méritent ou non un certificat de bonne conduite.		
			Commune.	Canton.	Département.			Consigne.	Salle de police.	Prison.	Cachot.	AVIS DU Capitaine commandant l'escadron.	Chef d'escadron.	DÉCISION du conseil d'administration.

A Belfort, le   186   .

Le Capitaine,

Nota. Cet état devra toujours être remis au major ou au trésorier au moins quinze jours avant la libération d'un ou de plusieurs hommes. — Les feuillets matricules et de punitions y seront joints.

Format : Nᵒ 2, feuille entière ; sur la 1ʳᵉ page, on mettra l'entête ; sur les 2ᵉ et 3ᵉ pages, le corps de l'état, et au bas de la 3ᵉ, la date et la signature du capitaine. A défaut de place, cette date et la signature seront portées sur la 4ᵉ page. — On mettra le nombre d'intercalaires nécessaires, s'il en est besoin.

Modèle n° 64.

2ᵉ Régiment de cuirassiers.

2ᵉ ESCADRON. B.

BLANCHISSAGE hebdomadaire du.............. 186 .

Effets des sous-officiers et soldats.

DÉSIGNATION des FRACTIONS DE CORPS.	EFFECTIF PRÉSENT.		Chemises.	Caleçons.	Mouchoirs.	Pantalons de treillis.	Sacs à avoine. (1)	Musettes de pansage ou de propreté. (2)	Calottes.			EFFETS ADDITIONNELS des sous-officiers			POIDS total.	OBSERVATIONS.
	Sous-officiers et brigadiers-fourriers.	Troupe et enfants de troupe au-dessus de 14 ans.										Chemises. (3)	Chaussettes [paires de] (4)	Mouchoirs.		
2ᵉ escadron..........																

Effets de cuisine, d'infirmerie et d'enfants de troupe.

	Blouses de cuisine et d'infirmerie. (4)	Pantalons de cuisine et d'infirmerie. (4)	Torchons.	LINGE DE PANSEMENT à relaver. (5)			POIDS total.
				Bandes roulées.	Grand linge.	Petit linge.	
Enfants de 8 à 14 ans..							
Ordinaires...........							
Infirmerie...........							
Totaux....							

(1) Les sacs à avoine ne devant être blanchis que tous les deux mois, seront livrés au blanchissage hebdomadaire dans la proportion d'un huitième de l'effectif.

(2) Les musettes seront livrées dans la proportion d'un quart.

(3) Les sous-officiers et brigadiers-fourriers, ne faisant pas usage de pantalons de treillis, du sac à avoine et de la musette, pourront, par compensation, substituer au blanchissage hebdomadaire une chemise, un mouchoir et deux paires de chaussettes : l'inscription sera spéciale.

(4) Les blouses, pantalons et torchons seront livrés au blanchissage hebdomadaire dans la proportion de deux par semaine et par ordinaire, et de six pour l'infirmerie (deux pour l'infirmerie de dépôt).

(5) Le linge à pansement sera attaché par catégories.

Format : N° 3, ou moitié.

A Nancy, le   186 .

Le Capitaine,

9° DIVISION MILITAIRE.

PLACE DE MARSEILLE.

Modèle n° 65.

8° Régiment de hussards.

4° ESCADRON. **A.**

ÉTAT de filiation des militaires qui s'embarquent pour l'Italie.

NUMÉROS		NOMS	GRADES.	OBSERVATIONS.
annuels.	d'ordre.	et prénoms.		

A Marseille, le   186 .

Vérifié : *Le Major,*   *Le Capitaine,*

Vu par le Commandant de la place.   Vu : *Le Sous-Intendant militaire,*

Nota. Cet état est établi en trois expéditions si le nombre d'hommes est de 1 à 5, et s'il est plus élevé, en cinq expéditions. — Avant d'embarquer, les effets et armes doivent être soigneusement étiquetés.

Format : N° 2.

Modèle n° 66.

8° Régiment de hussards.

CERTIFICAT d'origine de blessures.

Nous, soussignés *(au moins trois témoins, noms, prénoms, grades, escadrons et corps),* certifions qu'il est à notre connaissance personnelle que le *(la date en toutes lettres),* dans l'affaire qui a eu lieu à *(l'affaire, la bataille ou le combat, et l'indiquer),* le nommé *(ou le sieur, ou monsieur, selon le cas; nom, prénoms, numéro matricule et grade),* au   escadron, a été atteint d'un coup de *(feu, sabre, yatagan, etc.)* à *(indiquer la partie lésée),* qui a occasionné une blessure *(grave ou légère, selon le cas).*

En foi de quoi nous lui avons délivré le présent certificat.

A   le   186 .

(Signature.)

Nous, soussigné, médecin-major de 1re classe au 8° régiment de hussards, certifions avoir visité le nommé *(nom, prénoms et grade),* et constaté une blessure *(grave ou légère)* à *(indiquer la partie lésée),* qui a été occasionnée par un coup de *(feu, sabre, yatagan, etc.)* reçu dans l'affaire *(la bataille ou le combat)* qui a eu lieu le   à

Vu : *Le Chef d'état-major de la division,*   Vu : *Le Chef d'état-major général de l'armée* (¹)

(¹) Ou le Général commandant la colonne expéditionnaire, selon le cas.

Nota. Ce certificat doit être signé, autant que possible, par des officiers du corps présents à l'affaire, et à défaut par des sous-officiers ou soldats.

Format : N° 3.

Modèle n° 67.

1er Régiment de spahis.

ACTE DE DISPARITION.

Nous, soussignés, membres **du Conseil d'administration du 1er régiment de spahis,** certifions que le nommé *(nom et prénoms)*, fils de *(noms et prénoms des père et mère)*, et   , né le *(date et lieu de naissance)*, à   département de   *(grade)*, inscrit sous le n°   du registre matricule, a disparu le *(date et lieu de la disparition)*, et que depuis cette époque toutes les recherches auxquelles il a été procédé pour découvrir son sort sont demeurées infructueuses.

Circonstances de la disparition.
(Donner tous les détails possibles, mentionner s'il y a présomption de décès, et les témoignages, etc.)

Fait à   le   186

Suivent les signatures.

Vu :
Le Sous-Intendant militaire,
Format : N° 3.

Modèle n° 68.

6e Régiment de hussards.

3e ESCADRON. D.

ÉTAT des militaires tués, blessés ou disparus pendant (le combat ou l'événement) qui a occasionné les pertes

Numéros matricules.	NOMS et prénoms.	GRADES.	NATURE DE L'ÉVÉNEMENT cause de la mort ou de la blessure et indication de la partie lésée, etc., etc.	LIEU de l'événement.	DATES.

Certifié véritable par le Capitaine commandant l'escadron,

A   le   186 .

(Signature.)

Nota. Cet état sera établi et remis au Major ou au trésorier pour tous les militaires tués, blessés ou disparus, soit dans des combats, soit par l'effet d'évènements fortuits, afin de faciliter l'établissement de celui qui doit être adressé au ministre de la guerre.

Format : N° 3.

1re DIVISION MILITAIRE.

Place de Paris.

Modèle n° 69.

2e Régiment de chasseurs.

4e ESCADRON. **E.**

ÉTAT nominatif des militaires de l'escadron qui sont porteurs d'effets dont le remplacement est demandé après durée légale pour les causes ci-dessous énoncées.

Numéros matricules.	NOMS et prénoms.	GRADES.	A REMPLACER APRÈS DURÉE LÉGALE.								MOTIFS DE LA RÉFORME.
			(1)								
			Numéros.	Millésimes.	Numéros.	Millésimes.	Numéros.	Millésimes.	Numéros.	Millésimes.	
	EFFETS { présentés...................... admis par le sous-intendant militaire admis par l'intendant........... admis par l'inspecteur général....										

Certifié par le capitaine commandant l'escadron.

A Paris, le   186

(1) On ouvrira les colonnes nécessaires en observant l'ordre de la série pour les effets à présenter pour la réforme.

Nota. Il sera établi un semblable état pour les effets de harnachement à présenter pour la réforme, en faisant subir à l'entête les modifications nécessaires.

Format : N° 1.

1re DIVISION MILITAIRE.

Place de Paris.

Modèle n° 70.

2e Régiment de chasseurs.

4e ESCADRON. **F.**

ÉTAT NOMINATIF des militaires dudit escadron qui sont porteurs d'effets de la 1re catégorie dont le remplacement est demandé par anticipation pour les causes énoncées ci-dessous.

Numéros matricules.	NOMS et prénoms.	GRADES.	A REMPLACER PAR ANTICIPATION.						MOTIFS DE LA RÉFORME.
			HABITS (¹).						
			de s.-officier.	de soldat.					
	EFFETS { présentés...................... admis par le sous-intendant militaire. admis par l'intendant............. admis par l'inspecteur général.....								

Certifié par le capitaine commandant l'escadron.

A Paris, le   186 .

(¹) Inscrire les effets à proposer pour la réforme, en observant l'ordre de la série, et ouvrir les colonnes nécessaires.

Format : N° 1

1re DIVISION MILITAIRE.

Place de Paris.

Modèle n° 71.

2e Régiment de chasseurs.

4e ESCADRON. **G.**

ÉTAT NOMINATIF des militaires dudit escadron qui sont porteurs d'effets de la 2e catégorie dont le remplacement est demandé par anticipation pour les causes énoncées ci-dessous.

Numéros matricules.	NOMS et prénoms.	GRADES.	A REMPLACER PAR ANTICIPATION.								MOTIFS DE LA RÉFORME.
			(¹)								
			Numéros.	Millésimes.	Numéros.	Millésimes.	Numéros.	Millésimes.	Numéros.	Millésimes.	
	EFFETS { présentés..................... admis par le sous-intendant militaire. admis par l'intendant............. admis par l'inspecteur général.....										

Certifié par le capitaine commandant l'escadron.

A Paris, le   186 .

(¹) On ouvrira les colonnes nécessaires, en observant l'ordre de la série pour les effets à présenter pour la réforme.

Nota. Il sera établi un semblable état pour les effets de harnachement à présenter pour la réforme, et en faisant subir à l'entête les modifications nécessaires.

Format : N° 1.

INSPECTION GÉNÉRALE
de 1860.

Modèle n° 72.

4ᵉ Régiment de hussards.

1ᵉʳ ESCADRON. **A.**

ÉTAT indiquant les degrés d'âge, d'ancienneté de services et d'ancienneté de grade.

INDICATION DES AGES.	Capitaines.	Lieutenants.	Sous-lieutenants.	Total des officiers.	Sous-officiers.	Brigadiers.	Soldats.	Total des sous-officiers, brigadiers et soldats.	TOTAL GÉNÉRAL.
Degrés d'âge.									
Au-dessous de 25 ans....									
de 25 à 30 ans..........									
de 30 ans passés à 35 ans.									
de 35 à 40 ans..........									
de 40 à 45 ans..........									
de 45 à 50 ans									
de 50 à 55 ans......... ..									
au-dessus de 55 ans..... .									
Totaux........									
Terme moyen.....									
Degrés d'ancienneté de service.									
Au-dessous de 2 ans......									
de 2 à 5 ans									
de 5 ans passés à 10 ans.									
de 10 — à 15 ans.									
de 15 — à 20 ans.									
de 20 — à 25 ans.									
de 25 — à 30 ans.									
au-dessus de 30 ans......									
Totaux........									
Terme moyen.....									
Degrés d'ancienneté de grade.									
Au-dessous de 2 ans.....									
de 2 à 3 ans...........									
de 3 ans passés à 4 ans.									
de 4 — à 8 ans.									
de 8 — à 12 ans.									
de 12 — à 16 ans.									
de 16 — à 20 ans.									
au-dessus de 20 ans......									
Totaux........									
Terme moyen.....									

A Auch, le   186 .

Le Capitaine,

Format : N° 3, feuille simple.

INSPECTION GÉNÉRALE
de 1860.

Modèle n° 73.

4ᵉ Régiment de hussards.

1ᵉʳ ESCADRON. **A.**

Renseignements divers.

	Officiers.	Sous-officiers.	Brigadiers.	Soldats.	Total.
Provenant des écoles militaires......................					
Sortant des sous-officiers..........................					
Ayant servi comme remplaçants......................					
Mariés, avec ou sans enfants.......................					
Veufs, sans enfants................................					
Chevaliers de la Légion-d'Honneur					
Décorés de la médaille militaire....................					
Non décorés de la Légion-d'Honneur { ayant 20 ans de services, campagnes comprises......................					
ayant 25 ans de services effectifs...					
Détachés du corps pour un service spécial............					
Engagés volontaires................................					
Appelés...					
Rengagés..					
Substituants......................................					
Remplaçants.......................................					
Libérables à partir de la présente situation jusqu'au 31 décembre 1860.................................					
Sachant lire et écrire.............................					
Sachant lire seulement............................					
Ne sachant rien...................................					
En subsistance....................................					
Passés dans la réserve { avant l'incorporation....................					
après l'incorporation....................					

A Auch, le   186 .

Format : N° 3, feuille simple.   *Le Capitaine,*

Modèle n° 74.

4e Régiment de hussards.

1er ESCADRON. **A.**

*MUTATIONS et mouvements qui ont eu lieu du 1er juillet 1859
au 1er juillet 1860.*

	Sous-officiers.	Brigadiers.	Soldats.	Total.
Admis comme — appelés..				
engagés volontaires — d'après la loi du 21 mars 1832.....				
dans les conditions de la loi du 26 avril 1855.....................				
rengagés venus d'autres corps				
remplaçants par voie administrative.................................				
remplaçants entre parents jusqu'au 6e degré. — par les conseils de révision — ayant servi.....				
n'ayant pas servi.				
par le corps — ayant servi.....				
n'ayant pas servi.				
Provenant d'autres corps...				
Provenant des pénitenciers, des ateliers du boulet et des travaux publics.				
Devenus de 1re classe...				
A la suite, placés titulaires..				
Rengagés..				
Traités à l'infirmerie..				
Admis aux hôpitaux...				
Décédés..				
Mis à la retraite..				
Rentrés dans leurs foyers par congé de réforme — N° 1..............				
N° 2..............				
Cassés de leurs grades..				
En état de désertion...				
Condamnés par les conseils de guerre.................................				
Passés — dans les compagnies de discipline.... — pionniers				
fusiliers				
dans les bataillons d'infanterie légère d'Afrique.........				
dans d'autres corps..				
Rentrés dans leurs foyers par annulation d'engagement......				
Renvoyés ou maintenus dans leurs foyers, en congé provisoire ou renouvelable, pour y attendre leur libération				
Libérés — au corps......				
en position régulière d'absence...........................				
Soldats nommés brigadiers ou brigadiers-fourriers.....................				
Brigadiers ou brigadiers-fourriers nommés sous-officiers...............				
Maréchaux des logis et maréchaux des logis fourriers nommés maréchaux des logis chefs..				
Maréch. des logis chefs, maréch. des logis et maréch. des logis-fourriers nommés adjudants.				
Sous-officiers nommés sous-lieutenants................................				

Format : N° 3, feuille simple.

A Auch, le   1860.

Le Capitaine,

INSPECTION GÉNÉRALE
de 1860.

Modèle n° 75.

4ᵉ Régiment de hussards.

1ᵉʳ ESCADRON. **A.**

ÉTAT des sous-officiers, brigadiers et soldats proposés pour des congés de réforme pour blessures ou infirmités contractées dans les armées de terre ou de mer.

Numéros matricules.	NOMS et prénoms.	GRADES.	DATE ET LIEU de naissance.	CLASSE et départements des contingents auxquels ils appartiennent.	DATE de l'arrivée au corps.	MOTIFS de la proposition.	Observations.
				1° Jeunes soldats.			
				2° Remplaçants.			
				3° Engagés volontaires.			
				4° Rengagés.			

A Auch, le   1860.

Le Capitaine,

Format : N° 3, feuille simple en travers

INSPECTION GÉNÉRALE
de 1860.

Modèle n° 76.

4ᵉ Régiment de hussards.

1ᵉʳ ESCADRON. **A.**

ÉTAT NOMINATIF des militaires proposés pour des congés de convalescence pour cause de maladie ou d'infirmités.

Numéros matricules.	NOMS et prénoms.	GRADES.	DATE de la libération.	MOTIFS de la proposition	DURÉE du congé.	Lieu où ils désirent le passer.		Observations.
						Commune.	Département.	

A Auch, le   1860.

Le Capitaine,

Format : N° 3, feuille simple en travers.

Modèle n° 77.

4ᵉ Régiment de hussards.

1ᵉʳ ESCADRON. **A.**

ÉTAT des militaires proposés pour une gratification renouvelable par suite de réforme pour blessures ou infirmités.

NUMÉROS matricules.	NOMS et prénoms.	GRADES.	DATE ET LIEU de naissance.	CLASSE et département des contingens auxquels ils appartiennent.	DATE DE		MOTIFS de la PROPOSITION.	ÉPOQUE fixée pour le départ.	LIEU OU ILS SE RETIRENT.		Observations.
					l'entrée au service.	la libération.			Commune.	Département.	

A Auch, le   1860.

Le Capitaine,

Joindre à cet état :

1° Un état signalétique et des services ;
2° Un extrait de l'acte de naissance (sur papier libre).

Format : N° 3, feuille entière. Sur la 1ʳᵉ page, on mettra l'entête ; sur les 2ᵉ et 3ᵉ pages, le corps de l'état, la date et la signature ; en cas d'insuffisance, on mettra le nombre d'intercalaires nécessaires, et la date et la signature pourront être mises sur la 4ᵉ page.

INSPECTION GÉNÉRALE
de 1860.

Modèle n° 78.

4° Régiment de hussards.

1er ESCADRON. **A.**

ÉTAT des chevaux proposés pour la réforme.

NUMÉROS matricules.	NOMS.	SEXE.	AGE.	TAILLE.	SIGNALEMENT.	ORIGINE.	NUMÉRO au dépôt de remonte.	PRIX d'achat.	DATES		MOTIFS de la réforme.	Observations.
									de réception.	d'arrivée au corps.		

A Auch, le   1860.

Le Capitaine,

Format : N° 3, feuille entière, comme pour le Modèle N° 77.

INSPECTION GÉNÉRALE
de 1860.

Modèle n° 79.

4ᵉ Régiment de hussards.

1ᵉʳ ESCADRON. **A.**

ÉTAT nominatif des jeunes soldats appelés, arrivés au corps depuis la dernière inspection.

NUMÉROS matricules.	NOMS et prénoms.	GRADES.	TAILLE.	DÉPARTEMENT des contingents d'où ils proviennent.	DATE de l'entrée au corps.	Observations.

A Auch, le   1860.

Le Capitaine,

Nota. Les hommes seront placés par départements, et les départements par lettres alphabétiques.

Format : N° 3, feuille simple ou double, selon le nombre d'hommes à y inscrire.

INSPECTION GÉNÉRALE
de 1860.

Modèle n° 80.

4ᵉ Régiment de hussards.

1ᵉʳ ESCADRON. **A.**

ÉTAT nominatif des remplaçants admis par les conseils de révision, arrivés au corps depuis la dernière inspection.

Même modèle que pour les jeunes soldats appelés.

Nota. On indiquera dans la colonne d'observations le degré de parenté du remplaçant et du remplacé.

INSPECTION GÉNÉRALE
de 1860.

Modèle n° 81.

4ᵉ Régiment de hussards.

1ᵉʳ ESCADRON. **A.**

ÉTAT NOMINATIF des remplaçants admis par le corps depuis la dernière inspection.

NUMÉROS matricules.	NOMS et prénoms.	GRADES.	DATE du remplacement.	NOMS ET PRÉNOMS des remplacés.	NUMÉROS matricules.	GRADES.	DEGRÉ de parenté.	Observations.

A Auch, le   1860.

Le Capitaine,

Format : N° 3, feuille simple en travers.

INSPECTION GÉNÉRALE
de 1860.

Modèle n° 82.

4ᵉ Régiment de hussards.

1ᵉʳ ESCADRON. **A.**

ÉTAT NOMINATIF des militaires exonérés du service depuis la dernière inspection.

NUMÉROS matricules.	NOMS et prénoms.	GRADES.	DATE DE		TEMPS de service restant à faire au moment de l'exonération	MONTANT du versement effectué.	Observations.
			l'entrée au service.	l'exonération.			

A Auch, le   1860.

Le Capitaine,

Format : N° 3, feuille simple ou entière, selon le nombre d'hommes à y inscrire.

Cav.   13

INSPECTION GÉNÉRALE
de 1860.

Modèle n° 83.

4ᵉ Régiment de hussards.

1ᵉʳ ESCADRON. **A.**

ÉTAT NOMITATIF des engagés volontaires arrivés au corps depuis la dernière inspection.

NUMÉROS matricules.	NOMS et prénoms	GRADES	TAILLE	DÉPARTEMENTS d'où ils proviennent.	DATE de l'arrivée au corps.	DURÉE de l'engagement.	MONTANT des sommes payées pour prime de rengagement.	Observations.
1° Engagés volontaires d'après la loi du 21 mars 1832.								
2° Engagés volontaires après libération, dans les conditions de la loi du 26 avril 1855.								

A Auch, le   1860.

Le Capitaine,

Format : N° 3, feuille simple ou entière, selon le nombre d'hommes à y inscrire

---

INSPECTION GÉNÉRALE
de 1860.

Modèle n° 84.

4ᵉ Régiment de hussards.

1ᵉʳ ESCADRON. **A.**

ÉTAT NOMINATIF des militaires rengagés depuis la dernière inspection.

NUMÉROS matricules.	NOMS et prénoms.	GRADES.	DATE du rengagement.	DURÉE du rengagement.	MONTANT des allocations pour prime de rengagement.	Observations.
1° Rengagés d'après la loi du 21 mars 1832.						
2° Rengagés dans les conditions de la loi du 26 avril 1855.						

A Auch, le   1860.

Le Capitaine,

Format : N° 3, feuille simple ou entière, selon le nombre d'hommes à y inscrire.

INSPECTION GÉNÉRALE
de 1860.

Modèle n° 85.

4ᵉ Régiment de hussards.

1ᵉʳ ESCADRON. A.

ÉTAT NOMINATIF des hommes venus d'autres corps depuis la dernière inspection.

NUMÉROS matricules.	NOMS et prénoms.	GRADES.	DATE de l'arrivée au corps.	CORPS d'où ils proviennent	EN VERTU de quel ordre.	Situation de la masse.	Observations.
							Donner des renseignements sur la conduite.

A Auch, le   1860.

Le Capitaine,

Nota. A l'égard des hommes dont la conduite est mauvaise, on joindra à l'état :
    1° Un certificat des officiers de santé ;
    2° Un extrait présentant la situation de la masse individuelle ;
    3° Le relevé des punitions.

Format : N° 3, feuille simple ou entière, s'il y a des hommes dont la conduite soit mauvaise ; dans ce dernier cas, l'entête sera mis sur la 1ʳᵉ page, et le corps de l'état, la date et la signature du capitaine sur les 2ᵉ et 3ᵉ pages.

INSPECTION GÉNÉRALE
de 1860

Modèle n° 86.

4ᵉ Régiment de hussards.

1ᵉʳ ESCADRON. A.

ÉTAT NOMINATIF des hommes provenant des pénitenciers militaires et ateliers des condamnés au boulet et aux travaux publics, depuis la dernière inspection.

NUMÉROS matricules.	NOMS et prénoms.	GRADES.	DATE de l'arrivée au corps.	ÉTABLISSEMENT d'où ils proviennent.	Observations.

A Auch, le   1860.

Le Capitaine,

Format : N° 3, feuille simple.

INSPECTION GÉNÉRALE
de 1860.

Modèle nᵒ 87.

4ᵉ Régiment de hussards.

1ᵉʳ ESCADRON. **A.**

ÉTAT NOMINATIF des militaires qui ont obtenu des congés temporaires depuis la dernière inspection.

NUMÉROS matricules.	NOMS et prénoms.	GRADES.	DURÉE du congé.	DATE du départ.	DATE de la rentrée au corps.	Observations.

A Auch, le   1860.

Le Capitaine,

Format : Nᵒ 3, feuille simple ou entière, selon le nombre d'hommes à y inscrire.

INSPECTION GÉNÉRALE
de 1860.

Modèle nᵒ 88.

4ᵉ Régiment de hussards.

1ᵉʳ ESCADRON. **A.**

ÉTAT NOMINATIF des hommes ayant droit à leur libération d'ici au 31 décembre et des engagés volontaires dont le temps de service expire dans le courant de l'année suivante.

NUMÉROS matricules.	NOMS et prénoms.	GRADES.	DATE de la libération.	TITRE sous lequel ils servent.	Observations.
1ᵒ Militaires libérables d'ici au 31 décembre 1860.					
2ᵒ Engagés volontaires libérables en 1861.					

A Auch, le   1860.

Le Capitaine,

Format : Nᵒ 3, feuille simple ou double, selon le nombre d'hommes à y inscrire.

INSPECTION GÉNÉRALE
de 1860.

Modèle n° 89.

4ᵉ Régiment de hussards.

1ᵉʳ ESCADRON. **A.**

ÉTAT NOMINATIF des hommes qui demandent à se rengager.

NUMÉROS matricules.	NOMS et prénoms.	GRADES.	DATE DE		CORPS pour lesquels ils demandent à se rengager.	Observations
			l'entrée au service.	la libération.		

À Auch, le   1860.

Le Capitaine,

Nota. Les sous-officiers et les brigadiers ne peuvent être autorisés à se rengager pour un autre corps, qu'autant qu'ils produiront un certificat délivré par le chef de ce corps, pour constater qu'il peut disposer en leur faveur d'un emploi vacant dans leur grade.

Un sous-officier ou un brigadier ne peut être admis à se rengager pour un régiment en Afrique, qu'après avoir consenti à y passer comme simple soldat, et avoir fait la remise de ses galons.

Format : N° 3, feuille simple ou entière, selon le nombre d'hommes à y inscrire.

INSPECTION GÉNÉRALE
de 1860.

Modèle n° 90.

4ᵉ Régiment de hussards.

1ᵉʳ ESCADRON. **A.**

ÉTAT NOMINATIF des sous-officiers, brigadiers, cavaliers et trompettes qui demandent à être employés dans les compagnies de cavaliers de remonte et dans les écoles de dressage.

NUMÉROS matricules.	NOMS et prénoms.	GRADES.	SITUATION de la masse.	DATE DE		NOTES sur l'aptitude à ces fonctions.	Observations.
				l'entrée au service	la libération.		
1° Propositions pour les compagnies de cavaliers de remonte.							
2° Propositions pour l'école de dressage.							

Auch, le   1860.

Le Capitaine,

Les conditions sont : 1° Être admis à l'école d'escadron ; 2° avoir au moins 3 ans de service à faire ; 3° avoir à sa masse un crédit au moins égal à la moitié de cette masse ; 4° être célibataire ou veuf sans enfants.

Les pièces à l'appui sont : 1° Le relevé des services ; 2° le relevé des punitions remontant à cinq ans ; 3° l'état de masse.

Format : N° 3, feuille entière, comme pour le Modèle n° 77.

Modèle nᵉ 91.

4ᵉ Régiment de hussards.

1ᵉʳ ESCADRON. **A.**

ÉTAT NOMINATIF des sous-officiers, brigadiers et soldats proposés pour la gendarmerie et la garde de Paris.

NUMÉROS matricules.	NOMS et prénoms.	GRADES.	DATE ET LIEU DE NAISSANCE.		TAILLE	NOMBRE d'années de service de campagnes et de blessures.	NOTES sur la conduite les mœurs et l'instruction.	INDIQUER			Observations.
			Date.	Commune et département				S'ils sont célibataires.	S'ils ont les moyens de se monter, de s'équiper et de s'habiller.	Les départements où ils demandent à être employés.	

A Auch, le   1860.

Le Capitaine,

Les conditions sont :

    1º Être âgé de 25 ans au moins et de 40 ans au plus. Toutefois, nul ne pourra être proposé s'il est trop âgé pour pouvoir compléter à 60 ans le temps de service exigé pour la retraite ;

    2º Avoir au moins la taille de 1ᵐ70 pour la gendarmerie à pied, et 1ᵐ72 pour la gendarmerie à cheval ;

    3º Avoir servi activement sous les drapeaux pendant trois ans au moins ;

    4º Savoir lire et écrire correctement, et avoir une conduite éprouvée, exempte de reproches.

Les pièces à l'appui sont :

    1º Un état signalétique et des services ;

    2º Le relevé des punitions subies au corps ;

    3º Un extrait du livre de détail, présentant la situation de la masse individuelle (un pour chaque candidat) ;

    4º Une demande spéciale d'admission dans la gendarmerie, écrite par le candidat ;

    5º Un extrait de l'acte de naissance (sur papier libre).

Format : Nº 3, feuille entière. Sur la 1ʳᵉ page on mettra l'entête, et sur les 2ᵉ et 3ᵉ pages le corps de l'état, la date et la signature du capitaine

INSPECTION GÉNÉRALE
de 1860.

Modèle n° 92.

4ᵉ Régiment de hussards.

1ᵉʳ ESCADRON. **A.**

ÉTAT NOMINATIF des sous-officiers, brigadiers et soldats qui demandent à changer de corps.

NUMÉROS matricules.	NOMS et prénoms.	Grades	TITRE sous lequel ils sont liés au service.	Taille.	MOTIFS du changement de corps.	SITUATION de la masse.	CORPS où ils désirent passer.	ÉPOQUE de la libération.	Observations.

A Auch, le   1860.

Le Capitaine,

Les pièces à l'appui sont :

1° Le consentement des deux chefs de corps;

2° Le relevé des punitions; — 3° de l'état signalétique des services;

4° Un extrait du livre de détail indiquant que la masse individuelle est au complet.

Si le militaire est sous-officier ou brigadier, on produira en outre un certificat du chef du corps dans lequel il désire passer, constatant qu'il lui est réservé dans ce corps un emploi de son grade. S'il s'agit de l'envoyer dans un corps en Afrique, il ne peut y passer que comme simple soldat, sauf les exceptions résultant de l'état Modèle n° 93.

Les sous-officiers et brigadiers ne sont admis à passer dans le corps des infirmiers militaires que comme soldat, et ne peuvent concourir dans leur nouveau corps pour les emplois du grade dont ils auraient fait l'abandon qu'après un délai de six mois, jugé nécessaire pour qu'ils puissent acquérir toute l'aptitude à ce service spécial.

Nota. *Permutations pour l'Algérie.* — Après six années consécutives de séjour en Algérie, les officiers que le climat a éprouvés, que l'âge ou des raisons particulières engagent à demander leur retour en France, peuvent rentrer dans les corps de l'intérieur par voie de permutation facultative, et ont droit aux indemnités attribuées aux officiers permutant d'office.

Il faut que les six années aient été accomplies comme officier, en dernier lieu et sans interruption.

Après huit années consécutives de séjour en Algérie, les sous-officiers, brigadiers et soldats appartenant à la portion permanente de l'armée d'Afrique, qui en font la demande, sont rappelés en France, et remplacés par des militaires de leur grade, pris dans les régiments de l'intérieur.

Le temps passé en congé temporaire ou de convalescence, obtenu pendant le séjour en Algérie, est compté comme temps de présence.

Le permutant d'un officier d'Afrique réunissant les conditions ci-dessus a également droit à l'indemnité de route et à la gratification d'entrée en campagne.

Format : N° 3, feuille entière. On mettra l'entête sur la 1ʳᵉ page; le corps de l'état, la date et la signature sur les 2ᵉ et 3ᵉ pages.

Modèle n° 93.

4ᵉ Régiment de hussards.

1ᵉʳ ESCADRON. A.

ÉTAT NOMINATIF des sous-officiers, brigadiers et cavaliers qui demandent à remplacer en Afrique ceux rentrés en France, en vertu du décret du 15 février 1852 (¹).

NUMÉROS matricules.	NOMS et prénoms.	GRADES.	TAILLE.	DATE DE		SITUATION de la masse.	NOTES sur la conduite, l'aptitude, etc.	Observations.
				l'entrée au service.	la libération.			

A Auch, le

1860.
Le Capitaine,

(¹) Les corps permanents d'Afrique établiront l'état nominatif des sous-officiers, brigadiers et cavaliers qui demandent à être rappelés en France, en vertu de l'article 10 du décret du 13 février 1852, et l'on ouvrira une colonne après celle de l'entrée au service, pour indiquer la date de l'arrivée en Afrique.
Les mutations résultant de ces propositions donneront droit à l'indemnité de route et au passage gratuit.
Le folio de punitions des hommes sera joint à l'état.

Nota. Après six années consécutives de séjour en Algérie, les officiers que le climat a éprouvés, que l'âge ou des raisons particulières engagent à demander à rentrer en France, peuvent rentrer dans les corps de l'intérieur, par voie de permutation facultative, et ont droit aux indemnités attribuées aux officiers permutant d'office.
Il faut que les six années aient été accomplies comme officier en dernier lieu et sans interruption.
Après huit années consécutives de séjour en Algérie, les sous-officiers, brigadiers et cavaliers appartenant à la portion permanente de l'armée d'Afrique qui en font la demande, sont rappelés en France, et remplacés par des militaires de leur grade pris dans les régiments de l'intérieur.
Le temps passé en congé temporaire ou en convalescence pendant le séjour en Algérie est compté comme temps de présence.
Le permutant d'un officier d'Afrique réunissant les conditions ci-dessus a également droit à l'indemnité de route et à la gratification d'entrée en campagne.

Format : N° 3, feuille entière, comme pour le Modèle n° 77.

Modèle n° 94.

4e Régiment de hussards.

1er ESCADRON. A.

ÉTAT NOMINATIF des sous-officiers, brigadiers et cavaliers qui demandent à concourir pour l'escadron des cent-gardes.

NUMÉROS matricules.	NOMS et prénoms.	GRADES.	TAILLE.	DÉCORATION.	DATE DE		NOTES sur la conduite, la tenue, le zèle, etc.	Observations.
					l'entrée au service.	la libération.		

A Auch, le   1860.

Le Capitaine,

Les conditions sont : 1° Pour les sous-officiers et brigadiers, faire préalablement la remise de leurs galons; 2° avoir au moins deux ans de présence sous les drapeaux, et avoir encore au moins trois ans de service à faire au moyen d'un rengagement s'il y a lieu; 3° avoir la taille de 1ᵐ 830ᵐᵐ minimum. — Pour les professions de maréchal ferrant, sellier et tailleur, la tolérance de taille est de 1ᵐ 700ᵐᵐ.

Les pièces à l'appui sont : 1° le relevé individuel des services; 2° le relevé des punitions remontant à cinq ans; 3° le relevé de la masse.

Format : N° 3, feuille entière, comme pour le Modèle n° 77.

INSPECTION GÉNÉRALE
de 1860.

Modèle n° 95.

4ᵉ Régiment de hussards.

1ᵉʳ ESCADRON. **A.**

ÉTAT NOMINATIF des militaires proposés pour être admis dans les régiments de cavalerie de la garde impériale.

NUMÉROS matricules.	NOMS et prénoms.	GRADES.	TITRE sous lequel ils sont liés au service.	DURÉE DES SERVICES		TAILLE.		SITUATION de la masse.	Observations.
				faits.	à faire.	Mètres.	Centim.		
			1° Proposés pour les cuirassiers.						
			2° Proposés pour les dragons.						
			3° Proposés pour les lanciers.						
			4° Proposés pour les chasseurs.						
			5° Proposés pour les guides.						

A Auch, le   1860.

Le Capitaine,

Les pièces à l'appui sont :
    1° Le relevé des services (état signalétique) ;
    2° Le relevé des punitions ;
    3° Un extrait présentant la situation de la masse.

Nota. Pour être proposés pour la garde impériale, les militaires doivent avoir au moins deux ans de service effectif de faits et deux ans à faire au moment de leur admission — Pourront être dispensés de ces conditions de temps les militaires qui sont décorés de la croix de chevalier de la Légion-d'Honneur ou de la médaille militaire, ou qui se seraient distingués par un acte de courage ou une belle action, et les sous-officiers et brigadiers qui feraient la remise de leurs galons.

Pourront aussi être proposés les militaires qui se trouvent dans leur dernière année de service, sous la condition, s'ils sont admis, de contracter un rengagement. La taille exigée est celle indiquée au Tableau D, selon le corps pour lequel on est proposé.

Il pourra être proposé pour concourir pour un sixième des emplois de sous-officiers vacants dans la garde, un sous-officier par régiment. Ce sous-officier sera choisi, sans exception de grade, parmi les plus méritants de ceux qui aspirent à l'honneur de servir dans la garde. Toutefois, les sous-officiers qui auront justifié, par un examen préalable, de leur aptitude aux fonctions de comptable, pourront être désignés de préférence. Dans tous les cas, le candidat présenté dans chaque corps devra avoir un an de grade et le minimum de la taille déterminée.

Format : N° 3, feuille entière, pour servir de chemise aux pièces de l'appui.

INSPECTION GÉNÉRALE
de 1860.

Modèle n° 96.

4e Régiment de hussards.

1er ESCADRON. **A.**

ÉTAT NOMINATIF des sous-officiers et brigadiers nommés depuis la dernière inspection.

NUMÉROS matricules.	NOMS et prénoms.	GRADES.	DATE DE			Observations.
			l'entrée au service pour les soldats.	la dernière promotion pour les s.-officiers et brigadiers.	la nomination au grade actuel.	

A Auch, le   1860.

Le Capitaine,

Format : N° 3, feuille simple.

INSPECTION GÉNÉRALE
de 1860.

Modèle n° 97.

4e Régiment de hussards.

1er ESCADRON. **A.**

ÉTAT NOMINATIF des sous-officiers et brigadiers cassés, rétrogradés ou suspendus depuis la dernière inspection.

NUMÉROS matricules.	NOMS et prénoms.	GRADE		DATE DE LA		DURÉE de la suspension.	MOTIFS de la cassation ou de la suspension.
		duquel ils étaient pourvus à la dernière inspection.	actuel.	cassation ou de la rétrogradat.	suspension.		

A Auch, le   1860.

Le Capitaine,

Format : N° 3, feuille simple.

INSPECTION GÉNÉRALE
de 1860.

Modèle n° 98.

4ᵉ Régiment de hussards.

1ᵉʳ ESCADRON. **A.**

ÉTAT NOMINATIF des soldats proposés pour les compagnies de discipline en raison de leur inconduite, ou pour s'être mutilés volontairement, ou qui simulent des infirmités.

NUMÉROS matricules.	NOMS et prénoms.	GRADES.	DATE DE l'entrée au service.	DATE DE la libération.	NOMBRE DE JOURS DE consigne.	NOMBRE DE JOURS DE salle de police.	NOMBRE DE JOURS DE prison.	NOMBRE DE JOURS DE cachot.	MOTIFS de la proposition.
			1° Proposés en raison de leur inconduite.						
			2° Proposés pour s'être mutilés ou pour simuler des infirmités.						

À Auch, le   1860.

Le Capitaine,

Les pièces à l'appui sont :
    1° L'état signalétique et des services ;
    2° Le relevé des punitions.

Format : N° 3, feuille entière, pour servir de chemise aux pièces à l'appui.

INSPECTION GÉNÉRALE
de 1860.

Modèle n° 99.

4ᵉ Régiment de hussards.

1ᵉʳ ESCADRON. **A.**

ÉTAT NOMINATIF des maréchaux ferrants.

NUMÉROS matricules.	NOMS et prénoms.	GRADES.	NOTES sur le zèle, les capacités, etc.	Observations.

À Auch, le   1860.

Le Capitaine,

Format : N° 3.

INSPECTION GÉNÉRALE
de 1860.

Modèle n° 100.

4ᵉ Régiment de hussards.

1ᵉʳ ESCADRON. **A.**

ÉTAT NOMINATIF des enfants de troupe.

NUMÉROS matricules.	NOMS et prénoms.	DATE de la naissance.	DATE de l'admission et par qui autorisée.	POSITION du père au moment de l'admission du fils comme enfant de troupe.	EMPLOI des enfants de troupe âgés de 14 ans et plus.	Observations.

A Auch, le   1860.

Le Capitaine,

Format : N° 3, feuille simple.

INSPECTION GÉNÉRALE
de 1860.

Modèle n° 101.

4ᵉ Régiment de hussards.

1ᵉʳ ESCADRON **A.**

ÉTAT NOMINATIF des vivandières et blanchisseuses.

NOMS et prénoms.	ESCADRON auquel elles sont employées.	GRADE du mari.	EMPLOI qu'elles occupent.	Observations.

A Auch, le   1860.

Le Capitaine,

Format : N° 3, feuille simple.

INSPECTION GÉNÉRALE
de 1860.

Modèle n° 102.

4ᵉ Régiment de hussards.

1ᵉʳ ESCADRON. **A.**

ÉTAT NOMINATIF des officiers, sous-officiers, brigadiers et soldats proposés pour la pension de retraite.

NUMÉROS matricules.	NOMS et prénoms.	Grades.	DATE de la naissance.	MOTIFS de la proposition (¹)	LIEU OU ILS DÉSIRENT SE RETIRER.		Observations.
					Commune.	Département	Indiquer dans cette colonne la demande de congé en attendant la liquidation de la retraite.

A Auch, le   1860.

Le Capitaine,

Les pièces à l'appui sont :

    1° Un extrait de l'acte de naissance (sur papier libre);
    2° L'état signalétique et des services.

(¹) Indiquer seulement si c'est à titre d'ancienneté ou à titre de blessures ou infirmités.

Format : N° 3, feuille entière, pour servir de chemise aux pièces à l'appui.

INSPECTION GÉNÉRALE
de 1860.

Modèle n° 103.

4ᵉ Régiment de hussards.

1ᵉʳ ESCADRON. **A.**

ÉTAT NOMINATIF des brigadiers et cavaliers proposés pour une gratification comme étant les plus affectionnés pour les chevaux et ayant donné les soins les plus intelligents à la conservation de leur monture.

NUMÉROS matricules.	NOMS et prénoms.	GRADES.	NOTES du capitaine commandant.	Observations.

A Auch, le   1860.

Le Capitaine,

Nota. La gratification qui peut être allouée est de cent francs, qui seront répartis entre les brigadiers et cavaliers les plus méritants de chaque régiment, mettant en première ligne ceux qui auront monté des chevaux difficiles, d'un tempérament irritable, et dont le dressage aura demandé par conséquent une patience et une aptitude particulières.

Format : N° 3.

INSPECTION GÉNÉRALE
de 1860.

Modèle nº 104.

4ᵉ Régiment de hussards.

1ᵉʳ ESCADRON. **A.**

ÉTAT SIGNALÉTIQUE des chevaux de troupe reçus depuis la dernière inspection.

DATE de l'arrivée au corps.	NUMÉRO matricule.	SEXE.	AGE.	TAILLE.	SIGNALEMENT.	ORIGINE.	NUMÉRO matricule au dépôt de remonte.	Observations.	CLASSEMENT.			
									Très-bons.	Bons.	Passables.	Mauvais

A Auch, le   1860.

Le Capitaine,

Format : Nº 3, en travers, et en cas d'insuffisance, feuille entière, en se conformant aux observations indiquées au Modèle Nº 77.

Modèle n° 105.

4e Régiment de hussards.

1er ESCADRON. A.

ÉTAT SIGNALÉTIQUE des chevaux d'officiers reçus depuis la dernière inspection.

DATE de l'arrivée au corps.	NUMÉROS matricules.	SEXE.	AGE.	TAILLE.	SIGNALEMENT.	ORIGINE.	NUMÉRO MATRICULE au dépôt de remonte.	PRIX d'achat.	NOMS des officiers à qui les chevaux ont été fournis.	GRADES.	DATE de la remise à l'officier.	CLASSEMENT.			
												Très-bons.	Bons.	Passables.	Mauvais.

A Auch, le   1860.

Le Capitaine,

Format : N° 3, feuille entière, et comme il est dit au Modèle n° 77.

Modèle n° 106.

4ᵉ Régiment de hussards.

1ᵉʳ ESCADRON. **A.**

Cav.

ÉTAT SIGNALÉTIQUE des chevaux proposés pour être envoyés à l'école de cavalerie comme rétifs, d'une trop grande irritabilité, et portant le désordre dans les rangs.

ORIGINE.		RÉCEPTION AU CORPS.			SEXE.	AGE.	TAILLE.	SIGNALEMENT.	MOTIFS DE LA PROPOSITION.		Observations.
DÉSIGNATION de la remonte.	NUMÉRO de réception.	ANNÉE.	NUMÉRO matricule.	Classement à l'arrivée.					QUALITÉS.	DÉFAUTS.	

A Auch, le   1860.

Le Capitaine,

Format : N° 3, feuille entière, et comme il est dit au Modèle n° 77.

14.

Inspection générale
de 1860.

Modèle n° 107.

4e Régiment de hussards.

1er ESCADRON. **A.**

ÉTAT SIGNALÉTIQUE des chevaux qui sont jugés propres à d'autres armes.

ORIGINE.		RÉCEPTION AU CORPS.							DÉSIGNATION	
DÉSIGNATION de la remonte.	NUMÉRO de réception.	ANNÉE.	NUMÉRO matricule.	CLASSEMENT à l'arrivée.	SEXE.	AGE.	TAILLE.	SIGNALEMENT.	de l'arme à laquelle ils sont propres.	Observations.

A Auch, le   1860.

Le Capitaine,

Format : N°

INSPECTION GÉNÉRALE
de 1860.

Modèle n° 108.

4ᵉ Régiment de hussards.

1ᵉʳ ESCADRON. **A.**

ÉTAT SIGNALÉTIQUE des juments proposées pour la reproduction.

ORIGINE.	RÉCEPTION AU CORPS.			AGE	TAILLE.	SIGNALEMENT.	NOTES sur les qualités de chaque jument.	ESPÈCE de chevaux avec lesquels elles peuvent être accouplées.	Observations.
	ANNÉE.	NUMÉRO matricule.	CLASSEMENT à l'arrivée.						

A Auch, le   1860.

Le Capitaine,

Format : N° 3.

INSPECTION GÉNÉRALE
de 1860.

Modèle n° 109.

4ᵉ Régiment de hussards.

1ᵉʳ ESCADRON. **A.**

ÉTAT SIGNALÉTIQUE des chevaux d'officiers proposés pour la réforme, le passage à la troupe ou le versement dans un autre corps.

| NUMÉRO matricule. | SEXE. | AGE. | TAILLE | SIGNALEMENT. | PROVENANCE. | | | NOMS des officiers à qui les chevaux ont été fournis. | GRADES. | DATES | | MOTIFS de la réforme. | Observations. |
					Dépôt de remonte.	NUMÉRO matricule.	PRIX d'achat.			de la réception au corps.	de la remise à l'officier.		
1° Proposés pour la réforme.													
2° Proposés pour le rang.													
3° Jugés propres à d'autres armes.													

A Auch, le   1860.

Le Capitaine,

Format : N° 3, feuille entière, et comme il est dit au Modèle N° 77.

Modèle n° 110.

4e Régiment de hussards.

1er ESCADRON. A.

ÉTAT NOMINATIF des officiers de tous grades qui se remontent à leurs frais, avec indication du nombre de chevaux que chacun doit avoir et du signalement de ceux qu'ils possèdent.

NOM ET GRADE des officiers à qui les chevaux appartiennent.	NOMBRE de chevaux qu'ils doivent avoir.	SIGNALEMENT DES CHEVAUX QU'ILS POSSÈDENT.					DATE de l'achat par l'officier.	NUMÉRO au contrôle	ORIGINE.	PROVENANCE du cheval, s'il a été acheté dans le commerce.	ÉPOQUE depuis laquelle l'officier n'est pas monté ou n'a pas le nombre de chevaux voulu.	NOTES sur la taille, la tournure, la conformation et l'aptitude de chacun d'eux.	Observations.
		Sexe.	AGE au jour de l'achat.	TAILLE.	ROBE.	AGE aux herbes de l'année courante.							

A Auch, le   1860.

Le Capitaine,

Format : N° 3, feuille entière, et comme il est dit au Modèle N° 77.

INSPECTION GÉNÉRALE
de 1860.

Modèle n° 111.

4ᵉ Régiment de hussards.

1ᵉʳ ESCADRON. A.

ÉTAT NOMINATIF des capitaines, lieutenants, sous-lieutenants, officiers de santé, vétérinaires et chef de musique, qui sont remontés au compte de l'État, avec indication du nombre de chevaux que chacun doit avoir et du signalement de ceux qui leur ont été fournis.

NOM ET GRADE des officiers.	SIGNALEMENT DES CHEVAUX.				PROVENANCE.			DATE de la remise à l'officier.	AGE aux herbes de l'année courante.	NOTES sur la tournure, la conformation et l'aptitude à l'arme de chacun des chevaux.	Observations.
	SEXE.	AGE au jour de la remise.	TAILLE.	ROBE.	DÉPÔT de remonte.	NUMÉRO matricule.	PRIX d'achat.				

A Auch, le   1860.

Le Capitaine,

Format : N° 3, feuille entière, et comme il est dit au Modèle N° 77.

INSPECTION GÉNÉRALE
de 1860.

Modèle n° 112.

4ᵉ Régiment de hussards.

1ᵉʳ ESCADRON. **A.**

ÉTAT NOMINATIF des sous-officiers proposés pour l'admission au stage qui doit précéder l'obtention de l'emploi d'élève d'administration.

NUMÉROS matricules.	NOMS et prénoms.	Grades	DATE DE		SERVICE spécial auquel ou se destine.	NOTES sur la conduite, la capacité et l'aptitude.	Observations.
			la nomination.	la naissance.			

A Auch, le   1860.

Le Capitaine,

Les conditions sont : Être célibataire ; compter au moins six mois d'activité dans le grade au 31 décembre de l'année courante ; être âgé de moins de vingt-huit ans et demi à la même époque ; avoir une bonne écriture ; savoir l'orthographe ; connaître le calcul usuel en matière de comptabilité militaire ; avoir des notions générales sur l'administration militaire.

Les pièces à l'appui sont : 1° Une copie certifiée de l'acte de naissance (sur papier libre) ; — 2° l'état signalétique et des services ; — 3° le relevé des punitions infligées depuis l'entrée au service ; — 4° une demande rédigée et écrite par le candidat : cette demande prescrira le service spécial auquel se destine le candidat ; — 5° quelques opérations d'arithmétique, entre autres une règle de trois.

Format : N° 3, feuille entière, pour servir de chemise aux pièces à l'appui. Sur la 1ᵉʳ page, l'entête, etc.

INSPECTION GÉNÉRALE
de 1860.

Modèle n° 113.

4ᵉ Régiment de hussards.

1ᵉʳ ESCADRON. **A.**

ÉTAT NOMINATIF des sous-officiers proposés pour les fonctions de commissaire de police.

NUMÉROS matricules.	NOMS et prénoms.	Grades	DATE DE		TITRE sous lequel ils servent.	NOTES sur la conduite, l'instruction et l'aptitude aux fonctions de commissaire de police.	Observations
			l'entrée au service	la libération			

A Auch, le   1860.

Le Capitaine,

Les conditions sont : Compter au moins sept années de service. — Les sous-officiers ayant atteint le temps de la retraite pourront être également proposés s'ils possèdent encore la vigueur physique nécessaire pour bien remplir ces nouvelles fonctions.

Les pièces à l'appui sont : 1° l'état signalétique et des services ; — 2° le relevé des punitions remontant à cinq ans ; — 3° un rapport écrit et rédigé par le candidat.

Format : N° 3, feuille entière, pour servir de chemise aux pièces à l'appui.

INSPECTION GÉNÉRALE
de 1860.

Modèle n° 114.

4ᵉ Régiment de hussards.

1ᵉʳ ESCADRON. **A.**

ÉTAT NOMINATIF des sous-officiers présentés comme candidats pour l'emploi de garde forestier et de préposé des douanes.

NUMÉROS matricules.	NOMS et prénoms.	GRADES.	SERVICES ADMINISTRATIFS pour lesquels ils sont proposés.	NOTES sur la conduite, le zèle, etc.	Observations. (¹)

A Auch, le   1860.

Le Capitaine,

Les conditions sont :

1° Être sous-officier en activité, et avoir contracté comme tel au moins un rengagement ;

2° Être âgé, à l'expiration de ce rengagement, savoir : de moins de 35 ans pour entrer dans l'administration des forêts, et de moins de 33 ans pour entrer dans celle des douanes ;

3° Être dans la dernière année de son service, ou avoir accompli un premier rengagement de deux ans, et s'être de nouveau rengagé, quel que soit le temps qui reste à courir ;

4° N'avoir aucune des infirmités qui rendent impropre au service militaire ; et pour ceux qui se destinent à l'administration des douanes, n'être pas marié ;

5° S'être rendu digne de cette proposition par sa bonne conduite et par son zèle ;

6° Savoir écrire correctement et pouvoir rédiger un procès-verbal.

Les pièces à l'appui sont :

    1° Un certificat de visite des officiers de santé du corps ;
    2° L'état signalétique et des services ;
    3° Le relevé des punitions ;
    4° Une demande rédigée et écrite par le candidat.

(¹) On indiquera dans la colonne d'observations : 1° si le candidat désire un emploi d'expéditionnaire dans l'administration des forêts, et s'il est apte à le remplir ; — 2° s'il sait l'allemand tel qu'on le parle dans quelques départements de l'est ; — 3° quelle est sa position de fortune pour le présent et pour l'avenir.

Format : N° 3, feuille entière, pour servir de chemise aux pièces à l'appui.

INSPECTION GÉNÉRALE
de 1860.

Modèle n° 115.

4ᵉ Régiment de hussards.

1ᵉʳ ESCADRON. A.

ÉTAT de MM. les Officiers qui demandent des congés de semestre.

NOMS et prénoms.	GRADES.	DURÉE du congé.	LIEU OU ILS DÉSIRENT EN JOUIR.		Observations.
			Commune.	Département.	

A Auch, le   1860.

Le Capitaine,

Nota. Il peut être accordé des congés de semestre au tiers de l'effectif des officiers de chaque grade. A moins de circonstances particulières, un officier ne peut aller en semestre deux années de suite.

Format : N° 3, feuille simple.

INSPECTION GÉNÉRALE
de 1860.

Modèle n° 116.

1e Régiment de hussards.

1er ESCADRON. A.

ÉTAT des sous-officiers, brigadiers et soldats qui demandent des congés de semestre.

NUMÉROS matricules.	NOMS et prénoms.	GRADES.	SITUATION de la masse.	Sachant lire et écrire	Ne sachant rien.	DATE DE		Lieu où ils désirent en jouir.		Observations.
						l'entrée au service.	la libération.	Commune.	Département	

A Auch, le   1860.

Le Capitaine,

Nota. Il peut être accordé des congés de semestre au 8e de l'effectif des sous-officiers, brigadiers et soldats. L'inspecteur général, en ce qui concerne les simples soldats, désignera de préférence :

1° Ceux qui savent lire et écrire, et qui ont, en outre, leur masse complète ;
2° Ceux qui satisferont à l'une de ces deux conditions.
Format : N° 3, feuille simple ou double, selon le nombre d'hommes à y inscrire.

Modèle n° 117.

4e Régiment de hussards.

1er ESCADRON. A.

ÉTAT MOMINATIF des sous-officiers désignés pour être envoyés à l'école de cavalerie comme élèves instructeurs.

NUMÉROS matriculos.	NOMS et prénoms.	DATE de la naissance.	PROFESSION avant l'entrée au service.	GRADES.	DATE de l'entrée au service.	TITRE d'incorpo-ration.	ÉPOQUE de la libération.	SITTUTION de la masse.	NOTES sur l'aptitude.	Observations.

A Auch, le   1860.

Le Capitaine,

Nota. Les sous-officiers élèves instructeurs sont choisis parmi les sous-officiers, à raison d'un pour deux régiments et pour deux escadrons du train. Ils doivent être âgés de moins de trente ans, et sont désignés de préférence parmi ceux qui figurent au tableau d'avancement pour le grade de sous-lieutenant.— Le sous-officier élève instructeur, qui est classé le premier de sa division, obtient le premier emploi de sous-lieutenant revenant au premier tour dans son régiment; celui qui est classé le deuxième obtient la même faveur, si la division dont il fait partie compte plus de 30 élèves; le même avantage est accordé au sous-officier qui obtient le n° 3, si la division compte plus de 50 élèves.

Format : N° 3, en travers.

INSPECTION GÉNÉRALE
de 1860.

Modèle n° 118.

4ᵉ Régiment de hussards.

1ᵉʳ ESCADRON. **A.**

ÉTAT NOMINATIF des brigadiers proposés pour être détachés à l'école de cavalerie comme élèves instructeurs.

Même tracé que pour les sous-officiers (N° 117).

Nota. Les brigadiers élèves instructeurs sont désignés chaque année par les inspecteurs généraux, à raison d'un brigadier par régiment, et choisis parmi les sujets doués d'une aptitude particulière pour l'équitation, et qui se distinguent par leur conduite, leur instruction, leur zèle et leur intelligence; les brigadiers proposés pour l'avancement sont présentés de préférence; ils ne pourront être admis à l'école que jusqu'à l'âge de 25 ans. Ceux qui satisfont aux examens de sortie sont nommés, à leur entrée au corps, à l'emploi de maréchal des logis qui leur est réservé à cet effet; ceux dont l'instruction militaire et équestre n'est pas jugée suffisante rentreront à leur corps comme brigadiers.

INSPECTION GÉNÉRALE
de 1860.

Modèle n° 119.

4ᵉ Régiment de hussards.

1ᵉʳ ESCADRON. **A.**

ÉTAT NOMINATIF des cavaliers désignés pour être employés à l'école spéciale de cavalerie comme élèves maréchaux ferrants.

NUMÉROS matricules.	NOMS et prénoms.	AGE.	DURÉE du service.	PROFESSION avant l'entrée au service.	NOTES sur l'aptitude.	Observations.

A Auch, le   1860.

Le Capitaine,

Format : N° 3.

OBSERVATIONS

POUR L'ÉTABLISSEMENT DU TRAVAIL D'INSPECTION.

Les divers états du travail d'inspection (Modèles de 72 à 119) fournis par les escadrons, servent à établir le travail du corps. MM. les Capitaines commandant ne remettront que les états sur lesquels seront compris un ou plusieurs militaires ou un ou plusieurs chevaux; ils se dispenseront de produire des états négatifs; il suffira d'en faire mention sur le bordereau dont le Modèle suit.

Aux inspections trimestrielles, l'on se servira des mêmes Modèles pour l'établissement des différentes pièces qui pourraient être nécessaires.

INSPECTION GÉNÉRALE
de 1860.

Modèle n° 120.

4ᵉ Régiment de hussards.

1ᵉʳ ESCADRON. **A.**

BORDEREAU des états d'inspection générale, remis le   *1860.*

DÉSIGNATION DES PIÈCES.	Nombre de pièces y compris celles a l'appui.	Nombre d'hommes qui y figurent.
État indiquant les degrés d'âge, d'ancienneté de services et d'ancienneté de grade	1	»
Renseignements divers	1	»
Mutations et mouvements qui ont eu lieu du 1ᵉʳ juillet 1859 au 1ᵉʳ juillet 1860	1	»
État nominatif des sous-officiers, brigadiers et soldats proposés pour des congés de réforme	Néant.	»
Id. des sous-officiers, brigadiers et soldats proposés pour des congés de convalescence	1	2
Id. des sous-officiers, brigadiers et soldats proposés pour une gratification renouvelable	Néant.	»
États des chevaux proposés pour la réforme	1	4 ch.
État nominatif des jeunes soldats arrivés au corps depuis la dernière inspection	1	15
Id. des remplaçants admis par des conseils de révision, arrivés au corps depuis la dernière inspection	Néant.	»
Id. des remplaçants admis par le corps depuis la dernière inspection	Néant.	»
id. des militaires exonérés du service militaire depuis la dernière inspection	1	2
Id. des engagés volontaires arrivés au corps depuis la dernière inspection	1	5
Id. des militaires rengagés depuis la dernière inspection.	1	4
Id. des hommes venus d'autres corps depuis la dernière inspection	Néant.	»
Id. des hommes provenant des pénitenciers militaires, etc., depuis la dernière inspection	Néant.	»
Id. des hommes qui ont obtenu des congés temporaires depuis la dernière inspection	Néant.	»
Id. des hommes qui ont droit à leur libération	1	12
Id. des hommes qui demandent à se rengager	1	8
Id. des sous-officiers, brigadiers, cavaliers et trompettes qui demandent à être employés dans les compagnies de cavaliers de remonte et dans les écoles de dressage	7	2
Id. des sous-officiers, brigadiers et soldats proposés pour la gendarmerie et la garde de Paris	6	1
Id. des sous-officiers, brigadiers et soldats qui demandent à changer de corps	5	1
Id. des sous-officiers, brigadiers et cavaliers qui demandent à aller en Afrique	1	6
Id. des sous-officiers, brigadiers et cavaliers qui demandent à concourir pour l'escadron des cent-gardes	7	2
Id. des militaires proposés pour la garde impériale	16	5

Suite du Modèle n° 129.

DÉSIGNATION DES PIÈCES.	Nombre de pièces y compris celles à l'appui.	Nombre d'hommes qui y figurent.
État nominatif des sous-officiers et brigadiers nommés depuis la dernière inspection..............................	1	5
Id des sous-officiers et brigadiers cassés ou suspendus depuis la dernière inspection..................	Néant.	»
Id. des soldats proposés pour les compagnies de discipline pour inconduite...........................	Néant.	»
Id. des maréchaux ferrants	1	2
Id. des enfants de troupe........................	1	2
Id. des vivandières et blanchisseuses............	1	2
Id. des officiers, sous-officiers, brigadiers et soldats proposés pour la retraite.........................	5	2
Id. des brigadiers et cavaliers proposés pour une gratification pour les soins qu'ils ont donné à leurs chevaux...............................	1	3
État signalét. des chev. de troupe reçus depuis la dernière inspection	1	6 ch.
Id. Id. d'officiers Id...................	Néant.	»
Id. id. proposés pour être envoyés à l'école de cavalerie comme rétifs, etc.................	Néant.	»
Id. Id. qui sont jugés propres à d'autres armes....	Néant.	»
Id. des juments proposées pour la reproduction.........	1	1 jum.
Id. des cheveux d'officiers proposés pour la réforme, le passage à la troupe, etc...........................	Néant.	»
État nominatif des officiers qui se remontent à leurs frais, avec indication du nombre de chevaux, etc................	1	2
Id. des officiers qui sont remontés au compte de l'État...	1	8
Id. des s.-officiers proposés pour élèves stagiaires d'administration	Néant.	»
Id. Id. proposés pour les fonctions de commissaire de police.................	Néant.	»
Id. Id. proposés pour gardes forestiers ou préposés des douanes................	Néant.	»
Id. des officiers qui demandent des congés de semestre..	1	1
Id. des sous-officiers, brigadiers et soldats qui demandent des congés de semestre......................	1	8
Id. des sous-officiers proposés pour être envoyés à l'école de cavalerie comme élèves instructeurs.........	1	1
Id. des brigadiers Id...........................	1	1
Id. des cavaliers désignés pour être envoyés à l'école de cavalerie comme élèves maréchaux ferrants.......	1	2

A Auch, le   1860.

Le Capitaine,

Nota. D'après ce bordereau, l'escadron n'aurait à établir que trente-trois états, les autres étant négatifs.

Format : N° 3, feuille entière, pour servir de chemise.

Modèle n° 121.

4ᵉ Régiment de hussards.

1ᵉʳ ESCADRON. A.

TABLEAU D'AVANCÈMENT.

NUMÉROS matricules.	NOMS et prénoms.	GRADES.	AGE.	DATE			TITRE sous lequel ils servent	NOTES			Observations.
				de l'entrée au service.	de la dernière promotion.	de la libération.		du capitaine-commandant.	du chef d'escadron.	du lieutenant-colonel.	
	Maréchaux des logis et maréchaux des logis fourriers proposés pour maréchaux des logis chefs.										
	Brigadiers proposés pour maréchaux des logis.										
	Brigadiers proposés pour maréchaux des logis et pour fourriers.										
	Soldats proposés pour brigadiers et pour brigadiers fourriers.										
	Soldats proposés pour brigadiers.										

Auch, le   1860.

Le Capitaine,

Nota. On indiquera dans la colonne d'observations ceux des militaires qui ont été gradés dans d'autres corps. — Le capitaine commandant, après avoir mis ses notes, fera parvenir sous bande ou sous enveloppe le tableau d'avancement au chef d'escadron; celui-ci l'adressera de même au lieutenant-colonel, qui le remettra au colonel après avoir donné ses notes. — On aura soin d'espacer suffisamment les lignes pour qu'il n'y ait pas de confusion dans les notes. — On joindra à l'appui de la proposition une page d'écriture de chaque candidat, écrite sous la dictée du capitaine, et signée de lui au bas, avec cette mention : \ Écrit sous ma dictée.

Le Capitaine,

Format : N° 2, feuille entière. Sur la 1ʳᵉ page, on mettra l'entête; sur les 2ᵉ et 3ᵉ pages, le corps du tableau, et sur la quatrième, la date et la signature du capitaine. On joutera le nombre d'intercalaires nécessaires.

INSPECTION GÉNÉRALE
de 1860.

Modèle n° 122.

4e Régiment de hussards.

1er ESCADRON. **A.**

RENSEIGNEMENTS sur les sous-officiers de l'escadron.

NUMÉROS matricules.	NOMS et prénoms.	GRADES.	AGE.	NOMBRE de chevrons.	DATE			TITRE sous lequel ils sont entrés au service, et celui sous lequel ils servent actuellement.	NOTES			Observations.
					de l'entrée au service.	de la dernière promotion.	de la libération.		du capitaine commandant.	du chef d'escadron.	du lieutenant-colonel.	

A Auch, le   1860.

Le Capitaine,

Nota. Cet état parviendra au colonel de la même manière que le tableau d'avancement.

Format : N° 2, feuille entière ; sur la 1re page, on mettra l'entête ; sur les 2e et 3e pages le corps de l'état, et sur la 4e la date et la signature du capitaine. — On mettra 5 ou 6 cases au plus par page, en ayant soin d'en laisser une en blanc après chaque grade. — En traçant l'état, on ouvrira la case du maréchal des logis chef, celle du fourrier et des autres sous-officiers susceptibles d'obtenir de l'avancement, plus grandes que les autres, afi n de permettre de s'étendre davantage sur les notes.

TARIFS.

Tarif n° 1.

SOLDE du corps des cent-gardes. (Décret du 17 mars 1858.)

GRADES.	SOLDE DE PRÉSENCE			SOLDE D'ABSENCE PAR JOUR		Observations.
	par an.	par mois.	par jour.	en congé.	à l'hôpital.	
	f	f c m	f c m	f c m	f c m	
Commandant du corps. { Colonel...............	10,000	833 33 2	27 77 6	13 88 8	24 77 6	Moyennant la solde qui leur est allouée, les officiers doivent pourvoir à toutes les dépenses de nourriture, d'habillement et de harnachement.
Lieutenant-colonel......	9,000	750 00 0	25 00 0	12 50 0	22 00 0	Néanmoins, en cas d'entrée en campagne, ils reçoivent l'indemnité attribuée à leur grade, ainsi que les vivres en nature.
Chef d'escadron.........	8,000	666 66 6	22 22 2	11 11 1	19 22 2	Le chef du corps touchera par an, à titre de frais de bureau, un supplément de solde de 2,000 fr., au moyen duquel il sera tenu de pourvoir, non-seulement à toutes ses dépenses personnelles pour cet objet, mais aussi à celles du capitaine-major.
Capitaine commandant...............	5,500	458 33 3	15 27 7	7 63 8	13 27 7	
Capitaine adjudant-major............						
Capitaine-major et vétérinaire en premier. }	5,000	416 66 6	13 18 8	6 94 4	11 18 8	
Lieutenant........................						
Médecin aide-major et vétérin. en second. }	4,000	333 33 3	11 11 1	5 55 5	9 61 1	
Sous-lieutenant et aide-vétérin. en premier	3,500	291 66 6	9 72 2	4 86 1	8 47 2	
Adjudant sous-officier	1,800	150 00 0	5 00 0	2 50 0	2 50 0	
Maréchal des logis chef...............	1,600	133 33 3	4 44 4	2 22 2	2 22 2	
Maréchal des logis et maréchal des logis fourrier............................	1,500	125 00 0	4 16 0	2 08 0	2 08 0	
Brigadier	1,300	108 33 3	3 61 1	1 80 5	1 80 5	
Garde et trompette...............	1,000	83 33 3	2 76 7	1 38 3	1 38 3	
Brigadier-trompette...............	1,300	108 33 3	3 61 1	1 80 5	1 80 5	
Brigadier-maréchal	1,000	83 33 3	2 76 7	1 38 3	1 38 3	
Maréchal ferrant..................	800	66 66 6	2 22 2	1 11 1	1 11 1	
Ouvrier tailleur et ouvrier sellier	800	66 66 6	2 22 2	1 11 1	1 11 1	

Tarif n° 2.

SOLDE de l'escadron de gendarmerie de la garde impériale.

(Décret du 12 août 1854, modifié par le décret du 16 mai 1855 et règlement du 11 mai 1856.)

	GRADES.	SOLDE DE PRÉSENCE						SOLDE D'ABSENCE PAR JOUR									Observations.
		par an.	par mois.			par jour.			en congé ou en détention.			à l'hôpital.		à l'hôpital étant en congé.			en captivité.	
		f	f	c	m	f	c	m	f	c	m	c	m	f	c	m	f	c	m	
Officiers..	Chef d'escadron	5,900	491	66	66	16	38	88	8	19	44	13	38	88	5	19	44	8	19	44	
	Capitaine..................	4,375	364	58	33	12	15	27	6	07	63	10	15	27	4	07	63	6	07	63	
	Lieutenant.................	3,300	275	00	00	9	16	66	4	58	33	7	66	66	3	08	33	4	58	33	
	Trésorier . { Lieutenant......	3,600	300	00	00	10	00	00	5	00	00	8	50	00	3	50	00	5	00	00	
	{ Sous-lieutenant..	3,100	258	33	33	8	61	11	4	30	55	7	36	11	3	05	55	4	30	55	
	Sous-lieutenant............	2,800	233	33	33	7	77	77	3	88	88	6	52	77	2	63	88	3	88	88	
Troupe...	Adjudant sous-officier......	1,950	162	50	00	5	41	66	2	70	83	4	21	66	1	50	83	2	70	83	
	Maréchal des logis chef......	1,700	141	66	66	4	72	22	2	36	11	3	57	22	1	21	11	2	36	11	
	Maréchal des logis-fourrier..	1,500	125	00	00	4	16	66	2	08	33	3	06	66	0	98	33	2	08	33	
	Brigadier..................	1,350	112	50	00	3	75	00	1	87	50	2	75	00	0	87	50	1	87	50	
	Gendarme..................	1,150	95	83	33	3	19	44	1	59	72	2	29	44	0	69	72	1	59	72	
	Trompette.................	1,150	95	83	33	3	19	44	1	59	72	2	29	44	0	69	72	1	59	72	
Enfants de troupe.	Avant l'âge de 14 ans.......	»	»			0	62	00	0	31	00	0	44	00	»			»			
	Après l'âge de 14 ans.......	»	»			1	05	00	0	52	50	0	72	00	»			0	52	50	

Tarif n° 3

SOLDE du régiment de gendarmerie de la garde impériale.

OFFICIERS.

GRADES.	SOLDE DE PRÉSENCE			SOLDE D'ABSENCE PAR JOUR				Observations.
	Par an.	Par mois.	Par jour.	en congé ou en détention.	à l'hôpital.	à l'hôpital étant en congé.	en captivité.	
	f	f c m	f c§m	f c m	f c m	f c m	f c m	
État-major. Colonel	8,500	708 33 33	23 61 11	11 80 55	20 61 11	8 80 55	11 80 55	
Lieutenant-colonel	6,800	566 66 66	18 88 88	9 44 44	15 88 88	6 44 44	9 44 44	
Chef d'escadron et major	5,700	475 00 00	15 83 33	7 91 66	12 83 33	4 91 66	7 91 66	
Capitaine { adjudant-major	4,200	350 00 00	11 66 66	5 83 33	9 66 66	3 83 33	5 83 33	
Capitaine { trésorier	4,200	350 00 00	11 66 66	5 83 33	9 66 66	3 83 33	5 83 33	
Lieutenant ou sous-lieutenant / Adjoint au trésorier chargé des détails de l'habillement	»	»	»	»	»	»	»	La solde de son grade.
Lieutenant ou sous-lieutenant porte-aigle	»	»	»	»	»	»	»	La solde de son grade augmentée d'un supplément de 85 fr. par an.
Médecins	»	»	»	»	»	»	»	Suivant le Tarif n° 4.
Chef de musique	2,600	216 66 66	7 22 22	3 61 11	5 97 22	2 36 11	3 61 11	
Compagnies. Capitaine	4,200	350 00 00	11 66 66	5 83 33	9 66 66	3 83 33	5 83 33	
Lieutenant	2,930	244 16 66	8 13 88	4 06 94	6 63 88	2 56 94	4 06 94	
Sous-lieutenant	2,600	216 66 66	7 22 22	3 61 11	5 97 22	2 36 11	3 61 11	

TROUPE.   Tarif modifié par ceux des 16 mai 1855 et 11 mai 1856.

GRADES.	Par an.	Par mois.	Par jour.	en congé ou en détention.	à l'hôpital.	à l'hôpital étant en congé.	en captivité.
Petit état-major. Adjudant sous-officier	1,750	145 83 33	4 86 11	2 43 05	3 66 11	1 23 05	2 43 05
Chef armurier. { de 1re classe	1,500	125 00 00	4 16 66	2 08 33	3 01 66	0 93 33	2 08 33
Chef armurier. { de 2e classe	1,500	125 00 00	4 16 66	2 08 33	3 01 66	0 93 33	2 08 33
Tambour-major	1,500	125 00 00	4 16 66	2 08 33	3 01 66	0 93 33	2 08 33
Sous-chef de musique	1,750	145 83 33	4 86 11	2 43 05	3 66 11	1 23 05	2 43 05
Musiciens { de 1re classe	1,500	125 00 00	4 16 66	2 08 33	3 01 66	0 93 33	2 08 33
Musiciens { de 2e classe	1,300	108 33 33	3 61 11	1 80 55	2 51 11	0 70 55	1 80 55
Musiciens { de 3e classe	1,150	95 83 33	3 19 44	1 59 72	2 19 44	0 59 72	1 56 72
Musiciens { de 4e classe	950	79 16 66	2 63 88	1 31 94	1 73 88	0 41 94	1 31 94
Maréchal des logis chef et vaguemestre	1,500	125 00 00	4 16 66	2 08 33	3 01 66	0 93 33	2 08 33
Maréchal des logis { maître d'escrime	1,300	108 33 33	3 61 11	1 80 55	2 51 11	0 70 55	1 80 55
Maréchal des logis { secrétaire	1,300	108 33 33	3 61 11	1 80 55	2 51 11	0 70 55	1 80 55
Brigadier { secrétaire	1,150	95 83 33	3 19 44	1 59 72	2 19 44	0 59 72	1 56 72
Brigadier { tambour	1,150	95 83 33	3 19 44	1 59 72	2 19 44	0 59 72	1 56 72
Brigadier { sapeur (¹) (ouvrier, conducteur de mulets)	1,150	95 83 33	3 19 44	1 59 72	2 19 44	0 59 72	1 56 72
Brigadier { sapeur (²)	950	79 16 66	88	1 31 94	1 73 88	0 41 94	1 31 94
Gendarme { secrétaire (musicien élève, ouvrier, cond. de mulets)	950	79 16 66	2 63 88	1 31 94	1 73 88	0 41 94	1 31 94
Compagnies. Maréchal des logis chef	1,500	125 00 00	4 16 66	2 08 33	3 01 66	0 93 33	2 08 33
Maréchal des logis et fourrier	1,300	108 33 33	3 61 11	1 80 55	2 51 11	0 70 55	1 80 55
Brigadier	1,150	95 83 33	3 19 44	1 59 72	2 19 44	0 59 72	1 59 72
Gendarme	950	79 16 66	2 63 88	1 31 94	1 73 88	0 41 94	1 31 94
Tambour	950	79 16 66	2 63 88	1 31 94	1 73 88	0 41 94	1 31 94
Élève gendarme	810	67 50 00	2 25 00	1 12 50	1 35 00	0 22 50	1 12 50
Enfants de troupe { avant l'âge de 14 ans	»	»	0 57 00	0 28 50	0 39 00	»	»
Enfants de troupe { après l'âge de 14 ans	»	»	1 00 00	0 50 00	0 67 00	»	0 50 00

(¹-²) Les sapeurs jouiront de la haute paie accordée par le tableau n° 38 du Tarif de solde du 5 décembre 1840.

Tarif n° 4.

SOLDE des régiments de cuirassiers, de dragons, de lanciers, de guides et de chasseurs.

OFFICIERS.

GRADES.	SOLDE DE PRÉSENCE : PAR AN.	PAR MOIS. (f c m)	PAR JOUR : en station ou en campagne. (f c m)	en marche en corps ou en détachement. (f c m)	SOLDE D'ABSENCE PAR JOUR : en semestre ou en congé. (f c m)	à l'hôpital. (f c m)	à l'hôpital étant en semestre ou en congé avec solde. (f c m)	en captivité. (f c m)	Observations.
État-major — Colonel	8,700	725 00 0	24 16 6	29 16 6	12 08 3	24 16 6	9 08 3	12 08 3	(1) La solde de son grade et de sa classe, augmentée, lorsqu'il est en fonctions, d'un supplément de 625f par an (1f 73c 6m par jour) s'il appartient à la 1re cl., ou de 575f (1f 89c 7m par jour), s'il se trouve rangé dans la 2e.
Lieutenant-colonel	6,815	567 91 6	18 93 0	23 93 0	9 46 0	15 93 0	6 46 0	9 46 0	
Chef d'escadron et major	5,800	483 33 3	16 11 1	20 11 1	8 05 5	13 11 1	5 05 5	8 05 5	
Capitaine instructeur (1)	»	»	»	»	»	»	»	»	
Adjudant-major									On la solde de capitaine en premier s'ils y ont droit par leur ancienneté dans ce grade.
Capitaine d'habillement	4,025	335 41 6	11 18 0	14 18 0	5 59 0	9 18 0	3 59 0	5 59 0	
Trésorier									
Officier adjoint au trésorier									La solde de son grade.
Porte-aigle	2,930	244 16 6	8 13 8	10 63 8	4 06 9	6 63 8	2 36 9	3 81 9	
Médecin major, de 1re clas.	6,525	543 75 0	18 12 5	22 12 5	9 06 2	15 12 5	6 06 2	9 06 2	
Médecin major, de 2e clas.	4,900	468 33 3	13 61 1	16 61 1	6 80 5	11 61 1	4 80 5	6 80 5	
Médecin aide-major, de 1re clas.	3,670	305 83 3	10 19 4	12 69 4	5 09 7	8 69 4	3 59 7	5 09 7	
Médecin aide-major, de 2e clas.	3,300	275 00 0	9 16 6	11 66 6	4 58 3	7 66 6	3 08 3	4 58 3	
Vétérinaire principal	5,800	483 33 3	16 11 1	20 11 1	8 05 5	13 11 1	5 05 5	8 05 5	
Vétérinaire, de 1re clas.	4,200	350 00 0	11 66 6	14 66 6	5 83 3	9 66 6	3 83 3	5 83 3	
Vétérinaire, de 2e clas.	3,660	305 09 0	10 16 6	12 66 6	5 08 3	8 66 6	3 58 3	5 08 3	
Aide-vétérinaire	3,300	275 00 0	9 16 6	11 66 6	4 58 3	7 91 6	3 33 3	4 58 3	
Chef de musique	2,750	229 16 6	7 63 8	10 13 8	3 81 9	6 38 8	2 56 9	3 81 9	
Escadrons — Capitaine, en premier	4,375	364 58 3	12 15 2	15 15 2	6 07 6	10 15 2	4 07 6	6 07 6	
Capitaine, en second	4,025	335 41 6	11 18 0	14 18 0	5 59 0	9 18 0	3 39 0	5 59 0	
Lieutenant, en premier	3,300	275 00 0	9 16 6	11 66 6	4 58 3	7 66 6	3 08 3	4 58 3	
Lieutenant, en second	2,930	244 16 6	8 13 8	10 63 8	4 06 9	6 63 8	2 56 9	4 06 9	
Sous-lieutenant	2,750	229 16 6	7 63 8	10 13 8	3 81 9	6 38 8	2 56 9	3 81 9	

TROUPE.

GRADES.	SOLDE DE PRÉSENCE PAR JOUR : avec vivres de campagne ou sans vivres. (f c m)	en station avec le pain seulement. (f c m)	en marche en corps avec le pain. (f c m)	SOLDE D'ABSENCE PAR JOUR : en semestre ou en congé. (f c m)	à l'hôpital. (f c m)	à l'hôpital étant en semestre ou en congé avec solde. (f c m)	Observations.
Petit état-major — Adjudant sous-officier	3 64 5	3 79 5	4 54 5	1 42 7	0 98 5	0 56 6	Décrets des 16 août 1854 et 26 mars 1860.
Chef armurier, de 1re classe	3 64 5	3 79 5	4 54 5	1 42 7	0 98 5	0 56 6	
Chef armurier, de 2e classe	2 03 0	2 18 0	2 68 0	0 70 0	»	»	
Sous-chef de musique	3 64 5	3 79 5	4 54 5	1 42 7	0 98 5	0 56 6	
Musiciens, de 1re classe	2 03 0	2 18 0	2 68 0	0 70 0	»	»	
Musiciens, de 2e classe	1 64 0	1 79 0	2 29 0	0 62 5	»	»	
Musiciens, de 3e classe	0 91 0	1 06 0	1 46 0	0 27 0	»	»	
Musiciens, de 4e classe	0 70 0	0 85 0	1 15 0	0 20 0	»	»	
Brigadier, sapeur	0 91 0	1 06 0	1 46 0	0 27 0	»	»	
Brigadier, trompette	2 03 0	2 18 0	2 58 0	0 67 5	»	»	
Sapeur	0 70 0	0 85 0	1 15 0	0 20 0	»	»	
Escadrons — Maréchal des logis chef	2 03 0	2 18 0	2 68 0	0 70 0	»	»	
Maréchal des logis et fourrier	1 64 0	1 79 0	2 29 0	0 62 5	»	»	
Brigadier-fourrier	1 20 0	1 35 0	1 85 0	0 41 0	»	»	
Brigadier	0 91 0	1 06 0	1 46 0	0 27 0	»	»	
Cavalier	0 70 0	0 85 0	1 15 0	0 20 0	»	»	
Trompette	1 30 0	1 15 0	1 75 0	0 41 2	»	»	
Élève-trompette	0 70 0	0 85 0	1 15 0	0 20 0	»	»	
Enfants de troupe — avant l'âge de 14 ans	»	0 48 0	0 78 0	»	»	»	On la solde de trompette, s'il en fait titulairement le service.
après l'âge de 14 ans	0 70 0	0 85 0	1 15 0	....	....	....	

Les sapeurs ont droit à la haute-paie spéciale déterminée par le tarif du 3 décembre 1840 (Tableau n° 38).

(Tarif du 28 juin 1860.
Journal militaire, p. 743.)

Tarif n° 5.

SOLDE des officiers d'artillerie de la garde impériale.

GRADES ET EMPLOIS.		SOLDE DE PRÉSENCE				SOLDE D'ABSENCE PAR JOUR				Observations.
				PAR JOUR						
		PAR AN.	PAR MOIS.	en station ou en campagne.	en marche en corps ou en détachement.	en congé.	à l'hôpital.	à l'hôpital étant en congé avec solde.	en captivité.	
		f	f c m	f c m	f c m	f c m	f c m	f c m	f c m	
	Colonel	9,475	789 58 3	26 31 9	34 31 9	13 15 9	23 31 9	10 15 9	13 15 9	
	Lieutenant-colonel	7,915	659 58 3	21 98 6	26 98 6	10 99 3	18 98 6	7 99 3	10 99 3	
	Chef d'escadron et major	6,780	565 00 0	18 83 3	22 83 3	9 41 6	15 83 3	6 41 6	9 41 6	
État-major.	Capitaine { instructeur d'équitation et de conduite des voitures. adjudant-major	»	»	»	»	»	»	»	»	La solde de son grade et de sa classe, augmentée, lorsqu'il est en fonctions, d'un supplément de 750f par an (2f 80c 3m par jour) s'il appartient à la 1re cl., ou de 650f (1f 80c 3m par jour) s'il se trouve rangé dans la seconde.
	Lieutenant ou s.-lieutent { trésorier porte-aigle adjoint au trésorier.	»	»	»	»	»	»	»	»	La solde de leur grade et de leur classe.
	Médecin { major aide-major	»	»	»	»	»	»	»	»	
	Vétérinaire { en 1er ou en 2e aide	»	»	»	»	»	»	r	»	Suivant le Tarif n° 4.
Peloton hors rang.	Chef de musique	3,190	265 83 3	8 86 1	11 36 1	4 43 0	7 36 1	2 93 0	4 43 0	
	Capitaine d'habillement	»	»	»	»	»	»	»	»	La solde de son grade et de sa classe.
Batteries et compagnies.	Capitaine { de 1re classe	4,950	442 50 0	13 75 0	16 75 0	6 87 5	11 75 0	4 87 5	6 87 5	
	de 2e classe	4,250	354 16 6	11 80 5	14 80 5	5 90 2	9 80 5	3 90 2	5 90 2	
	Lieutenant { de 1re classe	3,530	294 16 6	9 80 5	12 30 5	4 90 2	8 30 5	3 40 2	4 90 2	
	de 2e cl. ou s.-lieut.	3,190	265 83 3	8 86 1	11 36 1	4 43 0	7 36 1	2 93 0	4 43 0	

Tarif n° 6.

(Tarif du 28 juin 1860.
Journal militaire, p. 743.)

SOLDE des sous-officiers et soldats de la division d'artillerie à pied de la garde impériale.

GRADES ET EMPLOIS.	SOLDE DE PRÉSENCE PAR JOUR						SOLDE D'ABSENCE PAR JOUR						Observations.
	avec vivres de campagne ou sans vivres		en station, avec le pain seulement		en marche en corps avec le pain.		en congé.		à l'hôpital.		à l'hôpital étant en congé avec solde		
	f	c	f	c	f	c	f	c	f	c	f	c	
Batterie à pied. Maréchal des logis chef.............	2	61	2	76	3	26	0	88	»		»		
Maréchal des logis et maréchal des logis fourrier.	1	70	1	85	2	35	0	62	»		»		
Fourrier (non pourvu du grade de sous-officier).	1	60	1	75	2	25	0	52	»		»		
Brigadier...................................	1	22	1	37	1	77	0	35	»		»		
Artificier..................................	1	01	1	16	1	46	0	28	»		»		
Canonnier servant........................	0	86	1	01	1	31	0	23	»		»		
Ouvrier en fer ou en bois.................	0	91	1	06	1	36	0	23	»		»		
Trompette.................................	1	20	1	35	1	65	0	36	»		»		
Enfant de troupe... { avant l'âge de 14 ans.....	»		0	56	0	86	»		»		»		
{ à l'âge de 14 ans........	0	86	1	01	1	31	»		»		»		Ou la solde de trompette, s'il en fait titulairement le service.
Compagnie d'ouvriers pontonniers. Maréchal des logis cnet..............	2	61	2	76	3	26	0	88	»		»		
Maréchal des logis et maréchal des logis fourrier.	1	70	1	85	2	35	0	62	»		»		
Fourrier (non pourvu du grade de sous-officier).	1	60	1	75	2	25	0	52	»		»		
Brigadier...................................	1	48	1	63	2	03	0	44	»		»		
Maître batelier ou ouvrier................	1	28	1	43	1	73	0	36	»		»		
Canonnier-pontonnier...................	0	98	1	13	1	43	0	27			»		
Trompette.................................	1	20	1	35	1	65	0	36	»		»		
Enfant de troupe... { avant l'âge de 14 ans.....	»		0	56	0	86	»		»		»		
{ à l'âge de 14 ans........	0	86	1	01	1	31	»		»		»		Ou la solde de trompette, s'il en fait titulairement le service.

Tarif n° 7.

(Tarif du 28 juin 1860.
Journal militaire, p. 743.)

SOLDE des sous-officiers et soldats du régiment d'artillerie monté de la garde impériale.

GRADES ET EMPLOIS.	SOLDE DE PRÉSENCE PAR JOUR			SOLDE D'ABSENCE PAR JOUR			Observations.
	avec vivres de campagne ou sans vivres.	en station avec le pain seulement	en marche en corps avec le pain.	en congé.	à l'hôpital.	à l'hôpital étant en congé avec solde.	
	f c	f c	f c	f c	f c	f c	
Petit état-major et peloton hors rang.							
Adjudant sous-officier	4 88	5 03	5 78	1 86	1 27	0 68	
Chef artificier	2 81	2 96	3 46	0 98	»	»	
Sous-chef artificier	1 90	2 05	2 55	0 72	»	»	
Sous-chef de musique	4 88	5 03	5 78	1 86	1 27	»	
Musiciens — de 1re classe	2 71	2 86	3 36	0 93	»	»	
de 2e classe	1 80	1 95	2 45	0 67	»	»	
de 3e classe	1 32	1 47	1 87	0 40	»	»	
de 4e classe	0 96	1 11	1 41	0 28	»	»	
Maréchal des logis trompette	2 51	2 66	3 16	0 94	»	»	
Brigadier — trompette	2 03	2 18	2 58	0 67	»	»	
sapeur (1)	1 32	1 47	1 87	0 40	»	»	
maréchal ferrant	1 60	1 75	2 15	0 50	»	»	
Canonnier sapeur (1)	0 96	1 11	1 41	0 28	»	»	
Chef armurier — de 1re classe	4 88	5 03	5 78	0 86	1 27	0 68	
de 2e classe	2 71	2 86	3 36	0 93	»	»	
Maître — tailleur, cordonnier-bottier, sellier-bourrelier	0 86	1 01	1 31	0 23	»	»	Cette solde n'est due qu'aux maîtres ouvriers gagistes ou à ceux qui sont liés au service comme soldats. Lorsque ces derniers passent brigadiers ou maréchaux des logis, après le temps de service exigé, ils reçoivent la solde affectée à ces emplois dans les batteries.
Batteries — Adjudant sous-officier	4 88	5 03	5 78	1 86	1 27	0 68	
Maréchal des logis chef	2 71	2 86	3 36	0 93	»	»	
Maréchal des logis et maréchal des logis fourrier	1 80	1 95	2 45	0 67	»	»	
Fourrier (non pourvu du grade de sous-officier)	1 70	1 85	2 35	0 57	»	»	
Brigadier	1 32	1 47	1 87	0 40	»	»	
Artificier	1 01	1 16	1 46	0 28	»	»	
Canonnier — servant	0 86	1 01	1 31	0 23	»	»	
conducteur	0 96	1 11	1 41	0 28	»	»	
Ouvrier en fer ou en bois	0 91	1 06	1 36	0 23	»	»	
Maréchal ferrant	0 86	1 01	1 31	0 28	»	»	
Bourrelier	0 81	0 96	1 26	0 23	»	»	
Trompette	1 30	1 45	1 75	0 41	»	»	
Enfant de troupe — avant l'âge de 14 ans	»	0 56	0 86	»	»	»	Ou la solde de trompette, s'il en fait titulairement le service
à l'âge de 14 ans	0 86	1 01	1 31	»	»	»	

(1) Les sapeurs ont droit à la haute paie spéciale déterminée par le Tarif du 5 décembre 1840 (Tableau n° 38.)

Tarif n° 8.

(Tarif du 28 juin 1800.
Journal militaire, p. 743.)

SOLDE des sous-officiers et soldats du régiment d'artillerie à cheval de la garde impériale.

	GRADES ET EMPLOIS.	SOLDE DE PRÉSENCE PAR JOUR			SOLDE D'ABSENCE PAR JOUR			Observations.
		avec vivres de campagne ou sous vivres	en station avec le pain seulement	en marche en corps avec le pain.	en congé	à l'hôpital.	à l'hôpital étant en congé avec solde.	
		f c	f c	f c	f c	f c	f c	
Petit état-major et peloton hors rang.	Adjudant-sous-officier	4 88	5 03	5 78	1 86	1 27	0 68	
	Chef artificier	2 81	2 96	3 46	0 98	»	»	
	Sous-chef artificier	1 90	2 05	2 55	0 72	»	»	
	Sous-chef de musique	4 88	5 03	5 78	1 86	1 27	0 68	
	Musiciens de 1re classe	2 71	2 86	3 36	0 93	»	»	
	Musiciens de 2e classe	1 80	1 95	2 45	0 67	»	»	
	Musiciens de 3e classe	1 32	1 47	1 87	0 40	»	»	
	Musiciens de 4e classe	0 96	1 11	1 41	0 28	»	»	
	Maréchal des logis trompette	2 51	2 66	3 16	0 94	»	»	
	Brigadier trompette	2 03	2 18	2 58	0 67	»	»	
	Brigadier sapeur (1)	1 32	1 47	1 87	0 40	»	»	
	Brigadier maréchal ferrant	1 60	1 73	2 15	0 50	»	»	
	Canonnier sapeur (1)	0 96	1 11	1 41	0 28	»	»	
	Chef armurier de 1re classe	4 88	5 03	5 78	1 86	1 27	0 68	
	Chef armurier de 2e classe	2 71	2 86	3 36	0 93	»	»	
	Maître tailleur, cordonnier-bottier (2), sellier-bourrelier	0 86	1 01	1 31	0 23	»	»	
Batteries.	Adjudant sous-officier	4 88	5 03	5 78	1 86	1 27	0 68	
	Maréchal des logis chef	2 71	2 86	3 36	0 98	»	»	
	Maréchal des logis et maréchal des logis fourrier	1 80	1 93	2 45	0 67	»	»	
	Fourrier (non pourvu du grade de sous-officier)	1 70	1 85	2 35	0 57	»	»	
	Brigadier	1 32	1 47	1 87	0 40	»	»	
	Artificier	1 11	1 26	1 58	0 33	»	»	
	Canonnier (servant ou conducteur)	0 96	1 11	1 41	0 28	»	»	
	Ouvrier en fer ou en bois	1 01	1 16	1 46	0 28	»	»	
	Maréchal ferrant	0 86	1 01	1 31	0 28	»	»	
	Bourrelier	0 81	0 96	1 26	0 23	»	»	
	Trompette	1 30	1 45	1 75	0 41	»	»	
Enfant de troupe	avant l'âge de 14 ans (3)	»	0 56	0 86	»	»	»	
	à l'âge de 14 ans (3)	0 96	1 11	1 41	»	»	»	

(1) Les sapeurs ont droit à la haute paie spéciale déterminée par le Tarif du 5 décembre 1840. (Tableau n° 38.)
(2) Cette solde n'est due qu'aux maîtres ouvriers gagistes ou à ceux qui sont liés au service comme soldats. Lorsque ces derniers passent brigadiers et maréchaux des logis, après le temps de service exigé, ils reçoivent la solde affectée à ces emplois dans les batteries.
(3) On la solde de trompette, s'il en fait titulairement le service.

Tarif n° 9.

(Tarif de 28 juin 1860.
Journal militaire, p. 743.)

SOLDE de l'escadron du train d'artillerie de la garde impériale.

OFFICIERS.

GRADES ET EMPLOIS.		SOLDE DE PRÉSENCE				SOLDE D'ABSENCE PAR JOUR				Observations.
		par an.	par mois.	en station ou en campagne.	en marche en corps ou en détachement.	en congé.	à l'hôpital.	à l'hôpital étant en congé avec solde.	en captivité.	
		f c	f c	f c	f c	f c	f c	f c	f c	
État-major..	Chef d'escadron commandant	6,700	565 00 0	18 83 3	22 83 3	9 41 6	15 83 3	6 41 6	9 41 6	
	Capitaine adjudant - major, instructeur d'équitation et de conduite de voitures (¹).	»	»	»	»	»	»	»	»	
	Médecin (²)	»	»	»	»	»	»	»	»	
	Vétérinaire (²)	»	»	»	»	»	»	»	»	
Compagnies.	Capitaine. de 1re classe	4,950	412 50 0	13 75 0	16 75 0	6 87 5	11 75 0	4 87 5	6 87 5	
	Capitaine. de 2e classe	4,250	354 16 6	11 80 5	14 80 5	5 90 2	9 80 5	3 90 2	5 90 2	
	Lieutenant de 1re classe	3,530	294 16 6	9 80 5	12 30 5	4 90 2	8 30 5	3 40 2	4 90 2	
	Lieutenant de 2e classe ou sous-lieutenant	3,190	265 83 3	8 86 1	11 36 1	4 43 0	7 36 1	2 93 0	4 43 0	

(¹) La solde de son grade et de sa classe, augmentée, lorsqu'il est en fonctions, d'un supplément de 750 f. par an (2 f. 08 c. 3 m. par jour), s'il appartient à la 1re classe, ou de 650 fr. (1 f. 80 c. 5 m.), s'il se trouve rangé dans la seconde.
(²) Suivant le tarif n° 4.

SOUS-OFFICIERS ET SOLDATS.

GRADES ET EMPLOIS.	SOLDE DE PRÉSENCE PAR JOUR			SODDE D'ABSENCE PAR JOUR			Observations.
	avec vivres de campagne ou sans vivres.	en station avec le pain seulement	en marche en corps avec le pain.	en congé.	à l'hôpital.	à l'hôpital étant en congé avec solde.	
	f c	f c	f c	f c	f c	f c	
Adjudant sous-officier...........	4 88	5 03	5 78	1 86	1 27	0 68	
Maréchal des logis chef..........	2 71	2 86	3 36	0 93	»	»	
Maréchal des logis et maréchal des logis fourrier.................	1 80	1 95	2 45	0 67	»	»	
Fourrier (non pourvu du grade de sous-officier.................	1 70	1 85	2 35	0 57	»	»	
Brigadier.......................	1 32	1 47	1 87	0 40	»	»	
Cavalier........................	0 96	1 11	1 41	0 28	»	»	
Maréchal ferrant................	0 86	1 01	1 31	0 28	»	»	
Bourrelier......................	0 81	0 96	1 26	0 23	»	»	
Trompette......................	1 30	1 45	1 75	0 41	»	»	
Enfant de troupe { av. l'âge de 14 ans [1]	»	0 56	0 86	»	»	»	
{ à l'âge de 14 ans [1]..	0 96	1 11	1 41	»	»	»	

Compagnies.

[1] Ou la solde de trompette, s'il en fait titulairement le service.

Tarif n° 10.

(Décret du 17 février 1855
Journal militaire, p. 68.)

SOLDE de l'escadron du train des équipages militaires de la garde impériale.

OFFICIERS.

GRADES.	SOLDE DE PRÉSENCE				SOLDE D'ABSENCE PAR JOUR.				Observations.
	PAR AN.	PAR MOIS.	en station ou en campagne.	en marche en corps ou en détachement.	en semestre ou en congé.	à l'hôpital.	à l'hôpital étant en semestre ou en congé avec solde.	en captivité.	
	f	f c m	f c m	f c m	f c m	f c m	f c m	f c m	
État-major.. { Chef d'escadron	6,300	525 00 0	17 50 0	21 50 0	8 75 0	14 50 0	5 75 0	8 75 0	
Capitaine-major (1) / Capitaine instructeur et adjudant-major (1)	4,025	335 41 6	11 18 0	14 18 0	5 59 0	9 18 0	3 59 0	5 59 0	
Lieutenant { trésorier / d'habillement	4,025	335 41 6	11 18 0	14 18 0	5 59 0	9 18 0	3 59 0	(2)	
Sous-lieuten. adjoint au trésorier (3).	»	»	»	»	»	»	»	»	
Médecins (4) / Vétérinaires (4)	»	»	»	»	»	»	»	»	
Compagnies { Capitaine.. { en premier	4,375	364 58 3	12 15 2	15 15 2	6 07 6	10 15 2	4 07 6	6 07 6	
en second	4,025	335 41 6	11 18 0	14 18 0	5 59 0	9 18 0	3 59 0	5 59 0	
Lieutenant { en premier	3,300	275 00 0	9 16 6	11 66 6	4 58 3	7 66 6	3 08 3	4 58 3	
en second	2,930	244 16 6	8 13 8	10 63 8	4 06 9	6 63 8	2 56 9	4 06 9	
Sous-lieutenant	2,805	233 75 0	7 79 1	10 29 1	3 89 5	6 54 1	2 73 5	3 89 5	

(1) Ou la solde de capitaine en premier s'ils y ont droit par leur ancienneté dans ce grade. En outre, la solde de capitaine instructeur est augmentée, lorsqu'il est en fonctions, d'un supplément de 625 fr. par an (1 f. 73 c. 6 m. par jour) s'il appartient à la 1re classe, ou de 575 f. (1 f. 59 c. 7 m. par jour) s'il se trouve rangé dans la seconde.

(2) La moitié de la solde de son grade ou de sa classe. (3) La solde de son grade. (4) Suivant le Tarif n° 4.

GRADES.	SOLDE DE PRÉSENCE PAR JOUR				SOLDE D'ABSENCE PAR JOUR			Observations.
	avec vivres de campagne.	en station avec le pain seulement	en marche en corps avec le pain.	en marche isolément sans vivres.	en semestre ou en congé.	à l'hôpital.	à l'hôpital étant en semestre ou en congé avec solde.	
	f c m	f c m	f c m	f c m	f c m	f c m	f c m	
Petit état-major. Adjudant sous-officier	4 38 0	3 63 0	4 38 0	3 48 0	1 37 5	0 95 0	0 39 1	
Chef armurier. de 1re classe	4 38 0	3 63 0	4 38 0	3 48 0	1 37 5	0 95 0	0 39 1	
de 2e classe	3 52 1	2 81 1	3 31 1	2 66 1	1 03 2	»	»	
Brigadier trompette	2 76 5	1 91 5	2 31 5	1 76 5	0 60 0	»	»	
Compagnies. Maréchal des logis chef	3 52 1	2 81 1	3 31 1	2 66 1	1 03 2	»	»	
Maréchal des logis et maréchal des logis-fourrier	2 23 4	1 90 4	2 40 4	1 75 4	0 67 0	»	»	
Brigadier fourrier	1 94 7	1 69 7	2 19 7	1 54 7	0 53 0	»	»	
Brigadier	1 62 5	1 42 5	1 82 5	1 27 5	0 40 5	»	»	
Soldat	1 12 5	1 06 5	1 36 5	0 91 5	0 28 0	»	»	
Maréchal ferrant, ouvrier en fer et en bois, et bourrelier	1 12 5	1 06 5	1 36 5	0 91 5	0 28 0	»	»	
Trompette	1 35 0	1 50 0	1 80 0	1 35 0	0 42 5	»	»	
Élève-trompette	1 12 5	1 06 5	1 36 5	0 91 5	0 28 0	»	»	
Enfants de troupe.. avant l'âge de 14 ans	»	0 53 0	0 83 0	•	»	»	»	
après l'âge de 14 ans	1 12 5	1 06 5	1 36 5	0 91 5	......	......	......	Ou la solde de trompette, s'il en fait titulairement le service.

Tarif n° 11.

Décret du 11 mai 1856.

SOLDE de la gendarmerie impériale.

GRADES.		PAR AN.	PAR MOIS.	SOLDE DE PRÉSENCE — PAR JOUR — en station.	en marche en détachement.	en campagne avec vivres (¹).	supplément de solde dans Paris	SOLDE D'ABSENCE — PAR JOUR — en congé, en détention ou en captivité.	à l'hôpital.	à l'hôpital étant en congé avec solde.	Observations.
		f	f c m	f c m	f c m	f c m	f c m	f c m	f c m	f c m	
Chef de légion…	Colonel	6,500	541 66 66	18 05 55	23 05 55	21 38 88	3 61 11	9 02 77	15 05 55	6 02 77	(¹) Pour les forces publiques attachés aux armées.
	Lieutenant-colonel	6,000	500 00 00	16 66 66	21 66 66	20 00 00	3 33 33	8 33 33	13 66 66	5 33 33	
Commandant de compagnie	Chef d'escadron	4,500	375 00 00	12 50 00	16 50 00	15 16 66	2 50 00	6 25 00	9 50 00	3 25 00	
	Capitaine	3,000	250 00 00	8 33 33	11 33 33	10 33 33	2 08 33	4 16 66	6 33 33	2 16 66	
Commandant d'arrondissement.	Capitaine	2,700	225 00 00	7 50 00	10 50 00	9 50 00	1 87 50	3 75 00	5 50 00	1 75 00	
	Lieutenant	2,100	175 00 00	5 83 33	8 33 33	7 50 00	1 94 44	2 91 66	4 33 33	1 41 66	
	Sous-lieutenant	1,800	150 00 00	5 00 00	7 50 00	6 66 66	1 66 66	2 50 00	3 75 00	1 25 00	
Trésorier…	Capitaine	3,000	250 00 00	8 33 33	11 33 33	10 83 33	2 08 33	4 16 66	6 33 33	2 16 66	
	Lieutenant	2,400	200 00 00	6 66 66	9 16 66	8 33 33	2 22 22	3 33 33	5 16 66	1 83 33	
	Sous-lieutenant	2,100	175 00 00	5 83 33	8 33 33	7 50 00	1 94 44	2 91 66	4 58 33	1 66 66	
Arme à cheval.	Adjudant-sous-officier	1,536	128 00 00	4 26 66	5 36 66	5 06 66	1 06 66	2 13 33	3 06 66	0 93 33	
	Maréch. des logis chef.	1,286	107 16 66	3 57 22	4 57 22	4 27 22	0 89 16	1 78 61	2 42 22	0 63 61	
	Maréchal des logis	1,136	94 66 66	3 15 55	4 05 55	3 80 55	0 78 88	1 57 77	2 05 55	0 47 77	
	Brigadier	1,036	86 33 33	2 87 77	3 67 77	3 42 77	0 73 33	1 43 88	1 87 77	0 43 88	
	Gendarme	900	75 00 00	2 50 00	3 20 00	2 95 00	0 61 11	1 25 00	1 60 00	0 35 00	
	Elève gendarme	800	66 66 66	2 22 22	2 92 22	2 67 22	0 50 00	1 11 11	1 32 22	0 21 11	
Arme à pied.	Adjudant sous-officier	1,386	115 50 00	3 85 00	4 85 00	4 50 00	0 92 77	1 92 50	2 65 00	0 72 50	
	Maréch. des logis chef.	1,136	94 66 66	3 15 55	4 05 55	3 70 55	ʋ 75 27	1 57 77	2 00 55	0 42 77	
	Maréchal des logis	986	82 16 66	2 73 88	3 58 88	3 23 88	0 65 00	1 36 94	1 63 88	0 26 94	
	Brigadier	886	73 83 33	2 46 11	3 16 11	2 86 11	0 59 44	1 23 05	1 46 11	0 23 05	
	Gendarme	750	62 50 00	2 08 33	2 68 33	2 38 33	0 47 22	1 04 16	1 18 33	0 14 16	
	Elève gendarme	650	54 16 66	1 80 55	2 40 55	2 10 55	0 44 44	0 90 27	0 90 55	»	
Enfants de troupe.	Avant l'âge de 8 ans	»	»	0 35 00	»	»	0 12 50	0 17 50	0 17 00	»	Avant 14 ans, les enfants de troupe n'ont droit à aucune solde en captivité.
	De 8 à 14 ans	»	»	0 35 00	0 55 00	»	0 12 50	0 17 50	0 17 00	»	
	Après l'âge de 14 ans	»	»	0 53 00	0 73 00	0 64 00	0 18 50	0 26 50	0 20 00	»	

Tarif n° 12.

SOLDE de la légion de gendarmerie d'Afrique.

GRADES.		SOLDE DE PRÉSENCE EN ALGÉRIE									SOLDE D'ABSENCE PAR JOUR									Observations.
		PAR AN.	PAR MOIS.			PAR JOUR.				en congé, en détention et en captivité.			à l'hôpital.			à l'hôpital étant en congé avec solde.			
		f	f	c	m	f	c	m		f	c	m	f	c	m	f	c	m	
Chef de légion.	Colonel	7,583	631	91	66	21	06	38		9	02	77	15	05	55	6	02	77	
	Lieutenant-colonel	7,000	533	33	33	19	44	44		8	33	33	13	66	66	5	33	33	
Commandant de compagnie	Chef d'escadron	5,250	437	50	00	14	58	33		6	25	00	9	50	00	3	25	00	
	Capitaine	3,600	300	00	00	10	00	00		4	16	66	6	33	33	2	16	66	
Commandant d'arrondissement.	Capitaine	3,240	270	00	00	9	00	00		3	75	00	5	50	00	1	75	00	
	Lieutenant	2,625	218	75	00	7	29	16		2	96	66	4	33	33	1	46	66	
	Sous-lieutenant	2,250	187	50	00	6	25	00		2	50	00	3	75	00	1	25	00	
Trésorier.	Capitaine	3,600	300	00	00	10	00	00		4	16	66	6	33	33	2	16	66	
	Lieutenant	3,000	250	00	00	8	33	33		3	33	33	5	16	66	1	83	33	
	Sous-lieutenant	2,625	218	75	00	7	29	16		2	96	66	4	58	33	1	71	66	
Arme à cheval.	Adjudant sous-officier	1,686	140	50	00	4	68	33		2	13	33	3	06	66	0	93	33	
	Maréchal des logis chef	1,436	119	66	66	3	98	88		1	78	61	2	42	22	0	63	61	
	Maréchal des logis	1,286	107	16	66	3	57	22		1	57	77	2	05	55	0	47	77	
	Brigadier	1,186	98	83	33	3	29	44		1	43	88	1	87	77	0	43	88	
	Gendarme	1,050	87	50	00	2	91	66		1	25	00	1	60	00	0	35	00	
	Elève gendarme	930	77	50	00	2	58	33		1	11	11	1	32	22	0	21	11	(¹) Ces deux emplois n'existent pas dans l'organisation actuelle de la légion de gendarmerie d'Afrique.
Arme à pied.	Adjudant sous-officier (¹)	1,486	123	83	33	4	12	77		1	92	50	2	65	00	0	72	50	
	Maréchal des logis chef (¹)	1,236	103	00	00	3	43	33		1	57	77	2	00	55	0	42	77	
	Maréchal des logis	1,086	90	50	00	3	01	66		1	36	94	1	63	88	0	26	94	
	Brigadier	986	82	16	66	2	73	88		1	23	05	1	46	11	0	23	05	
	Gendarme	850	70	83	33	2	36	11		1	04	16	1	18	33	0	14	16	
	Elève gendarme	700	58	33	33	1	94	44		0	90	27	0	90	55	»			
Enfants de troupe.	Avant l'âge de 8 ans	»	»			0	40	00		0	17	50	0	17	00	»			
	De 8 à 14 ans	»	»			0	40	00		0	17	50	0	17	00	»			Avant 14 ans, les enfants de troupe n'ont droit à aucune solde en captivité.
	Après l'âge de 14 ans	»	»			0	60	00		0	26	50	0	20	00	»			
Auxiliaires indigènes.	Cavaliers	930	77	50	00	2	58	33		1	29	16	1	68	33	0	39	16	Décret du 3 octobre 1860.
	Fusiliers	700	58	33	33	1	94	44		0	97	22	1	04	44	0	07	22	

Tarif n° 13.

SOLDE de la garde de Paris.

GRADES.	SOLDE DE PRÉSENCE — PAR AN.	PAR MOIS.	PAR JOUR — en station.	PAR JOUR — Supplément de solde dans Paris.	SOLDE D'ABSENCE PAR JOUR — en congé, en détention et en captivité.	à l'hôpital.	à l'hôpital étant en congé avec solde.	Observations.
État-major.	f	f c m	f c m	f c m	f c m	f c m	f c m	
Colonel	6,500	541 66 66	18 05 55	3 61 11	9 02 77	15 05 55	6 02 77	
Lieutenant-colonel. { Infanterie	5,500	458 33 33	15 27 77	3 05 55	7 63 88	12 27 77	4 63 88	
Lieutenant-colonel. { Cavalerie	5,700	475 00 00	15 83 33	3 16 66	7 91 66	12 83 33	4 91 66	
Chef d'escadron. { Infanterie	4,250	354 16 66	11 80 55	2 36 11	5 90 27	8 80 55	2 90 27	
Chef d'escadron. { Cavalerie	4,450	370 83 33	12 36 11	2 47 22	6 18 05	9 36 11	3 18 05	
Major	4,250	354 16 66	11 80 55	2 36 11	5 90 27	8 80 55	2 90 27	
Trésorier (emploi civil)	4,809	400 00 00	13 33 33	3 33 33	6 66 66	11 33 33	4 66 66	
Capitaine adjudant-major. { Infanterie	2,900	241 66 66	8 05 55	2 01 38	4 02 77	6 05 55	2 02 77	
Capitaine adjudant-major. { Cavalerie	3,100	258 83 33	8 61 11	2 15 27	4 30 55	6 61 11	2 30 55	
Officier d'habillement	»	»	»	»	»	»	»	La solde de son grade.
Compagnies d'infanterie.								
Capitaine	2,900	241 66 66	8 05 55	2 01 38	4 02 77	6 05 55	2 02 77	
Lieutenant	2,100	175 00 00	5 83 33	1 94 44	2 91 66	4 33 33	1 41 66	
Sous-lieutenant	1,800	150 00 00	5 00 00	1 66 66	2 50 00	3 75 00	1 25 00	
Escadrons.								
Capitaine	3,100	258 33 33	8 61 11	2 15 27	4 30 55	6 61 11	2 30 55	
Lieutenant	2,254	187 50 00	6 25 00	2 08 33	3 12 50	4 75 00	1 62 50	
Sous-lieutenant	1,950	162 50 00	5 41 66	1 80 55	2 70 83	4 16 66	1 45 83	
Petit état-major.								
Adjudant-s.-officier. { Infanterie	1,386	115 50 00	3 85 00	0 92 77	1 92 50	2 65 00	0 72 50	
Adjudant-s.-officier. { Cavalerie	1,536	128 00 00	4 26 66	1 06 66	2 13 33	3 06 66	0 93 33	
Sous-chef de musique	1,386	115 50 00	3 85 00	0 92 77	1 92 50	2 65 00	0 72 50	
Chef armurier. { de 1re classe	1,386	115 50 00	3 85 00	0 92 77	1 92 50	2 65 00	0 72 50	
Chef armurier. { de 2e classe	1,136	94 66 66	3 15 55	0 75 27	1 57 77	2 00 55	0 42 77	
Musicien de 1re classe	1,136	94 66 66	3 15 55	0 75 27	1 57 77	2 00 53	0 42 77	
Maréchal des logis. { adjoint au trésorier, secrétaire, musicien de 2e clas., tambour	986	82 16 66	2 73 88	0 65 00	1 36 94	1 63 88	0 26 94	
Brigadier. { musicien de 3e clas., tambour	886	73 83 33	2 46 11	0 59 44	1 23 05	1 46 11	0 23 05	
Brigadier. { trompette	1,036	86 33 33	2 87 77	0 73 33	1 43 88	1 87 77	0 43 88	
Garde. { secrétaire, musicien de 4e clas., maître sellier	750	62 50 00	2 08 33	0 47 22	1 04 16	1 18 33	0 14 16	
Compagnies d'infanterie.								
Maréchal des logis chef	1,136	94 66 66	3 15 55	0 75 27	1 57 77	2 00 55	0 42 77	
Maréchal des logis	986	82 16 66	2 73 88	0 65 00	1 36 94	1 63 88	0 26 94	
Maréchal des logis fourrier	986	82 16 66	2 73 88	0 65 00	1 36 94	1 63 88	0 26 94	
Brigadier	886	73 83 33	2 46 11	0 59 44	1 23 05	1 46 11	0 23 05	
Garde	750	62 50 00	2 08 33	0 47 22	1 04 16	1 18 33	0 14 16	
Tambour	750	62 50 00	2 08 33	0 47 22	1 04 16	1 18 33	0 14 16	
Élève-garde	650	54 16 66	1 80 55	0 44 44	0 90 27	0 90 55	»	
Escadrons.								
Maréchal des logis chef	1,186	98 83 33	3 29 44	0 75 27	1 64 72	2 14 44	0 49 72	
Maréchal des logis	1,136	94 66 66	3 15 55	0 78 88	1 57 77	2 05 55	0 47 77	
Maréchal des logis fourrier	1,036	86 33 33	2 87 77	0 65 00	1 43 88	1 77 77	0 33 88	
Brigadier	1,036	86 33 33	2 87 77	0 73 33	1 43 88	1 87 77	0 43 88	
Garde	900	75 00 00	2 50 00	0 61 11	1 25 00	1 60 00	0 35 00	
Trompette	900	75 00 00	2 50 00	0 61 11	1 25 00	1 60 00	0 35 00	
Maréchal ferrant	750	62 50 00	2 08 33	0 47 22	1 04 16	1 18 33	0 14 16	
Élève-garde	800	66 66 66	2 22 22	0 50 00	1 11 11	1 32 22	0 21 11	
Enfants de troupe. { avant l'âge de 8 ans.	»	»	0 35 00	0 12 50	0 17 50	0 17 00	»	Avant 14 ans, les enfants de troupe n'ont droit à aucune solde en captivité.
Enfants de troupe. { de 8 à 14 ans.	»	»	0 35 00	0 12 50	0 17 50	0 17 00	»	
Enfants de troupe. { après l'âge de 14 ans.	»	»	0 53 00	0 18 50	0 26 00	0 20 00	»	

Tarif n° 14.

SOLDE des régiments de carabiniers.

OFFICIERS.

GRADES.	PAR AN. (B)	PAR MOIS.			SOLDE DE PRÉSENCE — PAR JOUR — en station ou en campagne.			en marche en corps ou en détachement.			Supplément de solde dans Paris.			SOLDE D'ABSENCE PAR JOUR — en semestre ou en congé.			à l'hôpital.			à l'hôpital étant en semestre ou en congé avec solde.			en captivité.			Observations.
	f	f	c	m	f	c	m	f	c	m	f	c	m	f	c	m	f	c	m	f	c	m	f	c	m	
Colonel	6,000	500	00	0	16	66	6	21	66	6	3	33	3	8	33	3	13	66	6	5	33	3	8	33	3	(A) La moitié de la solde du grade et de la classe.
Lieutenant-colonel	4,700	391	66	6	13	05	5	18	05	5	2	61	1	6	52	7	10	05	5	3	52	7	6	52	7	
Chef d'escadron ou major	4,000	333	33	3	11	11	1	15	11	1	2	22	2	5	55	5	8	11	1	2	55	5	5	55	5	
Capitaine instructeur	……	…	…	…	…	…	…	…	…	…	…	…	…	…	…	…	…	…	…	…	…	…	…	…	…	La solde de son grade et de sa classe avec le quart en sus quand il est en fonctions.
Adjudant-major																										
Trésorier	2,300	191	66	6	6	38	8	9	38	8	1	59	7	3	19	4	4	38	8	1	94	4	(A)			Ou la solde de capitaine en premier, s'ils y ont droit par leur ancienneté dans ce grade.
Officier d'habillement																										
Officier adjoint au trésorier	……	…	…	…	…	…	…	…	…	…	…	…	…	…	…	…	…	…	…	…	…	…	…	…	…	La solde de son grade et de sa classe.
Porte-étendard	1,600	133	33	3	44	44	4	6	94	4	1	48	1	2	22	2	2	94	4	0	72	2	(A)			
Médecin major. de 1re class.	4,500	375	00	0	12	50	0	16	50	0	2	50	0	6	25	0	9	50	0	3	25	0	6	25	0	
Médecin major. de 2e class.	2,950	245	83	3	8	19	4	11	19	4	2	04	8	4	09	7	6	19	2	2	09	7	4	09	7	
Médecin aide-major. de 1re class.	2,000	166	66	6	5	55	5	8	05	5	1	85	1	2	77	7	4	05	5	1	27	7	2	77	7	
Médecin aide-major. de 2e class.	1,800	150	00	0	5	00	0	7	50	0	1	66	6	2	50	0	3	50	0	1	00	0	2	50	0	
Vétérinaire principal	4,000	333	33	3	11	11	1	15	11	1	2	22	2	5	55	5	8	11	1	2	55	5	5	55	5	
Vétérinaire en premier	2,400	200	00	0	6	66	6	9	66	6	1	66	6	3	33	3	4	66	6	1	33	3	3	33	3	
Vétérinaire en second	2,000	166	66	6	5	55	5	8	05	5	1	85	1	2	77	7	4	05	5	1	27	7	2	77	7	
Aide-vétérinaire	1,800	150	00	0	5	00	0	7	50	0	1	66	6	2	50	0	3	75	0	1	25	0	2	50	0	
Aide-vétérinaire stagiaire	1,200	100	00	0	3	33	3	5	88	3	1	11	1	1	66	6	2	08	3	0	41	6	1	66	6	
Chef de musique	1,500	125	00	0	4	16	6	6	66	6	1	38	8	2	08	3	2	91	6	0	83	3	2	08	3	(B) Les capitaines, lieutenants et sous-lieutenants jouissent d'un supplément de solde de 150 fr. par an, dans toutes les positions de présence ou d'absence donnant droit à une solde d'activité quelconque. (Décision impériale du 12 juillet 1857. — *Journal militaire*, p. 3)
Capitaine en premier	2,500	208	33	3	6	94	4	9	94	4	1	33	6	3	47	2	4	94	4	1	47	2	3	47	2	
Capitaine en second	2,300	191	66	6	6	38	8	9	38	8	1	59	7	3	19	4	4	38	8	1	19	4	3	19	4	
Lieutenant en premier	1,800	150	00	0	5	00	0	7	50	0	1	66	6	2	50	0	3	50	0	1	00	0	2	50	0	
Lieutenant en second	1,600	133	33	3	4	44	4	6	94	4	1	48	1	2	22	2	2	94	4	0	72	2	2	22	2	
Sous-lieutenant	1,500	125	00	0	4	16	6	6	66	6	1	38	8	2	08	3	2	91	6	0	83	3	2	08	3	

Left-hand bracket labels: *État-major.* (Colonel … Aide-vétérinaire stagiaire) — *Escadrons.* (Chef de musique … Sous-lieutenant)

TROUPE.

GRADES.	SOLDE DE PRÉSENCE PAR JOUR				SOLDE D'ABSENCE PAR JOUR			Observations.
	avec vivres de campagne ou sans vivres.	en station avec le pain seulement	en marche en corps avec le pain.	Supplément de solde dans Paris.	en semestre ou en congé.	à l'hôpital.	à l'hôpital étant en semestre ou en congé avec solde.	
	f c m	f c m	f c m	f e m	f c m	f c m	f c m	
Petit état-major. Adjudant sous-officier.........	2 20 0	2 35 0	3 20 0	0 62 8	1 01 0	0 70 6	0 40 0	
Chef {de 1re classe.......	2 20 0	2 35 0	3 20 0	0 62 8	1 01 0	0 70 6	0 40 0	
armurier.{de 2e classe........	1 33 0	1 48 0	1 73 0	0 32 0	0 52 5	»	»	
Sous-chef de musique.........	2 20 0	2 35 0	3 20 0	0 62 8	1 01 0	0 70 6	0 40 0	
Fourrier d'état-major.........	....	....	....	....	....	....	....	La solde do brigadier fourrier.
Maîtres tailleur, bottier, sellier.	0 38 0	0 53 0	0 63 0	0 11 5	0 11 5	....	....	Ou la solde du grade dont ils sont pourvus.
Musicien..{de 1re classe.......	1 33 0	1 48 0	1 73 0	0 32 0	0 52 5	»	»	
{de 2e classe........	1 03 0	1 18 0	1 38 0	0 28 0	0 47 5	»	»	
{de 3e classe........	0 53 0	0 68 0	0 78 0	0 18 5	0 18 5	»	»	
{de 4e classe........	0 38 0	0 53 0	0 63 0	0 11 5	0 11 5	»	»	
Escadrons. Maréchal des logis chef........	1 33 0	1 48 0	1 73 0	0 32 0	0 52 5	»	»	
Maréchal des logis et maréchal des logis fourrier...........	1 03 0	1 18 0	1 38 0	0 28 0	0 47 5	»	»	
Brigadier fourrier	0 73 0	0 88 0	1 08 0	0 20 0	0 27 5	»	»	
Brigadier..................	0 53 0	0 68 0	0 78 0	0 18 5	0 18 5	»	»	
Carabinier{de 1re classe.......	0 43 0	0 58 0	0 68 0	0 14 0	0 14 0	»	»	
{de 2e classe........	0 38 0	0 53 0	0 63 0	0 11 5	0 11 5	»	»	
Trompette..................	0 75 0	0 90 0	1 00 0	0 30 0	0 30 0	»	»	
Élève-trompette.............	0 38 0	0 53 0	0 63 0	0 11 5	0 11 5	»	»	
Enfants {avant l'âge de 14 ans.	»	0 31 5	0 51 5	0 10 7	»	»	»	Ou la solde de trompette, s'ils en font titulairement le service.
de troupe.{à l'âge de 14 ans....	0 38 0	0 53 0	0 63 0	0 11 5	»	»	»	

Tarif n° 45.

SOLDE des régiments de cuirassiers.

OFFICIERS.

GRADES.	PAR AN. (B)	PAR MOIS.	en station ou en campagne.	en marche en corps ou en détachement.	supplément de solde dans Paris.	en semestre ou en congé.	à l'hôpital.	à l'hôpital étant en semestre ou en congé avec solde.	en captivité	Observations.
	f	f c m	f c m	f c m	f c m	f c m	f c m	f c m	f c m	
Colonel	6,000	500 00 0	16 66 6	21 66 6	3 33 3	8 33 3	13 66 6	5 33 3	8 33 3	(A) La moitié de la solde du grade et de la classe.
Lieutenant-colonel	4,700	391 65 6	13 05 5	18 05 5	2 61 1	6 52 7	10 05 5	3 52 7	6 52 7	
Chef d'escadron et major	4,000	333 33 3	11 11 1	15 11 1	2 22 2	5 55 5	8 11 1	2 55 5	5 55 5	
Capitaine instructeur	......	......	......	......	......	......	......	......	......	La solde de son grade et de sa classe, avec le quart en sus, quand il est en fonctions.
Adjudant-major										
Trésorier	2,300	191 66 6	6 38 8	9 38 8	1 59 7	3 19 4	4 38 8	1 19 4	(A)	Ou la solde de capitaine en 1er, s'ils y ont droit par leur ancienneté dans ce grade.
Officier d'habillement										
Officier adj. au trésorier	......	......	......	......	......	......	......	......	......	La solde de son grade et de sa classe.
Porte-étendard	1,600	133 33 3	4 44 4	6 94 4	1 48 1	2 22 2	2 94 4	0 72 2	(A)	
Médecins										
Vétérinaires	......	......	......	......	......	......	......	......	......	Suivant la solde indiquée au Tarif n° 14.
Chef de musique	1,500	125 00 0	4 16 6	6 66 6	1 38 8	2 08 3	2 91 6	0 83 3	2 08 3	(B) Les capitaines, lieutenants et sous-lieutenants jouissent d'un supplément de solde de 150 fr. par an, dans toutes les positions de présence ou d'absence donnant droit à une solde d'activité quelconque. (Déc. imp. du 17 juillet 1857, *J. mil.*, p. 3.)
Capitaine... en premier	2,500	208 33 3	6 94 4	9 94 4	1 73 6	3 47 2	4 94 4	1 47 2	3 47 2	
Capitaine... en second	2,300	191 66 6	6 38 8	9 38 8	1 59 7	3 19 4	4 38 8	1 19 4	3 19 4	
Lieutenant... en premier	1,800	150 00 0	5 00 0	7 50 0	1 66 6	2 50 0	3 50 0	1 00 0	2 50 0	
Lieutenant... en second	1,600	133 33 3	4 44 4	6 94 4	1 48 1	2 22 2	2 94 4	0 72 2	2 22 2	
Sous-lieutenant	1,500	125 00 0	4 16 6	6 66 6	1 38 8	2 08 3	2 91 6	0 83 3	2 08 3	

(Rows Colonel to Vétérinaires bracketed as **État-major**; rows Chef de musique to Sous-lieutenant bracketed as **Escadrons**.)

TROUPE.

GRADES.	SOLDE DE PRÉSENCE PAR JOUR				SOLDE D'ABSÉNCE PAR JOUR			Observations.
	avec vivres de campagne ou sans vivres	en station avec le pain seulement	en marche en corps avec le pain.	supplément de solde dans Paris.	en semestre ou en congé.	à l'hôpital.	à l'hôpital étant en semestre ou en congé avec solde	
	f c m	f c m	f c m	f c m	f c m	f c m	f c m	
Petit état-major.								
Adjudant sous-officier	2 15 0	2 30 0	3 15 0	0 60 8	0 98 5	0 69 0	0 39 5	Ou la solde du grade dont ils sont pourvus.
Chef {de 1re classe	2 15 0	2 30 0	3 15 0	0 60 8	0 98 5	0 69 0	0 39 5	
armurier {de 2e classe	1 28 0	1 43 0	1 68 0	0 30 0	0 50 0	»	»	
Sous-chef de musique	2 15 0	2 30 0	3 15 0	0 60 8	0 98 5	0 69 0	0 39 5	
Brigadier trompette	1 08 0	1 23 0	1 33 0	0 45 0	0 45 0	»	»	
Maîtres tailleur, bottier, sellier	0 33 0	0 48 0	0 58 0	0 09 0	0 09 0	»	»	
Musicien {de 1re classe	1 28 0	1 43 0	1 68 0	0 30 0	0 50 0	»	»	
Musicien {de 2e classe	0 98 0	1 13 0	1 33 0	0 26 0	0 45 0	»	»	
Musicien {de 3e classe	0 48 0	0 63 0	0 73 0	0 16 0	0 16 0	»	»	
Musicien {de 4e classe	0 33 0	0 48 0	0 58 0	0 09 0	0 09 0	»	»	
Escadrons.								
Maréchal des logis chef	1 28 0	1 43 0	1 68 0	0 30 0	0 50 0	»	»	
Maréchal des logis et maréchal des logis fourrier	0 98 0	1 13 0	1 33 0	0 26 0	0 45 0	»	»	
Brigadier fourrier	0 68 0	0 83 0	1 03 0	0 18 0	0 25 0	»	»	
Brigadier	0 48 0	0 63 0	0 73 0	0 16 0	0 16 0	»	»	
Cuirassier {de 1re classe	0 38 0	0 53 0	0 63 0	0 11 5	0 11 5	»	»	
Cuirassier {de 2e classe	0 33 0	0 48 0	0 58 0	0 09 0	0 09 0	»	»	
Trompette	0 70 0	0 85 0	0 95 0	0 27 5	0 27 5	»	»	
Elève trompette	0 33 0	0 48 0	0 58 0	0 09 0	0 09 0	»	»	
Enfant {Avant l'âge de 14 ans de troupe	»	0 29 0	0 49 0	0 09 5	»	»	»	Ou la solde de trompette, s'il en fait titulairement le service.
{A l'âge de 14 ans	0 33 0	0 48 0	0 58 0	0 09 0	»	»	»	

Tarif n° 16.

SOLDE des régiments de dragons, lanciers, chasseurs, hussards et chasseurs d'Afrique.

OFFICIERS.

| GRADES. | PAR AN (B) | PAR MOIS. | | | SOLDE DE PRÉSENCE — PAR JOUR | | | | | | | | | SOLDE D'ABSENCE — PAR JOUR | | | | | | | | | | | | Observations. |
| | | | | | en station ou en campagne. | | | en marche en corps ou en détachement. | | | supplément de solde dans Paris. | | | en semestre ou en congé. | | | à l'hôpital. | | | à l'hôpital étant en semestre ou en congé avec solde. | | | en captivité | | | |
	f	f	c	m	f	c	m	f	c	m	f	c	m	f	c	m	f	c	m	f	c	m	f	c	m	
État-major. Colonel	6,000	500	00	0	16	66	6	21	66	6	3	33	3	8	33	3	13	66	6	5	33	3	8	33	3	(A) La moitié de la solde et de la classe.
Lieutenant-colonel	4,700	391	66	6	13	05	5	18	05	5	2	61	1	6	52	7	10	05	6	3	52	7	6	52	7	
Chef d'escadron et major	4,000	333	33	3	11	11	1	15	11	1	2	22	2	5	55	5	8	11	1	2	55	5	5	55	5	
Capitaine instructeur																										La solde de son grade et de sa classe avec le quart en sus, quand il est en fonctions.
Adjudant-major, Trésorier, Officier d'habillement	2,300	191	66	6	6	38	8	9	38	8	1	59	7	3	19	4	4	38	8	1	94	4	(A)			Ou la solde de capitaine en premier, s'ils y ont droit par leur ancienneté dans ce grade.
Officier adj. au trésorier																										
Porte-étendard	1,600	133	33	3	4	44	4	6	94	4	1	48	1	2	22	2	2	94	4	0	72	2	A)			La solde de son grade et de sa classe.
Médecins, Vétérinaires																										Suivant la solde indiquée au Tarif n° 14.
Escadrons. Chef de musique	1,500	125	00	0	4	16	6	6	66	6	1	38	8	2	08	3	2	91	6	0	83	3	2	08	3	(B) Les capitaines, lieutenants et sous-lieutenants jouissent d'un supplément de solde de 150 fr. par an, dans toutes les positions de présence ou d'absence donnant droit à une solde d'activité quelconque. (Déc. imp. du 12 juillet 1857. *J. mil.,* p. 3.)
Capitaine en premier	2,500	208	33	3	6	94	4	9	94	4	1	73	6	3	47	2	4	94	4	1	47	2	3	47	2	
Capitaine en second	2,300	191	66	6	6	38	8	9	38	8	1	59	7	3	19	4	4	38	8	1	19	4	3	19	4	
Lieutenant en premier	1,800	150	00	0	5	00	0	7	50	0	1	66	6	2	50	0	3	50	0	1	00	0	2	50	0	
Lieutenant en second	1,600	133	33	3	4	44	4	6	94	4	1	48	1	2	22	2	2	94	4	0	72	2	2	22	2	
Sous-lieutenant	1,500	125	00	0	4	16	6	6	66	6	1	38	8	2	08	3	2	91	6	0	83	3	2	08	3	

TROUPE.

ÉRADES.	SOLDE DE PRÉSENCE PAR JOUR				SOLDE D'ABSENCE PAR JOUR			Observations.
	avec vivres de campagne ou sans vivres	en station avec le pain.	en marche en corps avec le pain.	supplément de solde dans Paris.	en semestre ou en congé.	à l'hôpital.	à l'hôpital étant en semestre ou en congé avec solde	
	f c m	f c m	f c m	f c m	f c m	f c m	f c m	
Petit état-major. Adjudant-sous-officier	1 98 0	2 13 0	2 98 0	0 54 0	0 90 0	0 63 0	0 36 0	Ou la solde du grade dont ils sont pourvus.
Chef armurier {de 1re classe	1 98 0	2 13 0	2 98 0	0 54 0	0 90 0	0 63 0	0 36 0	
Chef armurier {de 2e classe	1 16 0	1 31 0	1 56 0	0 25 2	0 44 0	»	»	
Sous-chef de musique	1 98 0	2 13 0	2 98 0	0 54 0	0 90 0	0 63 0	0 36 0	
Brigadier trompette	0 83 0	0 98 0	1 08 0	0 32 5	0 32 5	»	»	
Maîtres tailleur, bottier, sellier	0 28 0	0 43 0	0 53 0	0 06 5	0 06 5	»	»	
Musicien {de 1re classe	1 16 0	1 31 0	1 56 0	0 25 2	0 44 0	»	»	
Musicien {de 2e classe	0 83 0	0 98 0	1 18 0	0 20 0	0 37 5	»	»	
Musicien {de 3e classe	0 43 0	0 58 0	0 68 0	0 13 5	0 13 5	»	»	
Musicien {de 4e classe	0 28 0	0 43 0	0 53 0	0 06 5	0 06 5	»	»	
Escadrons. Maréchal des logis chef	1 16 0	1 31 0	1 56 0	0 25 2	0 44 0	»	»	
Maréchal des logis et maréchal des logis fourrier	0 83 0	0 98 0	1 18 0	0 20 0	0 37 5	»	»	
Brigadier fourrier	0 63 0	0 78 0	0 98 0	0 16 0	0 22 5	»	»	
Brigadier	0 43 0	0 58 0	0 68 0	0 13 5	0 13 5	»	»	
Dragon, chasseur, lancier, hussard {de 1re clas.	0 33 0	0 48 0	0 58 0	0 09 0	0 09 0	»	»	
Dragon, chasseur, lancier, hussard {de 2e clas.	0 28 0	0 43 0	0 53 0	0 06 5	0 06 5	»	»	
Trompette	0 65 0	0 80 0	0 90 0	0 25 0	0 25 0	»	»	
Elève trompette	0 28 0	0 43 0	0 53 0	0 06 5	0 06 5	»	»	Ou la solde de trompette, s'il en fait titulairement le service.
Enfant de troupe {Avant l'âge de 14 ans	»	0 26 5	0 46 5	0 08 0	»	»	»	
Enfant de troupe {A l'âge de 14 ans	0 28 0	0 43 0	0 53 0	0 06 5	»	»	»	

Tarif n° 17.

SOLDE des régiments de spahis.

OFFICIERS.

GRADES.	SOLDE DE PRÉSENCE			SOLDE D'ABSENCE PAR JOUR				Observations.
	PAR AN. (A)	PAR MOIS.	PAR JOUR.	en semestre ou en congé.	à l'hôpital.	à l'hôpital étant en semestre ou en congé.	en captivité.	
	f	f c m	f c m	f c m	f c m	f c m	f c m	
Colonel.	6,000	500 00 0	16 66 6	8 33 3	13 66 6	5 33 3	8 33 3	
Lieutenant colonel.	4,700	391 66 6	13 05 5	6 52 7	10 05 5	3 52 7	6 52 7	
Chef d'escadron et major.	4,000	333 33 3	11 11 1	5 55 5	8 11 1	2 55 5	5 55 5	
Capitaine adjudant-major.								
Capitaine trésorier.	2,300	191 66 6	6 38 8	3 19 4	4 38 8	1 19 4	3 19 4	Ou la solde de capitaine en premier, s'ils y ont droit par leur ancienneté dans ce grade.
Capitaine d'habillement.								
Sous-lieuten^t adjoint au trésorier.	1,500	125 00 0	4 16 6	2 08 3	2 91 6	0 83 3	2 08 3	
Médecins.								
Vétérinaires.	......	......	......	......	......	......	......	Suivant la solde indiquée au Tarif n° 14.
Capitaine... { en premier	2,500	208 33 3	6 94 4	3 47 2	4 94 4	1 47 2	3 47 2	
{ en second	2,300	191 66 6	6 38 8	3 19 4	4 38 8	1 19 4	3 19 4	
Lieutenant.t { en premier	1,800	150 00 0	5 00 0	2 50 0	3 50 0	1 00 0	2 50 0	
{ en second	1,600	133 33 3	4 44 4	2 22 2	2 94 4	0 72 2	2 22 2	
Sous-lieutenant	1,500	125 00 0	4 16 6	2 08 3	2 91 6	0 83 3	2 08 3	

(A) Les capitaines, lieutenants et sous-lieutenants jouissent d'un supplément de solde de 150 fr. par an dans toutes les positions de présence ou d'absence donnant droit à une solde d'activité quelconque. (Décision impériale du 12 juillet 1857. — *Journal militaire*, p. 3.)

TROUPE.

	GRADES.	SOLDE JOURNALIÈRE								Observations.
		DE PRÉSENCE.		DE CONGÉ.		D'HÔPITAL.		D'HÔPITAL étant en congé.		
		français.	indigènes.	français.	indigènes.	français.	indigènes.	français.	indigènes.	
		f c m	f c m	f c m	f c m	f c m	f c m	f c m	f c m	
Petit état-major.	Adjudant sous-officier	2 20 0	»	0 80 0	»	0 53 3	»	0 26 6	»	
	Adjudant vaguemestre	2 20 0	»	0 80 0	»	0 53 3	»	0 26 6	»	
	Trompette-major	1 50 0	»	0 40 0	»	»	»	»	»	
	Brigadier-trompette	1 20 0	»	0 32 5	»	»	»	»	»	
	Trompette	1 00 0	»	0 25 0	»	»	»	»	»	
	Maréchal-ferrant	0 80 0	»	0 06 5	»	»	»	»	»	
	Chef armurier de 1re classe	2 20 0	»	0 80 0	»	0 53 3	»	0 26 6	»	
	Chef armurier de 2e classe	1 50 0	»	0 34 0	»	»	»	»	»	
	Maîtres tailleur, sellier, bottier (¹)	0 50 0	»	0 06 5	»	»	»	»	»	
Peloton hors rang.	Maréchal des logis secrétaire, garde-magasin d'habillement, et chargé des détails de l'écurie	1 20 0	»	0 27 5	»	»	»	»	»	
	Brigadier-fourrier d'état-major	1 10 0	»	0 22 5	»	»	»	»	»	
	Brigadier.. secrétaire	1 00 0	»	0 13 5	»	»	»	»	»	
	Brigadier.. tailleur, bottier, sellier	1 00 0	»	0 13 5	»	»	»	»	»	
	Brigadier.. muletier	1 00 0	»	0 13 5	»	»	»	»	»	
	Spahis.... secrétaire	0 80 0	»	0 06 5	»	»	»	»	»	
	Spahis.... muletier	0 80 0	1 30 0	0 06 5	0 06 5	»	0 80 0	»	»	
	Spahis.... attaché à l'infirm. des chev.	0 80 0	»	0 06 5	»	»	»	»	»	
	Spahis.... ouvriers	0 50 0	»	0 06 5	»	»	»	»	»	
Escadrons.	Maréchal des logis chef	1 50 0	»	0 34 0	»	»	»	»	»	
	Maréchal des logis et maréchal des logis fourrier	1 20 0	1 70 0	0 27 5	0 85 0	»	1 20 0	»	»	
	Brigadier élève-fourrier	1 10 0	»	0 22 5	»	»	»	»	»	
	Brigadier	1 00 0	1 50 0	0 13 5	0 75 0	»	1 00 0	»	»	
	Trompette	1 00 0	1 50 0	0 25 0	0 75 0	»	1 00 0	»	»	
	Maréchal ferrant et spahis	0 80 0	1 30 0	0 65 0	0 65 0	»	0 80 0	»	»	
	Enfant de troupe (²)	»	»	»	»	»	»	»	»	

(¹) S'ils sont liés au service, ils reçoivent, après six mois, la solde de brigadier, et après un an, celle de maréchal des logis.

(²) N'ont droit qu'à l'indemnité représentative des vivres.

Tarif n° 48.

SOLDE des compagnies de cavaliers de remonte.

OFFICIERS.

GRADES.	SOLDE DE PRÉSENCE					SOLDE D'ABSENCE PAR JOUR				Observations.
	PAR AN.	PAR MOIS.	PAR JOUR			en semestre ou en congé.	à l'hôpital.	à l'hôpital étant en semestre ou en congé avec solde	en captivité.	
	(A)		en station ou en campagne.	en marche en corps ou en détachement.	Supplément de solde dans Paris.					
	f	f c m	f c m	f c m	f c m	f c m	f c m	f c m	f c m	
Capitaine..............	2,300	191 66 6	6 38 8	9 38 8	1 59 7	3 19 4	4 38 8	1 19 4	3 19 4	
Lieutenant..............	1,600	133 33 3	4 44 4	6 94 4	1 48 1	2 22 2	2 94 4	0 72 2	2 22 2	
Sous-lieutenant	1,500	125 00 0	4 16 6	6 66 6	1 38 8	2 08 3	2 91 6	0 83 3	2 08 3	

(A) Les capitaines, lieutenants et sous-lieutenants jouissent d'un supplément de solde de 150 fr. par an dans toutes les positions de présence ou d'absence donnant droit à une solde d'activité quelconque. (Décision impériale du 12 juillet 1857. — *Journal militaire*, p. 3.)

TROUPE.

GRADES.	SOLDE DE PRÉSENCE PAR JOUR				SOLDE D'ABSENCE PAR JOUR			Observations.
	avec vivres de campagne ou sans vivres.	en station avec le pain seulement	en marche en corps ou en détachement.	Supplément de solde dans Paris.	en semestre ou en congé.	à l'hôpital.	à l'hôpital étant en semestre ou en congé avec solde.	
	f c m	f c m	f c m	f c m	f c m	f c m	f c m	
Maréchal des logis chef............	1 28 0	1 43 0	1 68 0	0 30 0	0 50 0	»	»	Assimilés pour la solde aux sous-officiers, brigadiers et cavaliers dès régiments de cuirassiers (Ordonnance du 3 février 1843, et décret du 26 février 1852. — *Journal militaire*, p. 136 et 172).
Mar¹ des log. et mar¹ des log. fourrier.	0 98 0	1 13 0	1 33 0	0 26 0	0 45 0	»	»	
Brigadier fourrier.................	0 68 0	0 83 0	1 03 0	0 18 0	0 25 0	»	»	
Brigadier	0 48 0	0 63 0	0 73 0	0 16 0	0 16 0	»	»	
Cavalier.. { de 1ʳᵉ classe	0 38 0	0 53 0	0 63 0	0 11 5	0 11 5	»	»	
{ de 2ᵉ classe	0 33 0	0 48 0	0 58 0	0 09 0	0 09 0	»	»	
Trompette..................	0 70 0	0 85 0	0 95 0	0 27 5	0 27 5	»	»	
Enfant { avant l'âge de 14 ans....	»	0 29 0	0 49 0	0 09 5	»	»	»	
de troupe.{ à l'âge de 14 ans........	0 33 0	0 48 0	0 58 0	0 09 5	»	»	»	

Tarif n° 19.

(Décret impérial du 19 novembre 1860.
Journal militaire, p. 385.)

SOLDE de l'école impériale de cavalerie.

Officier général..........................	La solde de son grade, et un supplément de traitement à titre de frais de représentation et de bureau.
Officiers du cadre constitutif..................	La solde de la 1re classe de leur grade, avec le supplément d'un tiers pour les journées de présence à l'école.
Lieutenant instructeur.......................	La solde de leur grade et de leur classe dans l'arme dont ils font partie, avec le supplément d'un cinquième pour les journées de présence à l'école.
Médecins et vétérinaires du cadre constitutif........	La solde de leur grade et de leur classe, avec le supplément d'un tiers pour les journées de présence à l'école.
Aides vétérinaires stagiaires....................	La solde déterminée par le Tarif du 1er février 1860, avec le supplément d'un cinquième pour les journées de présence à l'école.
Cadre constitutif. { Adjudant sous-officier et sous-chef de musique..........................	
Maréchal des logis chef.........	
Maréchal des logis et fourrier..........	
Musiciens de toutes classes............	La solde de leur grade dans l'arme des cuirassiers, avec le supplément d'un tiers pour les journées de présence à l'école.
Brigadier trompette..................	
Brigadier, prévôt d'armes, maréchal ferrant et arçonnier	
Trompette......................	
Chef armurier...................	La solde de leur grade dans l'arme des cuirassiers.
Maître-ouvrier	
Sous-officiers élèves instructeurs.................	La solde de leur grade dans les carabiniers (ou celle de leur arme si elle est supérieure), avec le supplément d'un cinquième pour les journées de présence à l'école.
Brigadiers élèves instructeurs	La solde de leur grade dans les cuirassiers, ou celle de leur arme si elle est supérieure.
Cavalier de 1re classe, ouvrier..................	
Cavalier de 2e classe ouvrier...................	La solde de cuirassiers de 1re ou de 2e classe.
Élève maréchal ferrant	
Cavalier élève..........................	La solde de cuirassier de 2e classe.
Cavaliers d'ordonnance des lieutenants instructeurs et sous-lieutenants d'instruction................	La solde de leur classe dans les cuirassiers, ou celle de leur arme si elle est supérieure.
Enfants de troupe	Même solde que dans les régiments de cuirassiers.

Nota. Les militaires détachés des régiments de la garde impériale conservent la solde de leur arme; mais le supplément du cinquième qu'ils sont susceptibles de recevoir est calculé sur la solde attribuée à leur grade et à leur classe dans la ligne.

Tarif n° 20.

SUPPLÉMENT à la solde de route pour les distances d'étapes parcourues en un jour en sus de la première.

DÉSIGNATION DES GRADES.	FIXATION du supplément par distance d'étapes.		Observations.
	f	c m	
Colonel et lieutenant-colonel..	2	00 0	
Chef d'escadron, major, médecin major de 1re classe et vétérinaire principal......	1	60 0	
Capitaine, adjudant-major, trésorier, officier d'habillement, médecin major de 2e classe et vétérinaire de 1re classe..	1	20 0	
Lieutenant, sous-lieutenant, médecin aide-major de 1re et de 2e classe, porte-étendard, vétérinaire de 2e classe, aide-vétérinaire et aide-vétérinaire stagiaire......	1	00 0	
Adjudant sous-officier, chef armurier de 1re classe et sous-chef de musique........	0	40 0	
Maréchal des logis chef, chef armurier de 2e classe et musiciens de 1re classe.....	0	16 0	
Maréchal des logis fourrier, maître ouvrier (s'il est sous-officier), musiciens de 2e cl..	0	14 0	
Brigadier, brigadier trompette, musicien de 3e et de 4e classe, soldat, trompette, maître ouvrier (s'il n'est pas sous-officier), enfant de troupe..................	0	10 0	

Tarif n° 24.

(Tarif du 28 juin 1860.
Journal militaire, p. 743.)

SOLDE des officiers des régiments d'artillerie à pied. — Pontonniers. — Montés. — A cheval.

OFFICIERS.

GRADES ET EMPLOIS.	SOLDE DE PRÉSENCE				SOLDE D'ABSENCE PAR JOUR				SUPPLÉMENT de solde dans Paris.	Observations.
	PAR AN.	PAR MOIS.	PAR JOUR en station ou en campagne.	PAR JOUR en marche en corps ou en détachement.	en congé.	à l'hôpital.	à l'hôpital étant en congé avec solde.	en captivité.	Par jour.	
	f	f c m	f c m	f c m	f c m	f c m	f c m	f c m	f c m	
État-major. Colonel	6,750	562 50 0	18 75 0	23 75 0	9 37 5	15 75 0	6 37 5	9 37 5	3 75 0	
Lieutenant-colonel	5,700	475 00 0	15 83 3	20 83 3	7 91 6	12 83 3	4 91 6	7 91 6	3 16 6	
Chef d'escadron et major	4,900	408 33 3	13 61 1	17 61 1	6 80 5	10 61 4	3 80 5	6 80 5	2 72 2	
Capitaine { instructeur d'équitation et de conduite des voitures / adjudant-major / trésorier	»	»	»	»	»	»	»	»	»	La solde de son grade et de sa classe avec le quart en sus, quand il est en fonctions.
Lieutenant ou sous-lieutenant adjoint au trésorier	»	»	»	»	»	»	»	»	»	La solde de leur grade et de leur classe.
Médecin { major / aide-major	»	»	»	»	»	»	»	»	»	
Vétérinaire	»	»	»	»	»	»	»	»	»	Suivant le Tarif n° 14.
Aide-vétérinaire	»	»	»	»	»	»	»	»	»	
Chef de musique	1,850	154 16 6	5 13 8	7 63 8	2 56 9	3 63 8	1 06 9	2 56 9	1 71 2	
Peloton hors rang. Officier d'habillement (capitaine)	»	»	»	»	»	»	»	»	»	
Batteries. Capitaine { de 1re classe	3,000	250 00 0	8 33 3	11 33 3	4 16 6	6 33 3	2 16 6	4 16 6	2 08 3	La solde de son grade et de sa classe.
Capitaine de 2e classe	2,600	216 66 6	7 22 2	10 22 2	3 61 1	5 22 2	1 61 1	3 61 1	1 80 5	
Lieutenant { de 1re classe	2,050	170 33 3	5 69 4	8 19 4	2 84 7	4 19 4	1 34 7	2 84 7	1 89 8	Les capitaines, lieutenants et sous-lieutenants jouissent d'un supplément de solde de 150 fr. par an. (Décision impériale du 12 juillet 1857.)
Lieutenant de 2e classe ou sous-lieutenant	1,850	154 16 6	5 13 8	7 63 8	2 56 9	3 63 8	1 06 9	2 56 9	1 71 2	

Les officiers détachés de leur corps, pour être employés dans les établissements ou places de l'intérieur, n'ont droit qu'à la solde attribuée aux officiers de leur grade et de leur classe dans l'état-major particulier de l'arme. Les lieutenants de 1re ou de 2e cl., dans cette position, sont traités comme ceux des compagnies d'ouvriers d'artillerie.

Tarif n° 22.

(Tarif du 28 juin 1860, Journal militaire, p. 743.)

SOLDE des sous-officiers et soldats des régiments d'artillerie à pied.

GRADES ET EMPLOIS.	SOLDE DE PRÉSENCE PAR JOUR			SOLDE D'ABSENCE PAR JOUR			SUPPLÉMENT de solde dans Paris. — Par jour.	Observations.
	avec vivres de campagne ou sous vivres.	en station avec le pain seulement.	en marche en corps avec le pain.	en congé.	à l'hôpital.	à l'hôpital étant en congé avec solde.		
	f. c.	f. c.	f. c.	f. c.	f. c.	f. c.	f. c.	
Petit état-major et peloton hors rang.								
Adjudant sous-officier	3 00	3 15	4 00	1 41	0 97	0 33	0 94	
Chef artificier	1 82	1 97	2 22	0 77	»	»	0 51	
Sous-chef artificier	1 16	1 31	1 54	0 54	»	»	0 33	
Sous-chef de musique	3 00	3 15	4 00	1 41	0 97	0 53	0 94	
Musiciens — de 1re classe	1 72	1 87	2 12	0 72	»	»	0 47	
Musiciens — de 2e classe	1 06	1 21	1 41	0 49	»	»	0 29	
Musiciens — de 3e classe	0 67	0 82	0 92	0 25	»	»	0 25	
Musiciens — de 4e classe	0 32	0 47	0 57	0 08	»	»	0 08	
Maréchal des logis trompette	1 27	1 42	1 62	0 59	»	»	0 39	
Brigadier trompette	0 88	1 03	1 13	0 35	»	»	0 35	
Chef armurier — de 1re classe	3 00	3 15	4 00	1 41	0 97	0 53	0 94	
Chef armurier — de 2e classe	1 72	1 87	2 12	0 72	»	»	0 47	
Maréchal des logis chargé de l'infirmerie des chevaux	1 16	1 31	1 51	0 54	»	»	0 33	Cette solde n'est due qu'aux maîtres ouvriers magistes ou à ceux qui sont liés au service comme soldats. Lorsque ces derniers passent brigadier et maréchal des logis, après le temps de service exigé, ils reçoivent la solde affectée à ces emplois dans les corps.
Maître — tailleur / cordonnier	0 33	0 48	0 38	0 09	»	»	0 09	
Brigadier maréchal ferrant	0 87	1 09	1 12	0 35	»	»	0 35	
Maréchal ferrant	0 44	0 56	0 66	0 13	»	»	0 13	
Batteries.								
Maréchal des logis chef	1 72	1 87	2 12	0 72	»	»	0 47	
Maréchal des logis et maréchal des logis fourrier	1 06	1 21	1 41	0 49	»	»	0 29	
Fourrier (non pourvu du grade de sous-officier)	0 96	1 11	1 31	0 39	»	»	0 29	
Brigadier	0 67	0 82	0 92	0 25	»	»	0 25	
Artificier	0 51	0 66	0 76	0 13	»	»	0 18	
Canonnier servant — de 1re classe	0 41	0 56	0 66	0 13	»	»	0 13	
Canonnier servant — de 2e classe	0 32	0 47	0 57	0 08	»	»	0 03	
Ouvrier en fer ou en bois	»	»	»	»	»	»	»	La solde de 1er ou de 2e canonnier servant avec un supplément de 3 centimes pour les journées de présence seulement,
Trompette	0 55	0 70	0 80	0 20	»	»	0 20	
Enfant de troupe — avant l'âge de 14 ans	»	0 34	0 54	»	»	»	0 12	On la solde de trompette, s'il en fait titulairement le service.
Enfant de troupe — à l'âge de 14 ans	0 32	0 47	0 57	»	»	»	0 08	

Tarif n° 23.

(Tarif du 23 juin 1860
Journal militaire, p. 743.)

SOLDE des sous-officiers et soldats du régiment des pontonniers.

GRADES ET EMPLOIS.	SOLDE DE PRÉSENCE PAR JOUR			SOLDE D'ABSENCE PAR JOUR			SUPPLÉMENT de solde dans Paris. — Par jour.	Observations.
	avec vivres de campagne ou sans vivres.	en station avec le pain seulement	en marche en corps avec le p-in.	en congé.	à l'hôpital.	à l'hôpital étant en congé avec solde.		
	f c	f c	f c	f c	f c	f c	f c	
Petit état-major et peloton hors rang.								
Adjudant sous-officier	3 00	3 15	4 00	1 41	0 97	0 53	0 94	
Maître { charpentier / forgeron / cordier	1 72	1 87	2 12	0 72	»	»	0 47	
Sous-chef de musique	3 00	3 15	4 00	1 41	0 97	0 53	0 94	
Musiciens de 1re classe	1 72	1 87	2 12	0 72	»	»	0 47	
de 2e classe	1 0	1 21	1 41	0 49	»	»	0 29	
de 3e classe	0 84	0 99	1 09	0 34	»	»	0 34	
de 4e classe	0 40	0 55	0 65	0 12	»	»	0 12	
Maréchal des logis trompette	1 27	1 42	1 62	0 59	»	»	0 39	
Brigadier trompette	0 86	1 03	1 13	0 35	»	»	0 35	
Chef armurier de 1re classe	3 00	3 15	4 00	1 41	0 97	0 53	0 94	
de 2e classe	1 72	1 87	2 12	0 72	»	»	0 47	
Maréchal des logis chargé de l'infirmerie des chevaux	1 16	1 31	1 51	0 54	»	»	0 33	Cette solde n'est due qu'aux maîtres ouvriers ganistes ou à ceux qui sont liés au service comme soldats. Lorsque ces derniers passent brigadier et maréchal des logis, après le temps de service exigé, ils reçoivent la solde affectée à ces emplois dans les compagnies.
Maître { tailleur / cordonnier	0 27	0 42	0 52	0 06	»	»	0 06	
Brigadier maréchal ferrant	0 87	1 02	1 12	0 35	»	»	0 35	
Maréchal ferrant	0 41	0 56	0 66	0 13	»	»	0 13	
Compagnies.								
Maréchal des logis	1 72	1 87	2 12	0 72	»	»	0 47	
Maréchal des logis et maréchal des logis fourrier	1 06	1 21	1 41	0 49	»	»	0 29	
Fourrier (non pourvu du grade de sous-officier)	0 96	1 11	1 31	0 39	»	»	0 29	
Brigadier	0 84	0 99	1 09	0 34	»	»	0 34	
Maître batelier ou ouvrier	0 69	0 84	0 94	0 26	»	»	0 26	
Canonnier-pontonnier de 1re classe	0 49	0 64	0 74	0 17	»	»	0 17	
de 2e classe	0 40	0 55	0 65	0 12	»	»	0 12	
Trompette	0 55	0 70	0 80	0 20	»	»	0 20	
Enfants de troupe avant l'âge de 14 ans	»	0 34	0 54	»	»	»	0 12	
à l'âge de 14 ans	0 32	0 47	0 57	»	»	»	0 08	Ou la solde de trompette, s'il en fait titulairement le service.

Tarif n° 24.

(Tarif du 28 juin 1860.
Journal militaire, p. 743.)

SOLDE des sous-officiers et soldats des régiments d'artillerie montés.

GRADES ET EMPLOIS.	SOLDE DE PRÉSENCE PAR JOUR			SOLDE D'ABSENCE PAR JOUR			SUPPLÉMENT de solde dans Paris. — Par jour.	Observations.
	avec vivres de campagne ou sans vivres.	en station avec le pain seulement.	en marche en corps avec le pain.	en congé.	à l'hôpital.	à l'hôpital étant en congé avec solde.		
	f c	f c	f c	f c	f c	f c	f c	
Petit état-major et peloton hors rang.								
Adjudant sous-officier	3 10	3 25	4 10	1 46	1 00	0 55	0 98	
Chef artificier	1 92	2 07	2 32	0 82	»	»	0 55	
Sous-chef artificier	1 26	1 41	1 61	0 59	»	»	0 37	
Sous-chef de musique	3 10	3 25	4 10	1 46	1 00	0 55	0 98	
Musiciens..de 1re classe	1 82	1 97	2 22	0 77	»	»	0 51	
Musiciens..de 2e classe	1 16	1 31	1 51	0 54	»	»	0 33	
Musiciens..de 3e classe	0 77	0 92	1 02	0 30	»	»	0 30	
Musiciens..de 4e classe	0 42	0 57	0 67	0 13	»	»	0 13	
Maréchal des logis trompette	1 37	1 52	1 72	0 64	»	»	0 43	
Brigadier trompette	0 98	1 13	1 23	0 40	»	»	0 40	
Chef armurier..de 1re classe	3 10	3 25	4 10	1 46	1 00	0 55	0 98	
Chef armurier..de 2e classe	1 82	1 97	2 22	0 77	»	»	0 51	
Maître....{ tailleur / cordonnier-bottier / sellier-bourrelier }	0 33	0 48	0 58	0 09	»	»	0 09	Cette solde n'est due qu'aux maîtres ouvriers gagistes ou à ceux qui sont liés au service comme soldats. Lorsque ces derniers passent comme brigadier et maréchal des logis, après le temps de service exigé, ils reçoivent la solde affectée à ces emplois dans le corps.
Brigadier maréchal ferrant	0 87	1 02	1 12	0 35	»	»	0 35	
Batteries.								
Adjudant sous-officier	3 10	3 25	4 10	1 46	1 00	0 55	0 98	
Maréchal des logis chef	1 82	1 97	2 22	0 77	»	»	0 51	
Maréchal des logis et maréchal des logis fourrier	1 16	1 31	1 51	0 34	»	»	0 33	
Fourrier (non pourvu du grade de sous-officier)	1 06	1 21	1 41	0 44	»	»	0 33	
Brigadier	0 77	0 92	1 02	0 30	»	»	0 30	
Artificier	0 51	0 66	0 76	0 18	»	»	0 18	
Canonnier servant..de 1re classe	0 41	0 56	0 66	0 13	»	»	0 13	
Canonnier servant..de 2e classe	0 32	0 47	0 57	0 08	»	»	0 08	
Canonnier conducteur..de 1re classe	0 51	0 66	0 76	0 18	»	»	0 18	
Canonnier conducteur..de 2e classe	0 42	0 57	0 67	0 13	»	»	0 13	
Ouvrier en fer ou en bois	»	»	»	»	»	»	»	La solde de 1er ou de 2e canonnier servant, avec un supplément de 5 c. pour les journées de présence seulement.
Maréchal ferrant	0 41	0 56	0 66	0 13	»	»	0 18	
Bourrelier	0 41	0 56	0 66	0 13	»	»	0 13	
Trompette	0 65	0 80	0 90	0 25	»	»	0 25	
Enfant de troupe..{ avant l'âge de 14 ans	»	0 34	0 54	»	»	»	0 12	Ou la solde de trompette, s'il en fait titulairement le service.
Enfant de troupe..{ à l'âge de 14 ans	0 32	0 47	0 57	»	»	»	0 08	

Tarif n° 25.

(Tarif du 28 juin 1869.
Journal militaire, p. 743.)

SOLDE des sous-officiers et soldats des régiments d'artillerie à cheval.

Petit état-major et peloton hors rang.

GRADES ET EMPLOIS.	SOLDE DE PRÉSENCE PAR JOUR			SOLDE D'ABSENCE PAR JOUR			SUPPLÉMENT de solde dans Paris. — Par jour.	Observations.
	avec vivres de campagne ou sans vivres	en station avec le pain seulement	en marche en corps avec le pain.	en congé.	à l'hôpital.	à l'hôpital étant en congé avec solde.		
	f c	f c	f c	f c	f c	f c	f c	
Adjudant-sous-officier	3 10	3 25	4 10	1 46	1 00	0 55	0 98	
Chef artificier	1 92	2 07	2 32	0 82	»	»	0 55	
Sous-chef artificier	1 26	1 41	1 61	0 59	»	»	0 37	
Sous-chef de musique	3 10	3 25	4 10	1 46	1 00	0 35	0 98	
Musiciens..{ de 1re classe	1 82	1 97	2 22	0 77	»	»	0 51	
de 2e classe	1 16	1 31	1 51	0 54	»	»	0 33	
de 3e classe	0 77	0 92	1 02	0 30	»	»	0 30	
de 4e classe	0 42	0 57	0 67	0 13	»	»	0 13	
Maréchal des logis trompette	1 37	1 52	1 72	0 64	»	»	0 44	
Brigadier trompette	0 98	1 13	1 23	0 40	»	»	0 40	
Chef armurier..{ de 1re classe	3 10	3 25	4 10	1 46	1 00	0 55	0 98	
de 2e classe	1 82	1 97	2 22	0 77	»	»	0 51	
Maître....{ tailleur / cordonnier-bottier / sellier-bourrelier	0 33	0 48	0 58	0 09	»	»	0 09	Cette solde n'est due qu'aux maîtres ouvriers gagistes ou à ceux qui sont liés au service comme soldats. Lorsque ces derniers passent comme brigadier et maréchal des logis, après le temps de service exigé, ils reçoivent la solde affectée à ces emplois dans le corps.
Brigadier maréchal ferrant	0 87	1 02	1 12	0 35	»	»	0 35	

Batteries.

GRADES ET EMPLOIS.	SOLDE DE PRÉSENCE PAR JOUR			SOLDE D'ABSENCE PAR JOUR			SUPPLÉMENT de solde dans Paris. — Par jour.	Observations.
	avec vivres de campagne ou sans vivres	en station avec le pain seulement	en marche en corps avec le pain.	en congé.	à l'hôpital.	à l'hôpital étant en congé avec solde.		
Adjudant sous-officier	3 10	3 25	4 10	1 46	1 00	0 55	0 98	
Maréchal des logis chef	1 82	1 97	2 22	0 77	»	»	0 51	
Maréchal des logis et maréchal des logis fourrier	1 16	1 31	1 51	0 54	»	»	0 33	
Fourrier (non pourvu du grade de sous-officier)	1 06	1 21	1 41	0 44	»	»	0 35	
Brigadier	0 77	0 92	1 02	0 30	»	»	0 30	
Artificier	0 61	0 76	0 86	0 23	»	»	0 23	
Canonnier servant ou conducteur{ de 1re classe	0 51	0 66	0 76	0 18	»	»	0 18	
de 2e classe	0 43	0 57	0 67	0 13	»	»	0 13	
Ouvrier en fer ou en bois	»	»	»	.	»	»	.	La solde de 1er ou de 2e canonnier servant, avec un supplément de 5 cent. pour les journées de présence seulement.
Maréchal ferrant	0 41	0 36	0 66	0 13	»	»	0 13	
Bourrelier	0 41	0 56	0 66	0 13	»	»	0 13	
Trompette	0 65	0 80	0 90	0 23	»	»	0 23	
Enfant de troupe{ avant l'âge de 14 ans	»	0 34	0 54	»	»	»	0 12	Ou la solde de trompette, s'il en fait titulairement le service.
à l'âge de 14 ans	0 42	0 57	0 67	»	»	»	0 13	

Tarif n° 26.

(Tarif du 28 juin 1860. Journal militaire, p. 743.)

SOLDE des escadrons du train d'artillerie.

OFFICIERS.

GRADES ET EMPLOIS.	SOLDE DE PRÉSENCE				SOLDE D'ABSENCE PAR JOUR				SUPPLÉMENT de solde dans Paris. Par jour.	Observations.
	PAR AN.	PAR MOIS.	PAR JOUR en station ou en campagne.	en marche en corps ou en détachement.	en congé.	à l'hôpital.	à l'hôpital étant en congé avec solde.	en captivité.		
	f	f c m	f c m	f c m	f c m	f c m	f c m	f c m	f c m	
État-major. Chef d'escadron commandant.....	4,900	408 33 3	13 61 1	17 61 1	6 80 5	10 61 1	3 80 5	6 80 5	2 72 2	La solde de son grade et de sa classe.
Capitaine-major.................	»	»	»	»	»	»	»	»	»	La solde de son grade et de sa classe.
Capitaine adjudant-major instructeur d'équitation et de conduite des voitures...............	»	»	»	»	»	»	»	»	»	La solde de son grade et de sa classe, avec le quart en sus quand il est en fonctions.
Trésorier.......	2,600	216 66 6	7 22 2	10 22 2	3 61 1	5 22 2	1 61 1	3 61 1	1 80 5	La solde de capitaine de 1re cl. s'il y a droit par son ancienneté dans ce grade.
Médecin... { major.......... / aide-major	»	»	»	»	»	»	»	»	»	
Vétérinaire...............	»	»	»	»	»	»	»	»	»	Suivant le Tarif n° 14.
Aide-vétérinaire...........	»	»	»	»	»	»	»	»	»	
Peloton hors rang. Offic. d'habillement.	2,600	216 66 6	7 22 2	10 22 2	3 61 1	5 22 2	1 61 1	3 61 1	1 80 5	
Compagnies. Capitaine.. { de 1re classe	3,000	250 00 0	8 33 3	11 33 3	4 16 6	6 33 3	2 16 6	4 16 6	2 08 3	Les capitaines, lieutenants et sous-lieuten. jouissent d'un supplément de solde de 150 f. par an. (Décision impériale du 12 juillet 1857.)
de 2e classe..........	2,600	216 66 6	7 22 2	10 22 2	3 61 1	5 22 2	1 61 1	3 61 1	1 80 5	
Lieutenant { de 1re classe	2,050	170 83 3	5 69 4	8 19 4	2 84 7	4 19 4	1 34 7	2 84 7	1 89 8	
de 2e classe ou sous-lieutenant........	1,850	154 16 6	5 13 8	7 63 8	2 56 9	3 63 8	1 06 9	2 56 9	1 71 2	

SOUS-OFFICIERS ET SOLDATS.

Petit état-major peloton hors rang et compagnies.

GRADES ET EMPLOIS.	SOLDE DE PRÉSENCE PAR JOUR			SOLDE D'ABSENCE PAR JOUR			SUPPLÉMENT de solde dans Paris. — Par jour.	Observations.
	avec vivres de campagne ou sans vivres.	en station avec le pain seulement	en marche en corps avec le pain.	en congé.	à l'hôpital.	à l'hôpital étant en congé avec solde.		
	f c	f c	f c	f c	f c	f c	f c	
Adjudant sous-officier..........	3 10	3 25	4 10	1 46	1 00	0 55	0 98	
Brigadier trompette	0 93	1 13	1 23	0 40	»	»	0 40	
Chef {de 1re classe........	3 10	3 25	4 10	1 46	1 00	0 55	0 98	
armurier..{de 2e classe	1 82	1 97	2 22	0 77	»	»	0 51	
Maréchal des logis chef..........	1 82	1 97	2 22	0 77	»	»	0 51	
Maréchal des logis et maréchal des logis fourrier	1 16	1 31	1 51	0 54	»	»	0 33	
Fourrier (non pourvu du grade de sous-officier	1 06	1 21	1 41	0 44	»	»	0 33	
Brigadier..............	0 77	0 92	1 02	0 30	»	»	0 30	
Cavalier...{de 1re classe........	0 51	0 66	0 76	0 18	»	»	0 18	
{de 2e classe	0 42	0 57	0 67	0 13	»	»	0 13	
Maréchal ferrant..............	0 41	0 56	0 66	0 13	»	»	0 13	
Bourrelier..............	0 41	0 56	0 66	0 13	»	»	0 13	
Trompette..............	0 65	0 80	0 90	0 25	»	»	0 25	
Enfant {avant l'âge de 14 ans..	»	0 34	0 54	»	»	»	0 12	
de troupe {à l'âge de 14 ans (1)...	0 42	0 57	0 67	»	»	»	0 13	

(1) Ou la solde de trompette, s'il en fait titulairement le service.

Tarif n° 27.

(Tarif du 28 juin 1860.
Journal militaire, p. 743.)

SOLDE des compagnies d'ouvriers et d'armuriers d'artillerie.

OFFICIERS.

GRADES ET EMPLOIS.	SOLDE DE PRÉSENCE				SOLDE D'ABSENCE PAR JOUR				SUPPLÉMENT de solde dans Paris. Par jour.	Observations.
	par an.	par mois.	en station ou en campagne.	en marche en corps ou en détachement.	en congé.	à l'hôpital.	à l'hôpital étant en congé avec solde.	en captivité.		
	f	f c m	f c m	f c m	f c m	f c m	f c m	f c m	f c m	
Capitaine. de 1re classe.........	2,800	233 33 3	7 77 7	10 77 7	3 88 8	5 77 7	4 88 8	3 88 8	1 94 4	Les capitaines, lieutenants et sous-lieutenants jouissent d'un supplément de solde de 150 f. par an. (Décision imp. du 12 juill. 1857.)
de 2e classe	2,400	200 00 0	6 66 6	9 66 6	3 33 3	4 66 6	1 33 3	3 33 3	1 66 6	
Lieutenant de 1re classe.........	1,850	154 16 6	5 13 8	7 63 8	2 56 9	3 63 8	1 06 9	2 56 9	1 71 2	
de 2e classe ou sous-lieutenant.........	1,650	137 50 0	4 58 3	7 08 3	2 29 1	3 08 3	0 79 1	2 29 1	1 52 7	

SOUS-OFFICIERS ET SOLDATS.

GRADES ET EMPLOIS	SOLDE DE PRÉSENCE PAR JOUR			SOLDE D'ABSENCE PAR JOUR			SUPPLÉMENT de solde dans Paris. — Par jour.	Observations.
	avec vivres de campagne ou sans vivres	en station avec le pain seulement	en marche en corps avec le pain.	en congé.	à l'hôpital.	à l'hôpital étant en congé avec solde		
	f c	f c	f c	f c	f c	f c	f c	
Maréchal des logis chef....................	2 07	2 22	2 47	0 89	»	»	0 61	
Maréchal des logis et maréchal des logis fourrier........................	1 06	1 21	1 41	0 49	»	»	0 29	
Fourrier (non pourvu du grade de sous-officier)........................	0 96	1 11	1 31	0 39	»	»	0 29	
Brigadier........................	0 84	0 99	1 09	0 34	»	»	0 34	
Maître ouvrier........................	0 79	0 94	1 04	0 31	»	»	0 31	
Canonnier ouvrier ou armurier... { de 1re classe...........	0 68	0 83	0 93	0 26	»	»	0 26	
de 2e classe	0 53	0 68	0 78	0 19	»	»	0 19	
de 3e classe	0 43	0 58	0 68	0 14	»	»	0 14	
Trompette........................	0 53	0 68	0 78	0 14	»	»	0 14	
Enfant de troupe. { avant l'âge de 14 ans....	»	0 34	0 54	»	»	»	0 12	(¹) Ou la solde de trompette, s'il en fait titulairement le service.
à l'âge de 14 ans (¹).....	0 32	0 47	0 57	»	»	»	0 08	

Tarif n° 28.

SOLDE des escadrons du train des équipages militaires.

OFFICIERS.

Valeurs exprimées en f c m (francs, centimes, millimes).

GRADES.	PAR AN. (B)	SOLDE DE PRÉSENCE — PAR MOIS.	SOLDE DE PRÉSENCE — PAR JOUR : en station ou en campagne.	SOLDE DE PRÉSENCE — PAR JOUR : en marche ou en détachement	SOLDE DE PRÉSENCE — PAR JOUR : supplément de solde dans Paris.	SOLDE D'ABSENCE PAR JOUR : en semestre ou en congé.	SOLDE D'ABSENCE PAR JOUR : à l'hôpital.	SOLDE D'ABSENCE PAR JOUR : à l'hôpital étant en semestre ou en congé avec solde.	SOLDE D'ABSENCE PAR JOUR : en captivité	Observations.
État-major. Lieutenant-colonel	5,300	444 66 6	14 72 2	19 72 2	2 94 4	7 36 1	11 72 2	4 36 1	7 36 1	(A) La moitié de la solde du grade et de la classe.
Chef d'escadron	4,500	375 00 0	12 50 0	16 50 0	2 50 0	6 25 0	9 50 0	3 25 0	6 25 0	
Capitaine-major										
Trésorier (capitaine, lieutenant ou sous-lieutenant)	2,300	191 66 6	6 38 8	9 38 8	1 59 7	3 19 4	4 38 8	1 19 4	(A)	Ou la solde de capitaine en 1er, s'ils y ont droit par leur ancienneté dans ce grade.
Officier d'habillement (capitaine, lieuten. ou s.-lieuten.)										
Lieutenant instructeur chargé des fonctions d'adjud.-major.	......	......	......	......	......	......	......	......	......	La solde de son grade et de sa classe, avec quart en sus quand il est en fonctions.
Adjoint au trésorier	......	......	......	......	......	......	......	......	......	La solde de son grade et de sa classe.
Officier de santé	......	......	......	......	......	......	......	......	......	
Vétérinaire	......	......	......	......	......	......	......	......	......	Suivant la solde indiquée au Tarif n° 14.
Compagnies. Capitaine { en premier	2,500	208 33 3	6 94 4	9 94 4	1 73 6	3 47 2	4 94 4	1 47 2	3 47 2	(B) Les capitaines, lieutenants et sous-lieutenants jouissent d'un supplément de solde de 150 fr. par an, dans toutes les positions de présence ou d'absence donnant droit à une solde d'activité quelconque. (Décr imp^{le} du 12 juillet 1857. Journ. milit., p. 3.)
Capitaine { en second	2,300	191 66 6	6 38 1	9 38 8	1 59 7	3 19 4	4 38 8	1 19 4	3 19 4	
Lieutenant { en premier	1,850	154 16 6	5 13 8	7 63 8	1 74 2	2 56 9	3 63 8	1 06 9	2 56 9	
Lieutenant { en second	1,650	137 50 0	4 58 3	7 08 3	1 52 7	2 29 1	3 08 3	0 79 1	2 29 1	
Sous-lieutenant	1,600	133 33 3	4 44 4	6 94 4	1 48 1	2 22 2	3 19 4	0 97 2	2 22 2	

TROUPE.

GRADES.	SOLDE DE PRÉSENCE PAR JOUR					SOLDE D'ABSENCE PAR JOUR			Observations.
	avec vivres de campagne	en station avec le pain seulement	en marche en corps avec le pain.	en marche isolément sans vivres.	supplément de solde dans Paris.	en semestre ou en congé.	à l'hôpital.	à l'hôpital étant en semestre ou en congé avec solde.	
	f c m	f c m	f c m	f c m	f o m	f c m	f c m	f c m	
Petit état-major — Adjudant sous-officier	2 88 0	2 13 0	3 13 0	1 98 0	0 70 0	0 97 0	0 68 3	0 39 1	Ou la solde du grade dont ils sont pourvus.
Maréchal des logis trompette	2 18 0	1 73 0	1 93 0	1 58 0	0 42 0	0 65 0	»	»	
Brigadier trompette	1 98 0	1 13 0	1 38 0	0 98 0	0 46 0	0 47 5			
Chef armurier, de 1re classe	2 88 0	2 13 0	3 13 0	1 98 0	0 70 0	0 97 0	0 68 3	0 39 1	
Chef armurier, de 2e classe	2 53 0	1 82 0	2 22 0	1 67 0	0 61 6	0 77 0	»	»	
Maître tailleur, bottier, sellier, bourrelier	1 03 0	0 48 0	0 58 0	0 33 0	0 19 0	0 09 0	»	»	
Compagnies. — Maréchal des logis chef	2 53 0	1 82 0	2 22 0	1 67 0	0 61 6	0 77 0	»	»	
Maréchal des logis et maréchal des logis fourrier	1 49 0	1 16 0	1 51 0	1 01 0	0 43 2	0 54 0	»	»	
Brigadier-fourrier	1 22 0	0 97 0	1 27 0	0 82 0	0 41 5	0 40 0	»	»	
Brigadier	0 97 0	0 77 0	1 02 0	0 62 0	0 40 6	0 30 5	»	»	
Soldats, de 1re classe	0 57 0	0 51 0	0 76 0	0 36 0	0 28 0	0 18 0	»	»	
Soldats, de 2e classe	0 51 0	0 45 0	0 70 0	0 30 0	0 25 0	0 15 0	»	»	
Maréchal ferrant, Sellier, bourrelier, Forgeron, charron	0 57 0	0 51 0	0 76 0	0 36 0	0 28 0	0 18 0	»	»	
Trompette	0 65 0	0 80 0	1 05 0	0 65 0	0 42 5	0 32 5	»	»	
Élève trompette	0 51 0	0 45 0	0 70 0	0 30 0	0 25 0	0 15 0	»	»	
Enfants de troupe, avant l'âge de 14 ans	»	0 30 0	0 55 0	»	0 12 5	»	»	»	
Enfants de troupe, à l'âge de 14 ans	0 51 0	0 45 0	0 70 0	0 30 0	0 25 0	»	»	»	Ou la solde de trompette, s'il en fait titulairement le service.

Tarif n° 29.

SOLDE des compagnies d'ouvriers constructeurs des équipages militaires.

—

OFFICIERS.

GRADES.		PAR AN.	SOLDE DE PRÉSENCE				SOLDE D'ABSENCE PAR JOUR			Observations.
			PAR MOIS.	PAR JOUR			en semestre ou en congé et en captivité.	à l'hôpital.	à l'hôpital étant en semestre ou en congé avec so.de.	
				en station ou en campagne.	en marche en corps ou en détachement.	supplément de solde dans Paris.				
		f	f c m	f c m	f c m	f c m	f c m	f c m	f c m	
Capitaine...	en premier........	2,500	208 33 3	6 94 4	9 94 4	1 73 6	3 47 2	4 94 4	1 47 2	Les capitaines, lieutenants et sous-lieutenants jouiss-nt du supplément de solde de 150 fr. indiqué au Tarif n° 28.
	en second........	2,300	191 66 6	6 38 8	9 38 8	1 59 7	3 19 4	4 38 8	1 19 4	
Lieutenant...	en premier........	1,850	154 15 6	5 13 8	7 63 8	1 71 2	2 56 9	3 63 8	1 06 9	
	en second........	1,650	167 50 0	4 58 3	7 08 3	1 52 7	2 29 1	3 08 2	1 79 1	
Sous-lieutenant..............		1,600	133 33 3	4 44 4	6 94 4	1 48 1	2 22 2	3 19 4	0 97 2	Les sous-lieutenants employés comme lieutenants en second reçoivent la solde du grade dont ils remplissent les fonctions.

SOUS-OFFICIERS ET SOLDATS.

GRADES.	SOLDE DE PRÉSENCE PAR JOUR				SOLDE D'ABSENCE PAR JOUR			Observations.
	avec vivres de campagne ou sans vivres	en station avec le pain seulement	en marche en corps avec le pain.	supplément de solde dans Paris.	en semestre ou en congé.	à l'hôpital.	à l'hôpital étant en semestre ou en congé avec solde.	
	f c m	f c m	f c m	f c m	f c m	f c m	f c m	
Sergent-major..................	2 07 0	2 22 0	2 47 0	0 61 6	0 89 5	»	»	
Sergent et sergent fourrier.........	1 06 0	1 21 0	1 41 0	0 29 2	0 49 0	»	»	
Fourrier......................	0 96 0	1 11 1	1 31 0	0 29 2	0 39 0	»	»	
Caporal......................	0 84 0	0 99 0	1 09 0	0 34 0	0 34 0	»	»	
Maître ouvrier.................	0 79 0	0 94 0	1 04 1	0 31 5	0 31 0	»	»	
Ouvriers.... de 1re classe.........	0 68 0	0 83 0	0 93 0	0 26 5	0 26 5	»	»	
de 2e classe.........	0 53 0	0 68 0	0 78 0	0 19 0	0 19 0	»	»	
de 3e classe.........	0 43 0	0 58 0	0 68 0	0 14 0	0 14 0	»	»	
Tambour.....................	0 41 0	0 58 0	0 60 0	0 08 0	0 08 0	0 10 0	»	
Clairon......................	0 53 0	0 68 0	0 78 0	0 14 0	0 14 0	0 10 0	»	
Enfant de troupe { avant l'âge de 14 ans..	»	0 34 2	0 54 0	0 12 0	»	«	»	
à l'âge de 14 ans......	0 31 0	0 46 0	0 56 0	0 08 0	»	»	»	

Tarif n° 30.

HAUTES PAIES.

	NOMBRE de chevrons.	FIXATION JOURNALIÈRE. CAVALERIE et armes spéciales.		Observations.
		Sous-officiers.	Brigadiers et soldats.	
		f c m	f c m	
Haute paie pour ancienneté de service. { après 7 ans............	1	0 15 0	0 12 0	
après 11 ans............	2	0 20 0	0 15 0	
après 15 ans............	3	0 25 0	0 20 0	
Haute paie au brigadier sapeur et au sapeur (garde imp^le)..		0 05 0		

Tarif n° 34.

INDEMNITÉ de transport et indemnité de route.

DÉSIGNATION DES GRADES.	SOMMES A PAYER.			Observations.
	INDEMNITÉ DE TRANSPORT par kilomètre		INDEMNITÉ de route par journée passée en route, ou par étape et par séjour.	
	sur les routes ordinaires.	sur les voies ferrées.		
	f c m	f c m	f c m	
Colonel, lieutenant-colonel et médecin major de 1re classe................	0 16 0	0 04 0	5 00 0	Sur les lignes où les militaires ne jouissent pas de la faveur de la réduction des trois quarts du Tarif, les officiers supérieurs on droit à 0 fr. 07 c. par kil., et les offic. subalternes, à 0f. 05 c. 4 m.
Chef d'escadron, major et vétérinaire principal................	0 16 0	0 04 0	4 00 0	
Capitaine, médecin major de 2e classe, vétérinaire de 1re et de 2e classe........	0 14 0	0 03 5	3 00 0	
Lieutenant, sous-lieutenant, chef de musique, médecin aide-major de 1re et de 2e classe, aide-vétérinaire................	0 14 0	0 03 5	2 50 0	
Adjudant sous-officier, chef armurier de 1re classe, sous-chef de musique................			1 50 0	
Maréchal des logis chef, chef armurier de 2e cl., maréchal des logis fourrier, musiciens de 1re et de 2e cl.			1 25 0	
Brigadier élève fourrier, brigadier, cavalier, trompette, musiciens de 3e et de 4e classe................			1 00 0	
Enfant de troupe, blanchisseuse-vivandière................			1 00 0	
Veuve, ou à défaut, enfant unique ou aîné des orphelins................			l'indemnité du défunt.	
Chaque orphelin voyageant avec sa mère ou avec son aîné................			1 00 0	

Nota. Les brigadiers fourriers, voyageant pour cause de service, reçoivent l'indemnité accordée aux maréchaux des logis ; mais ils sont traités comme brigadiers lorsqu'ils quittent leur corps par congé, réforme ou libération. Les maîtres ouvriers sont traités comme maréchaux des logis.

Tarif n° 32.

INDEMNITÉS de logement et d'ameublement.

GRADES.	FIXATION DE L'INDEMNITÉ						Observervations.
	DE LOGEMENT			D'AMEUBLEMENT			
	par an.	par mois.	par jour.	par an.	par mois.	par jour.	
	f	f	f c m	f	f c m	f c m	
En France.							
Colonel..................	960	80	2 66 6	320	26 66 6	0 88 8	
Lieutenant-colonel..........	840	70	2 33 3	280	23 33 3	0 77 7	
Chef d'escadron, major, médecin–major de 1re classe, vétérinaire principal............	720	60	2 00 0	240	20 00 0	0 66 6	
Trésorier.......... Indemnité personnelle.	360	30	1 00 0	180	15 00 0	0 50 0	
Indemnité pour l'emplacement du bureau (¹).	216	18	0 60 0	108	9 00 0	0 30 0	Celle de son grade.
Officier payeur en fonctions près d'une portion de corps...... Indemnité personnelle.	......	......	......	......	......	......	
Indemnité pour l'emplacement du bureau (¹).	120	10	0 33 3	60	5 00 0	0 16 6	(¹) En cas d'absence des trésoriers, officiers payeurs et officiers d'habillement titulaires, leurs suppléants reçoivent cette portion d'indemnité avec l'indemnité de logement de leur grade.
Officier d'habillement. Indemnité personnelle.	360	30	1 00 0	180	15 00 0	0 50 0	
Indemnité pour l'emplacement du bureau (¹).	120	10	0 33 3	60	5 00 0	0 16 6	
Capitaine, adjudant-major, médecin · major de 2e classe, médecin aide-major de 1re et d 2e classe, vétérinaire de 1re classe..........	360	30	1 00 0	180	15 00 0	0 50 0	
Lieutenant, sous-lieutenant, chef de musique, vétérinaire de 2e classe, aide-vétérinaire....	240	20	0 66 6	120	10 00 0	0 33 3	
En Algérie.							
Colonel..................	960	80	2 66 6	300	25 00 0	0 83 3	
Lieutenant-colonel..........	840	70	2 33 3	300	25 00 0	0 83 3	
Chef d'escadron, major, médecin–major de 1re classe, vétérinaire principal............	720	60	2 00 0	300	25 00 0	0 83 3	Les officiers et employés militaires conservent, pendant la durée des expéditions auxquelles ils prennent part, l'indemnité de logement et d'ameublement dont ils jouissaient au moment de leur départ. La même règle est applicable à ceux qui sont chargés d'une mission temporaire en Algérie.
Capitaine, médecin-major de 2e classe, médecin aide-major de 1re et de 2e classe, vétérinaire de 1re classe.........	420	35	1 16 6	180	15 00 0	0 50 0	
Lieutenant, sous-lieutenant, chef de musique, vétérinaire de 2e classe, aide-vétérinaire....	300	25	0 83 3	180	15 00 0	0 50 0	

Nota. Les indemnités de logement et d'ameublement sont augmentées de moitié en sus pour les officiers et employés désignés au tableau ci-dessus lorsqu'ils sont employés à Paris *(intrà-muros)*, et qu'ils se trouvent dans une des positions donnant droit au supplément de solde. Cet avantage est étendu aux officiers des troupes occupant les forts et postes-casernes autour de la capitale.

Tarif n° 33.

INDEMNITÉ AUX VAGUEMESTRES.

		FIXATION journalière.			Observations.
	Garde impériale.	f	c	m	
Régiment de cavalerie		»			Traités comme ceux des corps de même arme dans la ligne.
	Corps réuni	0	50	0	
Régiment de gendarmerie.	Corps divisé.				
	Pour le dépôt constitué	0	25	0	
	Pour 1 ou 2 bataillons réunis au dépôt (avec ou sans l'état-major)	0	50	0	
	Pour chaque bataillon détaché	0	25	0	
	Nota. Lorsque le vaguemestre se trouve détaché avec l'état-major du régiment, il ne peut lui être alloué moins de 50 c., quelle que soit la force de la portion du corps réunie à l'état-major.				
Division d'artillerie à pied	Pour une batterie ou une compagnie	0	15	0	
Régiment d'artillerie	Pour l'état-major et le peloton hors rang	0	25	0	
	Pour chaque batterie réunie à l'état-major	0	05	0	Tarif du 28 juin 1860.
	Pour une batterie isolée	0	15	0	
Escadron du train d'artillerie.	Pour une compagnie	0	15	0	
	Troupes de ligne.				
Régiment de cavalerie.	Corps réuni. Pour un régiment à 6 escadrons	1	00	0	
	Pour un régiment à 5 escadrons	0	75	0	
	Corps divisé. Pour le dépôt ou 1 escadron	0	25	0	Il n'est fait aucune allocation supplémentaire pour les fractions d'escadron.
	Pour 1 ou 2 escadrons	0	25	0	
	Pour 3 ou 4 escadrons	0	50	0	
	Pour 5 ou 6 escadrons	0	75	0	
École de cavalerie		1	00	0	
Régiment d'artillerie.	Pour l'état-major et le peloton hors rang	0	25	0	
	Pour chaque batterie ou compagnie en sus réunie à l'état-major.	0	05	0	
	Pour une batterie ou une compagnie s'administrant séparément	0	15	0	Ces deux fractions réunies ne pourront dans aucun cas dépasser 1 fr. (Tarif du 28 juin 1860.)
Escadron du train d'artillerie.	Pour l'état-major et le peloton hors rang	0	15	0	
	Pour chaque compagnie réunie à l'état-major	0	05	0	
	Pour une compagnie s'administrant séparément	0	15	0	
Escadron du train des équipages militaires.	Pour le dépôt et l'état-major, quel que soit le nombre des compagnies qui y sont réunies	0	30	0	
	Pour une compagnie isolée	0	15	0	
Compagnie de cavaliers de remonte		0	15	0	

Tarif n° 34.

INDEMNITÉS allouées aux troupes, en remplacement des rations de vin et d'eau-de-vie qui peuvent être accordées à l'intérieur, soit à titre de distributions extraordinaires, soit à titre de mesure hygiénique. (Tarif du 29 déc. 1860.)

DÉPARTEMENTS.	TAUX DE L'INDEMNITÉ.								
	VIN.			EAU-DE-VIE.					
	Ration de 25 centilitres.			Ration de 6 centilitres. 250ᵐᵐ.			Ration hygiénique de 3 centilitres. 125ᵐᵐ.		
	f	c	m	f	c	m	f	c	m
Ain	0	11	0	0	10	0	0	05	0
Aisne	0	14	0	0	10	0	0	05	0
Allier	0	12	0	0	11	0	0	05	5
Alpes (Basses-)	0	13	0	0	11	0	0	05	5
Alpes (Hautes-)	0	13	0	0	11	0	0	05	5
Alpes maritimes	0	11	0	0	11	0	0	05	5
Ardèche	0	13	0	0	11	0	0	05	5
Ardennes	0	17	0	0	10	0	0	05	0
Ariége	0	11	0	0	09	0	0	04	5
Aube	0	14	0	0	11	0	0	05	5
Aude	0	09	0	0	07	0	0	03	5
Aveyron	0	11	0	0	10	0	0	05	0
Bouches-du-Rhône	0	10	0	0	09	0	0	04	5
Calvados	0	14	0	0	10	0	0	05	0
Cantal	0	12	0	0	10	0	0	05	0
Charente	0	13	0	0	10	0	0	05	0
Charente-Inférieure	0	09	0	0	10	0	0	05	0
Cher	0	13	0	0	13	0	0	06	5
Corrèze	0	13	0	0	11	0	0	05	5
Corse	0	14	0	0	07	0	0	03	5
Côte-d'or	0	12	0	0	10	0	0	05	0
Côtes-du-Nord	0	16	0	0	11	0	0	05	5
Creuse	0	12	0	0	11	0	0	05	5
Deux-Sèvres	0	16	0	0	11	0	0	05	5
Dordogne	0	09	0	0	09	0	0	04	5
Doubs	0	12	0	0	11	0	0	05	5
Drôme	0	15	0	0	10	0	0	05	0
Eure	0	18	0	0	11	0	0	05	5
Eure-et-Loir	0	15	0	0	11	0	0	05	5
Finistère	0	17	0	0	11	0	0	05	5
Gard	0	09	0	0	09	0	0	04	5
Garonne (Haute-)	0	10	0	0	09	0	0	04	5
Gers	0	10	0	0	11	0	0	05	5
Gironde	0	14	0	0	09	0	0	04	5
Hérault	0	08	0	0	06	0	0	03	0
Ille-et-Vilaine	0	17	0	0	11	0	0	05	5
Indre	0	14	0	0	12	0	0	06	0
Indre-et-Loire	0	15	0	0	12	0	0	06	0
Isère	0	14	0	0	11	0	0	05	5
Jura	0	12	0	0	11	0	0	05	5
Landes	0	10	0	0	09	0	0	04	5
Loir-et-Cher	0	14	0	0	11	0	0	05	5
Loire	0	14	0	0	11	0	0	05	5
Loire (Haute-)	0	14	0	0	11	0	0	05	5
Loire-Inférieure	0	15	0	0	11	0	0	05	5
Loiret	0	14	0	0	11	0	0	05	5

Suite du Tarif n° 34.

DÉPARTEMENTS.	TAUX DE L'INDEMNITÉ.								
	VIN.			EAU-DE-VIE.					
	Ration de 25 centilitres.			Ration de 6 centilitres. 250ᵐᵐ.			Ration hygiénique de 3 centilitres. 125ᵐᵐ.		
	f	c	m	f	c	m	f	c	m
Lot	0	11	0	0	10	0	0	05	0
Lot-et-Garonne	0	06	0	0	07	0	0	03	5
Lozère	0	13	0	0	10	0	0	05	0
Maine-et-Loire	0	14	0	0	11	0	0	05	5
Manche	0	15	0	0	11	0	0	05	5
Marne	0	14	0	0	11	0	0	05	5
Marne (Haute-)	0	16	0	0	11	0	0	05	5
Mayenne	0	18	0	0	11	0	0	05	5
Meurthe	0	13	0	0	11	0	0	05	5
Meuse	0	12	0	0	11	0	0	05	5
Morbihan	0	16	0	0	11	0	0	05	5
Moselle	0	13	0	0	11	0	0	05	5
Nièvre	0	12	0	0	11	0	0	05	5
Nord	0	18	0	0	11	0	0	05	5
Oise	0	16	0	0	11	0	0	05	5
Orne	0	18	0	0	11	0	0	05	5
Pas-de-Calais	0	18	0	0	11	0	0	05	5
Puy-de-Dôme	0	12	0	0	11	0	0	05	5
Pyrénées (Basses-)	0	13	0	0	11	0	0	05	5
Pyrénées (Hautes-)	0	13	0	0	11	0	0	05	5
Pyrénées-Orientales	0	13	0	0	11	0	0	05	5
Rhin (Bas-)	0	12	0	0	11	0	0	05	5
Rhin (Haut-)	0	12	0	0	11	0	0	05	5
Rhône	0	11	0	0	11	0	0	05	5
Saône-et-Loire	0	12	0	0	11	0	0	05	5
Saône (Haute-)	0	13	0	0	11	0	0	05	5
Sarthe	0	16	0	0	11	0	0	05	5
Savoie	0	15	0	0	11	0	0	05	5
Savoie (Haute-)	0	16	0	0	11	0	0	05	5
Seine { Paris	0	19	0	0	11	0	0	05	5
Seine { Banlieue	0	15	0	0	10	0	0	05	0
Seine-et-Marne	0	16	0	0	11	0	0	05	5
Seine-et-Oise	0	16	0	0	11	0	0	05	5
Seine-Inférieure	0	17	0	0	11	0	0	05	5
Somme	0	17	0	0	11	0	0	05	5
Tarn	0	08	0	0	10	0	0	05	5
Tarn-et-Garonne	0	08	0	0	10	0	0	05	5
Var	0	10	0	0	09	0	0	04	5
Vaucluse	0	10	0	0	09	0	0	04	5
Vendée	0	15	0	0	11	0	0	05	5
Vienne	0	15	0	0	11	0	0	05	5
Vienne (Haute-)	0	13	0	0	11	0	0	05	5
Vosges	0	13	0	0	11	0	0	05	5
Yonne	0	14	0	0	11	0	0	05	5

Nota. La durée réglementaire de l'allocation de l'indemnité en remplacement de la ration hygiénique d'eau-de-vie est fixée ainsi qu'il suit :

Dans les départements dont se composent les 1ʳᵉ, 2ᵉ, 3ᵉ, 4ᵉ, 5ᵉ, 6ᵉ, 7ᵉ, 15ᵉ, 16ᵉ, 18ᵉ, 19ᵉ, 20ᵉ et 21ᵉ divisions, du 21 juin au 31 août.

Dans les autres départements (8ᵉ, 9ᵉ, 10ᵉ, 11ᵉ, 12ᵉ, 13ᵉ, 14ᵉ, 17ᵉ et 22ᵉ divisions), du 1ᵉʳ juin au 30 septembre.

Tarif n° 33.

- INDEMNITÉ pour pertes de chevaux et d'effets.

GRADES.	MONTANT DE L'INDEMNITÉ A ALLOUER			Observations.
	aux militaires prisonniers de guerre		aux militaires non prisonniers de guerre pour chaque cheval tué par l'ennemi.	
	pour perte d'effets.	pour perte de chevaux.		
	f	f	f	
Cavalerie et trains. Colonel	900	800		
Lieutenant-colonel	800	800		
Chef d'escadron, vétérinaire principal	700	400	400	
Capitaine, vétérinaire en 1er	500	400		
Lieutenant, sous-lieutennat, vétérinaire en 2e et aide-vétérinaire	400	400		
Médecin major de 1re classe	600	450		
Médecin major de 2e classe	400	450	450	
Médecin aide-major de 1re et de 2e classe	300	450		
Spahis			250	

Tarif n° 36.

GRATIFICATION de première mise d'équipement aux sous-officiers promus officiers.

DÉSIGNATION DES ARMES.		FIXATION de la gratification.	Observations.
Garde impériale.		f	
Cuirassiers	Adjudants de la garde	1,200	
	Sous-officiers autres que les adjudants	1,500	
Dragons	Adjudants de la garde	1,100	
	Sous-officiers autres que les adjudants	1,400	
Lanciers	Adjudants de la garde	1,100	
	Sous-officiers autres que les adjudants	1,400	
Guides	Adjudants de la garde	1,525	
	Sous-officiers autres que les adjudants	1,750	
Chasseurs	Adjudants de la garde	1,300	
	Sous-officiers autres que les adjudants	1,600	
Train des équipages	Adjudants de la garde	1,125	
	Sous-officiers autres que les adjudants	1,350	
Troupe de la ligne.			
Carabiniers et cuirassiers		1,050	
Dragons, lanciers, chasseurs, hussards, spahis (sous-officiers français), chasseurs d'Afrique, artillerie et train d'artillerie		950	
Train des équipages militaires		850	
Compagnie d'ouvriers du train des équipages militaires		570	

Tarif n° 37.

GRATIFICATION aux sous-officiers et brigadiers instructeurs.

DÉSIGNATION DES CORPS.	FIXATION par corps.	Observations.
Régiment de cavalerie....................	200f	
Corps du train des équipages militaires........	200	
Compagnie d'ouvriers des équipages militaires.	40	

Tarif n° 38.

GRATIFICATION d'entrée en campagne.

GRADES.	FIXATION de la gratification de chaque grade.	Observations.
Colonel........................	1,800f	Les officiers d'état-major (y compris les capitaines et lieutenants détachés dans les corps de troupes), les officiers d'ordonnance et les officiers du train des équipages militaires ont droit à la gratification d'entrée en campagne, sur le même pied que les officiers des corps de troupes a cheval.
Lieutenant-colonel........	1,200	
Chef d'escadron, major, médecin major de 1re classe, vétérinaire principal..........	1,000	
Capitaine, médecin major de 2e cl., vétérinaire en 1er.	700	
Lieutenant et sous-lieutenant, médecin aide-major de 1re et de 2e cl., vétérinaire en 2e et aide-vétérinaire.	500	

Tarif n° 39.

SOLDE de congé illimité.

ARMES.	GRADES.	FIXATION de la solde par an.	par mois.	par jour.
		f	f c m	f c m
Cavalerie	Colonel.....................	2,750	229 16 6	7 63 8
	Lieutenant-colonel	2,350	195 83 3	6 52 7
	Chef d'escadron et major.......	2,000	166 66 6	5 55 5
	Capitaine	1,150	95 83 3	3 19 4
	Lieutenant	725	60 41 6	2 01 4
	Sous-lieutenant............. .	675	56 25 0	1 87 5
Équipages militaires..	Chef d'escadron...............	2,250	187 50 0	6 25 0
	Capitaine	1,000	83 33 3	2 77 7
	Lieutenant..................	750	62 50 0	2 08 3
	Sous-lieutenant.............	725	60 41 0	2 01 4
Officiers de santé......	Médecin major.............	1,000	83 33 3	2 77 7
	Médecin aide-major...........	750	62 50 0	2 08 3
Vétérinaires..........	..........................,	600	50 00 0	1 66 6

Tarif n° 40.

SOLDE de non-activité.

ARMES.	GRADES.	OFFICIERS sortis de l'activité par suite de licenciement de corps, de suppression d'emploi, de rentrée de captivité à l'ennemi, ou d'infirmités temporaires.						OFFICIERS sortis de l'activité par retrait ou par suspension d'emploi.						Observations.
		Par an.	Par mois.			Par jour.			Par an.	Par mois.			Par jour.			
		f	f	c	m	f	c	m	f	f	c	m	f	c	m	
Cavalerie (y compris les chasseurs d'Afrique et les spahis),	Colonel	3,000	250	00	0	8	33	3	2,400	200	00	0	6	66	6	
	Lieutenant-colonel	2,350	195	83	3	6	52	7	1,880	156	66	6	5	22	2	
	Chef d'escadron ou major	2,000	166	66	6	5	55	5	1,600	133	33	3	4	44	4	
	Capitaine	1,150	95	83	3	3	19	4	920	76	66	6	2	55	5	
	Lieutenant	960	80	00	0	2	66	6	640	53	33	3	1	77	7	
	Sous-lieutenant	900	75	00	0	2	50	0	600	50	00	0	1	66	6	
Équipages militaires...	Colonel, directr du parc de construction.	3,125	260	41	6	8	68	0	2,500	208	33	3	6	94	4	
	Lieutenant-colonel	2,660	220	83	3	7	36	1	2,120	176	66	6	5	88	8	
	Chef d'escadron ou major	2,250	187	50	0	6	25	0	1,800	150	00	0	5	00	0	
	Capitaine	1,150	95	83	3	3	19	4	920	76	66	6	2	55	5	
	Lieutenant et sous-lieutenant	990	82	50	0	2	75	0	660	55	00	0	1	83	3	
Officiers de santé...	Médecin-major.. de 1re classe	2,250	187	50	0	6	25	0	1,800	150	00	0	5	00	0	
	de 2e classe	1,475	122	91	6	4	09	7	1,180	98	33	3	3	27	7	
	Aide-major de 1re classe	1,200	100	00	0	3	33	3	800	66	66	6	2	22	2	
	de 2e classe	1,080	90	00	0	3	00	0	720	60	00	0	2	00	0	
Vétérinaires...	Vétérinaire principal	2,000	166	66	6	5	55	5	1,600	133	33	3	4	44	4	
	Vétérinaire en 1er	1,200	100	00	0	3	33	3	960	80	00	0	2	66	6	
	en 2e	1,200	100	00	0	3	33	3	800	66	66	6	2	22	2	
	Aide-vétérinaire	1,080	90	00	0	3	00	0	720	60	00	0	2	00	0	

Tarif n° 44.

MASSE INDIVIDUELLE.

GARDE IMPÉRIALE.

(Tarifs des 12 mars et 19 août 1855, 17 décembre 1856 et 28 juin 1860.)

DÉSIGNATION DES ARMES et DES CORPS	DÉSIGNATION DES GRADES et DES EMPLOIS	FIXATION de la première mise	PRIME journalière (A)	COMPLET de la masse (B)	SUPPLÉMENT DE PREMIÈRE MISE A — d'un corps de troupe à pied de la ligne, dans un corps de troupe à pied de la garde	d'un corps de troupe à pied de la ligne, dans un corps de troupe à cheval de la garde	d'un corps de troupe à cheval de la ligne, dans un corps de troupe à pied de la garde	d'un corps de troupe à cheval de la ligne, dans un corps de troupe à cheval de la garde	ALLOUER AUX HOMMES PASSANT — d'un corps de troupe à pied de la garde, dans un autre corps de troupe à pied de la garde dont l'uniforme est différent	d'un corps de troupe à pied de la garde, dans un corps de troupe à cheval de la garde	d'un corps de troupe à cheval de la garde, dans un corps de troupe à pied de la garde	d'un corps de troupe à cheval de la garde, dans un autre corps de troupe à cheval de la garde dont l'uniforme est différent	SUPPLÉMENT DE PREMIÈRE MISE A ALLOUER — aux caporaux et brigadiers promus sous officiers	aux sous officiers promus adjudants sous officiers	aux adjudants sous officiers de la ligne passant avec leur emploi dans la garde (v)	aux musiciens de première classe promus sous-chefs de musique	Observations
		f c	f c	f c	f c	f c	f c	f c	f c	f c	f c	f c	f c	f c	f c	f c	
Régiment de grenadiers.	Caporaux et soldats...	60 00	0 15	55 00	20 00	»	45 00	»	15 00	»	45 00	»	20 00	»	»	»	
	Sous-officiers........	85 00	0 18	70 00	45 00	»	70 00	»	20 00	»	70 00	»	»	»	»	»	
	Sous-chef de musique.	435 00	0 80	»	»	»	»	»	»	»	»	»	»	»	»	350 00	
	Adjudants s.-officiers.	»	0 80	»	»	»	»	»	»	»	»	»	»	500 00	550 00	»	
Régiment de zouaves	Sous-officiers, caporaux et soldats.....	65 00	0 15	60 00	30 (D)	»	45 00	»	30 (E)	»	45 00	»	20 00	»	»	»	
	Adjudants s.-officiers.	»	0 55	»	»	»	»	»	»	»	»	»	»	400 00	450 00	»	
Régiment de voltigeurs.	Caporaux et soldats...	60 00	0 15	55 00	20 00	»	45 00	»	15 20	»	45 00	»	20 00	»	»	»	
	Sous-officiers........	85 00	0 18	70 00	45 00	»	70 00	»	20 00	»	70 00	»	»	»	»	»	
	Sous-chef de musique.	435 00	0 80	»	»	»	»	»	»	»	»	»	»	»	»	350 00	
	Adjudants s.-officiers.	»	0 75	»	»	»	»	»	»	»	»	»	»	450 00	500 00	»	
Bataillon de chasseurs à pied.	Caporaux et soldats...	60 00	0 15	55 00	25 00	»	50 00	»	30 00	»	50 00	»	20 00	»	»	»	
	Sous-officiers........	70 00	0 18	65 00	25 00	»	60 00	»	25 00	»	60 00	»	»	»	»	»	
	Adjudants s.-officiers.	»	0 60	»	»	»	»	»	»	»	»	»	»	450 00	500 00	»	
Régiment de cuirassiers.	Brigadiers et soldats..	75 00	0 16	65 00	»	60 00	»	20 00	»	60 00	»	20 00	8 00	»	»	»	
	Sous-officiers........	85 00	0 18	70 00	»	60 00	»	20 00	»	60 00	»	20 00	»	»	»	»	
	Sous-chef de musique.	385 00	0 80	»	»	»	»	»	»	»	»	»	»	»	»	300 00	
	Adjudants s.-officiers.	»	0 90	»	»	»	»	»	»	»	»	»	»	550 00	600 00	»	
Régiment de dragons.	Brigadiers et soldats..	75 00	0 16	65 00	60 00	»	20 00	»	60 00	»	20 00	»	8 00	»	»	»	
	Sous-officiers........	85 00	0 18	70 00	60 00	»	20 00	»	60 00	»	20 00	»	»	»	»	»	
	Sous-chef de musique.	385 00	0 80	»	»	»	»	»	»	»	»	»	»	»	»	300 (v)	
	Adjudants s.-officiers.	»	0 90	»	»	»	»	»	»	»	»	»	»	500 00	550 00	»	
Régiment de lanciers.	Brigadiers et soldats..	75 00	0 16	65 00	50 00	»	20 00	»	50 00	»	20 00	»	8 00	»	»	»	
	Sous-officiers........	80 00	0 18	70 00	60 00	»	20 00	»	60 00	»	20 00	»	»	»	»	»	
	Sous-chef de musique.	380 00	0 80	»	»	»	»	»	»	»	»	»	»	»	»	300 (v)	
	Adjudants s.-officiers.	»	0 70	»	»	»	»	»	»	»	»	»	»	500 00	550 00	»	
Régiment de chasseurs.	Brigadiers et soldats..	75 00	0 16	65 00	60 00	»	20 00	»	60 00	»	20 00	»	8 00	»	»	»	
	Sous-officiers........	80 00	0 18	70 00	60 00	»	20 00	»	60 00	»	20 00	»	»	»	»	»	
	Sous-chef de musique.	380 00	0 80	»	»	»	»	»	»	»	»	»	»	»	»	300 (v)	
	Adjudants s.-officiers.	»	0 70	»	»	»	»	»	»	»	»	»	»	350 00	400 00	»	
Régiment de guides.	Brigadiers et soldats..	75 00	0 16	65 00	»	60 00	»	20 00	»	60 00	»	20 00	8 00	»	»	»	
	Sous-officiers........	80 00	0 18	70 00	»	60 00	»	20 00	»	60 00	»	20 00	»	»	»	»	
	Sous-chef de musique.	380 00	0 80	»	»	»	»	»	»	»	»	»	»	»	»	300 00	
	Adjudants s.-officiers.	»	0 70	»	»	»	»	»	»	»	»	»	»	400 00	450 00	»	

(A) La prime individuelle des adjudants sous-officiers, des sous-chefs de musique, des chefs armuriers et des maîtres ouvriers est affectée à l'entretien et au renouvellement, non-seulement de l'équipement de ces militaires, mais encore de leur habillement. Toutefois, dans la cavalerie, la coiffure, le manteau et les effets d'équipement de grande tenue leur sont fournis par l'État, ainsi que les effets de harnachement. Dans l'infanterie, les sous-chefs de musique reçoivent également de l'État la coiffure et l'équipement de grande tenue.—La prime des adjud. s.-officiers, s.-chefs de musique et chefs armuriers est perçue, par eux, en même temps que la solde; celle des maîtres ouvriers est versée à leur masse.

(B) Les adjudants sous-officiers, sous-chefs de musique et chefs armuriers n'ont point de masse. Celle des maîtres ouvriers est soumise à toutes les règles établies pour la masse des sous-officiers et soldats.

(C) Les sous-officiers des corps de la ligne promus adjudants sous-officiers dans la garde ont également droit à ce supplément.

(D) Ce supplément est réduit, savoir : Pour les hommes venant des zouaves de la ligne, à 25 fr.; pour les hommes venant des chasseurs à pied de la ligne, à 20 fr.; pour les hommes venant des tirailleurs algériens, à 2 fr.

(E) Ce supplément est réduit à 15 fr. pour les hommes venant des chasseurs à pied de la garde.

(V) Cette fixation est portée à 320 fr. pour les sous-chefs de musique venant d'un autre corps de troupe à cheval, et à 360 fr. pour ceux qui sont appelés d'un corps de troupes à pied.

DÉSIGNATION DES ARMES et CORPS — SUPPLÉMENT DE PREMIÈRE MISE

Armes et corps	Grades et emplois	Fixation de la première mise.	Prime journalière. (a)	Complet de la masse. (b)	d'un corps de troupe à pied de la ligne — dans un corps de troupe à pied de la garde.	dans un corps de troupe à cheval de la garde.	d'un corps de troupe à cheval de la ligne — dans un corps de troupe à pied de la garde.	dans un corps de troupe à cheval de la garde.
Div. d'artillerie à pied.	Brigadiers et soldats.	65 00	0 15	60 00	20 00	»	45 00	»
	Sous-officiers.	70 00	0 15	65 00	23 00	»	45 00	»
Régiment d'artillerie monté.	Soldats non montés.	65 00	0 15	60 00	20 00	»	45 00	»
	Soldats montés.	75 00	0 16	65 00	»	60 00	»	20 00
	Brigadiers.	75 00	0 16	65 00	»	60 00	»	20 00
	Sous-officiers.	80 00	0 18	70 00	»	60 00	»	20 00
	Sous-chef de musique.	380 00	0 80	»	»	»	»	»
	Adjudants s.-officiers.	»	0 75	»	»	»	»	»
Régiment d'artillerie à cheval.	Brigadiers et soldats.	73 00	0 16	65 00	»	60 00	»	20 00
	Sous-officiers.	80 00	0 18	70 00	»	60 00	»	20 00
	Sous-chef de musique.	380 00	0 80	»	»	»	»	»
	Adjudants s.-officiers.	»	0 75	»	»	»	»	»
Escadron du train d'artillerie.	Brigadiers et soldats.	75 00	0 16	65	»	60 00	»	20 00
	Sous-officiers.	80 00	0 18	70	»	60 00	»	20 00
	Adjudants s.-officiers.	»	0 75	»	»	»	»	»
Compagnies du génie — Sapeurs.	Caporaux et soldats.	60 00	0 15	55 00	20 00	»	45 70	»
	Sous-officiers.	85 00	0 18	70 00	45 00	»	70 00	»
	Adjudants s.-officiers.	»	0 75	»	»	»	»	»
Compagnies du génie — Sapeurs conduct.	Brigadiers et soldats.	70 00	0 16	65 00	»	60 00	»	20 00
	Sous-officiers.	85 00	0 18	70 00	»	60 00	»	20 00
Escadron du train des équipages militaires.	Brigadiers et soldats.	75 00	0 16	65 00	»	60 00	»	20 00
	Sous-officiers.	80 00	0 18	70 00	»	60 00	»	20 00
	Adjudants s.-officiers.	»	0 75	»	»	»	»	»
Tous les corps.	Chefs armuriers.	200 00	0 40	»	»	»	»	»
	Maîtres ouvriers.	200 00	0 40	90 00	»	»	»	»

MISE À ALLOUER AUX HOMMES PASSANT — SUPPLÉMENT DE PREMIÈRE MISE À ALLOUER

Armes et corps	Grades et emplois	d'un corps de troupe à pied de la garde — dans un autre corps de troupe à pied de la garde dont l'uniforme est différent.	dans un corps de troupe à cheval de la garde.	d'un corps de troupe à cheval de la garde — dans un corps de troupe à pied de la garde.	dans un autre corps de troupe à cheval de la garde dont l'uniforme est différent.	du service à pied dans le service à cheval. Artillerie.	du service à cheval dans le service à pied. Artillerie.	aux caporaux et brigadiers promus sous officiers. Artillerie.	aux sous officiers promus adjudants sous officiers.	aux adjudants sous officiers de la ligne passant avec leur emploi dans la garde. (d)	aux musiciens de première classe promus sous-chefs de musique.	Observations.
Div. d'artillerie à pied.	Brigadiers et soldats.	15 00	»	45 00	»	»	30 00	»	»	»	»	
	Sous-officiers.	18 00	»	50 00	»	»	35 00	»	»	»	»	
Régiment d'artillerie monté.	Soldats non montés.	15 00	»	15 00	»	45 00	»	»	»	»	»	
	Soldats montés.	»	60 00	»	20 00	»	30 00	»	»	»	»	
	Brigadiers.	»	60 00	»	20 00	45 00	»	»	»	»	»	
	Sous-officiers.	»	60 00	»	20 00	50 00	»	»	»	»	»	
	Sous-chef de musique.	»	»	»	»	»	»	»	»	»	300 00	
	Adjudants s.-officiers.	»	»	»	»	»	»	»	400 00	450 00	»	
Régiment d'artillerie à cheval.	Brigadiers et soldats.	»	60 00	»	20 00	45 00	»	»	»	»	»	
	Sous-officiers.	»	60 00	»	20 00	50 00	»	»	»	»	»	
	Sous-chef de musique.	»	»	»	»	»	»	»	»	»	300 00	
	Adjudants s.-officiers.	»	»	»	»	»	»	»	400 00	450 00	»	
Escadron du train d'artillerie.	Brigadiers et soldats.	»	60 00	»	20 00	45 00	»	»	»	»	»	
	Sous-officiers.	»	60 00	»	20 00	50 00	»	»	»	»	»	
	Adjudants s.-officiers.	»	»	»	»	»	»	»	400 00	450 00	»	
Compagnies du génie — Sapeurs.	Caporaux et soldats.	20 00	»	45 00	»	»	»	»	»	»	»	
	Sous-officiers.	25 00	»	70 00	»	20 00	»	20 00	»	»	»	
	Adjudants s.-officiers.	»	»	»	»	»	»	»	450 00	500 00	»	
Compagnies du génie — Sapeurs conduct.	Brigadiers et soldats.	»	60 00	»	20 00	»	»	»	»	»	»	
	Sous-officiers.	»	60 00	»	20 00	20 00	»	20 00	»	»	»	
Escadron du train des équipages militaires.	Brigadiers et soldats.	»	60 00	»	20 00	»	»	»	»	»	»	
	Sous-officiers.	»	60 00	»	20 00	»	»	»	»	»	»	
	Adjudants s.-officiers.	»	»	»	»	»	»	»	400 00	450 00	»	
Tous les corps.	Chefs armuriers.	»	»	»	»	»	»	»	»	»	»	
	Maîtres ouvriers.	»	»	»	»	»	»	»	»	»	»	

(a-b-c) Voir les notes au tableau qui précède.

TROUPES DE LIGNE.

DÉSIGNATION DES GRADES ET ARMES.	FIXATION de la première mise.	PRIME journalière. (A)	COMPLET de LA MASSE (B)	SUPPLÉMENT DE 1re MISE À ALLOUER aux sous-officiers, caporaux, brigadiers ou soldats, admis par suite de mutations dans un corps de troupe (c) — à pied	à cheval	aux sous-officiers promus adjudants sous-officiers	Observations.
	f c	f c	f c	f c	f c	f c	
Adjudants sous-officiers et militaires ou artistes civils nommés sous-chefs de musique (¹). — Infanterie, y compris les tirailleurs algér.	»	0 28	»	»	»	»	(¹) Décision ministérielle du 14 août 1855.
— Cavalerie, y compris le train et le génie..	»	0 30	»	»	»	»	
— École de cavalerie	»	0 41	»	»	»	»	
— Artillerie	»	0 36	»	»	»	»	
Maîtres ouvriers de tout corps organisé en régiment, en bataillon ou en escadron (D), y compris les régiments de tirailleurs algériens	170 00	0 24	80 00	»	»	»	Décision ministérielle du 7 août 1860. (Journ. mil., p. 74.)
Chefs armuriers	170 00	0 24	»	»	»	»	
Sous-officiers, sous-chefs de musique (¹), caporaux ou brigadiers et soldats.							
Escadron des cent-gardes à cheval	100 00	»	»	»	40 00	»	Décret impérial du 17 mars 1858.
Infanterie de ligne (E)	40 00	0 10	35 00	»	40 00	140 00	
Régiment de tirailleurs algériens (F)	100 00	0 25	100 00	»	»	146 00	
Régiments de zouaves (F) — Sous-officiers	140 00	0 25	140 00	»	»	140 00	
Régiments de zouaves (F) — Caporaux et soldats	118 00	0 25	118 00	»	»	22 00	
Carabiniers	70 00	0 14	55 00	10 00	»	130 00	
Cuirassiers	75 00	0 14	55 00	10 00	»	130 00	
Dragons	60 00	0 14	55 00	10 00	»	170 00	
Lanciers	73 00	0 14	55 00	10 00	»	140 00	
Chasseurs	72 00	0 14	55 00	10 00	»	180 00	
Hussards	66 00	0 14	55 00	10 00	»	180 00	
Spahis (F)	200 00	0 70	400 00	»	»	140 00	
École de cavalerie	75 00	0 14	55 00	10 00	»	180 00	
Cavaliers de remonte	62 00	0 14	55 00	10 00	»	»	
Artillerie — Hommes montés	74 00	0 14	55 00	10 00	»	»	
Artillerie — Hommes non montés	49 00	0 10	40 00	»	40 00	170 00	Nota. Il est alloué, pour homme passant des troupes à pied ou à cheval dans un corps disciplinaire, une indemnité égale à la moitié de la première mise déterminée pour l'arme de l'infanterie. Cette allocation ne se renouvelle pas lorsque les hommes passent d'un corps disciplinaire dans un autre. La première mise n'est due qu'aux hommes de nouvelle levée.
Artillerie — Canonniers conducteurs, sous-officiers, brigadiers et soldats des escadrons du train d'artillerie	75 00	0 14	55 00	10 00	»	»	
Ouvriers d'artillerie	49 00	0 10	40 00	»	»	150 00	
Génie — Mineurs, sapeurs et ouvriers	51 00	0 10	40 00	»	»	»	
Génie — Sapeurs conducteurs	59 00	0 14	55 00	10 00	»	140 00	
Train des équipages	59 00	0 14	55 00	»	»	»	
Ouvriers des équipages	40 00	0 10	35 00	10 00	»	»	
Ouvriers d'administration	40 00	0 10	35 00	»	40 00	»	
Vétérans de toute arme	40 00	0 10	35 00	»	»	»	
Compagnies de discipline	40 00	0 10	35 00	»	»	»	
Compagnies d'infirmiers militaires	40 00	0 15	35 00	»	»	»	Décret impérial du 15 février 1851.
Gendarmes vétérans — Sous-officiers	40 00	0 10	35 00	»	»	»	
Gendarmes vétérans — Brigadiers et gendarmes	40 00	0 10	35 00	»	»	»	
Hommes de recrue jugés susceptibles de réforme lors de leur arrivée au corps (première mise provisoire)	12 00	»	»	»	»	»	

(A) La prime individuelle des adjudants sous-officiers et maîtres ouvriers est affectée à l'entretien et au renouvellement, non-seulement de l'équipement de ces militaires, mais encore de leur habillement (excepté le casque, le manteau et le grand équipement dans la cavalerie). — Celle des adjudants sous-officiers est perçue par eux en même temps que la solde ; celle des maîtres ouvriers est versée à leur masse.

(D) Les adjudants sous-officiers n'ont point de masse ; celle des maîtres ouvriers est soumise à toutes les règles établies pour la masse des sous-officiers et soldats.

(c) Ce supplément n'est pas dû aux adjudants sous-officiers, ni aux maîtres ouvriers qui passent d'un corps dans un autre.

(D) Les sous-officiers, caporaux, brigadiers et soldats nommés maîtres ouvriers n'ont droit à aucune première mise, ni à aucun supplément de première mise, attendu qu'ils conservent ceux de leurs effets d'habillement dont ils peuvent faire usage dans leur nouvel emploi. Disposition applicable également à ceux qui changent de corps o d'arme.

(E) Les sous-officiers, caporaux et soldats des régiments d'infanterie stationnés en Corse ont droit à un supplément de prime journalière fixé à deux centimes pour les journées de présence au corps. Ce supplément n'est dû ni aux adjudants sous-officiers ni aux maîtres ouvriers.

(F) Les dépenses de l'habillement et de l'équipement des sous-officiers, caporaux et tirailleurs français et indigènes sont à leur charge personnelle. Les effets nécessaires leur sont fournis par le corps, au compte de la masse individuelle.

Les dispositions de l'arrêté ministériel du 4 octobre 1842 (Journal militaire, p. 232) continuent à recevoir leur application, mais avec les modifications ci-après : 1° lorsqu'un militaire français, venu d'un autre corps, est congédié à l'expiration du temps de service fixé par la loi, sans avoir cependant servi trois années consécutives dans un régiment de tirailleurs, il doit lui être payé une somme égale au montant de la masse dont la reprise lui a été faite à l'époque de son arrivée au corps, si d'ailleurs son fonds de masse offre des ressources suffisantes à cet effet ; 2° l'avoir à la masse des militaires français ou indigènes décédés est versé à la masse générale d'entretien. (Tarif du 1er mars 1856.)

Tarif n° 42.

RATIONS de vivres, de fourrages et de chauffage allouées à chaque grade.

DÉSIGNATION DES ARMES ET DES CORPS.	NOMBRE DE RATIONS PAR JOUR ET PAR GRADE									Observations.
	SUR LE PIED DE PAIX.			SUR LE PIED DE GUERRE.						
					Fourrages.					
	Vivres.	Fourrages.	Chauffage.	Vivres.	Chevaux de selle.	Chevaux de trait.	Chevaux ou mulets de bât.	TOTAL.	Chauffage.	
Colonels	»	3	»	3	5	»	4	9	6	(A) Y compris les spahis.
Lieutenants-colonels	»	3	»	3	4	»	4	8	6	
Chefs d'escadrons et majors	»	2	»	(A) 2	3	»	1	4	4	
Trésoriers et officiers d'habillement	....	....	»	....	....	....	....	....	....	Selon leur grade effectif.
Adjoints au trésorier	....	....	»	....	....	....	....	....	....	
Officiers payeurs	»	1	»	2	2	»	1	3	4	
Adjudants-majors	»	2	»	2	3	»	»	3	4	
Lieutenants d'état-major détachés	»	1	»	2	2	»	»	2	4	
Capitaines	»	2	»	2	3	»	»	3	4	
Lieutenants et sous-lieutenants	»	1	»	2	2	»	»	2	4	
Médecin major de 1re classe	»	2	»	2	2	»	1	3	4	
Médecin major de 2e classe	»	»	»	2	2	»	1	3	4	
Médecin aide-major de 1re et de 2e classe	»	1	»	2	2	»	»	2	4	
Vétérinaire principal { de la garde	»	3	»	2	3	»	»	3	4	
Vétérinaire principal { de la ligne	»	2	»	2	3	»	»	3	4	
Vétérinaire en 1er	»	2	»	2	2	»	»	2	4	
Vétérinaire en 2e et aide-vétérinaire	»	1	»	2	2	»	»	2	4	
Sous-officiers, fourriers, brigadiers sapeurs de la garde, brigadiers-trompettes, maîtres ouvriers, musiciens	1	»	2	1	»	»	»	»	2	
Brigadiers, soldats, enfants de troupe	1	»	1	1	»	»	»	»	1	

ALGÉRIE.

	Vivres.	Fourrages.	Chauffag.
	3	3	4
	3	3	4
	2	2	4
	3	3	4

Tarif n° 43.

COMPOSITION des rations de fourrages.

1° Intérieur.

DÉSIGNATION DES PARTIES PRENANTES.	SUR LE PIED DE PAIX et de rassemblement.			SUR LE PIED DE GUERRE.			EN ROUTE (¹).			Supplément d'avoine en cas de marche militaire (²).	FOURNITURE du vert.	
	Foin.	Paille.	Avoine.	Foin.	Paille.	Avoine.	Foin.	Paille.	Avoine.		Vert.	Paille pour litière.
	K D	K D	K D	K D	K D	K D	K D	K D	K D	K D	K D	K D
Carabiniers	5 00	5 00	4 20	7 00	4 00	4 60	5 50	»	5 60	0 40	50 »	2 50
Cuirassiers, train des équipages militaires	5 00	5 00	3 80	7 00	4 00	4 00	5 50	»	5 20	0 40	50 »	2 50
Chevaux des officiers du train	5 00	5 00	3 60	7 00	4 00	4 20	5 50	»	5 20	0 60	50 »	2 50
Cavalerie de ligne	4 00	5 00	3 40	6 00	4 00	3 80	4 50	»	4 30	0 40	45 »	2 50
Cavalerie légère	4 00	5 00	3 00	5 00	4 00	3 80	4 50	»	4 80	0 80	40 »	2 50
Mulets	4 00	5 00	3 00	5 00	4 00	3 80	4 50	»	4 80	0 80	40 »	2 50

(¹) L'officier qui précède le corps pour faire le logement aura le droit, pour tout ou partie de l'effectif, suivant les circonstances, de réclamer le remplacement de 1 kil. d'avoine au plus, pour chaque ration, par 4 kil. de paille.

(²) Ce supplément est accordé dans les cas prévus par les art. 295 et 307 de l'Ordonnance du 2 novembre 1833.

CAMPS D'INSTRUCTION.

Il est alloué, pour les chevaux faisant partie des camps de manœuvres et d'instruction, un supplément de nourriture, dont l'espèce, la quotité et la durée sont déterminées chaque fois par le Ministre au moment de la formation du camp.

PROPORTION DES SUBSTITUTIONS.

Foin.

Sainfoin, poids pour poids.
Luzerne (1re coupe et regain), poids pour poids.
Paille, double du poids.
Avoine, moitié du poids.

Paille.

Foin, moitié du poids.
Avoine, quart du poids.

Avoine.

Foin, double du poids.
Paille, quatre fois le poids.
Son, moitié en sus.
Farine d'orge, 8/10es du poids.

40 kilog. de fourrages verts à l'écurie, ou une journée de cheval à la prairie, représentent 12 kilog. de foin.

Paille de couchage. — Pour campement et baraquement.

La paille de couchage se distribue à raison d'une botte de 5 kil. par homme, tous les quinze jours et à chaque changement de position, en paille longue ; ou de 7 kil. pour le même temps, en paille courte dépiquée sous les pieds des chevaux.

Corps de garde n'ayant pas de lit de camp.				
	1re classe,	tous les quinze jours	20	bottes de 5 kil.
	2e classe,	id	12	id.
	3e classe,	id	6	id.

La paille de baraquement se distribue à raison de 40 bottes de 5 kil. par régiment pour les abri-vents de la garde du camp ; elle est toujours fournie en paille longue.

DÉSIGNATION DES PARTIES PRENANTES.	SUR LE PIED de station						SUR LE PIED de route ou expédition et dans toutes les positions y assimilées (³).					
	Foin.		Paille. (¹⁻²)		Orge.		Foin.		Paille. (¹)		Orge.	
	K	D	K	D	K	D	K	D	K	D	K	D
Chasseurs d'Afrique	3		2		4		4		»		4	
Chasseurs de France et hussards { Chevaux de race française	4		2		4		5		»		4	
{ Chevaux arabes, sardes, etc	3		2		4		4		»		4	
Spahis	3		2		4		4		»		4	
Équipages militaires { Chevaux de selle { de race française	4		2		4		5		»		4	
{ de race arabe, sarde, etc	3		2		4		4		»		4	
Chevaux de trait	6	5	2		5	5	7	5	»		5	5
Mulets { de trait	4		2		5		5		»		5	
{ de bât	3		2		5		4		»		5	
Chevaux et mulets dans toute autre position	3		2		4		4		»		4	

(¹) La paille sera, autant que possible, de la paille longue battue au fléau ou à la mécanique, ayant au moins 60 centimètres de longueur. Il sera fourni de la paille courte, dépiquée aux pieds des chevaux, partout où la culture locale ne permettra pas de se procurer, à un prix admissible, des quantités suffisantes de la paille longue qui est définie au paragraphe précédent.

(²) Indépendamment de la paille longue déterminée par le présent Tarif, pour la position de station, il sera accordé 3 kil. de paille, à titre de 1ʳᵉ mise pour la litière, à tous les chevaux et mulets des corps et détachements arrivant de France ou rentrant d'expédition.

(³) La ration de route sera appliquée à toutes les places et dans toutes les positions où, soit en raison de la difficulté de se procurer de la paille, soit en raison des besoins éventuels des colonnes expéditionnaires, soit pour tout autre motif.

(⁴) Dans les places de passage où il existera des approvisionnements suffisants de paille, une troupe en marche ou en expédition pourra demander que cette denrée entre dans la ration des chevaux pendant la durée de son séjour, mais sans dépasser, dans aucun cas, la quantité de 2 kil. de paille pour 1 kil. de foin, selon la proportion admise pour les places de station.

PROPORTION DES SUBSTITUTIONS.

Foin.	Paille.	Orge.
Paille, double du poids. Orge, moitié du poids. 40 kil. de fourrage vert à l'écurie, comme journée de cheval à la prairie, représentent 12 kil. de foin.	Foin, moitié du poids. Orge, quart du poids.	Foin, double du poids. Paille, quatre fois le poids. Son, moitié en sus. Farine d'orge, 8/10ᵉˢ du poids.

Tarif n° 44.

ALLOCATIONS pour la cuisson des aliments et le chauffage des chambres.

DÉSIGNATION DES COMBUSTIBLES.	TAUX DE LA RATION.				FAGOTS D'ALLUMAGE pour le charbon de terre.	Observations.
	Bois.		charbon de terre.			
	kil.	déc.	kil.	déc.		
1° *Cuisson des aliments.*						
Ration de sous-officier et des parties prenantes traitées au même titre, dans les corps qui font usage de fourneaux économiques, par homme et par jour.	1	60	0	80	Un par 20 rations.	(¹) Pour les marmites de 75 litres et au-dessous.
Ration collective de l'ordinaire aux troupes faisant usage de fourneaux économiques. — 1° Fourneaux ancien modèle, à une marmite, par fourneau et par jour.	25	00	14	00		(²) Pour les marmites au-dessus de 75 litres.
2° Fourneaux ancien modèle, à deux marmites, par fourneau et par jour.	42	00	24	00	Deux par ration.	
3° Fourneaux Choumara, à doubles marmites, par fourneau et par jour.	40	00	22	00	..............(¹).	
4° Fourneaux à la François Vaillant.	45	00	25	00	..............(²).	
Ration individuelle d'ordinaire aux troupes casernées ne faisant pas usage de fourneaux économiques.	45	00	25	00	....	Marmite de 100 litres.
Ration individuelle d'ordinaire aux troupes en station logées chez l'habitant.	0	80	0	40	Un par 20 rations.	Une ration par homme et par jour, avec double ration pour les sous-officiers et les parties prenantes traitées comme eux.
Ration individuelle d'ordinaire aux troupes campées ou baraquées	1	00	0	50		
	1	20	0	60		
2° *Chauffage d'hiver* (dit *ration de chambre*).						
Ration collective de chauffage des chambres. — Région chaude (²)	20	00	12	00	Trois par ration, excepté pour les écoles régimentaires, qui n'ont droit qu'à un par poêle.	
Région tempérée.	25	00	15	00		
Région froide.	30	00	18	00		
Ration individuelle de chauffage des chambres aux troupes casernées. — Région chaude.	0	50	0	25		
Région tempérée.	0	70	0	35		
Région froide.	0	80	0	40		
Ration individuelle de chauffage d'hiver aux troupes campées ou baraquées — Région chaude.	1	00	0	50	Un par 20 rations.	
Région tempérée	1	20	0	60		
Région froide.						

(²) Toutes les localités de l'Algérie sont classées dans la région chaude. Celles où il y a lieu d'allouer un certain nombre de rations de chambresont déterminées par M. le Gouverneur général, qui en rend compte au Ministre.

Nota. Le petit fagot doit être en sarment ou menu bois, et ne peut peser moins de 5 hectog.

Tarif n° 45.

PENSIONS DE RETRAITE.

GRADES.	PENSION DE RETRAITE pour ancienneté de services.			PENSION DE RETRAITE POUR CAUSE DE BLESSURES OU INFIRMITES GRAVES ET INCURABLES.									Observations.
	Minimum à 30 ans de service effectif (A).	Accroissement pour chaque année de service effectif au-delà de 30 ans, et pour chaque année résultant de la supputation des campagnes.	Maximum à 50 ans de service, campagnes comprises	Amputation de deux membres ou perte totale de la vue. (Art. 15 de la loi.) Pension fixe, quelle que soit la durée des services.	Amputation d'un membre ou perte absolue de l'usage de deux membres (Art. 15 de la loi.) Pension fixe, quelle que soit la durée des services.	Blessures ou infirmités graves qui occasionnent la perte absolue d'un membre ou qui y sont équivalentes. (Art. 16 de la loi.) — Minimum.	Accroissement pour chaque année de service, y compris les campagnes.	Maximum à 20 ans de service, campagnes comprises.	Blessures ou infirmités moins graves qui mettent dans l'impossibilité de rester au service avant d'avoir accompli les 30 ans exigés pr le droit à la pens" d'ancienneté (Art. 17 de la loi.) — Minimum.	Accroissement pour chaque année de service au-delà de 30 ans lorsque les campagnes, cumulées avec les services effectifs, forment un total de 30ans.	Maximum à 50 ans de service campagnes comprises.	Pensions aux veuves, secours annuels aux orphelins, (Art. 21 et 22 de la loi.) Quart du maxim. de la pens" d'ancienneté affectée au grade militaire	
	f	f c	f	f	f	f	f c	f	f	c	f	f c	
Colonel	2,400	30 00	3,000	3,000	3,000	2,400	30 00	3,000	2,400	30 00	3,000	750 00	
Lieutenant-colonel	1,800	30 00	2,400	2,400	2,400	1,800	30 00	2,400	1,800	30 00	2,400	600 00	
Chef d'escadron, major	1,500	25 00	2,000	2,000	2,000	1,500	25 00	2,000	1,500	25 00	2,000	500 00	
Capitaine	1,200	20 00	1,600	1,600	1,600	1,200	20 00	1,600	1,200	20 00	1,600	400 00	
Lieutenant	800	20 00	1,200	1,200	1,200	800	20 00	1,200	800	20 00	1,200	300 00	
Sous-lieutenant	600	20 00	1,000	1,000	1,000	600	20 00	1,000	600	20 00	1,000	250 00	
Adjudant-sous-officier	565	10 00	765	765	765	565	10 00	765	565	10 00	765	191 25	
Maréchal des logis chef	465	10 00	665	665	665	465	10 00	665	465	10 00	665	166 25	
Maréchal des logis	415	7 50	565	(B) 615	365	415	7 50	565	415	7 50	565	141 25	
Brigadier	385	6 00	505	(C) 565	505	385	6 00	505	385	6 00	505	126 25	
Soldat et trompette	365	5 00	465	(D) 530	465	365	5 00	465	365	5 00	465	116 25	
Médecin-major	1,500	25 00	2,000	2,000	2,000	1,500	25 00	2,000	1,500	25 00	2,000	500 00	
Médecin-aide-major	800	20 00	1,200	1,200	1,200	800	20 00	1,200	800	20 00	1,200	300 00	
Vétérinaire en 1er	400	10 00	600	600	600	400	10 00	600	400	40 00	600	150 00	
Vétérinaire en 2e	300	10 09	500	500	500	300	10 00	500	300	10 00	500	125 00	

(A) La pension de retraite pour ancienneté de service est acquise aux sous-officiers et soldats à 25 ans de service effectif (Loi du 26 avril 1855), et la pension de retraite augmentée de 165 francs par an, lesquels sont compris dans les indications ci-dessus.

(B-C-D) D'après l'article 33 de la loi du 28 fructidor an VII, la pension pour le cas de cécité ou d'amputation de deux membres est augmentée, en sus du maximum, savoir : pour le maréchal des logis, de 50 fr.; pour le brigadier, de 60 fr., et pour le soldat, de 65 fr.

Tarif n° 46.

VALEUR des effets de la 1re et de la 2e catégorie et du harnachement, décomptés par année et par trimestre.

		8e DE HUSSARDS.			DÉSIGNATION DES EFFETS.	(A)			
DÉSIGNATION DES EFFETS.	Durée de l'effet.	Valeur de l'effet neuf.	Par année.	Par trimestre.		Durée de l'effet.	Valeur de l'effet neuf.	Par année.	Par trimestre.
	ans. mois.	f c	f c m	f c m		ans. mois.	f c	f c m	f c m
Dolman. { de sous-officier	1 3	20 61	16 48 8	4 12 2					
{ de troupe	3 »	17 93	5 97 6	1 49 4					
Veste d'écurie	1 6	11 14	7 42 6	1 85 6					
Pantalon { de sous-officier	1 »	18 98	18 98 0	4 74 5					
d'ordon^{ce} { de troupe	1 3	15 20	12 16 0	3 04 0					
Pantalon de cheval { en drap neuf confectionné { de sous-officier	1 »	33 05	33 05 0	8 26 2					
{ de soldat	1 3	27 78	22 22 4	5 55 6					
au moyen de pantalon d'ordonnance { de sous-officier	1 »	25 93	25 93 0	6 48 2					
{ de soldat	1 3	22 33	17 86 4	4 46 6					
Bonnet à visière { de sous-officier	3 »	2 95	0 98 3	0 24 5					
{ de soldat	3 »	2 72	0 90 6	0 22 6					
Bonnet à soufflet { de sous-officier	3 »	3 54	1 18 0	» 29 5					
{ de soldat	3 »	2 92	0 97 3	» 24 3					
Culotte d'écurie	3 »	0 60	0 20 0	» 05 0					

1re Catégorie.

(A) Ces colonnes sont destinées à recevoir le détail et le prix des effets en usage dans les autres corps que le 8e hussards.

Suite du Tarif n° 49.

	DÉSIGNATION DES EFFETS.	8ᵉ DE HUSSARDS.				DÉSIGNATION DES EFFETS.	(A)			
		Durée de l'effet.	Valeur de l'effet neuf.	Par année.	Par trimestre.		Durée de l'effet.	Valeur de l'effet neuf.	Par année	Par trimestre.
		ans. mois.	f c	f c m	f c m		ans. mois.	f c	f c m	f c m
2ᵉ Catégorie.	Manteau	9 »	41 84	4 64 8	»					
	Porte-manteau	8 »	8 36	1 04 5	»					
	Talpack	6 »	11 27	1 87 8	»					
	Giberne { à grands anneaux	20 00	7 24	0 36 2	»					
	Giberne { à petits anneaux	20 00	7 14	0 35 7	»					
	Porte-giberne { à bande simple	20 »	4 24	0 21 2	»					
	Porte-giberne { à bande double	20 »	6 74	0 33 7	»					
	Porte-mousqueton en fer	20 »	1 00	0 05 0	»					
	Courroie de retraite	20 »	0 40	0 02 0	»					
	Ceinturon	20 »	4 62	0 23 1	»					
	Dragonne	8 »	0 90	0 11 2	»					
	Sabretache	6 »	10 64	1 77 3	»					
	Plaque de sabretache	20 »	1 65	0 08 2	»					
	Bretelle de fusil en buffle	12 »	1 25	0 10 4	»					
	Lanière	10 »	0 45	0 04 5	»					
	Couvre-platine	8 »	1 10	0 13 7	»					
	Trompette	20 »	22 00	1 10 0	»					
	Cordon de trompette	2 »	3 60	1 80 0	0 45 0					
	Giberne porte-musique	20 »	9 25	0 46 2	»					
	Porte-giberne de musique	20 »	3 25	0 16 2	»					
Harnachement.	Selle, modèle 1845	20 »	96 50	4 82 5	»					
	Selle, modèle 1853	20 »	122 85	6 14 2	»					
	Schabraque, modèle 1853	8 »	34 87	4 36 0	»					
	Couverture	8 »	15 29	1 91 1	»					
	Mors	8 »	6 80	0 85 0	»					
	Bissac en treillis	10 »	1 98	0 19 8	»					

Tarif n° 47.

VALEUR des pièces de coiffure et frais de pose.

DÉSIGNATION DES PIÈCES.	(B)			DÉSIGNATION DES PIÈCES.			
	PRIX des pièces	FRAIS de pose.	TOTAL.		PRIX des pièces	FRAIS de pose.	TOTAL.
(A)	f c m	f c m	f c m		f c m	f c m	f c m

(A) Les réparations variant dans chaque corps, ce Tarif devra être rempli d'après celui en vigueur dans le régiment où il devra servir aux sous-officiers.
(B) Indiquer le corps.

Tarif n° 48.

RÉPARATIONS A L'HABILLEMENT.

DÉTAIL DES RÉPARATIONS.	PRIX DES RÉPARATIONS AUX EFFETS CI-DESSOUS.									Observations.
	Tunique ou habit.									
(A)										(n) Détailler dans les colonnes ci-contre les divers effets en usage dans le corps.

(A) Mêmes observations qu'au Tarif n° 47.

Suite du Tarif n° 48.

DÉTAIL DES RÉPARATIONS.	Tunique ou habit.	PRIX DES RÉPARATIONS AUX EFFETS CI-DESSOUS.											Observations.
(A)													(B) Détailler dans les colonnes ci-contre les divers effets en usage dans le corps.

(A) Mêmes observations qu'au Tarif n° 47.

Tarif n° 49.

RÉPARATIONS au grand équipement.

DÉTAIL DES RÉPARATIONS.	MONTANT DES RÉPARATIONS.		Observations.	DÉTAIL DES RÉPARATIONS.	MONTANT DES RÉPARATIONS.		Observations.
	Prix détaillé.	Prix de chaque article.			Prix détaillé.	Prix de chaque article.	
(A)	f c m	f c m			f c m	f c m	

(A) Mêmes observations qu'au Tarif n° 47.

Suite du Tarif n° 49.

DÉTAIL DES RÉPARATIONS.	MONTANT DES RÉPARATIONS.		Observations.	DÉTAIL DES RÉPARATIONS.	MONTANT DES RÉPARATIONS.		Observations.
	Prix détaillé.	Prix de chaque article.			Prix détaillé.	Prix de chaque article.	
(A)	f c m	f c m			f c m	f c m	

303

(A) Mêmes observations qu'au Tarif n° 47.

Tarif n° 50.

RÉPARATIONS AU HARNACHEMENT. (1er juin 1858.)

Décomposition de l'arçon.

DÉSIGNATION DES OBJETS.		NOMENCLATURE DES PARTIES.	PRIX de chaque partie, façon comprise.		PRIX total par effet.		Observations.
			f c	f c	f c		
Arçon nervé et ferré.	Arçon nervé et encuré.	Une arcade de devant...........	1 10				
		Un troussequin	1 40	6 50			
		Une palette....................	0 70				
		Deux bandes ou lames (A).......	3 30				
	Arçon ferré.	Bande de garrot................	1 40				
		Bande de collet................	0 90				
		Deux porte-étrivières..........	1 60				
		Deux équerres (B)..............	0 70		13 00		
		Deux boutons de croupière	0 16				
		Six dés d'attache de chapelet..	0 18	6 50			
		Six chapes de dés d'attache de chapelet..........	0 30				
		Six dés de contre-sanglon de sangles	0 36				
		Six chapes de dés de contre-sanglons de sangles...	0 72				
		Deux crampons de courroies de porte-manteau (¹)..	0 10				
		Un sommier de palette..........	0 08				
		Une doublure d'arçon en peau de vache, avec sa fleur...............	»	»	3 60		

(A) Deux bandes ou lames d'arçon, sans palettes, 3 fr. 50 c.

(B) Deux équerres d'arçon, sans palette, 0 fr. 80 c.

(¹) Pour arçon, sans palette, 3 crampons, 0 fr. 15 c.

TARIF détaillé des réparations à effectuer à l'arçon.

DÉTAIL DES RÉPARATIONS.	PRIX des réparations		FRAIS de démontage et de remontage	PRIX TOTAL par		Observations.
	selle à palette.	selle sans palette.		selle à palette.	selle sans palette.	
	f c	f c	f c	f c	f c	
Remplacer un arçon complet..........	13 C0	13 00	1 40	14 40	14 40	
— un troussequin, le bois seulement (A).........	1 40	1 40	»	»	»	
— une équerre et son bouton...................	0 43	0 48	0 64	1 07	1 12	
— un bouton seul......................	0 08	0 08	0 15	0 23	0 23	
— une palette......................	0 70	»	0 40	1 10	»	
— une arcade, le bois seulement (B)...........	1 10	1 10	»	»	»	
— une bande de garrot...................	1 40	1 40	0 75	2 15	2 15	
— une bande de collet...................	0 90	0 90	0 75	1 65	1 65	
— une bande, le bois seulement (c)...........	1 65	1 65	»	»	»	
— un porte-étrivières...................	0 80	0 80	0 24	1 04	1 04	
— une chape de dés de sangle..................	0 12	0 12	0 10	0 22	0 22	
— une chape de dés de chapelet..............	0 05	0 05	0 10	0 15	0 15	

(A) Le remplacement du bois du troussequin entraîne la pose ou le remplacement d'une ou de deux équerres, pour lesquelles on devra comprendre seulement les frais de démontage alloués pour ces parties.
(B) Mêmes observations que ci-dessus pour la pose des bandes de garrot ou de collet; la pose de ces deux bandes à refaire n'entraîne que les frais de démontage qu'on alloue pour l'une d'elles.
(C) Mêmes observations que ci-dessus pour la pose du porte-étrivières.

Suite du Tarif n° 30.

TARIF détaillé des réparations à effectuer aux effets de harnachement.

DÉSIGNATION DES OBJETS.		DÉTAIL.	PRIX de chaque partie, façon comprise.		PRIX total par effet.	Observations.
			f c	f c	f c	
Corps de selle.	Faux siége...	Deux branches de faux siége longitudinales...	1 00			(A) Pour la selle sans palette, un pontet en tôle garni avec vis, 55 c.
		Deux traverses (A)...	0 50			
		Un fond de matelassure...	0 30			
		Une toile de matelassure...	0 35	2 75		
		Deux mamelles en cuir...	0 25			
		Bourre de bœuf...	0 20			
		Joug de matelassure...	0 15			
	Un siége avec joncs (B) {	Le siége...	4 00	4 25		(B) Pour la cavalerie de réserve, le faux siége avec jonc, 4 f. 25 c.
		La garniture de palette...	0 25			
	Accessoires du corps de selle.	Quartiers { Quartiers seuls...	3 00		28 10	
		Quartiers { Tirants...	1 90	10 00		
		Quartiers { Quatre vis avec rondelle...	0 10	(c)		(c) Pour la selle sans palette, 11 f.
		Garnit. du troussequin et du prolongement { Garnit. de troussequin (une)...	0 60	1 20		
		Garnit. du troussequin et du prolongement { Id. de prolongement (deux)...	0 60			
		Deux faux quartiers...	....	6 00		
		Contre-sanglons de sangles { Quatre simples, à 0f 30 l'un...	1 20	2 40		
		Contre-sanglons de sangles { Deux doubles...	1 20			
		Contour et plaque de mortaise en cuivre (D) { Contour seul...	1 20	1 40		(D) Pour la selle sans palette, contour, 1 f.
		Contour et plaque de mortaise en cuivre (D) { Plaque de mortaise...	0 20			
		Un fleuron en cuivre...	....	0 10		
Croupière à fourche et à culeron mobile...		Fourche { Fourche...	0 68			(E) Il est alloué en plus, dans les carabiniers, 50 c. pour l'ornement en cuivre et sa parementure.
		Fourche { Une boucle de 0m 28...	0 06	0 88		
		Fourche { Une enchapure...	0 10			
		Fourche { Un passant...	0 04			
		Corps de croupière (E)...	....	1 00	2 80	
		Culeron...	0 60			
		Deux boucles de 0m 025...	0 10	0 92		
		Deux enchapures...	0 16			
		Deux passants...	0 06			
Deux poches à fers, à soufflets et à recouvrement, avec dés étamés...		Deux dessous...	2 00			
		Deux dessus...	0 60		3 50	
		Deux recouvrements...	0 50	2 50		
		Deux soufflets...	0 34			
		Deux dés...	0 06			
Trousse étriers avec boucles...		Deux contre-sanglons, à 0f 15 l'un...	0 30			
		Deux boucleteaux, à 0f 08 l'un...	0 16		9 60	
		Deux boucles de 0m 018, à 0f 04 l'une...	0 08	0 60		
		Deux dés, à 0f 03 l'un...	0 06			
Sacoches...		Fonte { Fonte...	2 15			
		Fonte { Cercle...	0 30	2 75		
		Fonte { Bande de fer...	0 30			
		Deux dessous de chapelet...	....	4 80		
		Goussets { Deux dessus...	4 50			
		Goussets { Deux petits côtés...	0 60	6 00		
		Goussets { Deux grands côtés...	0 90			
		Jones...	0 30		17 50	
		Deux bordures...	0 30			
		Trois passes supérieures...	0 20			
		Deux passes inférieures de courroies...	0 20			
		Deux boucles supérieures fixes de 0m 023...	0 10			
		Deux enchapures (idem)...	0 20	2 46		
		Deux passants fixes...	0 06			
		Un galbe...	0 30			
		Une gaine de hâche...	0 40			
		Un porte-tranchant de hache...	0 20			
		Un dé de longe...	0 10			
		Une enchapure de longe...	0 10			
		Courroies de fermeture droite { Un contre-sanglon...	0 20			
		Courroies de fermeture droite { Un boucleteau...	0 12	0 39		
		Courroies de fermeture droite { Une boucle de 0m 018...	0 04			
		Courroies de fermeture droite { Un passant fixe...	0 03			
		Courroies de fermeture gauche { Un contre-sanglon...	0 12			
		Courroies de fermeture gauche { Une enchapure...	0 03	0 21		
		Courroies de fermeture gauche { Une boucle de 0m 018...	0 04			
		Courroies de fermeture gauche { Un passant fixe...	0 03			
		Petites courroies pour faux quartiers { Deux courroies...	0 50			
		Petites courroies pour faux quartiers { Deux dés...	0 06			
		Petites courroies pour faux quartiers { Deux boucles...	0 08	0 86		
		Petites courroies pour faux quartiers { Deux enchapures...	0 10			
		Petites courroies pour faux quartiers { Quatre passants...	0 12			

Suite du Tarif n° 30.

Désignation des objets	Groupe	Détail	Prix de chaque partie, façon comprise		Prix total par effet	Observations
			f c	f c	f c	
Une paire de sangles en fil de chanvre, dont une à deux fourches	Sangle	Une sangle en fil	1 20		3 85	
		Deux renforts en cuivre	0 15	2 40		
		Deux passes	0 15			
		Quatre boucles de 0m 030	0 24			
		Quatre enchapures	0 66			
	Surfaix de sangle	Un surfaix	1 00			
		Deux boucles de 0m 032	0 12	1 45		
		Deux enchapures	0 33			
Quatre courroies, avec boucles pour fixer les sacoches à la selle	Courroies supérieures	Deux contre-sanglons	0 45		1 40	
		Deux boucleteaux	0 55			
		Deux dés de 0m 023	0 06	1 06		
		Deux boucles de 0m 023	0 10			
		Deux passants fixes	0 06			
		Deux passants coulants	0 08			
	Courroies inférieures	Deux courroies	0 30	0 40		
		Deux boucles de 0m 023	0 10			
Deux étrivières		Deux étrivières (F)	3 50	3 80	3 80	(F) En principe, l'étrivière ne doit pas supporter de couture.
		Deux boucles à barrette	0 30			
Deux étriers en fer demi-poli et lustré	Étriers (G)				2 80	(G) Étriers pour lanciers, 3 f. 80 c.
Courroies de sûreté, avec des boucles et contre-sanglons à dés	Contre-sanglons	Deux contre-sanglons	0 50	0 56	1 05	
		Dés de 0m 023 (deux)	0 06			
	Boucleteaux	Deux boucleteaux	0 33	0 49		
		Deux boucles de 0m 023	0 10			
		Deux passants fixes	0 06			
Courroies de manteau	Courroies	Trois courroies	1 78	2 02	2 02	
		Trois boucles vernies de 0m 023	0 15			
		Trois passants fixes	0 09			

Désignation des objets	Groupe	Détail	Prix de chaque partie, façon comprise		Prix total par effet	Observations
Courroies de change pour porte-manteau (cuir noir, boucle vernie)	Courroies	Trois courroies	1 72	2 08	2 08	
		Trois boucles vernies de 0m 023	0 15			
		Trois passants fixes	0 09			
		Trois passants coulants	0 12			
Courroies de dragonne		Courroie	0 74		0 87	
		Boucles de 0m 023	0 05	0 87		
		Deux passants fixes	0 08			
Lanière de pistolet					0 35	
Poitrail complet en cuir noir, avec boucles fixées sur l'arçon	Fausse martingale	Une fausse martingale	0 90		3 30	(H) Différence en plus pour les carabiniers, 20 c.
		Une boucle de 0m 028	0 16	1 31		
		Une pièce d'ornement	0 20			
		Un passant fixe	0 05			
	Ornement en cuivre (H)			0 35		
	Traverse	Traverse	0 70			
		Deux boucles de 0m 023	0 10	0 94		
		Deux passants fixes	0 06			
		Deux passants coulants	0 08			
		Deux contre-sanglons se rattachant à la selle		0 40		
		Deux enchapures fixées à la selle		0 20		
		Deux boucles de 0m 023		0 10		
Porte-crosse pour fusil de dragon, avec sa courroie	Porte-crosse	Deux côtés en cuir fort	1 00		3 35	
		Un fond id.	0 70			
		Bordure du fond	0 30	2 42		
		Bordure du pourtour	0 30			
		Trois passants	0 12			
	Courroie	Une courroie	0 83			
		Une boucle de 0m 023	0 05	0 93		
		Un passant fixe	0 03			
Botte de mousqueton, avec sa courroie	Bottes	Une botte	0 95	1 21	2 00	
		Un collier de botte	0 26			
	Courroie	Une courroie	0 68			
		Une boule de 0m 023	0 05	0 79		
		Un passant fixe	0 06			
Botte de lance		Deux bottes	0 30		0 90	
		Deux colliers supérieurs	0 20	0 90		
		Deux colliers inférieurs	0 20			
		Brédissure	0 20			

Suite du Tarif n° 59.

DÉSIGNATION DES OBJETS.	DÉTAIL.		PRIX de chaque partie, façon comprise.		PRIX total par effet.	Observations.
			f c	f c	f c	
Cartouchière avec sachet et contre-sanglon de support.		Un dessus	0 60			
		Un dessous	0 45			
		Un recouvrement	0 30			
		Un bord de recouvrement	0 30			
		Une poche à capsules	0 25			
		Un contre-sanglon de support	0 15			
		Une boucle de support de 0m 028	0 05	2 65	2 65	
		Un passant fixe	0 05			
		Un contre-sanglon de fermeture	0 10			
		Une enchapure de fermeture	0 10			
		Une boucle de 0m 014	0 04			
		Un passant fixe	0 03			
		Une ganse de schabraque	0 05			
		Deux passes de courroies de paquetage	0 18			
Surfaix de charge en cuir fauve		Un corps de surfaix	3 20			
		Un contre-sanglon	0 65			
		Une enchapure	0 14	4 25	4 25	
		Une boucle de 0m 032	0 08			
		Trois passants fixes	0 18			
Tétière de bride (x), avec rênes et gourmettes de re-change	Dessus de tête	Un dessus de tête	0 65			
		Deux chapes de gourmettes	0 10			
		Une ganse à boutons	0 10	1 25		
		Une gourmette	0 30			
		Deux crochets en S	0 10			
	Montant	Deux montants	0 50			
		Deux porte-mors	0 50			
		Quatre boucles vern. de 0m 023	0 20	1 52		
		Huit passants fixes	0 24			
		Deux passants coulants	0 08			
	Frontal	Un frontal	0 50	0 80	6 70	
		Deux fleurons en cuivre	0 30			
	Sous-gorge	Un sous-gorge	0 35			
		Deux boucles vernies de 0m 023	0 10	0 59		
		Deux passants fixes	0 06			
		Deux passants coulants	0 08			
	Rênes de brides	Deux côtés de rênes	1 48			
		Deux porte-rênes	0 40			
		Deux boucles de 0m 023	0 10			
		Quatre passants fixes	0 12	2 54		
		Un passant coulant	0 04			
		Un fouet	0 30			
		Un bouton tressé	0 10			
Mors à col de cygne, avec bossette et gourmette		Deux branches	3 20			(x) Les régiments de carabiniers n'ayant pas de gourmette de rechange, mais bien une chaînette en cuivre, le devis de la bride s'élève à 8 f. 80 c. (Voir pour les détails au Tarif général.)
		Deux anneaux de rênes	0 35			
		Une barette	0 25			
		Une embouchure	1 25			
		Deux fonceaux	0 15	6 80	6 80	
		Deux bossettes	0 80			
		Quatre clous de bossette	0 40			
		Une gourmette	0 30			
		Une S	0 05			
		Un crochet	0 05			
Bridon de licol, avec rênes de filet et longe de licol (L).	Dessus de tête	Dessus de tête	1 20			
		Une boucle de s.-gorge 0m 018	0 04			
		Un passant fixe	0 03	2 17		
		Un frontal	0 25			
		Un dessus de nez	0 65			
	Sous-barbe	Une sous-barbe	0 45			
		Une enchapure de sous-barbe	0 16	0 69		
		Une boucle de s.-barbe 0m 028	0 03			
		Un passant fixe	0 03		7 55	
	Alliance	Une alliance	0 50			
		Un anneau de longe	0 06	0 68		
		Deux dés latéraux	0 12			
	Rênes de filet	Rênes	1 75	1 80		(L) 8 fr. 10 c. pour les carabiniers. (Voir le Tarif général.)
		Une boucle vernie de 0m 022	0 05			
	Longe	Une longe	1 25			
		Un porte longe	0 15	1 30		
		Une boucle vernie de 0m 028	0 05			
		Un passant	0 05			
	Montants	Deux montants	0 55			
		Deux boucles vernies de 0m 028	0 10	0 71		
		Deux passants fixes	0 06			

Suite du Tarif n° 38.

DÉSIGNATION DES OBJETS.	DÉTAIL.	PRIX de chaque partie, façon comprise.		PRIX total par effet.	Observations.
		f c	f c	f c	
Mors de filet à clavette.....	Deux anneaux..........	0 30			
	Deux maillons de clavette..........	0 40	2 15	2 15	
	Deux clavettes..........	0 60			
	Deux côtés d'embouchure..........	0 85			
	Mors de bridon...... { Deux côtés d'embouchure...	0 30	0 70		
	{ Deux anneaux à oreilles....	0 40			
Bridon d'abreuvoir en cuir de Hongrie..........	Un grand montant..........	0 75			
	Une chape de clavette..........	0 02			
	Un petit montant..........	0 60			
	Une chape de clavette..........	0 02		4 00	
	Une boucle de 0m 012..........	0 08	3 30		
	Un passant..........	0 03			
	Un frontal..........	0 20			
	Une paire de rênes..........	1 50			
	Deux olives..........	0 19			
Licol d'écurie..........	Un dessus de tête..........	0 55			
	Deux montants..........	0 40			
	Deux boucles vernies de 0m 025..........	0 12			
	Deux passants fixes..........	0 06			
	Un dessus de nez..........	0 60			
	Deux supports de dessus de nez..........	0 24			
	Un dé demi-rond..........	0 06	3 57		
	Deux dés latéraux..........	0 12			
	Deux côtés de sous-barbe..........	0 40			
	Un dé central de sous-barbe..........	0 07			
	Une alliance..........	0 40		4 50	
	Une sous-gorge..........	0 55			
	Une boucle de 0m 028..........	0 06			
	Un passant fixe..........	0 03			
	Une alliance de dessus de tête..........	0 25			
Boucleteaux..........	{ Un boucleteau..........	0 45			
	{ Une boucle de 0m 022..........	0 03	0 93		
	{ Deux passants fixes.........	0 06			
	{ Un anneau d'attache.........	0 03			

Tarif n° 54.

RÉPARATIONS A L'ARMEMENT. (15 avril 1850, rectifié.)

1° ARMES A FEU.

INDICATION des pièces d'armes et des réparations.	FUSIL DE DRAGON		MOUSQUETONS DE GENDARMERIE		MOUSQUETON DE CAVALERIE	PISTOLETS DE CAVALERIE	PISTOLETS DE GENDARMERIE		Observations.
	Modèle 1842.	Modèle 1822 transf.	Modèle 1842.	Modèle 1825 transf.	Modèle 1822 transf.	Modèle 1822 transf.	Modèle 1842.	Modèle 1822 transf.	
Canon (en fer). (a)	f c	f c	f c	f c	f c	f c	f c	f c	
En fournir un neuf..........	11 65	11 65	10 37	10 37	8 20	5 23	3 71	3 71	(a) la lettre M indique les réparations qui ne peuvent être faites qu'en manufacture.
L'ajuster sur le bois..........	0 20	0 20	0 15	0 15	0 15	0 10	0 10	0 10	
Relever un enfoncement..........	0 25	0 25	0 20	0 20	0 20	0 15	0 15	0 15	
Réparer la bouche mutilée..........	0 10	0 10	0 10	0 10	0 10	0 10	0 10	0 10	
Le redresser..........	0 15	0 15	0 15	0 15	0 15	0 10	0 10	0 10	
Le redresser lorsqu'il a un court pli (M)..........	0 35	0 35	0 35	0 35	0 35	0 25	0 25	0 25	
Refaire la vive arête de la tranche du tonnerre.....	0 05	0 05	0 05	0 05	0 05	0 05	0 05	0 05	
Réparer les pans mutilés..........	0 10	0 10	0 10	0 10	0 10	0 10	0 10	0 10	
Fournir et braser un tenon..........	0 15	0 15	0 15	0 15	»	»	»	»	
Id. un guidon..........	0 20	0 20	0 20	0 20	0 20	»	»	»	
Rafraîchir un guidon..........	0 02	0 02	0 02	0 02	0 02	»	»	»	
Adoucir intérieurement le canon..........	0 13	0 15	0 10	0 10	0 10	0 05	0 05	0 05	
Adoucir extérieurement..........	0 15	0 15	0 10	0 10	0 10	0 05	0 05	0 05	
Adoucir extérieurement lorsqu'il est mutilé..........	0 20	0 20	0 15	0 15	0 15	0 10	0 10	0 10	
Resserrer l'écrou de la cheminée et le refarauder (M).	0 30	0 30	0 30	0 30	0 30	0 30	»	»	

INDICATION des pièces d'armes et des réparations.	FUSIL DE DRAGON		MOUSQUETONS DE GENDARMERIE		MOUSQUETONS DE CAVALERIE	PISTOLETS DE CAVALERIE	PISTOLETS DE GENDARMERIE		Observations.
	Modèle 1842.	Modèle 1822 transf.	Modèle 1842.	Modèle 1825 transf.	Modèle 1822 transf.	Modèle 1822 transf.	Modèle 1842.	Modèle 1822 transf.	
	f c	f c	f c	f c	f c	f c	f c	f c	
Culasse (en fer).									
En fournir une neuve à bouton plein	0 85	0 85	0 75	0 75	0 75	0 45	0 45	0 45	
L'ajuster au canon	0 20	0 20	0 20	0 20	0 20	0 20	0 20	0 20	
En ajuster une sur le bois	0 15	0 15	0 15	0 15	0 15	0 15	0 15	0 15	
En réparer une mutilée	0 05	0 05	0 05	0 05	0 05	0 05	0 05	0 05	
En retirer une cassée dans son écrou	0 15	0 15	0 15	0 15	0 15	0 15	0 15	0 15	
Percer et fraiser la queue	0 05	0 05	0 05	0 05	0 05	0 05	0 05	0 05	
Prix total, fourniture et main-d'œuvre d'une culasse mise en place	1 25	1 25	1 15	1 15	1 15	0 85	0 85	0 85	
Cheminée (en acier).									
En fournir une neuve	0 20	0 20	0 20	0 20	0 20	0 20	0 20	0 20	
La mettre en place	0 02	0 02	0 02	0 02	0 02	0 02	0 02	0 02	
En réparer une mutilée	0 05	0 05	0 05	0 05	0 05	0 05	0 05	0 05	
En retirer une cassée dans son écrou	0 10	0 10	0 10	0 10	0 10	0 10	0 10	0 10	
Retremper l'extrémité du cône	0 03	0 03	0 03	0 03	0 03	0 03	0 03	0 03	
Hausse (en acier).									
En fournir une neuve	0 05	0 05	0 05	0 05	0 05	0 05	»	»	
La poser et l'achever (1)	0 25	0 10	0 25	0 10	0 10	0 10	»	»	(1) Quand la queue d'aronde est à faire dans la culasse, le prix est de 25 c. — Si la queue d'aronde est faite, le prix d'ajustage est de 10 c. seulement.
Baïonnette (lame en acier, douille en fer).									
En fournir une neuve	»	»	3 77	3 77	»	»	»	»	
L'ajuster au canon	»	»	0 10	0 10	»	»	»	»	
Relimer la douille et l'adoucir quand elle est mutilée	»	»	0 10	0 10	»	»	»	»	
L'adoucir seulement	»	»	0 05	0 05	»	»	»	»	
Refourbir la lame et adoucir la douille	»	»	0 20	0 20	»	»	»	»	
Refaire la pointe	»	»	0 05	0 05	»	»	»	»	
Fournir et mettre en place un étouteau	»	»	0 05	0 05	»	»	»	»	
Fournir une virole neuve	»	»	0 26	0 26	»	»	»	»	
L'ajuster	»	»	0 10	0 10	»	»	»	»	
Ajuster une virole en service	»	»	0 05	0 05	»	»	»	»	
Fournir une vis de virole	»	»	0 04	0 04	»	»	»	»	
L'ajuster	»	»	0 05	0 05	»	»	»	»	
Redresser une lame faussée et la passer au bleu	»	»	0 10	0 10	»	»	»	»	
Arrondir les angles de la lame	»	»	0 10	0 10	»	»	»	»	
Platine.									
Fournir une platine neuve complète (y compris la trempe)	6 04	5 47	5 31	5 47	5 00	5 00	4 66	4 10	
L'ajuster et la placer sur l'arme	0 25	0 25	0 25	0 25	0 25	0 25	0 25	0 25	
La faire joindre au canon (armes transformées)	»	0 10	»	0 10	0 10	0 10	»	0 10	
Corps de platine (en fer).									
En fournir un limé, percé et taraudé	0 71	0 79	0 54	0 79	0 72	0 72	0 44	0 60	
Ajuster toutes les pièces dessus (y compris la trempe)	0 75	1 00	0 75	1 00	0 95	0 95	0 70	0 90	
Le recuire, en ôter la rouille, l'adoucir et le retremper	0 20	0 20	0 20	0 20	0 20	0 20	0 20	0 20	
Le recuire, tarauder un trou et le retremper (pour chaque trou en sus 0f 05)	0 15	0 15	0 15	0 15	0 15	0 15	0 15	0 15	
Boucher un trou de vis (platines transformées)	»	0 05	»	0 05	0 05	0 05	»	0 05	
Pièce de Bassinet (en fer).									
En fournir une neuve	»	0 20	»	0 20	0 18	0 18	»	0 15	
L'ajuster	»	0 10	»	0 10	0 10	0 10	»	0 10	
Chien (en fer).									
En fournir un neuf	1 37	1 30	1 20	1 30	1 15	1 15	0 85	0 85	
L'ajuster, fraiser la tête et achever le chien (y compris la trempe)	0 65	0 65	0 65	0 65	0 60	0 60	0 55	0 55	
L'ajuster seulement (en service)	0 05	0 05	0 05	0 05	0 05	0 05	0 05	0 05	
Le recuire, en ôter la rouille, l'adoucir et le retremper	0 20	0 20	0 20	0 20	0 20	0 20	0 20	0 20	
Le recuire, le relimer quand il est mutilé et le retremper	0 20	0 20	0 20	0 20	0 20	0 20	0 20	0 20	
Rectifier la tombée du chien sur la cheminée	0 10	0 10	0 10	0 10	0 10	0 10	0 10	0 10	
Noix (en acier).									
En fournir une neuve	0 50	0 45	0 45	0 43	0 38	0 38	0 40	0 34	
L'achever et l'ajuster (y compris la trempe et l'ajustage de la chaînette)	0 45	0 40	0 45	0 40	0 40	0 40	0 45	0 40	

Suite du Tarif n° 51.

INDICATION des pièces d'armes et des réparations.	FUSIL DE DRAGON		MOUSQUETONS DE GENDARMERIE		MOUSQUETONS DE CAVALERIE	PISTOLETS DE CAVALERIE	PISTOLETS DE GENDARMERIE		Observations.
	Modèle 1842.	Modèle 1822 transf.	Modèle 1842	Modèle 1825 transf.	Modèle 1822 transf.	Modèle 1822 transf.	Modèle 1842	Modèle 1822 transf.	
	f c	f c	f c	f c	f c	f c	f c	f c	
La recuire, la rajuster et la retremper (noix en fer).	»	0 15	»	0 15	0 15	0 15	»	0 15	
Tout ajustage d'une noix en acier en service	0 10	0 10	0 10	0 10	0 10	0 10	0 10	0 10	
La retailler	0 10	0 10	0 10	0 10	0 10	0 10	0 10	0 10	
Arrondir l'ancien cran de repos (armes transformées).	..	0 12	»	0 12	0 12	0 12	»	0 12	
Retarauder le trou de l'arbre (1)	0 05	0 05	0 05	0 05	0 05	0 05	0 05	0 05	
Gachette (en acier).									
En fournir une neuve	0 41	0 26	0 35	0 26	0 24	0 24	0 31	0 21	
L'achever, l'ajuster et la tremper	0 10	0 10	0 10	0 10	0 10	0 10	0 10	0 10	
La recuire, la rajuster et la retremper (gachette en fer)	»	0 10	»	0 10	0 10	0 10	»	0 10	
La retailler	0 05	0 05	0 05	0 05	0 05	0 05	0 05	0 05	
Tout ajustage d'une gachette en acier en service	0 05	0 05	0 05	0 05	0 05	0 05	0 05	0 05	
Bride (en acier).									
En fournir une neuve { Modèle 1847	0 50	»	»	»	»	»	»	»	
	»	0 33	0 34	0 33	0 30	0 30	0 32	0 24	
{ Modèle 1840	0 40	»	»	»	»	»	»	»	
L'ajuster, l'achever et la tremper	0 10	0 10	0 10	0 10	0 10	0 10	0 10	0 10	
La recuire, la rajuster et la retremper (bride en fer).	0 10	0 10	0 10	0 10	0 10	0 10	0 10	0 10	
Tout ajustage d'une bride en acier en service	0 05	0 05	0 05	0 05	0 05	0 05	0 05	0 05	
Grand ressort (en acier).									
En fournir un neuf (y compris la trempe)	0 80	0 55	0 70	0 55	0 50	0 50	0 65	0 40	
L'ajuster et l'achever (Id.)	0 15	0 20	0 15	0 20	0 20	0 20	0 15	0 20	
L'ajuster (en service)	0 05	0 05	0 05	0 05	0 05	0 05	0 05	0 05	
L'adoucir quand il est rouillé ou mutilé	0 05	0 05	0 05	0 05	0 05	0 05	0 05	0 05	
Le retremper	0 10	0 10	0 10	0 10	0 10	0 10	0 10	0 10	
Ressort de gachette (en acier).									
En fournir un neuf (y compris la trempe)	»	0 25	»	0 25	0 22	0 22	»	0 20	
L'ajuster et l'achever (Id.)	»	0 05	»	0 05	0 05	0 05	»	0 05	
L'adoucir quand il est rouillé ou mutilé	»	0 05	»	0 05	0 05	0 05	»	0 05	
Le retremper	»	0 05	»	0 05	0 05	0 05	»	0 05	
Chaînette (en acier).									
En fournir une neuve	0 16	»	0 16	»	»	»	0 16	»	
L'ajuster (y compris la trempe)	0 05	»	0 05	»	»	»	0 05	»	
Vis (en acier).									
En fournir une neuve { de noix	0 08	0 08	0 07	0 07	0 07	0 07	0 06	0 06	
{ de gachette	»	0 07	»	0 07	0 07	0 07	»	0 07	
{ de bride, de grand ressort, de ressort de gachette, de pièce de bassinet.	0 06	0 06	0 06	0 06	0 06	0 06	0 06	0 06	
L'ajuster (y compris la trempe)	0 10	0 10	0 10	0 10	0 10	0 10	0 10	0 10	
En retirer une cassée dans son écrou	0 10	0 10	0 10	0 10	0 10	0 10	0 10	0 10	
Refaire la fente d'une vis mutilée	0 02	0 02	0 02	0 02	0 02	0 02	0 02	0 02	
GARNITURES.									
Baguette (en acier).									
En fournir une neuve	1 02	1 02	0 89	0 89	0 95	0 37	0 27	0 27	
L'ajuster	0 03	0 03	»	»	»	»	»	»	
Retarauder le bout	0 05	0 05	0 05	0 05	0 05	0 05	0 05	0 05	
Remplacer le bout taraudé, usé ou cassé, en soudant un morceau	0 20	0 20	0 20	0 20	.	»	»	»	
Redresser la baguette quand elle est faussée et la passer au bleu	0 15	0 15	0 15	0 15	0 10	0 05	0 05	0 05	
L'adoucir ou la polir	0 07	0 07	0 06	0 06	0 06	0 04	0 04	0 04	
La faire jouer dans son canal	0 05	0 05	0 05	0 05	»	0 05	0 05	0 05	
Embouchoir (en fer ou en laiton).									
En fournir un neuf	0 85	0 85	0 78	0 78	»	0 70 (1)	»	0 55 (1)	(1) Modèle an IX.
L'ajuster	0 05	0 05	0 05	0 05	»	0 05	»	0 05	
Le remandriner	0 05	0 05	0 05	0 05	»	0 05	»	0 05	
En réparer un mutilé	0 05	0 05	0 05	0 05	»	0 05	»	0 05	
Grenadière (en fer ou en laiton).									
En fournir une neuve complète	0 57	0 57	0 61	0 61	»	»	»	»	

Suite du Tarif nº 51.

INDICATION des pièces d'armes et des réparations.	FUSIL DE DRAGON — Modèle 1812.	Modèle 1822 transf.	MOUSQUETONS DE GENDARMERIE — Modèle 1812.	Modèle 1825 transf.	DE CAVALERIE — Modèle 1822 transf.	PISTOLETS DE CAVALERIE — Modèle 1822 transf.	DE GENDARMERIE — Modèle 1842.	Modèle 1822 transf.	Observations.
L'ajuster sur le bois et l'achever	0 05	0 05	0 05	0 05	»	»	»	»	
La remandriner	0 03	0 03	0 03	0 03	»	»	»	»	
En réparer une mutilée	0 05	0 05	0 05	0 05	»	»	»	»	
Fournir un anneau de battant et son rivet	0 15	0 15	0 15	0 15	»	»	»	»	
L'ajuster	0 05	0 05	0 05	0 05	»	»	»	»	
Fournir et ajuster un rivet seulement	0 05	0 05	0 05	0 05	»	»	»	»	
Remandriner l'anneau	0 03	0 03	0 03	0 03	»	»	»	»	
Capucine (en fer ou en laiton).									
En fournir une neuve	0 35	0 35	»	»	0 56	0 50	0 42	0 42	
L'ajuster sur le bois et l'achever	0 05	0 05	»	»	0 05	0 08	0 08	0 08	
La remandriner	0 05	0 05	»	»	0 05	0 05	0 05	0 05	
En réparer une mutilée	0 05	0 05	»	»	0 05	0 07	0 07	0 07	
En fournir une avec tringle et vis ajustées	»	»	»	»	1 65	»	»	»	
Fournir une vis de capucine	»	»	»	»	0 07	»	»	»	
L'ajuster	»	»	»	»	0 05	»	»	»	
Braser une bride criquée	»	»	»	»	»	0 15	»	»	
Sous-garde complète.									
En fournir une neuve	2 52	2 36	2 40	2 30	1 73	1 75	1 50	1 35	
En fournir une pour les modèles an IX	»	»	»	»	»	1 50	»	1 05	
L'ajuster sur le bois et régler la détente	0 25	0 25	0 25	0 25	0 25	0 25	0 25	0 25	
La relimer	0 15	0 15	0 15	0 15	0 10	0 10	0 10	0 10	
Écusson (en fer).									
En fournir un neuf	1 00	0 97	1 20 (1)	1 20 (1)	0 80	0 80	0 60	0 60	(1) Modèle an IX.
En fournir un pour les modèles an IX	»	»	»	»	»	0 65	»	0 12	
Ajuster toutes les pièces dessus	0 15	0 15	0 15	0 15	0 15	0 15	0 15	0 15	
Resserrer la bouterolle et retarauder le trou	0 20	0 20	0 20	0 20	0 20	0 20	0 20	0 20	
Le relimer (n'y pas toucher sur les côtés)	0 06	0 06	0 06	0 06	0 06	0 06	0 05	0 05	
Fournir un anneau de battant et son rivet	»	»	0 15	0 15	»	»	»	»	
L'ajuster	»	»	0 05	0 05	»	»	»	»	
Retarauder la bouterolle seulement	0 05	0 05	0 05	0 05	0 05	0 05	0 05	0 05	
Détente (en acier).									
En fournir une neuve	0 32	0 20	0 30	0 20	0 18	0 18	0 22	0 15	
L'ajuster	0 10	0 10	0 10	0 10	0 10	0 10	0 10	0 10	
Mettre un support de goupille (Pistolets modèle an IX)	»	»	»	»	»	0 40	»	0 36	
Régler la détente (seulement quand elle n'a pas assez de jeu)	0 07	0 07	0 07	0 07	0 07	0 07	0 07	0 07	
Vis de détente (en acier).									
En fournir une neuve (y compris la trempe)	0 04	0 04	0 04	0 04	0 04	0 04	0 04	0 04	
L'ajuster (y compris la trempe)	0 05	0 05	0 05	0 05	0 05	0 05	0 05	0 05	
Rafraîchir la fente	0 02	0 02	0 02	0 02	0 02	0 02	0 02	0 02	
Pontet (en laiton ou en fer).									
En fournir un neuf	0 67	0 63	0 58	0 58	0 50	0 50	0 40	0 40	
En fournir un neuf, modèle an IX	»	»	»	»	»	»	»	0 70	
L'ajuster	0 10	0 10	0 10	0 10	0 10	0 10	0 10	0 10	
L'ajuster (en service)	0 05	0 05	0 05	0 05	0 05	0 05	0 03	0 05	
Braser un crochet à un pontet en laiton	0 20	0 20	0 20	0 20	0 20	0 20	»	»	
Relimer un pontet mutilé	0 06	0 06	0 06	0 06	0 06	0 06	0 06	0 06	
Fournir une vis de pontet (y compris la trempe)	»	»	0 07	0 07	0 07	0 07	0 05	0 05	
L'ajuster (y compris la trempe)	»	»	0 02	0 02	0 02	0 02	0 02	0 02	
Rafraîchir la fente	»	»	0 02	0 02	0 02	0 02	0 02	0 02	
Battant de sous-garde (en fer).									
En fournir un neuf complet	0 28	0 28	»	»	»	»	»	»	
L'ajuster et le mettre en place	0 10	0 10	»	»	»	»	»	»	
Fournir un pivot et le rivet	0 10	0 10	»	»	»	»	»	»	
L'ajuster	0 05	0 05	»	»	»	»	»	»	
Fournir un anneau de battant et son rivet	0 15	0 15	»	»	»	»	»	»	
L'ajuster	0 05	0 05	»	»	»	»	»	»	
Remandriner l'anneau	0 03	0 03	»	»	»	»	»	»	
Fournir et ajuster un rivet seulement	0 05	0 05	0 05	0 05	»	»	»	»	

Suite du Tarif n° 51.

INDICATION des pièces d'armes et des réparations.	FUSIL DE DRAGON Modèle 1842.	FUSIL DE DRAGON Modèle 1822 transf.	MOUSQUETONS DE GENDARMERIE Modèle 1842.	MOUSQUETONS DE GENDARMERIE Modèle 1825 transf.	MOUSQUETONS DE CAVALERIE Modèle 1822 transf.	PISTOLETS DE CAVALERIE Modèle 1822 transf.	PISTOLETS DE GENDARMERIE Modèle 1842	PISTOLETS DE GENDARMERIE Modèle 1822 transf.	Observations.
	f c	f c	f c	f c	f c	f c	f c	f c	
Goupille de battant de sous-garde (en acier).									
Fournir et ajuster une goupille	0 06	0 06	»	»	»	»	»	»	
La retremper	0 03	0 03	»	»	»	»	»	»	
Porte-vis (en fer ou en laiton).									
En fournir un neuf	»	0 20	»	0 20	0 17	0 17	»	0 19	
L'ajuster	»	0 05	»	0 05	0 05	0 05	»	0 05	
Le relimer (n'y pas toucher sur les côtés)	»	0 04	»	0 04	0 04	0 04	»	0 04	
Rosette (en fer).									
En fournir une neuve	0 15	»	0 15	»	»	»	0 11	»	
L'ajuster (y compris la trempe)	0 05	»	0 05	»	»	»	0 05	»	
La recuire, la retarauder et la retremper	0 07	»	0 07	»	»	»	0 07	»	
Crochet de ceinture (en acier).									
En fournir un neuf	»	»	»	»	»	0 63 [1]	»	»	(1) Pistolet de marine, modèle 1822.
L'ajuster	»	»	»	»	»	0 10	»	»	
Le relimer	»	»	»	»	»	0 03	»	»	
Le retremper et l'adoucir	»	»	»	»	»	0 10	»	»	
Plaque de couche (en fer ou en laiton).									
En fournir une neuve	1 05	1 05	1 00	1 00	0 69	»	»	»	
En fournir une pour fusil de dragon, modèle 1847	1 35	»	»	»	»	»	»	»	
L'ajuster	0 10	0 10	0 10	0 10	0 10	»	»	»	
La relimer (n'y pas toucher sur les côtés)	0 07	0 07	0 06	0 06	0 06	»	»	»	
Vis et ressorts de garniture.									
Fournir une grande vis de platine ou de culasse en acier (y compris la trempe)	0 13	0 13	0 11	0 11	0 11	0 11	0 08	0 08	
La mettre en place (y compris la trempe)	0 06	0 06	0 06	0 06	0 06	0 06	0 06	0 06	
Fournir une vis crochet de platine en acier (y compris la trempe)	0 09	»	0 08	»	»	»	»	»	
La mettre en place (y compris la trempe)	0 06	»	0 06	»	»	»	»	»	
Fournir une vis de plaque ou de sous-garde en fer (y compris la trempe)	0 07	0 07	0 06	0 06	0 06	»	»	»	
La mettre en place (y compris la trempe)	0 06	0 06	0 06	0 06	0 06	»	»	»	
Rafraîchir la fente d'une vis	0 02	0 02	0 02	0 02	0 02	»	»	»	
Fournir un ressort de capucine, de grenadière ou d'embouchoir (y compris la trempe)	0 07	0 07	0 07	0 07	»	»	»	»	
Fournir un ressort d'embouchoir de pistolet, Modèle an IX (y compris la trempe)	»	»	»	»	»	0 07	»	0 07	
Le mettre en place (y compris la trempe)	0 05	0 05	0 05	0 05	»	0 05	»	0 05	
Fournir un ressort de baguette (y compris la trempe)	0 12	0 12	0 12	0 12	»	»	»	»	
Le mettre en place (y compris la trempe)	0 05	0 05	0 05	0 05	»	»	»	»	
Fournir une goupille de ressort de baguette en acier et la mettre en place	0 05	0 05	0 05	0 05	»	»	»	»	
Retremper un ressort ou une goupille de ressort de baguette	0 03	0 03	0 03	0 03	»	»	»	»	
Taquet (en fer).									
En fournir un neuf et la mettre en place	»	»	0 05	0 05	»	»	»	»	
Triangle (en fer).									
En fournir une neuve	»	»	»	»	0 90	»	»	»	
L'ajuster	»	»	»	»	0 10	»	»	»	
La redresser et la relimer	»	»	»	»	0 05	»	»	»	
Fournir une vis (y compris la trempe)	»	»	»	»	0 08	»	»	»	
L'ajuster (y compris la trempe)	»	»	»	»	0 05	»	»	»	
Fournir un anneau	»	»	»	»	0 10	»	»	»	
Le remandriner et le relimer	»	»	»	»	0 05	»	»	»	
Fournir une rosette de vis de tringle	»	»	»	»	0 12	»	»	»	
L'ajuster	»	»	»	»	0 05	»	»	»	
Bride de poignée (en fer).									
En fournir une neuve	»	»	»	»	»	0 30	»	»	
L'ajuster	»	»	»	»	»	0 20	»	»	
La relimer (n'y pas toucher sur les côtés)	»	»	»	»	»	0 05	»	»	
Fournir une vis de poignée (y compris la trempe)	»	»	»	»	»	0 10	0 08	0 08	
L'ajuster (y compris la trempe)	»	»	»	»	»	0 05	0 05	0 05	
Rafraîchir la fente	»	»	»	»	»	0 02	0 02	0 02	

Suite du Tarif n° 54.

INDICATION des pièces d'armes et des réparations.	FUSIL DE DRAGON		MOUSQUETONS DE GENDARMERIE		MOUSQUETONS DE CAVALERIE	PISTOLETS DE CAVALERIE	PISTOLETS DE GENDARMERIE		Observations.
	Modèle 1842.	Modèle 1822 transf.	Modèle 1842.	Modèle 1825 transf.	Modèle 1822 transf.	Modèle 1822 transf.	Modèle 1842.	Modèle 1822 transf.	
Calotte (en fer ou en laiton).									
En fournir une neuve	»	»	»	»	»	0 50	0 35	0 35	
L'ajuster	»	»	»	»	»	»	0 10	0 10	
En relimer une mutilée (n'y pas toucher sur les côtés)	»	»	»	»	»	0 06	0 06	0 06	
Vis de calotte (en fer).									
En fournir une neuve avec anneau	»	»	»	»	»	0 30	»	»	(*) Pistolet de marine, modèle 1822.
En fournir une neuve sans anneau (y compris la trempe)	»	»	»	»	»	0 05 (*)	0 05	0 05	
L'ajuster (y compris la trempe)	»	»	»	»	»	0 05	0 05	0 05	
Remandriner l'anneau	»	»	»	»	»	0 05	»	»	
MONTURES.									
Fournir un bois dressé et ébauché	2 10	2 10	1 20	1 20	0 95	0 35	0 30	0 30	
Monter et ajuster toutes les pièces sur le bois, et achever le bois	2 75	2 75	2 60	2 60	2 30	2 30	2 10	2 10	
Fournir une enture — Grande	0 35	0 35	»	»	»	»	»	»	
Fournir une enture — Petite	0 25	0 25	0 25	0 25	»	»	»	»	
Mettre en place une enture — Grande	0 75	0 75	»	»	»	»	»	»	
Mettre en place une enture — Petite	0 45	0 45	0 45	0 45	»	»	»	»	
Gratter et polir le bois entier (en service)	0 20	0 20	0 20	0 20	0 20	0 12	0 12	0 12	
Gratter et polir une partie de la monture	0 05	0 05	0 05	0 05	0 05	0 05	0 05	0 05	
Mettre une cheville dans le trou d'une goupille ou d'une vis à bois, et rajuster la pièce qui s'y rapporte	0 20	0 20	0 20	0 20	0 20	0 20	0 20	0 20	
Support d'oreille en fer — Fournir et mettre en place un support	0 25	0 25	0 25	0 25	0 25	0 25	»	»	
Support d'oreille en fer — Fournir et mettre la rosette seulement	0 13	0 13	0 13	0 13	0 13	0 13	»	»	
Support d'oreille en fer — Fournir et mettre la vis seulemt	0 12	0 12	0 12	0 12	0 12	0 12	»	»	
Oter du bois dans le logement de la platine, lorsque le jeu des pièces est gêné	0 06	0 06	0 06	0 06	0 06	0 06	0 06	0 06	
Resserrer le fût sur le canon, quelle que soit la longueur du jour	0 20	0 20	0 20	0 20	0 20	»	»	»	
Nettoyage de l'arme ou des principales parties de l'arme.									
Nettoyage de toute l'arme, y compris la baïonnette — Grand, quand les pièces sont à relimer	0 80	0 80	0 80	0 80	0 65	0 50	0 50	0 50	
Nettoyage de toute l'arme, y compris la baïonnette — Moyen, sans relimer les pièces	0 45	0 45	0 45	0 45	0 35	0 30	0 30	0 30	
Nettoyage de toute l'arme, y compris la baïonnette — Léger	0 25	0 25	0 25	0 25	0 20	0 15	0 15	0 15	
Platine — Grand, quand les pièces sont à relimer	0 40	0 40	0 38	0 38	0 38	0 33	0 35	0 35	
Platine — Moyen, sans relimer les pièces	0 18	0 18	0 17	0 17	0 17	0 17	0 15	0 15	
Platine — Léger	0 12	0 12	0 11	0 11	0 11	0 11	0 10	0 10	
Canon — Quand il faut le limer à la lime douce	0 25	0 25	0 15	0 15	0 15	0 10	0 10	0 10	
Canon — Sans se servir de la lime	0 10	0 10	0 08	0 08	0 08	0 05	0 05	0 05	
ACCESSOIRES.									
Tire-balle (en acier). En fournir un complet	1 43	1 43	1 43	1 43	1 43	1 43	1 43	1 43	
Boîte — En fournir une neuve avec l'huilier	1 02	1 02	1 02	1 02	1 02	1 02	1 02	1 02	
Boîte — En fournir une sans l'huilier	0 62	0 62	0 62	0 62	0 62	0 62	0 62	0 62	
Boîte — Fournir le fond en acier, l'ajuster et le braser	0 25	0 25	0 25	0 25	0 25	0 25	0 25	0 25	
Boîte — Braser le fond seulement	0 05	0 05	0 05	0 05	0 05	0 05	0 05	0 05	
Boîte — Redresser et mandriner la boîte mutilée ou bossuée, qu'il y ait ou non à la rebraser	0 05	0 05	0 05	0 05	0 05	0 05	0 05	0 05	
Boîte — Remplacer et fixer le tampon en bois	0 05	0 05	0 05	0 05	0 05	0 05	0 05	0 05	
Huilier — En fournir un complet	0 40	0 40	0 40	0 40	0 40	0 40	0 40	0 40	
Huilier — Fournir et braser le fond en fer	0 25	0 25	0 25	0 25	0 25	0 25	0 25	0 25	
Huilier — Fournir une vis-bouchon	0 06	0 06	0 06	0 06	0 06	0 06	0 06	0 06	
Huilier — Fournir une rondelle en cuir	0 01	0 01	0 01	0 01	0 01	0 01	0 01	0 01	

INDICATION des pièces d'armes et des réparations.	FUSIL DE DRAGON		MOUSQUETONS			PISTOLETS			Observations.
			DE GENDARMERIE		DE CAVALERIE	DE CAVALERIE	DE GENDARMERIE		
	Modèle 1842.	Modèle 1822 transf.	Modèle 1842.	Modèle 1825 transf.	Modèle 1822 transf.	Modèle 1822 transf.	Modèle 1842.	Modèle 1822 transf.	
	f c	f c	f c	f c	f c	f c	f c	f c	
Pièces du nécessaire d'armes ..... Fournir une lame de tourne-vis ajustée en acier...........	0 20	0 20	0 20	0 20	0 20	0 20	0 20	0 20	(¹) L'armurier doit réparer sans rétribution le bourre-noix et le chasse-noix.
Réparer (¹) ses extrémités ébréchées ou faussées y compris l'ajustage	0 05	0 05	0 05	0 05	0 05	0 05	0 05	0 05	
La retremper..............	0 05	0 05	0 05	0 05	0 05	0 05	0 05	0 05	
Fournir un bourre-noix.......	0 10	0 10	0 10	0 10	0 10	0 10	0 10	0 10	
Fournir un chasse-noix.......	0 07	0 07	0 07	0 07	0 07	0 07	0 07	0 07	
Fournir une trousse en drap...	0 04	0 04	0 04	0 04	0 04	0 04	0 04	0 04	
Ajuster une lame de tourne-vis des deux côtés dans la fente du nécessaire............	0 05	0 05	0 05	0 05	0 05	0 05	0 05	0 05	
Clef de cheminée (en fer, avec mise d'acier).									
En fournir une neuve complète..................	0 90	0 90	0 90	0 90	0 90	0 90	0 90	0 90	
Retremper le carré et river la clé sur le manche ...	0 10	0 10	0 10	0 10	0 10	0 10	0 10	0 10	
Refaire les arêtes et les angles du carré..........	0 10	0 10	0 10	0 10	0 10	0 10	0 10	0 10	
Fournir et mettre un manche..............	0 10	0 10	0 10	0 10	0 10	0 10	0 10	0 10	
Fournir et mettre en place une virole...........	0 15	0 15	0 15	0 15	0 15	0 15	0 15	0 15	
Monte-ressort (en fer, petite vis en acier).									
En fournir un complet, modèle 1844	1 90	1 75	1 75	1 75	1 75	1 75	1 70	1 70	
Fournir une griffe (y compris la trempe et l'ajustage).	0 90	0 80	0 85	0 80	0 80	0 80	0 80	0 75	
Fournir une barette (Id.).............	0 50	0 45	0 45	0 45	0 45	0 45	0 40	0 40	
Fournir une grande vis (Id.).............	0 45	0 45	0 45	0 45	0 45	0 45	0 45	0 45	
Fournir une petite vis en acier (Id.).............	0 10	0 10	0 10	0 10	0 10	0 10	0 10	0 10	
Recuire, retremper et rétablir la griffe ou la barette.	0 15	0 15	0 15	0 15	0 15	0 15	0 15	0 15	
Tampon (en nerf de bœuf).									
En fournir un neuf, avec la ficelle..............	0 15	0 15	0 15	0 15	0 15	0 15	0 15	0 15	

2° ARMES BLANCHES.

INDICATION des pièces d'armes et des réparations.	SABRES DE CAVALERIE DE LIGNE Modèle an XI et an XII	SABRES DE CAVALERIE DE LIGNE Modèle 1816.	SABRES DE CAVALERIE DE LIGNE Modèle 1822.	SABRES DE CAVALERIE LÉGÈRE Modèle an XI et an XII	SABRES DE CAVALERIE LÉGÈRE Modèle 1816	SABRES DE CAVALERIE LÉGÈRE Modèle 1822.	LANCES Modèle 1816.	LANCES Modèle 1823.	CUIRASSES Modèle 1825.	HAC E de campement modèle 1816.	Observations.
	f c	f c	f c	f c	f c	f c	f c	f c	f c	f c	
SABRES.											
Lame (en acier).											
En fournir une neuve	6 70	6 70	6 75	5 20	6 15	6 73	»	»	»	»	
La monter	0 25	0 25	0 25	0 25	0 25	0 25	»	»	»	»	
La redresser et la passer au bleu	0 50	0 50	0 50	0 50	0 50	0 50	»	»	»	»	
La refourbir { à la meule de pierre	0 20	0 20	0 20	0 20	0 20	0 20	»	»	»	»	
à l'émeri et à la meule de bois seulement	0 25	0 25	0 25	0 25	0 25	0 25	»	»	»	»	(¹) Y compris le démontage et le remontage de la lame.
Refaire la pointe et le biseau	0 10	0 10	0 10	0 10	0 10	0 10	»	»	»	»	
Refaire le tranchant	0 15	0 15	0 15	0 15	0 15	0 15	»	»	»	»	
Rallonger la soie (¹)	0 20	0 20	0 20	0 20	0 20	0 20	»	»	»	»	
Fournir une cravate ou pièce en buffle	0 01	0 01	0 01	0 01	0 01	0 01	»	»	»	»	
Fourreau (en tôle d'acier).											
En fournir un complet	9 00	8 88	8 33	10 20	9 70	8 42	»	»	»	»	
Le remandriner (²)	0 25	0 25	0 25	0 25	0 25	0 25	»	»	»	»	(²) Y compris ôter et remettre la cuvette ou le ressort.
Le redresser quand il n'est que légèrement faussé	0 10	0 10	0 10	0 10	0 10	0 10	»	»	»	»	
Le dérouiller à la lime douce	0 60	0 60	0 60	0 60	0 60	0 60	»	»	»	»	
Nettoyer un fourreau non rouillé	0 15	0 15	0 15	0 15	0 15	0 15	»	»	»	»	
Rebraser une partie du fourreau	0 20	0 20	0 20	0 20	0 20	0 2 0	»	»	»	»	(³) Y compris débraser le dard, le bracelet et les rebraser.
Remplacer un bracelet (³)	1 30	1 30	1 30	1 30	1 30	1 30	»	»	»	»	
Mettre un manchon dans le trou agrandi du piton d'un bracelet	0 20	0 20	0 20	0 20	0 20	0 20	»	»	»	»	

Suite du Tarif n° 51.

INDICATION des pièces d'armes et des réparations.	SABRES DE CAVALERIE DE LIGNE — Modèle an XI et an XII	Modèle 1816	Modèle 1822	SABRES DE CAVALERIE LÉGÈRE — Modèle an XI et an XII	Modèle 1816	Modèle 1823	LANCES — Modèle 1816	Modèle 1823	CUIRASSES modèle 1825	HACHE de pionnier modèle 1816	Observations.
	f c	f c	f c	f c	f c	f c	f c	f c	f c	f c	
Cuvette et ressort de fourreau (en acier, fond et cuvette en fer).											
Fournir une cuvette neuve (à battes), avec ses rivets	0 91	0 91	0 72	0 72	0 72	0 72	»	»	»	»	
L'ajuster et la mettre en place	0 10	0 10	0 10	0 10	0 10	0 10	»	»	»	»	
Retremper les battes ou le ressort, y compris les rivets	0 20	0 20	0 20	0 20	0 20	0 20	»	»	»	»	
Fournir et braser un fond de cuvette	0 15	0 15	0 15	0 15	0 15	0 15	»	»	»	»	
Anneau.											
Fournir un anneau neuf	0 05	0 05	0 05	0 05	0 05	0 05	»	»	»	»	
Le souder	0 15	0 15	0 13	0 15	0 15	0 15	»	»	»	»	
Fût (en bois). (¹)											
En fournir un neuf	0 35	»	»	0 55	»	»	»	»	»	»	(¹) Anciens fourreaux en tôle de fer des modèles an XI et an XIII.
L'ajuster	0 15	»	»	0 15	»	»	»	»	»	»	
Monture (en laiton).											
En fournir une neuve complète pour sabre Modèle 1854	7 60	7 60	7 60	»	»	»	»	»	»	»	(²) Y compris dériver et allonger la soie.
En fournir une neuve complète	5 70	6 60	5 05	4 65	5 25	5 32	»	»	»	»	
L'ajuster et remonter la lame (²)	0 35	0 35	0 35	0 35	0 35	0 35	»	»	»	»	
Garde (en laiton).											
En fournir une pour sabre modèle 1854	4 99	4 99	4 99	»	»	»	»	»	»	»	
En fournir une neuve	4 10	4 70	4 20	3 10	3 50	3 48	»	»	»	»	
L'ajuster (y compris le démontage et le remontage)	0 30	0 30	0 30	0 30	0 30	0 30	»	»	»	»	
Braser une branche cassée (y compris le démontage et le remontage)	0 30	0 30	0 30	0 30	0 30	0 30	»	»	»	»	
Redresser une branche faussée ou la coquille	0 05	0 05	0 05	0 05	0 05	0 05	»	»	»	»	
Fournir un piton à crochet pour branche principale	0 05	0 05	0 05	0 05	0 05	0 05	»	»	»	»	
Le braser et l'achever (y compris le démontage et le remontage)	0 40	0 40	0 40	0 40	0 40	0 40	»	»	»	»	
Fournir et mettre en place un bouton demi-olive	»	»	»	0 10	»	»	»	»	»	»	
Poignée (en bois ou en laiton).											
En fournir une neuve pour sabre modèle 1854	1 08	1 08	1 08	»	»	»	»	»	»	»	
En fournir une garnie	0 71	1 08	1 08	0 56	0 96	0 95	»	»	»	»	
L'ajuster (y compris le démontage et le remontage)	0 30	0 30	0 30	0 30	0 30	0 80	»	»	»	»	
Fournir et coller un cuir de poignée en veau (y compris le démontage et le remontage)	0 60	0 60	0 60	0 55	0 55	0 55	»	»	»	»	
Fournir le filigrane et l'ajuster (y compris le démontage et le remontage)	0 35	0 35	0 35	»	0 35	0 35	»	»	»	»	
Fournir et ajuster un bois de poignée (y compris le démontage et le remontage)	0 70	0 70	0 70	0 70	0 70	0 70	»	»	»	»	
Pommeau ou calotte (en laiton).											
En fournir un pour sabre modèle 1855	1 01	1 01	1 01	»	»	»	»	»	»	»	
En fournir un neuf ou une calotte	0 72	0 93	0 93	1 12	0 89	0 80	»	»	»	»	
L'ajuster (y compris le démontage et le remontage)	0 30	0 30	0 30	0 30	0 30	0 30	»	»	»	»	
Virole (en laiton).											
En fournir une supérieure	0 14	»	»	»	»	»	»	»	»	»	
En fournir une inférieure	0 14	»	»	»	»	»	»	»	»	»	
L'ajuster (y compris le montage et le démontage)	0 25	»	»	»	»	»	»	»	»	»	
Réparations diverses.											
Nettoyer à la lime une monture mutilée	0 20	0 20	0 20	0 15	0 15	0 15	»	»	»	»	
Démonter une lame	0 05	0 05	0 05	0 05	0 05	0 05	»	»	»	»	
Remonter une lame	0 10	0 10	0 10	0 10	0 10	0 10	»	»	»	»	
Monter un sabre formé de diverses pièces provenant d'autres sabres, et nettoyer toutes les pièces	0 75	0 75	0 75	0 75	0 75	0 75	»	»	»	»	
Donner le fil (polissage compris)	0 15	0 15	0 15	0 15	0 15	0 15	»	»	»	»	
Ôter le fil (Id.)	0 05	0 05	0 05	0 05	0 05	0 05	»	»	»	»	

Suite du Tarif n° 31.

INDICATION des pièces d'armes et des réparations.	SABRES DE CAVALERIE DE LIGNE						SABRES DE CAVALERIE LÉGÈRE						LANCES				CUIRASSES		HACHE de campement		Observations.
	Modèle an XI et an XII		Modèle 1816.		Modèle 1822.		Modèle an XI et an XII		Modèle 1816.		Modèle 1822.		Modèle 1816.		Modèle 1823.		Modèle 1825.		Modèle 1816.		
	f	c	f	c	f	c	f	c	f	c	f	c	f	c	f	c	f	c	f	c	
LANCES.																					
Lame (en acier, douille en fer).																					
En fournir une neuve	»	»	»	»	»	»	»	»	»	»	»	»	2	96	3	76	»	»	»	»	
L'ajuster sur la hampe	»	»	»	»	»	»	»	»	»	»	»	»	0	30	0	50	»	»	»	»	
La refourbir	»	»	»	»	»	»	»	»	»	»	»	»	0	15	0	15	»	»	»	»	
La réparer quand elle est mutilée	»	»	»	»	»	»	»	»	»	»	»	»	0	10	0	10	»	»	»	»	
Refaire la pointe	»	»	»	»	»	»	»	»	»	»	»	»	0	10	0	10	»	»	»	»	
Braser une branche cassée (y compris le démontage et le remontage)	»	»	»	»	»	»	»	»	»	»	»	»	0	20	0	20	»	»	»	»	
Redresser la lame	»	»	»	»	»	»	»	»	»	»	»	»	0	20	0	20	»	»	»	»	
Noircir les branches	»	»	»	»	»	»	»	»	»	»	»	»	»	»	0	10	»	»	»	»	
Sabot (en fer).																					
En fournir un neuf	»	»	»	»	»	»	»	»	»	»	»	»	2	41	2	41	»	»	»	»	
L'ajuster sur la hampe	»	»	»	»	»	»	»	»	»	»	»	»	0	30	0	30	»	»	»	»	
Le relimer	»	»	»	»	»	»	»	»	»	»	»	»	0	10	0	10	»	»	»	»	
L'adoucir seulement	»	»	»	»	»	»	»	»	»	»	»	»	0	10	0	10	»	»	»	»	
En réparer un mutilé	»	»	»	»	»	»	»	»	»	»	»	»	0	10	0	10	»	»	»	»	
Noircir les branches	»	»	»	»	»	»	»	»	»	»	»	»	»	»	0	10	»	»	»	»	
Vis (en fer).																					
Fournir une vis porte-étendard à boucle	»	»	»	»	»	»	»	»	»	»	»	»	0	18	0	22	»	»	»	»	
Rafraîchir la fente d'une vis	»	»	»	»	»	»	»	»	»	»	»	»	0	02	0	02	»	»	»	»	
Mettre une vis en place	»	»	»	»	»	»	»	»	»	»	»	»	0	05	0	05	»	»	»	»	
Fournir et mettre en place une vis à bois	»	»	»	»	»	»	»	»	»	»	»	»	0	05	0	05	»	»	»	»	
Hampe (en frêne).																					
En fournir une neuve	»	»	»	»	»	»	»	»	»	»	»	»	2	18	2	18	»	»	»	»	
La noircir	»	»	»	»	»	»	»	»	»	»	»	»	0	15	0	15	»	»	»	»	
La redresser au feu	»	»	»	»	»	»	»	»	»	»	»	»	0	20	0	20	»	»	»	»	
Hache de campement.																					
Fournir un fer neuf (y compris l'ajustage du manche)	»	»	»	»	»	»	»	»	»	»	»	»	»	»	»	»	»	»	2	70	
Remplacer un manche et l'ajuster	»	»	»	»	»	»	»	»	»	»	»	»	»	»	»	»	»	»	0	50	
Nettoyer la hache	»	»	»	»	»	»	»	»	»	»	»	»	»	»	»	»	»	»	0	10	
Refaire le tranchant à la meule	»	»	»	»	»	»	»	»	»	»	»	»	»	»	»	»	»	»	0	05	
CUIRASSES.																					
Plastron (en étoffe d'acier et de fer).																					
En fournir un nu — Cuirassiers	»	»	»	»	»	»	»	»	»	»	»	»	»	»	»	»	38	56	»	»	
En fournir un nu — Carabiniers	»	»	»	»	»	»	»	»	»	»	»	»	»	»	»	»	48	89	»	»	
En fournir un complet — Cuirassiers	»	»	»	»	»	»	»	»	»	»	»	»	»	»	»	»	39	77	»	»	
En fournir un complet — Carabiniers	»	»	»	»	»	»	»	»	»	»	»	»	»	»	»	»	34	42	»	»	
Fournir un écusson complet, avec ses écrous (carabiniers)	»	»	»	»	»	»	»	»	»	»	»	»	»	»	»	»	4	32	»	»	
L'ajuster	»	»	»	»	»	»	»	»	»	»	»	»	»	»	»	»	0	10	»	»	
Fournir un soleil d'écusson seulement	»	»	»	»	»	»	»	»	»	»	»	»	»	»	»	»	3	06	»	»	
Fournir un coq d'écusson, avec vis et écrous	»	»	»	»	»	»	»	»	»	»	»	»	»	»	»	»	1	30	»	»	
Ajuster le soleil ou le coq	»	»	»	»	»	»	»	»	»	»	»	»	»	»	»	»	0	05	»	»	
Fournir une vis	»	»	»	»	»	»	»	»	»	»	»	»	»	»	»	»	0	06	»	»	
La braser	»	»	»	»	»	»	»	»	»	»	»	»	»	»	»	»	0	20	»	»	
Fournir un écrou	»	»	»	»	»	»	»	»	»	»	»	»	»	»	»	»	0	20	»	»	
Fournir un bouton de bretelle	»	»	»	»	»	»	»	»	»	»	»	»	»	»	»	»	0	10	»	»	
Le river	»	»	»	»	»	»	»	»	»	»	»	»	»	»	»	»	0	05	»	»	
Nettoyer et polir le plastron — fortement rouillé	»	»	»	»	»	»	»	»	»	»	»	»	»	»	»	»	1	30	»	»	
Nettoyer et polir le plastron — légèrement rouillé	»	»	»	»	»	»	»	»	»	»	»	»	»	»	»	»	0	60	»	»	
Dos (en étoffe d'acier et de fer).																					
En fournir un nu — Cuirassiers	»	»	»	»	»	»	»	»	»	»	»	»	»	»	»	»	15	82	»	»	
En fournir un nu — Carabiniers	»	»	»	»	»	»	»	»	»	»	»	»	»	»	»	»	27	39	»	»	
En fournir un complet avec bretelles et courroies — Cuirassiers	»	»	»	»	»	»	»	»	»	»	»	»	»	»	»	»	23	66 [1]	»	»	[1] 18 fr. 17 c. sans bretelles ni courroies.
En fournir un complet avec bretelles et courroies — Carabiniers	»	»	»	»	»	»	»	»	»	»	»	»	»	»	»	»	34	33 [2]	»	»	[2] 28 fr. 64 c. id.
Réparer un dos criqué aux entournures ou sur les bords	»	»	»	»	»	»	»	»	»	»	»	»	»	»	»	»	0	20	»	»	
Fournir une bretelle complète	»	»	»	»	»	»	»	»	»	»	»	»	»	»	»	»	2	26	»	»	
La mettre en place (y compris les clous rivés)	»	»	»	»	»	»	»	»	»	»	»	»	»	»	»	»	0	20	»	»	
Fournir un porte-chaînette de bretelle	»	»	»	»	»	»	»	»	»	»	»	»	»	»	»	»	0	18	»	»	

Suite du Tarif n° 50.

INDICATION des pièces d'armes et des réparations.	SABRES DE CAVALERIE DE LIGNE			SABRES DE CAVALERIE LÉGÈRE.			LANCES		CUIRASSES	HACHE de campement	Observations.
	Modèle an XI et an XII	Modèle 1816.	Modèle 1822.	Modèle an XI et an XII	Modèle 1816.	Modèle 1822.	Modèle 1816.	Modèle 1823.	Modèle 1825.	Modèle 1816.	
	f c	f c	f c	f c	f c	f c	f c	f c	f c	f c	
Le mettre en place (y compris les clous rivés).	»	»	»	»	»	»	»	»	0 20	»	
Fournir une chaînette de bretelle..........	»	»	»	»	»	»	»	»	0 90	»	
La mettre en place (y compris les clous rivés).	»	»	»	»	»	»	»	»	0 30	»	
Braser un anneau de chaînette et remonter la chaînette....	»	»	»	»	»	»	»	»	0 25	»	
Fournir une plaque à boutonnière, garnie de son bout de cuir....	»	»	»	»	»	»	»	»	0 38	»	
La mettre en place (y compris les clous rivés).	»	»	»	»	»	»	»	»	0 20	»	
Fournir un cuir de bretelle et le mettre en place (y compris les clous rivés)....	»	»	»	»	»	»	»	»	0 85	»	
Fournir un cœur en cuir pour bout de bretelles, et le mettre en place (y compris les clous rivés)....	»	»	»	»	»	»	»	»	0 20	»	
Fournir les courroies de ceinture (y compris la boucle)....	»	»	»	»	»	»	»	»	1 30	»	
Les mettre en place (y compris les clous rivés).	»	»	»	»	»	»	»	»	0 30	»	
Fournir une boucle neuve à rouleau........	»	»	»	»	»	»	»	»	0 50	»	
La mettre en place....	»	»	»	»	»	»	»	»	0 05	»	
Fournir une grande courroie....	»	»	»	»	»	»	»	»	0 40	»	
Fournir une petite courroie, avec coulant, sans boucle....	»	»	»	»	»	»	»	»	0 40	»	
Nettoyer et polir le dos. { fortement rouillé..	»	»	»	»	»	»	»	»	1 30	»	
{ légèrement rouillé.	»	»	»	»	»	»	»	»	0 60	»	
Agrafes.											
En fournir une neuve....	»	»	»	»	»	»	»	»	0 06	»	
La mettre en place (y compris le clou rivé)..	»	»	»	»	»	»	»	»	0 10	»	
Clous rivés.											
En fournir un neuf....	»	»	»	»	»	»	»	»	0 05	»	
Le river....	»	»	»	»	»	»	»	»	0 05	»	
Fournir un clou de placage (carabiniers)....	»	»	»	»	»	»	»	»	0 03	»	
Le river....	»	»	»	»	»	»	»	»	0 05	»	
Rosettes ou contre-rivures.											
En fournir une neuve....	»	»	»	»	»	»	»	»	0 01	»	
Feuille de cuivre.											
En replacer une (cara-/biniers) M { sur le plastron....	»	»	»	»	»	»	»	»	8 75	»	
{ sur le dos....	»	»	»	»	»	»	»	»	8 62	»	
Vernissage											
Vernir au copal le plastron....	»	»	»	»	»	»	»	»	0 03	»	
Vernir au copal le dos....	»	»	»	»	»	»	»	»	0 03	»	

Tarif n° 52.

PRIX et NOMENCLATURE des effets de petit équipement.

DÉSIGNATION DES EFFETS.	PRIX DES EFFETS. (A)								Observations.
	à	à	à	à	à	à	à	à	
	f c	f c	f c	f c	f c	f c	f c	f c	
Chemises									(A) Le prix des effets, variant dans chaque corps, a été laissé en blanc.
Bottes éperonnées (paires de)....									
Bottines éperonnées (paires de)....									
Cols noirs....									
Caleçons....									
Calotte de coton....									
Mouchoirs....									
Gants en peau (paire de)....									
Bretelles de pantalons (paire de)....									
Bretelles de sabre....									

332

Suite du Tarif n° 52.

DÉSIGNATION DES EFFETS.	PRIX DES EFFETS.							Observations.
	à	à	à	à	à	à	à	
	f c	f c	f c	f c	f c	f c	f c	
Cache-éperons................								
Pantalons de treillis..........								
Petite besace.................								
Courroie de manteau..........								
Brosse à habit................								
— à lustrer............								
— à bottes.............								
— à boutons...........								
Boîte à graisse...............								
Boîte d'armes................								
Fioles à tripoli...............								
Martinet.....................								
Patience.....................								
Épinglette...................								
Trousse garnie...............								
Trousse non garnie...........								
Peignes à décrasser...........								
Gamelle.....................								
Livret.......................								
Sac de petite monture........								
Brosse à cheval..............								
Brosse en chiendent..........								
Étrille......................								
Époussette..................								
Éponge.....................								
Peigne à cheval..............								
Paire de ciseaux.............								
Corde à fourrage.............								
Musette.....................								
Sac à avoine.................								
Sabots (paires de)...........								

CHANGEMENTS SURVENUS PENDANT L'IMPRESSION.

Page 63. — Rengagements.

Le premier engagement de sept ans donne droit, d'après les fixations arrêtées le 8 avril 1861 :

1° A une somme de *deux mille deux cents francs*, dont 1,000 fr. au moment du rengagement ou de l'incorporation, et 1,200 fr. à la libération définitive du service ;

2° A la haute paie de rengagement de *dix centimes* par jour.

Tout rengagement contracté pour moins de sept ans donne droit, jusqu'à *quatorze ans de service* :

1° A une somme de *trois cent dix francs* par chaque année de rengagement, dont 140 fr. payables au moment du rengagement ou de l'incorporation, et 170 fr. à la libération définitive ;

2° A la haute paie de rengagement de *dix centimes* par jour.

Après quatorze ans de service, le rengagé n'a droit qu'à la haute paie journalière de vingt centimes.

Page 66. — Exonération.

Le taux de l'exonération que les militaires sous les drapeaux auront à verser pour être admis, s'il y a lieu, à l'exonération du service militaire, a été fixé le 8 avril 1861 à *cinq cent cinquante francs* pour chaque année de service à accomplir.

Page 67. — Remplacement par voie administrative.

Les remplacements par voie administrative donnent droit, d'après les fixations arrêtées le 8 avril 1861, savoir :

1° Ceux de sept ans, à une prime de *deux mille deux cents francs*, dont 1,000 fr. payables au moment du remplacement, et 1,200 fr. à la libération définitive du service ;

2° Ceux de trois à six ans, à *trois cents dix francs* par chaque année de remplacement, dont 140 fr. payables au moment du remplacement, et 170 fr. à la libération du service.

TABLE DES MATIÈRES.

TABLEAUX.

MODÈLES.

TARIFS.

Bordeaux. — Imprimerie G. Gounouilhou,
rue Guiraude, 11.